le développement des
IDÉOLOGIES au QUÉBEC

DES ORIGINES À NOS JOURS

DENIS MONIÈRE

le développement des
IDÉOLOGIES au QUÉBEC

DES ORIGINES À NOS JOURS

ÉDITIONS QUÉBEC|AMÉRIQUE

450 est, rue Sherbrooke, suite 801
Montréal H2L 1J8 (514)288-2371

« Le présent ouvrage a été publié grâce à une subvention accordée par la *Fédération canadienne des sciences sociales* dont les fonds proviennent du *Conseil des Arts du Canada.* »

Dépôt Légal: Bibliothèque nationale du Québec, 4ᵉ Trimestre 1977

ISBN 0-88552-036-X

L'oppression s'est toujours appuyée sur l'oubli. Un peuple doit
retrouver son passé pour maîtriser
l'avenir.

Denis MONIÈRE a étudié à la Fondation Nationale des Sciences Politiques (Paris) où il obtint en 1974 son doctorat. Il enseigne, depuis quatre ans, au département de science politique de l'Université d'Ottawa. Il a déjà deux livres à son crédit ; l'un intitulé *Critique épistémologique de l'analyse systémique*, l'autre étant une bibliographie sur les idéologies au Québec publiée par la Bibliothèque nationale. Il collabore aussi à de nombreuses revues dont la *Revue canadienne de science politique* et la *Revue d'histoire de l'Amérique française*. Il mène présentement des recherches sur les rapports idéologiques entre les classes sociales.

TABLE DES MATIÈRES

Avant-propos 9

Introduction: Une théorie des idéologies 13
La théorie des idéologies chez Marx 14
Le développement des idéologies en situation coloniale 20
L'originalité du cas québécois 33

Chapitre I: La Nouvelle-France 37
L'idéologie dominante de la France du XVIIe siècle 38
   Les différentes classes sociales 39
   Les grands thèmes de l'idéologie dominante: absolu-
tisme, gallicanisme et mercantilisme 41
La formation économico-sociale de la Nouvelle-France 47
   Poser le problème de la transition 48
   Un troisième larron: le mode de production des petits
producteurs 50
Le MPPP et la formation économico-sociale québécoise 54
Les superstructures idéologiques de la Nouvelle-France 65
   L'influence de la religion 66
   Autres composantes de l'idéologie dominante sous le
régime français 70
Éléments pour une conclusion provisoire 74

Chapitre II: Le régime anglais: 1760-1791 77
Les effets socio-économiques de la Conquête et ses réper-
cussions sur le développement des idéologies 78
Effets sur les structures sociales 82
Les idéologies 87
   L'idéologie de conciliation 87
   L'idéologie de la bourgeoisie marchande anglaise 88
   L'idéologie de collaboration 91
   L'idéologie des classes populaires 95
   Les principaux éléments de l'idéologie démocratique
américaine 98
   Autres influences extérieures 104
Conclusion 109

Chapitre III : Le régime anglais : 1791-1840 113
Situation économique 113
Transformations de la structure sociale 116
L'évolution du régime politique : l'Acte constitutionnel de 1791 119
Naissance du nationalisme canadien-français 122
La guerre des subsides 128
Les 92 résolutions 131
La pensée politique de Louis-Joseph Papineau 134
Les événements de 1837-1838 139
L'idéologie cléricale à travers les réactions au mouvement
révolutionnaire des Patriotes 142
Le peuple et la contestation patriotique 146
Lord Durham et son rapport 149
Les réactions au rapport Durham 154
Conclusion 156
    Conséquences sociales, politiques et idéologiques de
    l'échec de la rébellion de 1837-1838 156

Chapitre IV : 1840-1867 — Vers la fédération canadienne . 159
Le contexte économique de l'Union 159
De l'Acte d'Union au gouvernement responsable 162
Les grands courants idéologiques après 1840 169
    Les libéraux modérés 170
    Les rouges 172
    L'ultramontanisme 177
    Vie intellectuelle et culturelle 182
Conclusion 184

Chapitre V : L'apogée de l'ultramontanisme — 1867-1896 189
L'industrialisation 189
La révolution des transports 192
L'agriculture 194
Les Canadiens français et la Confédération 194
    Les causes économiques 195
    Les causes politiques et militaires 196
    Les réactions des Canadiens français 197
Les adversaires de la Confédération 202
Les premières expériences de syndicalisme 203
    Un réformateur social : Médéric Lanctot 205
    Les Chevaliers du travail 207
    Les réactions cléricales et patronales au syndicalisme . . 209
Nationalisme et ultramontanisme 212

Un nationaliste ultramontain: Jules-Paul Tardivel 215
    La pensée politique de Tardivel 217
Conclusion 223

Chapitre VI: Résistance aux changements et idéologie de conservation — 1896-1929 227
Tendances économiques au début du XXe siècle 227
Un Québec libéral 232
Henri Bourassa: un castor rouge 234
    L'anti-impérialisme de Bourassa 239
    Le nationalisme canadien de Bourassa 241
Le nationalisme canadien-français: Lionel Groulx 245
Le mouvement ouvrier: socialisme et syndicalisme 252
    Le syndicalisme catholique 255
Conclusion 259

Chapitre VII: 1929-1945 — La pensée économique de la petite bourgeoisie 263
La crise et l'économie québécoise 263
Les angoisses de la petite bourgeoisie 267
Le capitalisme 269
L'agriculturisme 273
Le coopératisme ou l'idéologie originelle du mouvement Desjardins 274
Le corporatisme social 276
Antisémitisme, anticommunisme et fascisme 280
La guerre et la crise de la conscription 286
Conclusion 289

Chapitre VIII: Après 1945 — De la tradition au rattrapage de la modernité 291
Le Québec dans la phase monopoliste du capitalisme 291
L'idéologie de Maurice Duplessis 297
    Son nationalisme 298
    Ses idées politiques 300
    Sa pensée économique 301
    Sa pensée sociale 304
L'effritement du monolithisme idéologique 308
L'idéologie citélibriste 311
    L'État 314
    La pensée économique et sociale 315

La question nationale 317
La révolution tranquille ou le dégel québécois 319
    Les réalisations de la révolution tranquille 321
Le révisionnisme constitutionnel 329
La montée des mouvements indépendantistes 333
    Le Rassemblement pour l'indépendance nationale 334
    Le Parti Québécois 336
    L'idéologie felquiste 340
L'émergence d'un mouvement socialiste québécois 343
    Parti-Pris 343
    Le FRAP et les CAP 351
Radicalisation et politisation du mouvement syndical 353

Conclusion 363

Appendice: Le P.Q. et l'épreuve du pouvoir 371

Bibliographie 379

AVANT-PROPOS

Depuis 1960, le Québec a connu un développement sans précédent des sciences sociales. Portés par les événements de la Révolution tranquille et par les changements socio-économiques modernisant la société québécoise, les historiens, les spécialistes des sciences sociales, les essayistes ont tenté de renouveler l'analyse de notre société en la soumettant à la méthodologie et à la technique scientifique afin de répondre aux interrogations suscitées par notre avenir collectif. Certains se sont contentés de revoir le passé à travers de nouvelles grilles conceptuelles, d'autres ont voulu fournir les connaissances empiriques nécessaires à une intervention immédiate, d'autres encore ont tracé des perspectives d'avenir et formulé des projets.

Nous avons ainsi accumulé une quantité considérable d'études monographiques. Pour la plupart, ces recherches sont très spécialisées ou encore limitées à une période précise. Il n'y a pour l'instant que peu de synthèses et d'analyses comparatives qui nous permettent d'avoir une vision d'ensemble de notre évolution. Certes, pour qui en a le temps et la patience, il est possible de retracer les grandes lignes de ce cheminement de la société québécoise. Les données pour un tel travail existent. Elles sont cependant éparpillées et pas toujours accessibles; c'est le cas des thèses de maîtrise, de doctorat et des articles publiés dans les revues spécialisées. De plus, la profusion et la diversité d'approches risquent de décourager les plus tenaces. En ce qui concerne l'analyse des idéologies, par exemple, nous avons relevé plus de mille titres[1].

Nous avons pensé qu'il pouvait être utile et intéressant de faire le point sur ce qui a été fait en présentant une synthèse des connaissances accumulées dans le domaine des idéologies au Québec. Nous ne prétendons nullement être exhaustif et original ni non plus fournir des explications définitives du développement de la pensée économique, sociale et politique. Notre apport personnel a consisté à relire la littérature sociologique, à en tirer les

---

[1] Voir Denis Monière et André Vachet, *les Idéologies au Québec: bibliographie*, Montréal, Bibliothèque nationale du Québec, 1976

informations qui nous semblaient pertinentes, à organiser cette matière et, à l'occasion, à soulever des hypothèses exploratoires ou à souligner certaines contradictions. Nous avons aussi voulu situer dans une perspective dynamique les différentes idéologies qui ont contribué à l'orientation de la société québécoise, en tenant compte le plus possible du contexte économique et de la trame historique où ces idéologies s'inscrivent. Nous avons aussi cherché dans la mesure du possible à décrypter le rapport entre les idéologies et les classes sociales. En cela, notre problématique n'était pas toujours en accord avec les analyses qui nous servaient de support, ce qui nous a parfois obligé à produire des interprétations qui ne sont pas toujours appuyées sur des analyses concrètes.

Jusqu'à présent, sauf quelques exceptions, l'histoire des idéologies a été restreinte à l'histoire des idées de la classe dominante et malheureusement nous n'avons pas réussi à éviter ce biais, étant dépendant des sources qui le véhiculent et dans lesquelles le peuple et la classe ouvrière ont été oubliés. Nous nous sommes efforcé, lorsque l'occasion était propice, de compenser cette orientation élitiste des analyses idéologiques en donnant une importance plus grande aux analyses qui portent sur le mouvement ouvrier et en évitant d'associer une idéologie particulière à l'ensemble de la formation sociale québécoise. Enfin, la frontière entre analyse et idéologie est mince. Toute étude est conditionnée par les termes d'une problématique particulière et située, et nous ne dissimulerons pas inutilement notre option philosophique. Le découpage des périodes, le choix des thèmes, des hommes et des mouvements porteurs des idéologies cherchent à mettre en évidence les forces progressistes qui, à travers notre histoire, ont œuvré à la libération économique et politique des travailleurs québécois, et les obstacles qui ont entravé leur développement, illustrant ainsi la lutte idéologique entre les classes sociales au Québec.

Notre but n'est pas de satisfaire tout le monde. Certains seront en désaccord avec notre problématique et notre cadre théorique, d'autres pourront déplorer des omissions, le choix de certains textes et interprétations, des élaborations trop elliptiques et bien d'autres insuffisances. Mais ce qui importe pour nous, c'est de rendre accessible à un large public la production intellectuelle sur les idéologies au Québec, de permettre des incursions dans notre mémoire collective et peut-être de situer les problèmes d'aujourd'hui dans une juste perspective. Sans faire du passé notre maître, nous pensons que sa connaissance peut servir la pratique du présent en démêlant les divers courants qui ont formé la trame de ce présent, et qu'ainsi en comprenant d'où l'on vient on pourra mieux apprécier les possibilités du devenir.

INTRODUCTION

Une théorie des idéologies

L'histoire de ce concept est jalonnée d'une multitude de définitions qui n'échappent pas elles-mêmes à la contamination idéologique. Sans vouloir amorcer ici un débat sur le caractère scientifique du concept d'idéologie, ni faire une incursion dans le rapport science-idéologie, nous nous contenterons de présenter une définition du concept qui permettra au lecteur de saisir l'objet de notre propos et de comprendre la problématique qui nous guidera dans l'exploration du mouvement des idées au Québec. Une idéologie est un système global plus ou moins rigoureux de concepts, d'images, de mythes, de représentations qui dans une société donnée affirme une hiérarchie de valeurs et vise à modeler les comportements individuels et collectifs. Ce système d'idées est lié sociologiquement à un groupe économique, politique, ethnique ou autre, exprimant et justifiant les intérêts plus ou moins conscients de ce groupe. L'idéologie est enfin une incitation à agir dans telle ou telle direction en fonction d'un jugement de valeur. Elle a principalement quatres fonctions: elle rationalise une vision du monde et la présente comme universelle, elle cherche à «éternaliser» des valeurs particulières, en ce sens elle est anhistorique. Elle est apologétique en légitimant des structures de classes et la domination d'une classe. Elle est mystificatrice car elle déguise plus ou moins consciemment la nature réelle d'une situation, masque de cette façon les intérêts de classe et cherche à réaliser l'intégration sociale. Elle a une efficience, c'est-à-dire qu'elle mobilise les énergies individuelles et collectives et les oriente vers l'action. Elle intervient dans la réalité et sert de guide à la pratique. Cette définition est, à elle seule, insuffisante pour expliquer le phénomène idéologique. Elle doit être complémentée par une analyse du processus de production des idéologies.

Pour élaborer cette théorie des idéologies, nous nous réfé-rerons à la tradition marxiste et au matérialisme historique. Dans cette perspective, l'analyse idéologique ne consiste pas seulement à décrire ce que les politiciens, les partis politiques, les groupes de pression, la presse, pensent et disent; son objectif est d'expliquer pourquoi ils pensent ceci plutôt que cela, à un tel moment et pas à un autre; c'est en définitive de dévoiler le rapport entre le discours et les intérêts matériels et d'en faire la critique. Pour arriver à formuler des explications plausibles, il est donc essentiel d'avoir un cadre théorique capable de fournir une interprétation satisfaisante de la nature des idéologies, de leur origine, de leur développement, de leurs rôles et fonctions.

La théorie des idéologies chez Marx

Le problème des idéologies a été abordé par Marx et Engels dans plusieurs ouvrages, surtout dans l'*Idéologie allemande, les Thèses sur Feuerbach, le 18 Brumaire, le Capital.* Cependant, dans aucun de ces ouvrages, Marx ne donnera de définition synthétique du concept. Marx décrit plutôt comment travaille l'idéologie dans une formation sociale. Dès lors, dans la théorie marxiste, le terme idéologie peut prendre divers sens et pour bien en saisir la portée, il faut resituer ce concept dans le cadre d'analyse qu'est la conception matérialiste de l'histoire.

L'essence de la conception matérialiste de l'histoire tient dans la proposition selon laquelle la conscience est déterminée par l'être social. Marx résume sa pensée dans l'*Avant-propos à la critique de l'économie politique*:

> Dans la production sociale de leur existence, les hommes nouent des rapports déterminés nécessaires, indépendants de leur volonté, ces rapports de production correspondent à un degré donné du développement de leurs forces productives matérielles. L'ensemble de ces rapports forme la structure économique de la société, la fondation réelle sur laquelle s'élève un édifice juridique et politique et à quoi répondent des formes déterminées de la conscience sociale. Le mode de production de la vie matérielle domine en général le développement de la vie sociale, politique et intellectuelle. Ce n'est pas la conscience des hommes qui détermine leur existence, c'est au contraire leur existence sociale qui détermine leur conscience. [1]

Marx reproche aux penseurs et philosophes qui l'ont précédé d'ignorer l'activité réelle des hommes comme facteur déterminant

---

[1] K. Marx, *Avant-propos à la critique de l'économie politique*, Paris, La Pléiade, p. 27.

de l'histoire. Pour lui, l'histoire ne résulte ni de la volonté de Dieu ni du mouvement des idées, elle résulte de l'activité pratique des hommes.

C'est dans *l'Idéologie allemande* que Marx et Engels développeront le matérialisme historique afin de se dégager de l'idéalisme de la philosophie allemande et d'en faire la critique.

La philosophie allemande était pour Marx idéaliste parce qu'elle considérait que les idées et les concepts étaient des principes déterminants et qu'il suffisait de changer les idées pour que la réalité change. Pour Marx, ce ne sont pas les idées qui déterminent la réalité mais la réalité qui produit le monde des idées ; c'est-à-dire que ce sont les hommes, par leur pratique, leur travail, qui font l'histoire. Mais ces hommes ne font pas l'histoire d'une façon indépendante, par leur propre volonté ; ils sont conditionnés par les conditions matérielles, c'est-à-dire par l'état de développement des forces productives. Marx découvre la liaison étroite entre la pensée sous toutes ses formes et la réalité sociale au sein de laquelle elle se développe.

Ensuite il y a mouvement dans la réalité humaine. Toute réalité sociale se caractérise par le fait d'être historique, c'est-à-dire, transitoire. Les hommes par leurs actions changent les conditions matérielles, changent la société et ainsi se changent eux-mêmes. L'homme est donc fait par ce qu'il fait, il est le produit de son produit. La philosophie et la théorie en elle-même sont insuffisantes pour transformer le monde, c'est la pratique concrète des hommes qui est la force motrice de l'histoire. Par conséquent, aucune idée, aucun système théorique, aucun mode de pensée n'existe de manière autonome et ces idées ne peuvent être comprises qu'en étant mises en relation avec les conditions historico-sociales passagères dans lesquelles vivent les hommes qui les élaborent. Si on veut comprendre et expliquer les idées que les hommes se font d'eux-mêmes, de leur société, il faut les relier à ce qu'ils font, c'est-à-dire au mode de production qu'ils utilisent pour assurer leur vie matérielle. Il est à noter aussi qu'en plus de développer la thèse de l'union étroite entre la pensée et l'action, Marx développe aussi l'idée du sujet collectif ou transindividuel, ce qui veut dire que ce ne sont pas les individus ou les génies, les grands hommes qui font l'histoire. C'est en tant que classes que les hommes font l'histoire. Cela ne veut pas dire que certains individus ne jouent pas un plus grand rôle mais ils ne jouent pas leur rôle en tant qu'individus mais en tant que représentants d'une classe. Les idées des grands hommes ne sont pas leurs idées personnelles, mais sont les idées dominantes résultant du mode dominant de rapports des hommes à la nature et des hommes entre eux. L'homme concret, pour Marx, c'est l'homme social. L'essence de l'homme, nous dit Marx, c'est l'ensemble des rapports sociaux dans lesquels se trouvent engagés les individus.

L'idée centrale que nous avons développée jusqu'à présent est que la conception matérialiste de l'histoire conçoit la conscience, ce que les hommes pensent du monde et d'eux-mêmes comme étant déterminé par *l'être social*. Dans cette perspective l'idéologie est un *produit social* et pour en comprendre la nature et le développement, il faut se référer à l'activité concrète, à la façon dont les hommes produisent leur existence.

> La production des idées, des représentations et de la conscience est d'abord directement et intimement mêlée à l'activité matérielle et au commerce matériel des hommes, elle est le langage de la vie réelle. Les représentations, la pensée, le commerce intellectuel des hommes apparaissent ici encore comme l'émanation directe de leurs comportements matériels. Il en va de même de la production intellectuelle telle qu'elle se présente dans la langue de la politique, celle des lois, de la morale, de la religion, de la métaphysique de tout un peuple. Ce sont les hommes qui sont producteurs de leurs représentations, de leurs idées, mais les hommes réels, agissant tels qu'ils sont conditionnés par un développement déterminé de leurs forces productives et des rapports qui y correspondent. [2]

Le facteur déterminant de la pensée d'une époque n'est donc pas la volonté de Dieu, la constitution matérielle du cerveau et des sens (les idéologues), ni ce que l'homme mange (Feuerbach). Marx récuse ici les interprétations des métaphysiciens, des idéalistes et des matérialistes vulgaires. Dès lors, on ne peut donc pas faire une analyse des idéologies en soi, en se cantonnant, en se limitant à ce que les hommes disent, se représentent, s'imaginent, etc... Il faut partir des hommes dans leurs activités réelles pour arriver à comprendre et à expliquer les représentations qu'ils se font. Pour Marx, les idées en elles-mêmes n'ont pas d'histoire, elle n'ont pas de développement autonome car la formation des idées s'explique par la pratique matérielle et la nature des rapports sociaux de production, c'est-à-dire que les idéologies sont toujours liées et portées par des classes sociales qui, par elles,

---

[2]   K. Marx et F. Engels, *l'Idéologie allemande*, Paris, Éditions sociales, 1966, p. 35.

cherchent à fixer la phase historique de leur domination et à la faire passer pour universelle, transhistorique et indépassable.

> Chaque nouvelle classe qui prend la place de celle qui dominait avant elle est obligée, ne fût-ce que pour parvenir à ses fins, de représenter son intérêt comme l'intérêt commun de tous les membres de la société ou, pour exprimer les choses sur le plan des idées : cette classe est obligée de donner à ses pensées la forme de l'universalité, de les représenter comme étant les seules raisonnables, les seules universellement valables.[3]

Dans ce premier sens, l'idéologie chez Marx est donc un produit social qui a une spécificité historique et qui manifeste des conditions particulières de la production de la vie matérielle. Elle résulte de la division entre travail manuel et travail intellectuel et sa conséquence : la division de la société en classes.

La classe dominante qui possède les moyens de production produit un système de valeurs qui justifie sa domination et la présente comme universelle et nécessaire, pour ainsi dire naturelle. Par ce système de valeurs, elle cherche à fixer les règles et les normes de comportement de tous les membres de la société de telle sorte que sa position dominante ne soit pas remise en question.

> Les pensées de la classe dominante sont aussi, à toutes les époques, les pensées dominantes, autrement dit, la classe qui est la puissance matérielle dominante de la société est aussi la puissance dominante spirituelle. La classe qui dispose des moyens de production matérielle dispose du même coup des moyens de la production intellectuelle, si bien que l'un dans l'autre, les pensées de ceux à qui sont refusés les moyens de la production intellectuelle sont soumises du même coup à cette classe dominante.[4]

L'idéologie dans son essence est donc le produit de l'interaction des classes qui constituent la société et elle manifeste le caractère particulier des conditions de production de la vie matérielle et sociale qu'elle a pour fonction de faire accepter comme universelles.

Dans un deuxième sens qui découle du premier, l'idéologie est donc une fausse conscience, une illusion. Elle présente une vision du monde déformée qui mutile la réalité. Elle masque la situation réelle des classes et des individus qui les composent. Elle est à la fois illusion pour la classe dominante qui se perçoit comme universelle et pour les classes dominées qui ne perçoivent

---

[3] *Ibid.*, p. 77.
[4] *Ibid.*, p. 74.

pas leurs intérêts réels et leurs conditions d'exploitation, d'aliénation et de domination. Dans une perspective plus large, l'idéologie serait une représentation erronée de l'histoire. Elle est erronée parce qu'elle se présente comme universelle, autonome, indépendante des pratiques sociales. Pour Marx, la philosophie, le droit, la religion, la morale, l'art et le savoir n'ont que *l'apparence de l'indépendance*.

Par conséquent, l'idéologie a un effet d'occultation et de mystification. Elle présente un ensemble de valeurs qui modèlent les attitudes et les conduites. Sa fonction est de fixer des réponses et non de susciter des questions, elle construit une image simplifiée de la réalité sociale et, ce faisant, elle voile les possibles. Dans tout discours idéologique, il y a donc un dit et un non-dit, un contenu et une absence.

Cependant, les idéologies ne sont pas totalement fausses. Elles partent d'une certaine réalité partielle et fragmentaire mais la saisie de la totalité leur échappe à cause des conditions particulières, spécifiques qui leur donnent naissance. Elles sont illusoires en ce qu'à la totalité réelle, elles substituent une totalité abstraite, celle de la classe dominante, et représentent en ce sens des intérêts définis, limités et particuliers. Les idéologies ignorent donc leurs rapports à la praxis, elles ne reconnaissent pas les conditions matérielles qui les ont engendrées. Mais elles sont aussi significatives, elles sont vraies en ce sens qu'elles représentent des intérêts particuliers.

Si l'idéologie sert à mystifier les autres classes en les faisant consentir à la domination de la classe dominante, elle a aussi pour Marx un effet d'auto-occultation. Le processus d'auto-occultation est celui par lequel une classe sociale semble réaliser un aveuglement spontané de sa situation, de ses intérêts et de ses objectifs. Ce processus s'explique dans de nombreux cas par le poids de la tradition, du passé :

> Les hommes font leur propre histoire, mais ils ne la font pas arbitrairement dans les conditions choisies par eux, mais dans des conditions directement données et héritées du passé. La tradition de toutes les générations mortes pèse d'un poids très lourd sur le cerveau des vivants. [5]

---

[5]   K. Marx, *le 18 Brumaire de Louis Bonaparte*, Paris, J. J. Pauvert, 1964, p. 219. Dans *le 18 Brumaire*, il analyse l'attitude des paysans français. Ceux-ci votent pour Louis Bonaparte qui est objectivement hostile à leurs intérêts. Ce comportement électoral découle de leur attachement à Napoléon 1er qui avait, cinquante ans plus tôt, légalisé leurs titres de propriété.

Cette affirmation de Marx relativise le poids de la structure économique dans la détermination de la superstructure idéologique. Autrement dit, le mode de production dominant n'impose pas nécessairement et automatiquement les structures juridiques, politiques et idéologiques concordantes. Il n'y a pas que le mode de production qui détermine les rapports sociaux et l'idéologie mais il y a aussi le poids des idéologies passées qui interviennent dans les rapports entre infrastructures et superstructures. Il faut donc insister ici sur la nature dialectique des relations entre mode de production de l'existence et idéologie, car si l'idéologie est constituée par les conditions matérielles, à son tour elle intervient dans les pratiques qui façonnent les conditions d'existence, selon un mouvement dialectique qui va du vécu au conçu et du conçu au vécu.

Engels précise ce point dans une lettre à J. Bloch :

> Selon la conception matérialiste de l'histoire, l'élément déterminant *en dernière instance* de l'histoire, c'est la production et la reproduction de la vie réelle. Ni Marx, ni moi-même n'avons dit rien de plus. Il s'ensuit que si quelqu'un déforme ceci en disant que l'élément économique est le *seul* élément déterminant, il transforme cette proposition en une phrase dépourvue de sens, abstraite, sans signification. La situation économique constitue la base, mais les divers éléments de la superstructure exercent aussi leur influence sur le cours de la lutte historique et dans certains cas leur rôle est prépondérant dans la détermination de sa forme. Il y a une interaction entre tous ces éléments où le mouvement économique ne s'affirme qu'à la fin comme nécessaire. [6]

Et, il faut considérer comme le fait Lucien Goldmann que toute l'œuvre de Marx est une critique de l'économie politique et qu'en ce sens la prédominance des facteurs économiques est elle-même historiquement déterminée. Elle n'a rien d'un absolu transhistorique [7].

Dans *le 18 Brumaire*, Marx apporte donc des précisions importantes à sa conception de l'idéologie car il souligne que même si l'idéologie présente une vision déformée de la réalité, même si elle est illusoire et fictive, cela ne veut pas dire qu'elle soit dépourvue de pouvoirs réels. Toute idéologie est donc active et efficace. Les idéologies constituent la médiation entre la praxis et la conscience, c'est-à-dire qu'elles interviennent dans la réalité et

---

[6] Cité par J. Israël, *l'Aliénation — de Marx à la sociologie contemporaine*, Paris, Anthropos, 1972, p. 530.

[7] Voir Lucien Goldmann, *Recherches dialectiques*, Paris, Gallimard, 1959, p. 74.

servent de guide à la pratique des hommes. Elles fournissent une rationalité qui modèle les croyances, les attitudes et les comportements. En ce sens, elles servent à l'action. Elles interprètent le réel à travers des valeurs particulières et elles reviennent vers le réel pour imposer des règles et des inhibitions. Cette position a des conséquences théoriques importantes car elle confère à l'idéologie une certaine force productive puisque les hommes produisent, organisent leur travail et leur vie avec leur conscience, en se représentant à l'avance le résultat de leurs activités, puisqu'ils essaient de faire correspondre projet et action. L'idéologie n'est plus, dès lors, confinée, enfermée dans la superstructure ; elle n'est pas qu'une instance parmi d'autres, elle est à tous les niveaux, elle les cimente et leur donne une cohérence. Dans cette perspective, l'idéologie ne prend pas uniquement la forme du discours, elle est aussi matérielle, c'est-à-dire qu'elle se retrouve dans l'organisation du travail, dans les appareils de production, dans les institutions sociales et politiques, dans les appareils juridiques, lois, cours de justice, dans les appareils d'État, police, université, etc.

Donc, en conclusion, nous pourrions dire que le mode de production dominant d'une formation sociale a le rôle principal dans la détermination de l'idéologie dominante, mais que des variations sont possibles en raison de déterminations auxiliaires exercées par des éléments superstructurels caractéristiques de la formation sociale antérieure et/ou par l'intervention, dans le champ idéologique d'une formation sociale donnée, d'éléments superstructurels empruntés ou imposés par l'interaction entre formations sociales à mode de production différencié. De cette façon, pensons-nous, le matérialisme historique peut rendre compte de la dynamique du processus de production des idéologies qui tout en étant un effet de structures sont aussi effet des superstructures inter et intra formations sociales et qui interviennent dans le processus de reproduction sociale.

Le développement des idéologies en situation coloniale[8]

L'élément fondamental de la théorie marxiste des idéologies est donc que la formation des idées, des représentations dépend des

---

[8]   Version abrégée d'un article paru dans la *Revue canadienne de science politique* en mars 1976.

activités pratiques des hommes par lesquelles ils produisent leurs moyens d'existence et les rapports sociaux qui en découlent. Mais cet aspect à lui seul ne suffit pas pour expliquer la configuration idéologique d'une formation sociale et son procès de développement, car d'autres facteurs interviennent. La dialectique de la production des idéologies n'est pas que verticale, elle est aussi horizontale et ceci de deux façons. En premier lieu, il faut éviter de se laisser enfermer dans une logique unitaire du mode de production et de la formation sociale et par conséquent, nous devons tenir compte des rapports entre modes de production, c'est-à-dire que dans une formation sociale donnée il peut y avoir coexistence de plusieurs modes de production. Ainsi, la dominance du mode de production capitaliste peut parfaitement s'accommoder pendant un certain temps du moins de la persistance de certains aspects du mode de production féodaliste ou esclavagiste même si sa logique ultime est de les éliminer et de se généraliser. Donc, dépendant de l'articulation entre ces modes de production, on pourra retrouver dans la superstructure d'un mode de production dominant des éléments superstructurels du mode de production antérieurement dominant surtout dans les périodes de transition.

Il n'y a pas nécessairement étanchéité entre les composantes de modes de production différents coexistant dans la même formation sociale. C'est ce phénomène que Marx désigne lorsqu'il parle du poids de la tradition[9] et par lequel il explique le décalage possible ou la non-concordance entre les éléments structurels et les éléments superstructurels. Par conséquent, les éléments d'une configuration idéologique passée peuvent se retrouver dans l'ensemble superstructurel présent.

Pour bien comprendre le processus de production des idéologies, il faut aussi éviter de considérer une formation sociale comme un système clos et tenir compte des interactions entre les formations sociales à mode de production différencié. Ainsi, le champ idéologique d'une formation sociale donnée peut être pénétré par des éléments idéologiques produits par un autre type de formation sociale. Les idéologies, tout comme la marchandise et souvent avec elle, circulent et peuvent intervenir de façon significative dans la formation des représentations et des projets des classes en lutte. Même si on peut retrouver dans une formation sociale des éléments idéologiques empruntés, ceux-ci seront revi-

---

[9] Voir K. Marx, *le 18 Brumaire de Louis Bonaparte*, Paris, J.-J. Pauvert, 1965.

sés et adaptés en fonction de la situation matérielle de la classe qui les adopte. C'est dans cette perspective que s'inscrit la problématique du développement des idéologies en situation coloniale.

Avant d'aborder l'examen de cette situation particulière et voir s'il y a vraiment spécificité du développement des idéologies dans les sociétés colonisées, il nous faut aussi esquisser les principes généraux du changement idéologique. Nous ne nous préoccuperons pas ici du problème de l'origine des idéologies ni de l'aspect individuel du changement idéologique, c'est-à-dire des facteurs psychologiques; nous insisterons plutôt sur les facteurs fondamentaux susceptibles de fournir une explication de ce phénomène sur le plan historique au niveau des formations sociales.

Dans la perspective du matérialisme historique, les transformations idéologiques à l'intérieur d'une formation sociale sont expliquées principalement par les transformations des conditions de production de la vie matérielle et par les rapports sociaux qui en découlent.

> Est-il besoin d'une grande perspicacité pour comprendre que les idées, les conceptions et les notions des hommes, en un mot leur conscience, changent avec tout changement survenu dans leurs conditions de vie, leurs relations sociales, leur existence sociale?

> Que démontre l'histoire des idées si ce n'est que la production intellectuelle se transforme avec la production matérielle? Les idées dominantes d'une époque n'ont jamais été que les idées de la classe dominante. [10]

Dès lors, l'analyse du changement idéologique doit procéder au préalable à l'analyse des rapports de production et des rapports sociaux qui, en raison de leur caractère antagonique, donnent naissance à diverses représentations ou visions du monde, de sorte qu'en définitive les changements idéologiques résultent de la lutte des classes. Ici le changement idéologique est le changement de l'idéologie dominante. Mais il ne faudrait pas croire que ce processus s'effectue mécaniquement par le jeu des structures et la force des choses.

Engels s'explique clairement sur ce sujet dans une lettre à Heinz Starkenburg (janvier 1894):

> Le développement politique, juridique, philosophique, religieux, littéraire, artistique, etc... est fondé sur le développement économi-

---

[10]   K. Marx et F. Engels, *le Manifeste du parti communiste*, Pékin, Éditions en langues étrangères, 1966, pp. 56-57.

que. Mais toutes ces sphères réagissent les unes sur les autres et aussi sur le fondement économique. La situation économique n'est pas la seule cause active, tandis que tout le reste n'aurait qu'un effet passif. Il y a plutôt interaction entre les sphères sur la base de la nécessité économique qui prédomine toujours en fin de compte.[11]

Cette approche implique une causalité multiple mais hiérarchisée et dialectisée. D'autres variables interviennent dans la dialectique historique du développement idéologique, c'est-à-dire que dans la lutte des classes les appareils politiques et idéologiques jouent un rôle actif et peuvent entraver le changement idéologique. L'idéologie dominante n'est pas inoffensive quant au développement de l'idéologie des classes dominées car sa fonction consiste précisément à détourner ces classes de la prise de conscience de leur subordination. On retrouve alors chez les dominés le poids de la domination de la classe dominante et de son idéologie. L'histoire n'est pas une mécanique bien huilée qui se déroulerait inexorablement de la même façon que les lois de la gravitation. Elle se fait dans des conditions déterminées par la pratique, par l'action de sujets collectifs, pratique elle-même conditionnée par le poids des structures et par l'expérience des générations antérieures mais en même temps orientée par un projet, par la conscience du possible et du dépassement. Par conséquent, les voies du changement ne sont pas données à priori et les facteurs subjectifs et conjoncturels ne sont pas exclus; ils sont réinscrits dans la totalité du processus social, et une démarche analytique compréhensive, tout en tenant compte de l'ensemble, doit aussi considérer les particularités. L'avantage de cette approche à l'égard du changement idéologique est de permettre la saisie des parties dans le cadre de la totalité.

Le mode de production de la vie matérielle détermine, en dernière instance sur le plan historique, les transformations idéologiques, mais « en dernière instance » signifie lorsque tous les autres facteurs déterminants ont été pris en considération, on en revient à l'élément de base de l'existence: la production des moyens d'existence et les rapports sociaux de production. Il ne s'agit donc pas de tout expliquer seulement par des facteurs économiques mais d'être conscient qu'en dernière analyse cet aspect est le fondement de la vie concrète et de la totalité sociale et qu'en conséquence le développement des idéologies est consécutif du développement des rapports de production d'une formation sociale, que les idées ne peuvent changer par elles-mêmes, qu'elles

---

[11] Cité par F. Dumont, *Les idéologies*, Paris, P.U.F., 1974, pp. 24-25.

se constituent et se développent par la médiation de la pratique. Ce sont là les principaux jalons théoriques qui nous permettront par la suite d'exposer la spécificité du développement des idéologies en situation coloniale.

Jusqu'à présent nous avons surtout été préoccupé par le développement des idéologies à l'intérieur d'une formation sociale, mais nous ne pouvons en rester là, car sauf rares exceptions, les formations sociales ne sont pas des systèmes clos et autarciques du moins depuis la généralisation de l'échange marchand ; il faut suivre la logique de développement du capitalisme et considérer aussi le développement idéologique par rapport à l'interaction entre formations sociales à modes de production différenciés.

Historiquement, le capitalisme s'est développé dans un milieu social non capitaliste et ce qui caractérise ce mode de production c'est la nécessité de l'expansion. L'accumulation du capital et la reproduction de cette accumulation exigent inéluctablement la recherche de nouveaux marchés pour écouler les surplus, de nouvelles sources de matières premières et de main-d'œuvre, de nouveaux débouchés pour les capitaux et tend à la généralisation des rapports de production capitaliste. La conséquence de cette logique est la pénétration, la conquête de nouvelles régions non capitalistes et la destruction ou l'altération des structures sociales non capitalistes auxquelles le capitalisme se heurte dans son expansion[12].

Notre objectif ici sera donc de mettre en lumière les effets de ce processus pour le développement des idéologies dans ces formations sociales non capitalistes et pour ce faire nous utiliserons le principe dialectique suivant énoncé par Mao Tsé-Toung : « Les causes externes constituent la condition des changements... les causes internes en sont la base, et... les causes externes opèrent par l'intermédiaire des causes internes[13]. » Ceci implique que les effets superstructurels de la pénétration capitaliste varieront selon les conditions spécifiques de chaque formation sociale non capitaliste. Nous n'essaierons pas ici de rendre compte de la multiplicité des combinaisons possibles, nous nous proposons plutôt de dégager les principes généraux de ce processus.

Dans les formations sociales du centre, le mode de production capitaliste tend à être exclusif, à détruire les autres types de

---

[12]   Pour une description exhaustive de ce processus voir Rosa Luxembourg, *l'Accumulation du capital,* Paris, Maspéro, 1972, tomes I et II.

[13]   Mao Tsé-Toung, « De la contradiction » dans *Oeuvres choisies de Mao Tsé-Toung,* Pékin, Éditions en langues étrangères, 1966, tome 1, p. 351.

modes de production. Dès lors, la structure sociale a tendance à la polarisation en deux classes fondamentales, ce qui n'élimine pas la possibilité de formation sur une base politique et idéologique de nouvelles strates sociales. À l'inverse, dans les formations sociales périphériques, le mode de production capitaliste est introduit de l'extérieur et se développe en fonction du marché extérieur de sorte qu'il tend seulement à être dominant.

Dépendant du moment de la pénétration, des particularités du mode de production existant au centre et des conditions spécifiques à la périphérie, on pourra retrouver diverses combinaisons possibles où coexistent avec la dominance capitaliste des modes de production précapitalistes qui peuvent être soit tributaire, marchand simple, féodaliste ou esclavagiste. Ces modes de production sont intégrés dans un système et sont asservis aux fins propres du capital dominant; par exemple le paysan produit dans le cadre de son ancien mode de production mais il produit désormais des produits exportés vers le centre. La production est donc faite pour le marché extérieur et secondairement pour assurer la reproduction des forces productives. Alors que les échanges sont réglés sur une base capitaliste, la production des marchandises, elle, est fondée sur une base non capitaliste (pseudo féodale ou pseudo esclavagiste par exemple). «La forme des formations périphériques dépendra finalement à la fois de la nature des formations précapitalistes agressées et des formes de l'agression extérieure [14].»

Il en résultera un développement différencié des structures sociales et des idéologies. Ainsi par exemple la structure sociale d'une formation périphérique tendra à l'hétérogénéité et non à la polarisation comme c'est le cas au centre. La structure sociale périphérique est une structure tronquée et elle ne peut être comprise que comme un élément d'une structure sociale mondiale. L'histoire de l'Amérique latine illustre bien ce processus.

Les formations sociales américaines se différencient des formations asiatiques ou africaines du fait qu'elles ont été peuplées d'émigrants venus s'établir avant le triomphe définitif du mode de production capitaliste au centre et qui ont refoulé ou exterminé les populations indigènes. Selon S. Amin: «C'est au cours de cette période mercantiliste que l'Amérique latine a acquis ses structures définitives essentielles qui la marqueront

---

[14] Samir Amin, *le Développement inégal*, Paris, Editions de Minuit, 1973, p. 258.

jusqu'à nos jours. Elles seront fondées sur un capitalisme agraire latifundiaire dont la force de travail est formée par des paysans à statut diminué (péons et anciens esclaves). S'y ajoutera une bourgeoisie marchande compradore locale lorsque le monopole de la métropole se distendra[15]». Ce processus amènera au pouvoir les propriétaires fonciers et la bourgeoisie compradore locale, et engendrera la formation d'un prolétariat limité et l'appauvrissement de la paysannerie. Le développement des formations sociales périphériques ne suit donc pas le modèle de développement des formations sociales du centre. Il en va de même en ce qui concerne le développement idéologique.

Alors qu'en Europe, au XIXe siècle, l'idéologie libérale a été le drapeau de la bourgeoisie industrielle, en Amérique latine elle sera celui des propriétaires fonciers et des commerçants. Il en résultera toutes sortes de distorsions. Pour décrire ce phénomène, nous nous servirons du cas brésilien qui a été bien analysé par Roberto Schwarz[16] qui par l'étude de la littérature de son pays constate le décalage entre les valeurs libérales qu'elle véhicule et la réalité de l'esclavagisme. Il s'agit là, selon l'auteur, d'une comédie idéologique différente de celle de l'Europe. Alors qu'en Europe les idées de liberté du travail, d'égalité devant la loi, d'universalisme étaient des idéologies voilant l'essentiel — l'exploitation du travail — elles correspondaient cependant aux apparences; au Brésil toutefois ces mêmes idées étaient fausses dans un sens différent. La pénétration du mode de production capitaliste dans des formations sociales précapitalistes a pour effet au niveau idéologique d'accentuer les contradictions par rapport à la réalité.

> La présence au Brésil de la pensée économique bourgeoise — la priorité du profit avec ses corollaires sociaux — était inévitable dans la mesure où elle dominait le commerce international vers lequel notre économie était tournée, et la pratique permanente des transactions commerciales éduquait dans ce sens au moins une masse peu nombreuse mais non négligeable. De plus, peu d'années auparavant, nous avions acquis notre indépendance au nom d'idées françaises, anglaises et américaines, idées libérales à des degrés divers qui entrèrent ainsi dans notre identité nationale. D'autre part, et avec une fatalité identique, cet ensemble idéologique allait se

---

[15]   *Ibid.*, p. 260.
[16]   Voir Roberto Schwarz, «Dépendance nationale, déplacement d'idéologies, littérature», dans *l'Homme et la Société*, n° 26, octobre-décembre 1972, pp. 99-111.

heurter à l'esclavage et à ses défenseurs et, ce qui est pire, coexister avec eux. [17]

L'idéologie libérale, en se combinant avec une pratique esclavagiste dont en principe elle devait être la critique, était un contresens, elle devenait extravagante, perdait toute crédibilité et par conséquent cessait de tromper. Dès lors, la fonction de l'idéologie dans le cadre de la colonisation n'est pas de légitimer la situation en la masquant, sa fonction est de conférer un prestige social à la classe dominante, une identification avec le monde moderne de l'Europe prestigieuse. Sa raison d'être est conditionnée par le marché externe, sur le plan interne elle est dépourvue d'efficacité et sert de colifichet, de décoration qui jure par rapport au contexte.

> Nous avons vu que les idées de la bourgeoisie dont la sobre grandeur remonte à l'esprit public et rationaliste de l'Illustration, y prennent la fonction... d'ornement et marque de noblesse; elles attestent et célèbrent l'appartenance à une sphère auguste, celle de l'Europe... qui s'industrialise. [18]

Dans ce contexte de dépendance, le développement idéologique est tout à fait dissonant, désaccordé par rapport à la situation concrète. C'est un cas d'autonomie parfaite de l'idéologie par rapport à la base économique interne. Cette autonomisation ne traduit cependant que la détermination par la base économique externe, c'est-à-dire les rapports de dépendance envers le développement du mode de production capitaliste au centre.

> Bref, dans les revues, les mœurs, les maisons, les symboles nationaux, les déclarations révolutionnaires, la théorie, partout et toujours, le même habit d'arlequin: le désaccord entre la représentation et ce que en y réfléchissant, nous savons être son contexte.

> C'est ainsi qu'un latifundia peu modifié regarda défiler les manières baroques, néo-classiques, romantiques, naturalistes, modernistes et autres, qui, en Europe, accompagnaient et reflétaient d'immenses transformations de l'ordre social [19].

Mais au contraire, dans une société dépendante, les transformations de l'idéologie dominante sont accompagnées d'une inertie des relations sociales. Ainsi l'idéologie dominante (en l'occurrence le libéralisme) est décentrée par rapport à son usage européen et prend toujours un sens impropre. Ce décentrement s'explique historiquement par les relations de production et de

---

[17] *Ibid.*, p. 100.

[18] *Ibid.*, p. 104.

[19] *Ibid.*, p. 107.

parasitisme dans le pays, par sa dépendance économique par rapport à l'Europe et l'hégémonie intellectuelle de cette dernière.

Pour analyser et comprendre la spécificité du développement idéologique dans les formations sociales colonisées il faut recadrer notre perspective en fonction du processus de colonisation dans le contexte mondial tout en tenant compte des formes spécifiques des modes de production antérieurs à la pénétration capitaliste, ces modes de production pouvant être soit détruits, marginalisés ou conservés selon le type de processus de colonisation.

Il faut bien voir aussi que chaque processus de colonisation diffère selon l'état de développement de la puissance colonisatrice et en fonction des conditions spécifiques du lieu où se fait la pénétration. On ne peut donc en ce domaine faire appel à un modèle simple qui contiendrait toutes les possibilités de variations... On ne peut que suggérer quelques propositions générales qui pourront servir de guide à l'exploration.

Nous devons d'abord reconnaître les particularités structurelles des formations sociales coloniales pour en comprendre le développement idéologique. En premier lieu, le processus de colonisation implique la pénétration dans une formation sociale d'une force sociale qui, par sa puissance technique et son système normatif, est en mesure de se soumettre les autochtones et d'imposer un ordre socio-économique qui correspond à une rationalité et à des finalités exogènes. Ici l'articulation des modes de production ne se fait pas dans un rapport symbiotique en ce sens, par exemple, où le capitalisme s'est développé à l'intérieur du monde féodal. La pénétration du capitalisme à la périphérie mène à la coexistence des modes de production, ce qui donne des combinaisons hybrides qui ne se retrouvent pas au centre et qui marquent une spécificité. On pourrait dire qu'il y a plutôt désarticulation des modes de production, c'est-à-dire que le mode de production exporté n'est nullement en rapport sur le plan historique avec le mode de production pénétré. Il se produit en quelque sorte une coupure dans le développement suite à l'intervention colonisatrice. Selon les phases coloniales déterminées par les impératifs économiques et politiques métropolitains, l'effet de la pénétration pourra être soit le maintien, la marginalisation ou la destruction des rapports de production autochtones.

L'expansion coloniale implique aussi la formation d'une double structure de classes superposée; cette dualité évidemment ne peut s'appliquer que dans les situations où il n'y a pas destruction physique quasi absolue des colonisés comme ce fut le cas en Australie, aux États-Unis et dans une moindre mesure au Canada à partir du XIXe siècle. Se constitue alors un double système d'autorités, d'institutions, de normes et de comportements : celui du colonisateur valable, juridiquement s'entend, pour l'ensemble des composantes de la formation sociale et par lequel il impose sa légitimité ; et celui du colonisé ne s'appliquant qu'à la structure de classes subordonnée[20]. Certes, l'étanchéité n'est jamais parfaite, les deux systèmes peuvent s'influencer, mais la plupart du temps le poids de l'influence se fait plutôt sentir sur les superstructures du mode de production dominé, en ce sens que l'idéologie du colonisateur, en tant que force de domination, joue un rôle dans le processus même de colonisation, elle participe activement et directement à l'acculturation des colonisés, ce qui aboutit à la longue à la déstructuration du système social colonisé et à la folklorisation de sa culture. Dans les sociétés coloniales, on retrouve donc deux types de développement idéologique : celui de la structure sociale colonisatrice et celui de la structure sociale colonisée. Il importe donc de souligner qu'une analyse des idéologies n'est possible que par la connaissance préalable des conditions matérielles de l'existence et surtout des différences de ces conditions.

En ce qui concerne les superstructures politiques et idéologiques, la colonisation opère un transfert d'institutions, de règles, de comportements, de valeurs qui résultent de l'expérience sociale métropolitaine et qui en se substituant et en se superposant aux superstructures autochtones cherchent à légitimer les privilèges que s'attribue le colonisateur. Mais qu'est-ce au juste qui est transplanté ? L'idéologie exportée correspond-t-elle à l'idéologie dominante métropolitaine ? À notre avis, cela ne va pas de soi. Une approche compréhensive en ce domaine doit prendre en considération l'état des rapports sociaux de la puissance métropolitaine et comprendre la colonisation comme le produit des contradictions contenues dans ces rapports sociaux. À cet égard, on constate que, règle générale, le processus colonial est le fait d'une bourgeoisie marchande en expansion qui cherche à consolider son pouvoir économique en se servant de l'État monarchique pour financer ses entreprises. Les autres classes de la société n'ont pas d'intérêts objectifs à la colonisation qui est une phase cruciale du processus de généralisation du monde de la marchan-

---

[20]   Cette dualité schizophrène de la mentalité du colonisé est admirablement décrite par Albert Memmi, *le Portrait du colonisé*, Paris, J.-J. Pauvert. 1966.

dise et de l'échange. En ce sens, la motivation colonisatrice ne peut correspondre ultimement qu'à une rationalité de l'accumulation. On n'a pour s'en convaincre qu'à rappeler les leitmotive des premiers explorateurs à la recherche de la route des Indes et de ses richesses.

Puisque la société métropolitaine est dans une phase de transition où le capitalisme tente de supplanter le féodalisme, on peut supposer que sur le plan idéologique, on retrouvera chez les colonisateurs une éthique ou une rationalité ambivalente reflétant cette mutation structurelle mais fortement imprégnée des valeurs de l'idéologie de la classe en ascension. La portée de cette proposition est relative à l'aire de colonisation et surtout à la phase de la colonisation. Elle est plausible pour les sociétés coloniales américaines au début des XVIIe et XVIIIe siècles mais elle l'est beaucoup moins pour les sociétés coloniales africaines et pour la phase industrielle du capitalisme où, au contraire, ce sont souvent des fractions de classe en déclin dans la métropole qui s'expatrient aux colonies pour maintenir leur existence, car là la médiocrité et la facilité sont lois[21].

Dans ce cas, l'idéologie du colonisateur sera constituée des éléments les plus rétrogrades de l'idéologie dominante métropolitaine. Mais d'une façon ou de l'autre, il n'y a pas reproduction en colonie de l'idéologie dominante métropolitaine car la pratique coloniale exige une mentalité et une rationalité particulières. De plus, au contact de la société colonisée et pour s'adapter à la nouvelle situation que représente la domination coloniale, le système idéologique exporté déviera du modèle métropolitain. Cette différenciation ne manifeste pas l'émergence d'une base économique différente en colonie ; elle signifie simplement qu'il y a accélération du développement du mode de production capitaliste dans un contexte où les forces sociales oppositionnelles sont, au début au moins, externes, c'est-à-dire proviennent d'un autre type de société, et offrent moins de résistance que dans la métropole. Dans cette situation, l'accumulation du capital fait l'économie d'une lutte de classes, ce qui ne veut pas dire qu'elle n'enfantera pas de classes sociales et de rapports sociaux antagoniques. Cette différenciation n'implique pas non plus une coupure radicale, c'est-à-dire une différence qualitative, mais surtout une différence au niveau des formes et des symboles. Fondamentalement la vision du monde des classes correspondantes en métropole et en colo-

---

[21]   Voir *Ibid.*, pp. 86 ss.

nie, c'est-à-dire celle de la bourgeoisie reste la même : le bonheur par la propriété privée et l'accumulation des richesses sur une base individuelle. En situation coloniale, ce n'est pas tant l'idéologie qui est spécifique que son développement qui subit la pression de plusieurs dialectiques : rapports colonie-métropole, rapports colonisateurs-colonisés, rapports entre forces sociales de la structure de classes colonisatrice.

Quant au système idéologique du colonisé, son développement est enrayé et détourné, car le processus de colonisation, essentiellement fondé sur la conquête militaire et la violence, entraîne la bipolarisation du système économique, c'est-à-dire que d'une part il y a production pour la subsistance (cueillette, chasse et pêche, culture, artisanat) et d'autre part la production pour l'échange où s'insère le rapport de dépendance qui à la longue se répercutera sur la production pour la subsistance. Correspond à cette bipolarisation à mode de production différencié, un dédoublement de la structure sociale et à l'intérieur de la structure sociale colonisée apparaît un double pouvoir. Il y a d'abord les autorités traditionnelles qui régissent la vie interne, il y a ensuite le nouveau pouvoir mis en place par la colonisation et qui est celui des « intermédiaires », c'est-à-dire ceux qui sont en contact avec le colonisateur. Il va sans dire que cette distinction vaut pour les fonctions et pas toujours pour les personnes qui en ont charge. Ces médiateurs tirent leur statut d'autorité de leur propre subordination à des maîtres étrangers à qui ils offrent en retour la collaboration et la soumission des colonisés. Ces derniers vivent donc sur un double régistre utilisant un type de relations sociales et de symboles pour la communication interne et un autre type, emprunté celui-là, pour leurs rapports avec l'extérieur. Dès lors, le développement des idéologies est extraverti, il ne répond plus à une logique qui lui est propre car la formation sociale colonisée pour survivre est forcée d'intégrer certains éléments du système idéologique du colonisateur. C'est le groupe social médiateur qui est porteur de l'idéologie coloniale, car ses représentants ont tendance à s'assimiler et à s'identifier aux comportements, à la culture et à la vision du monde du colonisateur en mimant dans la vie quotidienne les détails du mode de vie du colonisateur[22]. L'adoption d'une symbolique et d'un système de références étrangers est même la condition du maintien

---

[22]   Voir à ce sujet l'analyse du cas malgache faite par G. Althabe, *Oppression et libération dans l'imaginaire*, Paris, Maspéro, 1969, p. 47.

de leur autorité. Ces «étrangers de l'intérieur» chercheront à imposer «leur» idéologie «bâtarde» à l'ensemble de la structure sociale colonisée et pour ce faire, ils devront dénoncer les coutumes et les traditions ancestrales, c'est-à-dire le système idéologique correspondant au mode de production «traditionnel». Il en résulte un conflit entre le système de valeurs importé de l'extérieur et celui des autochtones dont l'avenir est voué à la folklorisation. Apparaît alors un type socio-culturel qui se caractérise par le transfert au plan de l'imaginaire social et des pratiques symboliques, des solutions aux problèmes que la communauté ne parvient pas à résoudre efficacement et qui compense son impuissance. Pour beaucoup de ces sociétés, la religion est l'échappatoire de l'oppression coloniale et c'est par elle qu'est perçue la possibilité de libération, de sorte que l'idéologie religieuse occupe une place centrale dans l'idéologie dominante[23]. Le Québec, à cet égard, offre un bel exemple.

Les conséquences du processus de colonisation pour le développement idéologique sont donc multiples et varient selon la position sociale occupée dans la formation sociale coloniale. Dans la structure sociale colonialiste, l'idéologie de la classe dominante se démarque peu à peu de l'idéologie dominante métropolitaine et développe des aspects particuliers qui sont l'effet de la situation coloniale. Les classes dominées de la structure colonialiste, tout en étant subordonnées et exploitées, participent aussi à la domination coloniale et sont plus fortement liées à l'idéologie dominante que leurs correspondants métropolitains. Elles consentent plus facilement à leur subordination et offrent moins de résistance à l'occultation idéologique.

Dans la structure sociale colonisée, la colonisation a pour effet de bloquer la dynamique interne du développement des idéologies, d'inférioriser le groupe social dominant, de réduire l'efficace de sa vision du monde à la vie interne de la communauté colonisée et d'entraîner sa dégénérescence et sa folklorisation. Parallèlement, se développe un autre groupe social ou un autre type d'autorité, celui des médiateurs qui copient le système idéologique de colonisateur et tentent de l'imposer. Dès lors, le développement idéologique subit une dynamique extravertie qui provoque une acculturation de la société colonisée.

---

[23]   Voir Pierre-Philippe Rey, *Colonialisme, néo-colonialisme et transition au capitalisme*, Paris, Maspéro, 1971, pp. 457-458.

Cette typologie ne tient pas compte de toutes les spécificités et ne colle pas parfaitement à toutes les situations concrètes. Elle peut être utile dans la mesure où elle nous guide dans l'exploration pour retrouver les particularités de chaque situation coloniale. Elle guidera implicitement notre analyse du développement des idéologies au Québec.

L'originalité du cas québécois

D'une façon générale, l'étude des idéologies d'une société doit reposer sur la connaissance du processus de formation de cette société, c'est-à-dire sa genèse historique, les conditions matérielles de son développement, sa situation dans la structure économique mondiale (rapport centre-périphérie), sa structure de classes et les luttes entre ses composantes. La combinaison de ces divers éléments permet de saisir l'articulation des principales lignes de force qui constituent les grandes phases du développement idéologique et manifestent sa spécificité.

Dans le cas des sociétés coloniales, une attention particulière doit être accordée aux rapports de forces et aux luttes idéologiques en métropole car dans une certaine mesure et pour un certain temps du moins, ces formations sociales sont dépendantes sur les plans socio-économique et idéologique. Cette détermination externe n'est évidemment pas absolue. Le poids de ces facteurs est médiatisé et relativisé par les caractéristiques internes de la société coloniale d'où émerge une autonomie relative du développement économique et social se traduisant par un développement spécifique des idéologies.

On a vu précédemment que le colonialisme engendrait une double dialectique du développement des idéologies: l'une pour la composante colonisatrice et l'autre pour la composante colonisée qui sont le plus souvent différenciées par leurs modes respectifs de production. Alors que pour la première, il y a une possibilité d'autonomisation par rapport à la métropole en raison même de la particularité de la situation coloniale, pour la seconde, au contraire, il y a blocage du dynamisme interne, dépendance et développement extraverti (*i.e.* en fonction de la domination de la structure socio-économique colonisatrice). À cet égard, l'obtention de l'indépendance politique n'est pas suffisante pour renverser ce rapport.

L'originalité du cas québécois réside dans la combinaison de ces deux situations, le colonisateur étant lui-même colonisé. La structure sociale québécoise a vécu successivement les deux situations inhérentes au processus de colonisation. Avant d'avoir pu réaliser son autonomisation en tant que composante colonisatrice, alors qu'elle était encore dépendante par rapport à sa métropole, elle fut elle-même conquise et soumise à la domination d'une autre métropole et d'une autre structure sociale à base économique sensiblement identique. À ce sujet, il faut toutefois souligner qu'à la suite de la domination militaire, politique et économique, apparaîtra une différenciation progressive de la base économique de la société colonisée qui se caractérisera par l'émergence d'un mode de production particulier: le mode de production des petits producteurs que nous définirons plus explicitement dans le prochain chapitre. La société dominée est alors coupée de son centre dont elle ne reçoit plus les influences idéologiques. Le processus de différenciation et d'autonomisation des idéologies est bloqué. Le développement des idéologies est soumis à la dialectique résultant de la formation d'une double structure de classes différenciées par leurs conditions d'existence et leur nationalité. La superposition de deux structures sociales n'est pas la seule conséquence de la conquête car le changement de métropole opère aussi une transformation dans le rapport des classes de la société antérieurement colonisatrice. On peut constater, en effet, que progressivement la classe ascendante, à la suite des modifications structurelles entraînées par le changement de métropole, perd sa capacité hégémonique qui est récupérée par la classe déclinante qui pour se maintenir et contrer la menace que représentait anciennement la classe ascendante, s'allie avec la classe dirigeante étrangère. On se retrouve alors avec une classe hégémonique globale: la bourgeoisie canadienne qui domine les rapports sociaux de production et, une classe hégémonique partielle, la petite bourgeoisie, qui domine la structure sociale colonisée dont la nationalité diffère de celle de la structure sociale colonisatrice.

Sur le plan idéologique, cette double structure sociale, différenciée par le mode de production et la nationalité, se traduit pour la collectivité dominée par la domination d'une idéologie figée, déterminée par les intérêts d'une classe apathique et rétrograde qui profite de la nouvelle situation coloniale pour imposer un système de valeurs hérité d'une situation historique dépassée, ce qui provoque une accentuation du décalage entre l'idéologie dominante de la structure sociale dominée et la réalité de sa situation concrète.

La classe hégémonique subordonnée dans cette formation sociale à double structure de classes exercera un contrôle sur le développement d'éléments idéologiques non conformes à ses intérêts et fera obstacle à la pénétration des influences idéologiques étrangères, ne laissant filtrer que les idéologies des classes rétrogrades des autres sociétés et celle de la classe hégémonique globale, dans la mesure où ses conséquences ne modifiaient pas sa position hégémonique partielle. Ce blocage résultera à la fois de mécanismes de contrôle structurel et culturel et sera surtout efficace après l'échec de 1837-1838 et jusqu'à la Deuxième Guerre mondiale où l'idéologie dominante de la formation sociale québécoise sera celle d'une société catholique et rurale.

Ce sont là quelques jalons théoriques qui baliseront notre exploration du développement des idéologies au Québec et que nous devrons raffiner afin de tenir compte des orientations et phases particulières de ce développement. Cette conceptualisation nous servira de cadre d'analyse et nous guidera dans la sélection et l'organisation du matériel idéologique.

CHAPITRE I

La Nouvelle-France

Il n'existe présentement aucune étude systématique sur les perspectives idéologiques de cette période de la société québécoise. L'étude historique des idéologies pose un problème de sources. Il va de soi que pour l'étude du passé il faut se référer aux documents écrits. Mais pour certaines périodes, de tels documents sont rares pour ne pas dire inexistants et, même lorsqu'ils existent, l'analyse idéologique n'en demeure pas moins problématique car ces textes ne sont pas toujours des révélateurs fidèles.

En ce qui concerne le Québec, ce problème se pose avec acuité pour l'étude de la pensée politique et sociale sous le régime français. L'insuffisance de sources explique peut-être l'absence d'études idéologiques proprement dites sur cette période. Il faut rappeler ici que l'imprimerie n'a fait son apparition au Canada qu'en 1764. Pour connaître la pensée de l'époque, il faut donc, en plus de l'analyse des conditions socio-économiques, se référer à des sources indirectes, c'est-à-dire aux écrits et au climat idéologiques métropolitains. Les événements, les conflits et les problèmes de l'époque peuvent aussi en ce domaine nous servir de guide, mais ces révélateurs sont aléatoires puisqu'ils sont médiatisés par les intérêts des acteurs qui nous les ont transmis. La production intellectuelle de la colonie étant faible, il faut se contenter des rapports des administrateurs et des relations ou écrits intimes des protagonistes du moment.

Nous essaierons donc de regrouper les éléments disparates dont nous disposons et de tracer les grandes lignes de la pensée politique et sociale de cette période en tenant compte des spécificités matérielles, économiques et sociales de la Nouvelle-France et en développant certaines hypothèses sur le développement idéologique en situation coloniale. Cette démarche nous amènera aussi à mettre l'accent sur le contexte idéologique de l'époque c'est-à-dire sur les principaux courants idéologiques dominant la formation sociale métropolitaine, car il est plausible de supposer que l'orientation idéologique de la Nouvelle-France reflétera plus ou moins fidèlement les visions du monde des groupes sociaux qui viendront s'implanter sur les terres neuves de l'Amérique. Il faut, à cet égard, se méfier du biais idéaliste véhiculé par certains historiens plus catholiques que rationnels et qui ont tendance à idéaliser le passé français et à faire des premiers colons des modèles de vertus sortant de la « cuisse de Jupiter », pieux, dévots et respectueux de l'autorité[1]. Enfin, si nous avons à l'origine importé nos éléments idéologiques, il n'est pas du tout certain que le produit exporté ait été conforme aux normes officielles de l'époque. Indubitablement, on a tenté de reproduire en Nouvelle-France la structure économique et sociale de la métropole mais toute transplantation implique une adaptation de sorte qu'on peut supposer qu'en dépit du volontarisme de la politique coloniale française et de ses administrateurs, si reflet il y a, ce n'est pas sans déviations et originalités.

L'idéologie dominante de la France du XVIIᵉ siècle

Que pensaient les premiers colons s'embarquant pour la Nouvelle-France ? Quelles furent les idées politiques et sociales ayant pu possiblement constituer leur vision du monde ? Pour répondre à ces questions nous sommes forcé de procéder par analogie et déduction puisque nous ne disposons que de très peu de documents pertinents nous permettant de retracer directement la trame idéologique des habitants de la Nouvelle-France. Il faut donc pour comprendre leur univers idéologique dégager le système de valeurs dominant à cette époque et comprendre, à partir de la situation économique et sociale de la France, les motivations et les intérêts qui poussaient ces gens à s'expatrier.

Le XVIIᵉ siècle est une période de crises occasionnées par les contradictions entre le mode de production féodaliste et le

---

[1] Il serait naïf de penser que les études sociales échappent complètement à l'influence de la société où elles sont produites et en ce sens la tendance à l'idéalisation du passé français doit être située dans le contexte colonial de la société québécoise. Il y a une interrelation entre l'objet d'étude et l'analyste ; les valeurs de la culture dominante marquent aussi les analystes de cette culture.

développement du capitalisme. La structure sociale et politique féodale ne correspond plus aux nécessités d'une économie marchande en expansion. Une classe capitaliste s'est formée, regroupant de puissants marchands, des banquiers et des manufacturiers employant des salariés.

Cette nouvelle classe est en conflit avec les corporations de métier et l'institution sociale du servage qui entravent son expansion. Elle fait donc alliance avec la monarchie qui mettra ordre à l'anarchie et au morcellement de la féodalité, créant ainsi les conditions pour la généralisation de l'échange marchand.

Ce siècle est d'abord marqué par des crises économiques: dépréciation de la monnaie, inflation, famine, révolte paysanne. En effet, dans la première moitié du XVIIe siècle, les émeutes populaires sévissent en France à l'état endémique. Elles éclatent en 1630 à Caen, Lyon et Angers, en 1631 à Lyon et en Provence. Les années suivantes, il y a des soulèvements au Poitou et dans le Limousin. En 1639, 20,000 paysans armés contrôlent la campagne sous la direction de Jean-va-nu-pieds et Bras-nu. En 1641, 4,000 hommes s'emparent d'Arvenches[2]. Le capitalisme naissant s'accompagne aussi de l'antagonisme entre les principaux États de l'Europe en concurrence dans l'entreprise de domination européenne sur le reste du monde. La guerre de Trente Ans sévit de 1618 à 1648. C'est aussi un siècle de crises politiques: les difficultés de la Régence de Marie de Médicis, veuve d'Henri IV, la convocation des États généraux (1614), la Fronde (1648-1653). Enfin c'est un siècle de crises religieuses avec la révocation de l'Édit de Nantes et la répression contre les huguenots.

Les différentes classes sociales

La noblesse féodale, ou noblesse d'épée, participa aux troubles intérieurs, mais l'échec de la Fronde marquera le début de son déclin. Les nobles vivaient mal des maigres revenus de leurs terres. Pour tenir leur rang, ils dépendaient de la bonne volonté ou du bon plaisir du roi qui distribuait les bénéfices ecclésiastiques, les charges dans les maisons royales, à la cour, dans l'armée et la diplomatie.

La bourgeoisie urbaine est composée de couches différentes. Elle inclut aussi bien les imprimeurs, libraires, médecins, avocats,

---

[2]   Voir E. Preclin et U.L. Tapié, *le XVIIe siècle,* Paris, 1949, p. 153.

notaires, que les armateurs, commerçants et banquiers. Ces bourgeois possédaient le capital, finançaient la monarchie, achetaient des terres et des titres et pour la plupart aspiraient à vivre noblement, minant ainsi de l'intérieur l'ordre socio-économique féodal.

Les paysans constituaient l'immense majorité de la population. Ils ont beaucoup souffert des troubles, des guerres civiles et des guerres étrangères. Ils vivaient mal sur des terres trop morcelées et mal cultivées. Le peuple des villes vivait dans une dépendance étroite des nobles et des bourgeois.

De cette description sommaire des conditions socio-économiques de la France au XVIIe siècle, on peut déduire que ceux qui étaient susceptibles de s'intéresser aux expéditions coloniales pouvaient soit être des nobles en disgrâce, ne jouissant pas dans la métropole de charges royales, cette noblesse des campagnes ruinée et désireuse de redorer son blason, soit les commerçants et armateurs des ports français. Mais dans l'ensemble on peut dire que les colonies n'exerceront pas un grand attrait pour les paysans, le peuple des villes et les professions libérales, car cet état de crise sera résorbé à partir de la deuxième moitié du XVIIe siècle avec l'avènement de Louis XIV sur le trône[3]. Ceux qui viendront des classes populaires, dans le cadre de l'enrôlement militaire «forcé» ou comme engagés, ont en commun d'être jeunes, célibataires, peu instruits, peu qualifiés et souvent dans un grand dénuement au moment du départ. Ce sont des pauvres mais pas des indigents, car le fait de s'exiler témoigne d'un esprit de décision et de sérieux de leur part. En général, ces immigrants viennent de l'ouest de la France et principalement des régions portuaires. Selon une évaluation de Marcel Trudel, les contingents d'immigrants se composèrent de 2,900 gens de métier, 3,500 recrues militaires, 1,100 filles à marier et 1,000 venus par châtiment. La plupart des nouveaux arrivants devront donc improviser et innover pour survivre.

Nous devons enfin tenir compte d'un dernier phénomène social: celui de la renaissance catholique et la prolifération des

---

[3]   Louise Déchène remarque à ce propos: «Mais ces difficultés économiques, ces désarrois et ces incertitudes sont chroniques dans le grand siècle. Ceux qui vont au Canada pour y échapper sont bien peu nombreux. Ne cherchons pas dans ce faible courant l'écho des grandes crises, mais plutôt la réponse à des sollicitations particulières qui, là et quand elles se font sentir, dirigent ces hommes en instance de déplacement au delà des circuits migratoires ordinaires». *Habitants et marchands de Montréal au XVIIe siècle*, Paris, Plon, 1974, p. 46.

congrégations religieuses. La première moitié du XVIIᵉ siècle est l'époque de la réforme catholique suscitée pour contrer l'influence du protestantisme. De nombreuses communautés religieuses seront fondées ou réformées afin de ramener la ferveur religieuse, l'esprit de charité, d'austérité et de piété. L'abbaye de Port-Royal se réforma en 1609 et sera la base du jansénisme. Les carmélites et les ursulines sont introduites en France. Les jésuites ouvriront des collèges consacrés à l'éducation des jeunes nobles et bourgeois. Ces nouvelles congrégations se consacrent à l'éducation et à l'assistance des malades et des pauvres. Ce renouveau religieux donnera naissance à de chaudes controverses théologico-politiques caractérisées surtout par les luttes entre jansénistes et jésuites qui s'opposeront sur le problème de la grâce, les premiers se rapprochant des calvinistes soutenant que le statut de l'homme dépendait de la seule volonté de Dieu, les seconds estimant qu'il appartenait à l'homme par son libre-arbitre d'assurer son salut. Les jansénistes dénonçaient aussi tous les compromis entre les exigences de la religion et les nécessités de la vie mondaine et du pouvoir temporel. Ils refusaient l'alliance entre le catholicisme et le pouvoir. Leur morale sévère dérangeait les jésuites qui s'accommodaient bien de ces compromis et firent en sorte de faire condamner ce mouvement par le pape et le pouvoir royal. Mysticisme, austérité et prosélytisme étaient les traits principaux de ce mouvement réformateur qui tentera une expansion en Nouvelle-France.

Les grands thèmes de l'idéologie dominante : absolutisme, gallicanisme et mercantilisme

Le XVIIᵉ siècle, sur le plan des idées, est marqué par l'apogée de la doctrine absolutiste institutionnalisée par le règne de Louis XIV[4]. Cette doctrine amorce la sécularisation progressive du pouvoir temporel en fondant toutefois la légitimité monarchique

---

[4]   La domination de cette doctrine fera surgir des réactions critiques qui par un processus dialectique aboutiront aux théories libérales et démocratiques du siècle suivant. Les œuvres de Claude Joly et les *Mazarinades,* produits de la Fronde, témoignent de la présence d'embryon de pensée libérale dans ce siècle dominé par l'absolutisme. On soutient ouvertement, dans les écrits contestataires de l'époque, le principe de la souveraineté populaire et du contrat, on conçoit que le rôle du Parlement est de limiter le pouvoir royal et de contrôler ses actes.

sur le droit divin[5]. Pour Louis XIV, le principe essentiel, c'est la toute-puissance du monarque qui n'a de compte à rendre à personne. Rien ne doit limiter l'autorité royale.

Un autre principe viendra renforcer la doctrine de l'absolutisme monarchique, c'est la théorie de la raison d'État. Selon cette théorie, les individus n'ont pas de droits contre l'État de sorte qu'ainsi les abus, l'arbitraire et la tyrannie se trouvent légitimés. Cette théorie implique que dans les affaires d'État, le roi peut outrepasser les règles ordinaires de la justice. Même si ce principe peut entraîner des abus, ceux-ci ne sont dangereux que pour les individus, ce qui est négligeable car, nous dit Richelieu : « la perte des particuliers n'est pas comparable au salut public et le péril ne peut tomber que sur quelques particuliers au lieu que le public en reçoit le fruit et l'avantage[6] ». Cette doctrine s'imposera surtout à la suite des guerres de religion et à cause de l'intensification de la lutte des classes entre la noblesse et le tiers état. La monarchie absolue se présente alors comme un rempart contre l'anarchie. On était las des troubles qui avaient désolé la France depuis la deuxième moitié du XVIe siècle, et l'on ne voyait de salut que dans l'affermissement du pouvoir royal.

Aux États généraux de 1614, aucune protestation n'a été émise contre l'absolutisme royal. Toutefois, certaines voix réclament une monarchie tempérée respectant les avis du Parlement et des États généraux ; entre autres, ce fut sur la question du contrôle des impôts qu'il y eut les plus vifs affrontements, les États généraux voulant se faire reconnaître un droit d'intervention lorsque le roi veut créer de nouveaux impôts. L'opinion publique réclame des réformes : abolition de la vénalité des offices, diminution des pensions, réduction de la taille. Mais jamais on ne met en doute la toute-puissance du roi car sa souveraineté est reconnue comme une chose sacrée.

En France, l'absolutisme se manifeste à la fois par des œuvres de doctrine et dans les sentiments populaires. Les traités politiques célébrant le Prince et exaltant l'État foisonnent. Les principaux thèmes de ces traités sont la supériorité de la monarchie héréditaire, l'origine divine des pouvoirs, les devoirs du Prince, père et protecteur de son peuple, et enfin le pouvoir

---

[5] André Duchesne écrit en 1609 que les rois sont « les vives images de Dieu par qui ils sont élus et choisis. Voir H.-E. Sée, *les Idées politiques en France au XVIIe siècle*, Paris, Marcel Giard, 1923, p. 19.

[6] Richelieu, *Maximes d'État*, n° CXXV, p. 785.

absolu du monarque, car l'État a ses raisons et le souverain est Dieu sur terre. C'est l'intérêt de l'État qui prime et le clergé doit être au service du roi. Le problème des rapports entre l'Église et l'État est au cœur de la pensée politique et sociale de l'époque et la plupart des discussions politiques ont pour objet de préciser le rôle de l'Église dans l'État.

Ainsi Richelieu, dans son livre intitulé *Testament politique*, cherche à réconcilier la morale chrétienne et la raison d'État pour couvrir cette dernière du manteau de la morale. Bossuet sera un autre théoricien de la monarchie absolue sous Louis XIV. Il écrit en 1679: « L'intérêt de l'État doit marcher le premier. Quand on a l'État en vue, on travaille pour soi. Le bien de l'un fait la gloire de l'autre[7]. » Pour Bossuet, l'histoire est l'œuvre de la Providence et la monarchie est la forme de gouvernement la plus commune, la plus ancienne et la plus naturelle. Il insiste surtout sur la nécessité de l'ordre et la légitimité des pouvoirs établis. Il ne se préoccupe pas outre-mesure de l'établissement de la légitimité d'un gouvernement[8]. Rien n'est plus opposé au véritable christianisme que l'esprit de révolte selon Bossuet dont l'œuvre est dominée par les thèmes de l'obéissance et de la soumission. Elle sera largement utilisée un siècle plus tard pour cautionner la politique du clergé canadien après la Conquête. Nos évêques y puiseront leur inspiration et leurs politiques.

Bossuet est aussi gallican. Il affirme que les rois par l'ordre de Dieu ne sont soumis à aucune puissance ecclésiastique dans les choses temporelles, que leurs sujets ne peuvent être dispensés de l'obéissance qu'ils leur doivent, que cette doctrine est nécessaire pour la tranquillité publique et avantageuse à la fois pour l'Église et l'État. Elle doit donc être inviolablement suivie comme étant conforme à la parole de Dieu et à la tradition des Saints-Pères. La puissance temporelle et la puissance spirituelle doivent se prêter un mutuel appui au lieu de se jalouser et de se combattre: « L'Église a tant travaillé pour l'autorité des rois, qu'elle a sans doute bien mérité qu'ils se rendent les protecteurs de la sienne[9]. »

Aux progrès de la doctrine absolutiste correspondent les progrès de la doctrine gallicane. Il s'agissait d'assurer l'indépen-

---

[7]   Cité par Jean Touchard, *Histoire des idées politiques,* Paris, P.U.F.-Thémis, 1967, tome 1, p. 343.

[8]   Voir *Politique tirée de l'Ecriture Sainte,* I, II, art. II, pp. 529ss.

[9]   Bossuet, *Les Devoirs du roi,* tome V, p. 257, cité par H.-E. Sée, *op. cit.,* p. 168.

dance de l'autorité royale vis-à-vis le Saint-Siège ou autrement dit de tenir en échec les velléités théocratiques. Au début du XVIIe siècle, la question des rapports entre le pouvoir temporel et le pouvoir spirituel passionnait les esprits et opposait les gallicans aux ultramontains, ces derniers cherchant à démontrer (avec le cardinal Bellarmin) la suprématie du pape sur les princes. La doctrine ultramontaine se résume au principe suivant: à cause de sa mission spirituelle le pape a le droit et même le devoir d'intervenir dans les affaires temporelles des souverains. Une des conséquences de cette conception est que la tolérance des hérétiques doit être interdite aux princes catholiques. Ceux-ci devront réprimer l'hérésie, être le bras armé de Dieu en mettant au service de l'Église la puissance temporelle. Une autre conséquence était l'indépendance du clergé vis-à-vis le pouvoir royal. Les ultramontains comme les gallicans acceptaient le principe de l'origine divine du pouvoir royal, mais pour les premiers, les rois ne détenaient pas leur autorité politique directement de Dieu, celle-ci devant être liée au consentement populaire: «C'est le consentement du peuple, écrit Bellarmin, qui constitue rois, consuls ou tous autres gouvernements»[10]. La puissance royale étant une institution humaine et non pas immédiatement divine, les hommes pouvaient changer le régime monarchique en un autre[11]. Ainsi deux théories essentielles se dégagent de la doctrine ultramontaine: suprématie du spirituel sur le temporel et le principe de la souveraineté populaire.

Les gallicans s'attaqueront à ces deux thèses. Ils proclament l'indépendance complète du pouvoir temporel par rapport au pouvoir spirituel et d'autre part, ils affirment qu'il n'y a pas d'intermédiaire entre Dieu et le prince qui détient son autorité directement de Dieu sans la médiation de la souveraineté populaire. Voici les trois règles fondamentales de la doctrine gallicane: 1 – les papes ne peuvent commander pour les choses temporelles dans le royaume de France; 2 – en France, la puissance du pape, même en matière spirituelle, n'est pas absolue, elle est limitée par les règles et canons des anciens conciles; 3 – ce sont les rois qui sont chargés de faire exécuter ces canons[12]. Les rois étant des êtres sacrés, ils ont donc juridiction sur l'Église de France et sur son clergé. En d'autres mots, le roi est le maître souverain de l'Église gallicane et n'a que Dieu comme supérieur. Il a donc

---

[10]   *Ibid.*, p. 36.
[11]   *Ibid.*, p. 37.
[12]   *Ibid.*, p. 79.

le pouvoir de nommer les évêques et de lever des impôts sur le clergé. On peut résumer ainsi les principales thèses du gallicanisme: négation de toute autorité du Pontife romain sur le pouvoir temporel des rois, affirmation de la suprématie conciliaire sur le Pape, les décisions du Pape sont réformables même en matière de foi, son infaillibilité n'est pas reconnue.

Si au Moyen Âge, à cause du fractionnement des États et des luttes entre seigneurs féodaux, l'Église était la seule organisation structurée et étendue et pour cette raison confondit le pouvoir temporel et le pouvoir spirituel, avec et en réaction au pouvoir absolu des Papes apparaîtra le pouvoir absolu des rois qui repousseront les prétentions temporelles de l'Église et plus tard s'immisceront dans les affaires spirituelles et temporelles de l'Église elle-même. Le mouvement gallican entraîna la création des Églises « nationales » soumises à l'autorité royale.

Le XVIIᵉ siècle est donc marqué essentiellement par un vigoureux mouvement d'émancipation à l'égard de l'Église et des conceptions médiévales de la primauté du spirituel. En opposition à ces conceptions s'est formée une vision du monde exaltant la valeur absolue de l'État monarchique d'une part et de la richesse d'autre part.

On a vu précédemment que le XVIIᵉ siècle était caractérisé par le développement du commerce et de l'activité manufacturière permis par la croissance des forces productives. À ces transformations économiques va donc correspondre sur le plan des idées, l'épanouissement d'une doctrine rationalisant cette nouvelle situation: le mercantilisme. Cette doctrine repose sur deux thèses principales: l'État accroît sa force en favorisant l'enrichissement des citoyens et la richesse d'un pays réside dans ses stocks d'or et d'argent:

> Les auteurs qui défendent cette thèse sont souvent des marchands, des financiers, des manufacturiers. En apparence leur grand souci est la puissance de l'État. Mais la plupart d'entre eux défendent l'État parce qu'ils estiment que la prospérité du commerce d'une nation est étroitement liée à l'expansion de la puissance politique du souverain et au succès de ses campagnes militaires sur terre et surtout sur mer. On passe ainsi de la conception de l'État fin suprême de la vie humaine à la conception de la richesse valeur suprême. [13]

---

[13]   H. Denis, *Histoire de la pensée économique*, Paris, P.U.F.-Thémis, 1971, p. 100.

En France un des théoriciens du mercantilisme, Montchrestien soutient, dans son *Traité de l'économie politique*, la thèse du bonheur par la richesse et pose le principe de la primauté de l'activité économique de production et de distribution dans la vie sociale de sorte que l'État doit s'occuper avant tout de stimuler la production et les échanges. L'enrichissement de l'État passe ainsi par celui des marchands et manufacturiers.

Dans cette perspective, il faut que sur le plan intérieur, l'État facilite le développement de la production nationale et du commerce et qu'il protège les nouvelles industries contre la concurrence étrangère. Le mercantilisme est nationaliste et protectionniste. Ainsi, pour Colbert, les compagnies de commerce fondées par l'État sont les armées du roi, les manufactures, ses réserves et le commerce lui-même, une guerre d'argent [14].

Mais le développement de la richesse, basé sur le commerce, exige l'accroissement de la masse monétaire en circulation, une monnaie stable et un pouvoir d'achat constant. Les mercantilistes élaborent donc une théorie monétaire selon laquelle la puissance de l'État est fonction de l'abondance de ses réserves monétaires. La solution pour augmenter cette puissance est de faire entrer dans le pays les métaux précieux en provenance des nouveaux mondes. «Il faut avoir de l'argent et n'en ayant point de notre cru, il faut en avoir des étrangers [15]», soit par la guerre contre les autres États, soit par la conquête de nouvelles contrées, soit par le développement des exportations. Cette doctrine est cautionnée par les vertus du prosélytisme religieux, car Montchrestien ajoute comme argument que la colonisation a pour but de «faire connaître le nom de Dieu, notre créateur, à tant de peuples barbares, privés de toute civilisation, qui nous appellent, qui nous tendent les bras, qui sont prêts à s'assujettir à nous afin que par de saints enseignements et de bons exemples nous les mettions dans la voie du salut [16]». C'est dans ce contexte économique et sur cette toile de fond idéologique qu'il faut situer les débuts de la Nouvelle-France. On n'a pour s'en convaincre qu'à se rappeler le mirage de l'or sur les rives du Saint-Laurent dont fut victime Jacques Cartier, qui note dans ses comptes-rendus avoir trouvé «une belle mine du meilleur fer qui soit au monde... certaines feuilles d'un or fin aussi épaisses que l'ongle... bonne qua-

---

[14]   Voir Jean Touchard, *op. cit.*, p. 317
[15]   Monchrestien, *Traité de l'économie politique*, Paris, 1889, p. 246.
[16]   *Ibid.*, p. 320.

lité de pierre que nous estimons être diamants». Mais les rêves de Cartier ne deviendront pas réalité et la désillusion initiale sera peu à peu compensée par la découverte de la richesse des terres d'Amérique: la fourrure. Les expéditions coloniales françaises en Amérique du Nord sont donc la concrétisation des thèses mercantilistes qui expriment au niveau idéologique les nécessités économiques du capitalisme naissant.

La formation économico-sociale de la Nouvelle-France[17]

Lorsqu'on relit la littérature analytique portant sur la société de la Nouvelle-France, on constate qu'historiens et sociologues décrivent la plupart du temps les structures sociales (régime seigneurial), le système politique (l'absolutisme), les activités économiques (traite des fourrures et agriculture), en réduisant la complexité de cette formation sociale soit au féodalisme pour l'école de Québec, soit à l'émergence d'une structure économique de type capitaliste pour l'école de Montréal. Ces deux orientations historiographiques prennent pour acquis l'existence en métropole d'une structure sociale relativement simple: une société féodale en décomposition sous la pression du développement du capitalisme.

Il nous semble que d'une part, on a simplifié la structure économique métropolitaine et d'autre part, on a fait l'économie d'une véritable étude du mode de production et des forces productives de la colonie en procédant par analogie[18]. Nous pensons que l'application à l'étude de la Nouvelle-France du concept de

---

[17] Version abrégée d'un article intitulé: «L'utilité du concept de mode de production des petits producteurs pour l'historiographie de la Nouvelle-France» dans *Revue d'histoire de l'Amérique française,* vol. 29, n° 4, mars 1976, pp. 483-502.

[18] D'ailleurs, jusqu'à présent, l'historiographie québécoise a privilégié l'instance politique comme lieu principal des contradictions, facteur décisif de l'explication historique et instrument de césure diachronique de sorte que l'histoire du Québec a été celle de ses régimes politiques et non de ses modes de production. Il faut toutefois souligner que depuis quelques années de plus en plus d'historiens s'éloignent de cette orientation et mettent l'accent sur les conditions matérielles de l'existence. La recherche de Louise Déchêne, *Habitants et marchands de Montréal au XVIIe siècle,* Paris, Plon, 1974, illustre bien cette nouvelle tendance.

mode de production des petits producteurs[19] (MPPP) pourrait être utile et éclairer de façon plus pertinente les particularités de l'économie politique de la Nouvelle-France. Ce concept pourrait renouveler notre compréhension de la formation sociale québécoise et du développement du capitalisme. Nous nous proposons ici de reposer brièvement la problématique de la transition, de discerner la spécificité du MPPP, de voir en quoi il peut correspondre à la situation de la Nouvelle-France et enfin, comment cette nouvelle perspective affecte l'interprétation traditionnelle de la formation des classes au Québec. Nous ne prétendons pas dépasser le stade de l'hypothèse exploratoire. Nous nous contenterons de présenter quelques critères théoriques qui pourraient, dans des recherches ultérieures, nous permettre d'identifier ce mode de production particulier et de souligner quelques illustrations empiriques de sa pertinence. Puisque, pour ce faire, nous utiliserons les résultats d'études basées sur des problématiques divergentes, nous ne pouvons nous attendre à une adéquation parfaite entre les faits observés et le modèle théorique que nous présentons. Ce n'est qu'à titre indicatif et non pas démonstratif que nous nous référons aux travaux existants.

Poser le problème de la transition...

La méconnaissance d'une problématique de la transition, outre qu'elle interdit de penser théoriquement un certain nombre de décalages entre l'infrastructure et la superstructure, comme à certaines périodes le primat du politique et des formes d'intervention propres au politique, entraîne des contresens et des faux problèmes.[20]

Ce reproche pourrait être appliqué à l'historiographie du régime français et du régime anglais au Canada. La plupart de nos historiens s'enferment dans une logique formelle de la succession des modes de production et de la sorte escamotent trop souvent la complexité du réel et la spécificité du concret. Les décalages, retards, asymétries semblent les gêner et leur être intolérables. Certains veulent établir la dominance du capitalisme sous le régime français alors que pour d'autres, ce même régime

---

[19]   Dans la suite du texte, nous utiliserons le sigle MPPP pour désigner le mode de production des petits producteurs.

[20]   Régine Robin «La nature de l'État à la fin de l'Ancien régime», *Dialectiques,* nos 1-2, 1973, p. 42.

appartient à l'âge féodal et réactionnaire, le capitalisme ne se développant qu'après la Conquête, sous l'influence bénéfique des marchands anglais, principaux artisans des progrès du Canada.

Les modes de production ne se détruisent pas mécaniquement et ne se succèdent pas à la queue leu leu, à la manière des wagons de chemin de fer. Ils s'interpénètrent plutôt dans des rapports dialectiques de conservation, de subordination et de dissolution. Les formes capitalistes dans leur développement ne sont donc pas pures. Pour les comprendre, il faut les saisir dans le cadre de la transition où elles disloquent, adaptent et parfois maintiennent les anciennes formes de rapports de production. Les phases de développement d'une formation économico-sociale ne se tranchent pas au couteau. Le processus d'établissement d'une dominance est long et marqué de développements inégaux, ce qui suppose la possibilité de coexistence de plusieurs modes de production. Comprendre la transition implique la compréhension de l'articulation des modes de production, ce qui n'est possible qu'en abandonnant la problématique de l'unité ou de l'homogénéité en ce qui concerne la façon de produire l'existence. Ce n'est pas parce que dans une formation sociale à un moment donné il y a absence d'un État libéral, d'une bourgeoisie constituée selon des critères formels ou encore d'une éthique capitaliste, qu'il n'y a pas dominance du mode de production capitaliste, à moins de postuler une adéquation parfaite entre l'instance économique et les superstructures politiques et idéologiques, ce qui semble peu probable sur le plan historique.

Dans cet ordre d'idées, on peut considérer, comme le fait Poulantzas, qu'il y a autonomie relative de l'État sous la monarchie française du XVIIe siècle :

> La grande majorité des historiens sont d'accord sur le fait que la coupure entre l'État féodal et l'État capitaliste n'a pas lieu au moment où apparaît l'État correspondant à la consolidation de la domination politique de la classe bourgeoise dont l'État issu de la Révolution française offrirait l'exemple caractéristique, mais bel et bien au moment où apparaît l'«État absolutiste.[21]»

De la même façon, on peut penser la bourgeoisie comme étant intégrée au système féodal et pas toujours en contradiction antagonique avec la noblesse :

---

[21]   N. Poulantzas, *Pouvoir politique et classes sociales,*, Paris, Maspéro, 1968, pp. 168-169.

> Car la bourgeoisie d'ancien régime est d'une nature complexe,
> écrit Claude Mazauric. En accumulant le capital, elle devient
> accapareuse de rente foncière, créancière de l'État, profiteuse de
> colonies et surtout ambitieuse de pénétrer dans l'appareil d'État
> par l'acquisition d'offices et dans la noblesse par l'achat de ma-
> gistratures ou de lettres patentes; longtemps elle collabore avec
> la noblesse sous la houlette du roi-arbitre. Comme telle, cette bour-
> geoisie s'installe dans le régime féodal autant qu'elle le mine.[22]

Donc, dans un stade préliminaire, la bourgeoisie a besoin de
l'ordre féodal pour croître. Dès lors, l'existence d'une bourgeoisie
forte et même dominante n'est pas incompatible avec le maintien momentané de structures sociales féodalistes. C'est d'ailleurs
ce qui se produit en Angleterre au XVIIᵉ siècle où s'opère la
symbiose entre l'aristocratie foncière et la bourgeoisie.

Si sur le plan heuristique, il est nécessaire pour comprendre
et expliquer le développement des formations sociales de les
penser à travers la problématique de la transition, de la coexistence des modes de production et de dégager les rapports de force
entre classe dominante et classes dominées, cela ne signifie pas
qu'il faille pour autant, dans cette démarche, procéder selon une
logique binaire. La lutte ne se fait pas toujours à deux. Féodalisme et capitalisme n'occupent pas nécessairement tout le champ
de la réalité sociale.

Un troisième larron: le MPPP

C'est Marx qui a pressenti la possibilité de la présence d'une
troisième composante, c'est-à-dire un mode de production obscur,
passé inaperçu qui fait généralement figure de victime de l'histoire. Marx en parle à quelques reprises mais sans lui donner de
nom précis. C'est en quelque sorte le caméléon de l'histoire. La
difficulté principale présentée par ce curieux mode de production
est la facilité avec laquelle il s'associe avec d'autres modes de
production, par exemple, le capitalisme. Avec celui-ci la personnalité du petit producteur se dédouble, il est à la fois son propre
capitaliste et son propre salarié, il se transforme aisément en petit
capitaliste. «Nous rencontrons là, dit Marx, une particularité qui
caractérise une société dans laquelle prédomine un mode de pro-

---

[22] C. Mazauric, *Sur la révolution française,* Paris, Éditions sociales, 1970,
p. 93.

duction déterminé, bien que tous les rapports de production n'y soient pas encore assujettis. »[23]

Guy Dhoquois a cherché à approfondir cette particularité et décrit en ces termes les principales caractéristiques de ce mode de production:

> Le mode de production des petits producteurs consiste dans des travailleurs qui sont en même temps propriétaires à titre individuel de leurs moyens de production et qui n'exploitent pas ou guère le travail d'autrui. Il aboutit dans bien des cas à une petite économie marchande... Dans ce mode de production, il n'y a même pas à proprement parler de classes sociales puisqu'il n'y a pas de classes antagonistes... Mais Marx a rappelé à son sujet un mot terrible. Son absence même d'antagonisme social le condamnait à la « médiocrité ». Sans cesse, il était recouvert par d'autres modes de production, à classes antagonistes ceux-là, plus dynamiques, plus agressifs.[24]

S'il ne peut être dominant, il ne peut non plus être éliminé car il se reconstitue sans cesse à travers les multiples transformations qui s'opèrent dans les formations sociales, de sorte qu'on le retrouve dans le mode de production esclavagiste, féodal et capitaliste. S'il est « médiocre », il n'est pas pour autant insignifiant, c'est-à-dire qu'il peut s'insérer dans le processus historique et y jouer un rôle actif qui pourrait à la limite expliquer l'asymétrie dans le développement des composantes de la totalité sociale.

Dans ce type d'économie prédominent les aspects suivants: le travailleur est propriétaire de ses instruments de production, il produit tout ce qui est nécessaire à sa production et à la reproduction sociale. Les producteurs sont sur un pied d'égalité les uns par rapport aux autres. Il y a quasi-autarcie ou autosuffisance. Il peut y avoir production de plus-value, mais il n'y a pas d'extorsion directe de plus-value. L'échange, lorsqu'il y en a, ne prend pas la forme marchande mais plutôt la forme simple. La production n'est pas faite pour le marché, il y a donc peu d'accumulation du capital. Enfin ce mode de production ne peut avoir de superstructure qui lui soit propre. L'agent économique propre à ce mode de production est l'artisan et le paysan. Selon Guy Dhoquois, le MPPP se serait développé en France à la suite du processus de décomposition du féodalisme et en ce sens serait une

---

[23] K. Marx, *Oeuvres: matériaux pour l'économie*, Pléiade, tome I, pp. 401ss.
[24] Guy Dhoquois, *Pour l'histoire*, Paris, Anthropos, 1971, pp. 189-190.

conséquence inattendue de développement du capitalisme. Et contrairement à ce qu'on peut penser, il fut renforcé par la Révolution française qui sanctionna au niveau juridique la petite propriété parcellaire.

Mais il faut ici aller au-delà de la simple énumération de critères et décrire les principaux aspects qui délimitent la particularité de ce mode de production au niveau des relations marchandes, des relations sociales de production, des relations techniques de production et enfin des relations avec le mode de production dominant.

Dans une société rurale, on peut distinguer différents types de production. Il existe la production de biens pour la consommation personnelle et la production artisanale d'articles commandés par d'autres paysans pour leur propre consommation. Ce type de marché n'est pas capitaliste en ce sens que le marché n'est pas généralisé, c'est-à-dire que les produits ne sont pas faits pour des consommateurs inconnus et indifférenciés. Ces artisans ou ces petits producteurs, selon le terme de Lénine[25], ont des contacts directs avec le marché, ils produisent des articles qui leur sont commandés directement par le client pour sa propre utilisation. Le principal résultat de leur activité productive est simplement la reproduction de leur moyen de subsistance. Ils ne sont pas soumis au processus de l'aliénation marchande même s'ils produisent une valeur d'échange. Ils ont un rapport personnel au produit qu'ils créent. Ils se préoccupent de la qualité du produit et tirent une satisfaction personnelle de leur travail. C'est principalement la valeur d'usage qui détermine l'activité du producteur.

On peut retrouver surtout dans les villes une forme plus avancée de MPPP, c'est-à-dire plus articulée au mode de production capitaliste : la production marchande simple, qui existe lorsque le petit producteur engage des travailleurs qui produisent une plus-value et permettent ainsi une accumulation de capital. Cette accumulation se traduit alors par l'élargissement de l'unité de production à la fois en termes de quantité de travail utilisé et de moyens de production employés. À ce niveau de développement, la valeur d'échange prédomine sur la valeur d'usage car l'intérêt principal de l'activité productive est la réalisation du profit et non plus le produit lui-même. Il y a «distanciation» dans le rapport producteur-consommateurs.

---

[25]   Lénine, *Le développement du capitalisme en Russie*, Moscou, Editions du Progrès, 1974.

En ce qui concerne les relations sociales de production du MPPP leur aspect principal est une relation de dépendance personnelle de type paternaliste, en ce sens où l'apprenti dépend du maître-artisan pour le logement, la nourriture et l'habillement. Dans sa forme artisanale, l'apprenti est habituellement un membre de la famille à qui le père transmet ses connaissances et ses moyens de production. Dans sa forme marchande simple, les apprentis n'ont pas la plupart du temps de liens familiaux avec le maître-artisan, ils sont plus nombreux et passent plus rapidement au statut de journaliers. L'apprenti ici n'est pas encore à proprement parler un salarié, car il reçoit une part des profits et peut à l'occasion (dans les temps morts) utiliser les moyens de production à son propre compte. Ayant acquis la compétence nécessaire, il espère d'ailleurs pouvoir un jour être indépendant et s'établir à son propre compte.

En ce qui concerne les relations techniques de production, le petit producteur effectue l'ensemble des opérations de production. Il choisit la matière première (il arrive qu'il la produise lui-même), il contrôle le procès de production décidant quand et comment il travaillera, quels outils il emploiera et comment il les utilisera. Il n'a besoin de personne pour lui dire que faire ni comment le faire. Dans la phase artisanale, la division du travail est faible, dans la phase marchande simple elle tend à s'accroître et à fonder des rapports de subordination.

En Europe, dans la période de transition opérée par la révolution industrielle, le développement du capitalisme a entraîné la dissolution du MPPP, la majorité des petits producteurs devenant soit des petits capitalistes, soit des prolétaires. Cette dissolution a toutefois permis la conservation d'un secteur artisanal résiduel limité à certaines activités bien spécifiques.

Au contraire, en situation coloniale ou dans les économies extraverties, on remarque que dans l'articulation au mode de production dominant, c'est l'aspect conservation et non la dissolution qui prédomine[26]. En général, les secteurs à faible rentabilité comme ceux des biens de consommation et des services sont laissés aux petits producteurs indépendants, ce qui permet aux capitalistes d'avoir les coudées franches pour maximiser les profits dans les secteurs les plus rentables. Mais de toute façon, si le mode de production capitaliste ne détruit pas le MPPP, il se

---

[26] Voir Olivier Lebrun et Chris Gerry, «Petty Producers and Capitalism», *Review of African Political Economy*, n° 3, mai-octobre 1975, pp. 29-30.

le subordonne. L'effet de cette conservation est de retarder le procès de prolétarisation, d'assurer un rôle social privilégié à la petite bourgeoisie, de structurer la conscience autour de l'attachement à la famille, à la religion et aux liens ethniques et aussi d'entraver le développement d'une conscience de classe.

Le MPPP et la formation économico-sociale québécoise

À notre avis, l'utilisation de ce concept pour l'étude de la formation sociale québécoise nous donnerait une vue plus juste de notre développement historique et permettrait de reviser certaines thèses. Pour l'instant, seuls à notre connaissance, Marcel Rioux et ses collaborateurs ont envisagé cette hypothèse, limitant son application cependant à l'après-Conquête jusqu'à la Confédération. Selon ces auteurs :

> Les Québécois restent en dehors du système socio-économique des colonisateurs anglais, ils participent dans les régions rurales où ils habitent en grande majorité à un mode de production qui n'est ni le mode féodal, ni le mode capitaliste. Qu'est-ce à dire? Au Québec, s'est développé un mode de production transitoire qui à cause de l'antagonisme dominé-dominant, colonisateur-colonisé, s'est maintenu pendant plusieurs décennies et a profondément influencé cette formation sociale. C'est un mode de production que Guy Dhoquois propose d'appeler «mode de production des petits producteurs». [27]

Malheureusement, les auteurs ne font pas travailler outre-mesure cet instrument théorique et nous laissent sur une piste de recherche qui tout en étant prometteuse n'est pas encore débroussaillée. On perçoit bien aussi que la problématique des effets de la Conquête est sous-jacente à cette hypothèse.

Pour notre part, nous aurions tendance à penser que le MPPP n'est pas particulier au régime anglais mais qu'il prend plutôt racine sous le régime français en tant que mode de production sous-jacent au développement du capitalisme dans sa phase commerciale et que l'effet spécifique de la Conquête, quant à l'articulation des modes de production, a été de généraliser le MPPP et d'établir sa dominance à la base de la structure sociale canadienne-française.

---

[27]   Y. Lamarche, M. Rioux et R. Sévigny, *Aliénation et idéologie dans la vie quotidienne des Montréalais francophones*, Montréal, P.U.M., 1974, p. 32.

Il y aurait lieu à notre avis de relativiser la thèse de l'absence de changements dans la structure économique interne de la colonie et dans cette perspective, la Conquête aurait eu pour effet de renforcer un mode de production présent mais non dominant dans la formation sociale de la Nouvelle-France. Évidemment, cette hypothèse n'est soutenable que si on se dégage de la perspective mécaniste qui met en opposition le féodalisme et le capitalisme.

Il va de soi aussi que cette hypothèse implique une réinterprétation des fondements économiques de la Nouvelle-France qui, tout en étant en transition vers le capitalisme, se caractérise par la combinaison du MPPP à pellicule féodaliste et du capitalisme commercial. Cette interprétation a déjà été proposée et soutenue par Larry MacDonald selon qui : « The history of Quebec, until Confederation at least, seems to belong, structurally, to the more universal category of a petty bourgeois economy hosting emergent capitalist profiles. »[28]

Nous essaierons maintenant de présenter quelques observations qui tendent à soutenir la plausibilité de cette hypothèse.

Jusqu'à présent, nos historiens se sont braqués sur les aspects superstructuraux pour comprendre la nature de la formation sociale de la Nouvelle-France et, dans cette perspective, le débat a consisté à déterminer quelle était l'élite ou la classe dirigeante de la Nouvelle-France. D'un côté, on retrouve ceux qui soutiennent que la Nouvelle-France était une société dynamique dominée par une élite « bourgeoise » à composition hétéroclite (C. Nish) et de l'autre ceux qui affirment au contraire que c'était une société dominée par la noblesse réactionnaire et un État absolutiste. On a donc cherché à savoir qui composait l'élite et quelles étaient ses caractéristiques en négligeant la base de la formation des classes, c'est-à-dire les rapports de production.

L'argumentation de Jean Hamelin est significative à cet égard car pour lui, l'absence d'une bourgeoisie coloniale est attestée par l'état de développement économique de la colonie ce qui signifie dans sa perspective : insuffisance d'immigrants spécialisés et cossus, difficultés de constituer une main-d'œuvre spécialisée autochtone, structure commerciale qui favorise l'enrichissement

---

[28] Larry MacDonald, « Petty Bourgeois Aspects of Pre-Industrial Canada » (texte multigraphié), p. 15. Voir aussi « France and New France : the Internal Contradictions », *Canadian Historical Review*, LII, n° 2, juin 1971, pp. 121-143.

métropolitain au détriment de la bourgeoisie coloniale, incapacité d'effectuer des transferts de capitaux dans d'autres secteurs économiques et de diversifier l'économie[29]. On a l'impression que la démarche logique de ces historiens consiste à chercher à l'origine les résultats du processus de développement lui-même, c'est-à-dire de prendre les caractéristiques du capitalisme constitué et dominant et de postuler la nécessité de leur existence à l'origine du processus. De même, selon F. Ouellet, pour qu'il y ait capitalisme et bourgeoisie, il faut qu'il y ait en plus une mentalité, un mode de pensée propre au bourgeois, une idéologie libérale. Ces auteurs pratiquent le télescopage du processus historique. F. Ouellet et J. Hamelin, dans leur démarche analytique, marchent sur la tête. Ils expliquent les classes par les idées qu'elles se font d'elles-mêmes, au lieu de considérer cette question en partant de la place occupée dans le procès de production.

L'analyse de Cameron Nish, pour pertinente qu'elle soit, n'est pas tout à fait dégagée de cette logique vicieuse et élude comme les autres l'analyse des rapports sociaux de production. Il adopte une perspective fonctionnaliste visant à démontrer que de 1729 à 1748 on rencontre en Nouvelle-France des occupations relevant des fonctions de la classe bourgeoise[30]. Il constate que la distinction traditionnelle noblesse-bourgeoisie ne colle pas à la réalité de la Nouvelle-France où pour ainsi dire on retrouve un bloc historique composite :

> Nous pouvons donc conclure que l'administration militaire, civile et judiciaire de la colonie était dominée par quelques familles. Elles n'appartenaient pas à une aristocratie militaire mais formaient une élite seigneuriale, militaire, commerciale, administrative.[31]

Selon Nish, cette élite se compare bien avec la classe dominante des colonies britanniques, ce qui relativise le poids des indicateurs idéologiques dans l'explication historique puisqu'avec ou sans éthique protestante/mentalité capitaliste on retrouve des structures de classes sensiblement identiques. Nish utilise trois critères : monopole du commerce, monopole du pouvoir politique et cohésion sociale pour montrer que dans l'ensemble les structures économiques de la Nouvelle-France et de la Nouvelle-Angleterre sont comparables ; que par conséquent les différences d'idéo-

---

29 Jean Hamelin, *Économie et société en Nouvelle-France*, Québec, P.U.L. 1960, pp. 135-136. Voir aussi Fernand Ouellet, *Histoire économique et sociale du Québec*, Montréal, Fides, 1966, p. 5.

30 Cameron Nish, *Les bourgeois gentilshommes*, Montréal, Fides, 1968, p. 23.

31 *Ibid.*, p. 156.

logies ne sont pas significatives et qu'en définitive l'existence d'une bourgeoisie en Nouvelle-France est bien fondée, bourgeoisie en train de se constituer dans le cadre de la transition entre le féodalisme et le capitalisme. En fait, comme on peut le constater, le critère qui est sous-jacent à toutes ces analyses, c'est la capacité d'accumuler. Pour Hamelin et Ouellet, l'activité économique de la colonie a contribué à l'enrichissement de la métropole et non pas à la prospérité du pays et de sa bourgeoisie alors que Michel Brunet et C. Nish tentent de démontrer le contraire. En réalité, l'enjeu de ce débat est la lutte pour la légitimité historique entre deux fractions de la classe dominante canadienne-française, l'interprétation d'Hamelin et Ouellet cautionnant la pratique et l'idéologie de la collaboration de l'élite canadienne-française à la colonisation britannique; celle de Brunet, Nish et autres mettant à l'avant-plan les effets débilitants de la Conquête et de la domination britannique, et justifiant ainsi la pratique et l'idéologie autonomiste visant la reconstitution d'une bourgeoisie nationale dans le cadre et par un État indépendant.

Dans cette historiographie, on a l'impression qu'il n'y a qu'un seul acteur sur la scène de l'histoire de sorte qu'on pourrait dire que jusqu'à présent l'histoire du Québec n'a été que l'histoire de sa classe dominante et des luttes entre ses fractions. L'histoire des producteurs de la richesse relève de l'anecdote et du complément.

D'un côté, on a cherché à montrer qu'il n'y avait pas de servage puisque le capitalisme se développait et de l'autre, qu'il n'y avait pas de prolétariat puisqu'on était en régime féodal. À la limite, si on mettait bout à bout ces diverses interprétations, on se retrouverait avec une société sans classe, sans bourgeoisie, sans noblesse, sans serfs et sans prolétariat. Paradoxe de l'histoire ou lacune des historiens? Nous penchons plutôt pour la seconde hypothèse... Et pour combler cette lacune, nous pensons que le concept du MPPP pourrait être utile car il est, à notre avis, mieux adapté pour décrire une situation de transition. Il a aussi l'avantage de prendre en considération un facteur-clé pour comprendre la nature d'une formation sociale, le processus de la division du travail et le rapport aux moyens de production. Notre intention, ici, n'est pas de reprendre l'analyse de la Nouvelle-France de façon systématique, nous nous contenterons de suggérer quelques éléments qui semblent démontrer la fécondité du concept de MPPP pour la compréhension de la formation sociale de la Nouvelle-France et des effets de la Conquête, en espérant que cette exploration ouvrira des pistes de recherches.

D'une manière générale, on peut admettre que l'état de développement des rapports de production et des rapports sociaux en Nouvelle-France dépend de l'état de ces mêmes rapports en métropole et que cette période peut être caractérisée comme étant la phase pré-industrielle du capitalisme, c'est-à-dire une phase où l'accumulation se fait beaucoup plus à partir du commerce que de la production.

Toutefois, la reproduction ne peut être identique car d'une part la colonisation répond à des exigences spécifiques propres à certains secteurs de la structure sociale métropolitaine et rencontre aussi des conditions spécifiques à la périphérie qui nécessitent certains ajustements. Le système socio-économique de la Nouvelle-France ne se comprend qu'en tant que projection de la société française et qu'en tant que déviance par rapport à ce modèle. L'interprétation qui postule un transfert intégral dans le Nouveau Monde de l'ordre social féodal de l'Ancien Monde est insoutenable. La perspective suivante nous apparaît plus juste: l'asymétrie synchronique de l'organisation économique et sociale de la colonie par rapport à celle de la métropole est fonction des nécessités économiques et politiques de la métropole médiatisées par les conditions internes à la colonie.

« De ses propres mains, écrit Sigmund Diamond, la France a créé au Canada une base sociale pour la désobéissance, un cadre social dans lequel les déviations devenaient l'unique moyen de survivance ou de faire quelque profit. »[32] Cette déviance se produit non seulement par rapport au féodalisme, mais aussi par rapport au capitalisme tel qu'il se développe en Europe par le processus de prolétarisation, car, le capitalisme, avant d'être un système d'accumulation, est un système d'exploitation des travailleurs produisant la plus-value. Donc pour qu'il y ait capitalisme il ne suffit pas qu'il y ait une bourgeoisie marchande, il faut qu'il y ait aussi un prolétariat, c'est-à-dire une séparation entre le producteur et ses instruments de production. Cette séparation est la condition indispensable au développement d'une économie de marché et elle n'a pu être réalisée en Nouvelle-France. On ne peut, écrit Larry MacDonald, considérer les Indiens comme des prolétaires: « The French were not purchasing native labour-

---

[32] Sigmund Diamond, « Le Canada français au XVIIe siècle: une société préfabriquée », *Annales,* mars-avril 1961, p. 353.

power, they must be understood as purchasing the product of native labour, this is furs.»[33] L'existence des Indiens dépendait de la forêt et non pas des Français qui étaient des marchands et pas ou très peu des employeurs.

Ce sont les conditions même de l'exploitation coloniale qui imposèrent la déviation dans l'articulation des modes de production de la formation sociale coloniale, c'est-à-dire qui permirent le développement du MPPP en Nouvelle-France.

Dans son processus d'expansion, le capitalisme commercial s'est servi du MPPP pour faire face aux conditions spécifiques des territoires conquis et à la situation particulière de l'échange entre la métropole et la colonie; c'est-à-dire qu'à la périphérie pour assurer la reproduction de la force d'exploitation ou autrement dit, pour assurer la subsistance des colonisateurs et réduire les frais d'exploitation de la traite des fourrures, on n'a pu effectuer la séparation du producteur de ses moyens de production car un certain degré d'autosuffisance était nécessaire au développement même du capitalisme. La non-spécialisation fut alors une condition de survie de la colonie, de même que le maintien d'une économie agraire indépendante du mode de production capitaliste.

En effet, la politique coloniale est soumise à des impératifs contradictoires. Seule une colonie d'exploitation était rentable, mais le maintien du monopole commercial était impossible sans le peuplement et une colonie de peuplement diminuait sensiblement le taux de profit. Le peuplement de l'Amérique par des paysans-soldats s'imposait pour le contrôle du monopole de la traite avec les Indiens, permettant un soutien militaire aux Montagnais, Algonquins et Hurons dans leurs luttes contre les Iroquois. Par cette politique d'alliance, il s'agissait d'étendre la zone d'influence française et d'enrayer les perturbations de la traite des fourrures. L'autre raison pourrait être la concurrence avec l'Angleterre pour le contrôle de ces nouvelles sources de richesses. À cet égard, de simples postes de traite étaient insuffisants pour coloniser les Indiens et résister aux prétentions monopolistes anglaises. On peut donc dire que la stratégie coloniale française est soumise à la dialectique exploitation/rentabilité/peuplement qui, dans cette perspective, n'est qu'un alibi, qu'un soutien à la politique d'exploitation commerciale qui est l'objectif primordial.

Afin d'amoindrir les coûts d'opération de la colonie, l'État absolutiste tenta de diversifier la production et de développer l'au-

---

[33] Larry MacDonald, *op. cit.,* p. 130.

tosuffisance. Mais pour réaliser ce programme, l'État fut forcé de garantir aux habitants le libre accès aux moyens de production et de subsistance :

> In New France, the necessity of establishing production, in the absence of economic or physical compulsion on labour to produce more than was necessary for its own subsistance, required the establishment and maintenance of conditions guaranteeing the freedom of labour from just such compulsion. [34]

Sigmund Diamond ajoute à ce sujet :

> Au Canada français... l'utilisation du travail forcé et des Indiens autochtones se solda par un échec, et il fallut recourir aux travailleurs volontaires. Pour les recruter et les amener au travail, il fallait user de la persuasion et de l'intérêt. Les concessions faites à la main-d'œuvre française furent si substantielles qu'elles la mirent dans une position totalement différente non seulement de celle qu'elle occupait dans le Vieux Monde, mais, non moins, de celle que les planificateurs entendaient lui faire occuper... Pour l'Amérique du Nord, la nécessité de recruter une main-d'œuvre fut la mère de toutes les libertés. [35]

Il n'y a pas eu en Nouvelle-France de processus de dépossession des moyens de production comme ce fut le cas en Europe dans la transition du féodalisme au capitalisme. Il n'y a pas eu dépossession terrienne créant une force de travail libre, élément essentiel au développement du capitalisme ; au contraire, les immigrants qui arrivaient au Canada échappaient justement à ce processus de prolétarisation, de séparation entre le travailleur et ses moyens de production. Mais il n'y a pas non plus de servage en Nouvelle-France. Le paysan est propriétaire de son lopin de terre et il est le seul maître de son travail et de ses produits. L'accès à la terre était libre non pas tellement en raison des vastes espaces, mais surtout en vertu des concessions des administrateurs coloniaux. Il faut aussi noter que « la distribution du sol rural est faite sous le signe de l'égalité » [36] et qu'il y a absence de morcellement de la propriété.

A l'inverse du paysan français ou anglais, le paysan canadien n'était pas forcé de vendre sa force de travail pour vivre. Il était un travailleur indépendant assurant par sa production son autosubsistance et celle de sa famille. D'ailleurs, cette différence de situation objective se traduisait au niveau de la conscience car les

---

[34]   *Ibid.*, 124.
[35]   Sigmund Diamond, *op. cit.* : pp. 338 et 354.
[36]   Louise Dechêne, *op. cit.*, p. 265.

premiers Canadiens voulant se démarquer des censitaires tenaient à ce qu'on les appelle « habitant », qui signifiait homme libre, possesseur du sol et fixé en permanence dans la colonie.

Même si au niveau des rapports sociaux, le seigneur jouit d'un certain prestige et d'une certaine prééminence, au niveau des rapports de production, paysans et seigneurs ne sont pas dans un rapport de dépendance, le seigneur assure son existence plus par ses activités commerciales en tant que négociant — ce qu'il peut faire sans déroger — que de la rente ou de l'appropriation de la production des habitants. Il lui répugnera règle générale de développer sa seigneurie et préférera s'occuper de la traite des fourrures laissant ainsi aux paysans une grande marge d'autonomie. Les seigneurs au Canada ne sont pas pour la plupart d'origine noble et leur statut socio-économique n'est pas lié à leur titre de noblesse. Les seigneuries étaient concédées à une bourgeoisie en formation composée à la fois de propriétaires terriens, de marchands, de militaires et d'administrateurs, le même individu pratiquant souvent ces différentes activités. « Il se mariaient entre eux ; ils vivaient non pas humblement sur une ferme mais bien dans les villes de la colonie. » [37]

Cette particularité infrastructurelle s'est aussi traduite au niveau des rapports sociaux et des institutions qui les incarnent. Rappelons brièvement à cet égard les aspects originaux du régime seigneurial canadien que Jean-Pierre Wallot résume ainsi :

> Le régime seigneurial a engendré un nouveau type social dont il consolide les intérêts : l'habitant indépendant, exempt d'impôt personnel, propriétaire de sa terre, très mobile à cause de la traite et de l'abondance des terres, libéré des corvées seigneuriales et sur le même pied que le seigneur vis-à-vis les pratiques communautaires. [38]

À notre avis, le régime seigneurial canadien n'est qu'une pellicule féodaliste qui recouvre en réalité le MPPP et se différencie fondamentalement du régime seigneurial français par la relative désuétude de certains droits seigneuriaux, par la forme originale de la structure familiale et du système d'héritage, par la souplesse des barrières sociales, par le désintérêt relatif des seigneurs envers les revenus de leur seigneurie et enfin par l'absence des attributs de la souveraineté légale et politique pour les seigneurs. [39]

---

[37] Cameron Nish, *op. cit.*, p. 115.

[38] Jean-Pierre Wallot, « Le régime seigneurial et son abolition au Canada », *Canadian Historical Review*, L, 4, décembre 1969, p. 375.

[39] Sigmund Diamond, *op. cit.*, pp. 323-324.

D'ailleurs, en Nouvelle-France, il n'y avait pratiquement pas d'expropriation de la production. La dîme représentait 4 p. 100 de la production et la rente seigneuriale — lorsqu'elle était perçue — 11 p. 100, alors que ces extorsions atteignaient 30 p. 100 pour les paysans français. L'habitant était aussi libre d'étendre sa production pour assurer son autosubsistance ce qui lui permettait d'éviter le marché du travail de sorte que son niveau de vie se compare bien à celui des paysans indépendants en France. L'immigration en Nouvelle-France était une garantie de mobilité sociale.

Lorsque les seigneurs ou le clergé exigeaient le paiement des rentes et dîmes ou lorsqu'ils voulaient les élever, les habitants résistaient et refusaient farouchement de payer: «Plusieurs particuliers, écrivait Duchesneau en 1677, par une désobéissance manifeste (...) et par un mépris pour l'Église, non seulement refusent de payer les dixmes, mais même s'emportent jusques à la viollance.»[40] À Longueuil, il y a eu un soulèvement populaire armé. qui dura deux jours pour contester les corvées d'État. Les habitants ne s'écrasent pas devant l'autorité royale, ils ont plutôt tendance à être indisciplinés. À plusieurs reprises le peuple imposera sa volonté et obligera l'administration à reculer. Il semble bien que l'individualisme et l'esprit d'indépendance soient deux des éléments dominants de la mentalité des Canadiens sous le régime français. Cet esprit de liberté était accompagné, selon certains commentateurs, d'un égalitarisme social: «Ici tout le monde est monsieur ou madame, le paysan aussi bien que le gentilhomme, la paysanne comme la plus grande dame.»[41] Cette affirmation, quoique empreinte d'idyllisme, révèle le caractère particulier des rapports sociaux en Nouvelle-France.

Enfin, dans le système féodal classique par la maîtrise de la justice, les seigneurs avaient le pouvoir d'exiger l'obéissance: «Or, aux mains des seigneurs, écrit Marc Bloch, l'exercice presque sans restriction des droits de justice, a mis une arme d'exploitation économique infiniment redoutable... Le droit de juger avait été le plus sûr appui du droit d'ordonner.»[42] Au Canada, une telle institution de la justice n'existait pas. Il était impossible à un seigneur de se soumettre un habitant. C'étaient les habitants et non

---

[40]   Cité par Sigmund Diamond, *ibid.*: p. 350.

[41]   Gustave Lanctôt, *Histoire du Canada: du traité d'Utrecht au traité de Paris, 1713-1763*, Montréal, Beauchemin, 1964, p. 281.

[42]   Marc Bloch, *Caractères originaux de l'histoire rurale française*, Paris, Colin, 1952, pp. 82 et 84.

les seigneurs que l'on désignait comme capitaines de milice : poste qui impliquait l'exercice de l'autorité civile autant que militaire.

Certes, au niveau institutionnel, la Nouvelle-France vit dans le cadre de l'absolutisme, mais les gouverneurs éprouvent beaucoup de difficultés à faire respecter la loi. L'insubordination et la désobéissance étaient fort répandues dans la colonie puisque le pouvoir de répression de l'appareil d'État était faible en raison des distances, du faible réseau de communications et de l'éparpillement des habitants [43]. Il est donc hasardeux, comme le font certains, de suggérer qu'à cause de son caractère absolutiste, le pouvoir en Nouvelle-France était tyrannique, autoritaire et paternaliste. En raison des conditions du milieu et de la spécificité de la situation coloniale, l'absolutisme ne s'est pas traduit par un asservissement collectif et un despotisme. Il faut à cet égard se méfier de la propagande intoxicante des conquérants britanniques infiltrée dans la pensée de certains historiens qui prétendent avec Lord Durham que « les institutions françaises à l'époque de la colonisation du Canada étaient peut-être plus que celles de toute autre nation européenne conçues en vue de réprimer l'intelligence et la liberté des masses populaires » [44]. S'il faut se méfier de l'idéologie du colonisateur dans l'interprétation de l'histoire, il ne faut pas pour autant tomber dans l'idéalisme et faire de la Nouvelle-France l'Icarie réalisée. Il faut tenir compte des conditions matérielles, comprendre comment elles interviennent au niveau des superstructures et ainsi produire des hypothèses plausibles qui tiennent compte des spécificités et des possibilités de distorsions, de décalages.

L'habitant de la Nouvelle-France produisait donc son existence dans une structure de type féodaliste empruntée à la structure métropolitaine mais qui allait en colonie servir d'autres impératifs (développement du capitalisme dans sa phase commerciale) et prendre un aspect spécifique : absence de servage, non-séparation entre le travailleur et ses moyens de production, indépendance de l'habitant par rapport au seigneur, non-spécialisation des tâches, quasi-autosuffisance (sauf pour les produits de luxe) et caractère secondaire de la production pour le marché. À cet égard, certaines observations faites par Louise Déchêne con-

---

[43] R.-L. Séguin, « L'esprit d'insubordination en Nouvelle-France et au Québec au XVIIe et XVIIIe siècles », *L'Académie des sciences d'outre-mer*, XXXIII, 4, 1973.

[44] G. Frégault, *La civilisation de la Nouvelle-France*, Montréal, Éditions Pascal 1944, p. 125.

firment la pertinence de cette dernière proposition. Se basant sur une analyse de la comptabilité d'Alexis Monière, elle soutient que les rapports d'échange entre marchands et habitants sont secondaires par rapport au chiffre d'affaires global des premiers, que le marchand ne réalise pas ou peu de profits dans cet échange; ensuite, que la production artisanale échappe totalement au contrôle du marchand, et enfin, qu'il y a absence de liaison entre le capital commercial et la production locale de sorte qu'on peut dire que pour ce secteur d'activités, la valeur d'usage prime sur la valeur d'échange et que la production se développe en retrait de l'économie de marché[45]. Ces divers attributs manifestent bien la présence sous pellicule féodaliste du MPPP. Il faut souligner que ce modèle économique n'est pas en concurrence avec le développement du capitalisme, il lui sert plutôt d'appui et facilite l'accumulation primitive du capital. Il absorbe environ 75 p. 100 de la main-d'œuvre de la colonie, l'autre portion tirant sa subsistance des activités commerciales et des fonctions administratives ou de leur combinaison. On peut donc dire que dans l'articulation des modes de production en Nouvelle-France, le féodalisme n'est que symbolique, le capitalisme a un rôle prédominant et donne un sens à l'existence de la colonie, appuyé en cela par le MPPP qui fournit la base existentielle de l'activité commerciale en reproduisant la capacité d'échanger, de faire le commerce des fourrures.

Mais le développement économique sous l'égide du capitalisme, en raison de la nécessité de la concentration des capitaux et de la généralisation de la marchandise conduit inéluctablement au dépérissement du MPPP et à la constitution d'un prolétariat. Le petit producteur indépendant n'a pas d'avenir sur le plan historique, car sa sphère d'activités tôt ou tard sera dominée par la logique de la marchandise. Le MPPP, privé d'antagonismes de classes, n'a pas les éléments nécessaires pour être le moteur d'une société. Son existence est toujours conditionnée par la dominance d'un autre type de rapports de l'homme à la nature et avec ses semblables, en l'occurrence le capitalisme dans sa phase

---

[45] Louise Déchêne, *op. cit.*, pp. 186-187, 230. Cette dimension importante du MPPP est aussi attestée par un commentaire de l'ingénieur du roi Franquet qui écrit: « L'on doit juger que l'habitant des campagnes est trop à son aise, et que ce serait faire le bien de la colonie en général de le charger un peu pour l'obliger comme on l'a dit cy-devant à venir en ville y apporter les denrées et s'y procurer en marchandises ce dont il peut avoir besoin. » Cité par R.-L. Séguin, *La civilisation traditionnelle de l'habitant aux 17ᵉ et 18ᵉ siècles*, Montréal, Fides, 1967, p. 53.

commerciale en ce qui concerne la Nouvelle-France. Cependant force est de constater que ce processus de dissolution progressive a été bloqué ou retardé momentanément au Canada. D'élément dominé qu'il était sous le régime français, le MPPP deviendra après la Conquête dominant pour la structure sociale canadienne-française, permettant par le fait même la domination de la petite bourgeoisie et de son idéologie.

Cette brève prospection nous montre que le concept de MPPP est applicable à la Nouvelle-France et qu'il peut être fécond pour en comprendre le développement. Il permet, à notre avis, d'approfondir la connaissance des fondements économiques de cette formation sociale, en mettant en lumière la complexité du processus de transition du féodalisme au capitalisme et la spécificité du processus de colonisation. Il donne une autre perspective à la compréhension des effets de la Conquête relativisant la thèse de l'absence de changements dans la structure économique interne de la colonie. À cet égard, la théorie de la destruction de la bourgeoisie coloniale canadienne et son remplacement par une bourgeoisie anglaise, à elle seule, est insatisfaisante pour expliquer la nature de la formation sociale canadienne après 1760. Elle a une vertu beaucoup plus descriptive qu'explicative. Certes, le capitalisme continue de se développer à partir de l'exploitation du même produit de base et il y a formation d'une double structure de classes à superposition nationale, mais quels sont les modes de production sous-jacents à ces structures de classes? L'historiographie actuelle semble considérer qu'il n'y a que le mode de production capitaliste à la base des deux structures sociales en présence et aboutit à la conclusion qu'en définitive il y a une nation bourgeoise et une nation prolétaire dans laquelle on retrouve une classe dominante, inféodée à la nation bourgeoise et des classes dominées. N'y aurait-il pas lieu de repenser le fondement économique de la structure de classes dominée et pour ce faire d'utiliser le concept de MPPP? Cette hypothèse nous permettrait de mieux comprendre le poids de la petite bourgeoisie dans le développement historique de la société québécoise.

Les superstructures idéologiques de la Nouvelle-France

Il est impossible dans l'état actuel des études sur les idéologies de présenter une synthèse cohérente des idéologies sous le régime français, car les instruments font défaut. On ne peut que retracer, à travers les événements, les conflits et les témoignages de l'époque, les grandes lignes de force de l'univers mental et du système de valeurs de la colonie. Il nous est impossible d'évaluer l'importance relative des diverses composantes idéologiques, de construire une structure hiérarchique des idées politiques et sociales de l'époque et par conséquent de distinguer les fluctuations idéologiques selon les positions sociales. Nous sommes encore au stade de l'hypothèse exploratoire.

Il semble qu'en raison des conditions du milieu: éparpillement des habitants, isolement, contacts avec les Amérindiens, vie en forêt, autarcie familiale, les Canadiens aient été très individualistes et que leur mentalité se caractérisait par l'insubordination, cet esprit contestataire se manifestant sur le plan religieux, civil et militaire.

L'influence de la religion

L'habitant de la Nouvelle-France, contrairement à certains préjugés bien ancrés[46], n'était pas particulièrement porté sur la religion. Selon Jean-Pierre Wallot, la représentation d'un Québec couvé et régenté par un clergé catholique omniprésent et omnipuissant est une affabulation entretenue par les historiens cléricaux. Le peuple dévot, soumis, pastoral, encadré solidement par la famille et la paroisse est un mythe avant la deuxième moitié du XIXᵉ siècle[47]. Le clergé n'aurait pas exercé d'hégémonie idéologique sur la société de la Nouvelle-France et son emprise sur la pensée et les habitudes des Canadiens aurait été faible. Louise Déchêne remarque à ce propos:

> Comment appréhender par l'extérieur la part de l'adhésion individuelle à l'idéal chrétien? Dans le cadre domestique les signes sont rares. Sur 46 inventaires après décès de marchands et d'officiers, un tiers des domiciles affiche une marque extérieure de piété: 4 crucifix, 3 bénitiers, des tableaux à sujets religieux. Là où il y a

---

[46]   F. Ouellet soutient pour sa part que: « C'est grâce au régime seigneurial, parce qu'il conférait à l'Église une position privilégiée autant sur le plan économique que social, et à la paroisse que le clergé parvint à établir son emprise sur le milieu rural où l'influence modératrice du gallicanisme se faisait à peine sentir ». dans *Histoire économique et sociale du Québec, 1760-1850*, Montréal, Fides, 1966, p. 9.

[47]   J.-Pierre Wallot, *Un Québec qui bougeait*, Québec, Les Éditions du Boréal Express, 1973, p. 183.

une petite bibliothèque, les ouvrages chrétiens sont mieux représentés que toute autre forme de littérature mais chez la majorité qui ne lit rien du tout, nous ne trouvons même pas un cathéchisme. [48]

De plus, elle cite un écrit de De Meulles selon qui : « Les trois quarts des habitants du Canada n'entendent pas quatre fois la messe dans l'année, souvent meurent sans sacrements. Ils ne sont pas plus instruits dans notre religion que les Sauvages. » [49] Enfin il semble que les Canadiens éprouvent un « éloignement naturel » pour la vie religieuse et contribuent très peu au recrutement du contingent clérical, obligeant l'Église à beaucoup compter sur les produits d'importation. Il en ira autrement pour le personnel féminin.

L'habitant canadien, petit propriétaire foncier, pense à son intérêt avant de penser à celui de l'Église. Il refuse de payer la dîme. Selon R.-L. Séguin, avant 1663, il devait payer un minot de blé à chaque douze minots récoltés. Mais devant la résistance populaire, Mgr Laval sera forcé d'alléger la dîme, en la réduisant à un minot sur vingt. Cette réforme est jugée insatisfaisante par les habitants, et en 1691, l'évêque de Québec doit faire des menaces en leur rappelant que payer la dîme est une obligation fixée par les lois naturelles, divines, ecclésiastiques et civiles et que ceux qui ne s'y conformeront pas seront coupables de vol et pourront être privés des sacrements. Mais ces menaces ne semblent pas effrayer les habitants. « Quelle que soit la formule de perception, l'habitant se fera toujours tirer l'oreille pour porter son grain au presbytère. » [50]

L'indiscipline religieuse se manifeste aussi dans la pratique religieuse. Les habitants ne respectent pas le jeûne du carême, ni le repos dominical. L'habitant peut-être par la force des choses n'est pas très pratiquant, car le prêtre est très peu présent dans sa vie quotidienne. En effet, au début du XVIIIe siècle, de nombreuses paroisses n'ont pas d'église, ou en ont une mais pas de curé. En 1730, sur 100 paroisses seulement 20 ont un curé en titre. En 1712, le clergé représente 1.6 p. 100 de la population et sur 312 membres, il faut souligner qu'il y a 196 religieuses. Il y a donc très

[48] Louise Déchêne, *Habitants et marchands de Montréal au XVIIe siècle,* Paris, Plon, 1974, p. 476.

[49] cité *Ibid.,* p. 452.

[50] R. L. Séguin, « L'esprit d'insubordination en Nouvelle-France et au Québec aux XVIIe et XVIIIe siècles », *L'Académie des sciences d'Outre-Mer,* XXXIII, 4, 1973, p. 576.

peu de prêtres et les régions rurales échappent pratiquement à l'influence directe du clergé qui cependant sera plus forte dans les villes.

Les plaintes de Saint-Vallier nous révèlent que les habitants blasphèment à leur gré, assistent rarement à la messe, sortent de l'église pour fumer ou boire pendant les sermons, se battent même dans les églises et respectent peu leur curé. Toujours selon cet évêque, il semblerait que les habitants de la colonie aient eu un penchant pour le libertinage si on se fie aux défenses expresses faites dans le catéchisme de danser, d'aller à la comédie, de fréquenter trop librement les personnes de l'autre sexe. Les femmes ne se faisaient pas de scrupules pour mettre en valeur leurs avantages charnels en portant des robes très décolletées ce qui préoccupait beaucoup l'évêque. Partout, selon Saint-Vallier, s'exerçaient des débauches honteuses[51]. Même si l'évêque avait peut-être intérêt, pour des raisons pédagogiques, à noircir le tableau, ces pratiques semblent conformes à la morale populaire de l'époque qui ne s'entichait pas encore de rigorisme. Enfin, les condamnations de l'Église seront impuissantes à empêcher la pratique du prêt à intérêt qui connaissait une grande vogue dans la colonie au XVIIIe siècle.

Il ne s'agit pas de nier toute influence de la religion sur les habitants de la Nouvelle-France, mais nous pensons que, pour la plupart, les interprétations des historiens exagèrent cette emprise en transposant à la Nouvelle-France, selon une logique régressive, les caractéristiques de la société canadienne-française à un autre moment de son histoire. Nous avancerons un autre argument pour élucider cette question de l'hégémonie idéologique du clergé sur la société de la Nouvelle-France en analysant les rapports entre l'Église et l'État.

Il faut rappeler qu'aux XVIIe et XVIIIe siècles, la toute-puissance de l'Église sur le plan temporel est en voie de décomposition. L'État monarchique devient un pôle d'autorité qui concurrence l'emprise de l'Église sur la société. Les conflits entre l'Église et l'État n'ont certainement pas été sans effets sur l'influence de l'Église auprès des habitants et l'esprit d'insubordination est peut-être une des conséquences de cet antagonisme, illustré en particulier par les conflits entre Frontenac, Laval et Saint-Vallier.

---

[51] Voir G. Frégault, *le XVIIIe siècle canadien*, Montréal, H.M.H., 1968, p. 125.

Selon Groulx, jusqu'en 1663, il y eut une quasi-théocratie au Canada. Mais l'arrivée sur le trône de Louis XIV marquera la fin de ce régime et l'établissement du gallicanisme politique et religieux au Canada[52]. L'ordonnance, publiée le 6 janvier 1728, par l'intendant Dupuy atteste de la domination de ce courant de pensée :

> L'Église étant dans l'État, et non l'État dans l'Église, faisant partie de l'État sans lequel elle ne peut subsister ; les ecclésiastiques d'ailleurs étant si peu maîtres de se soustraire un seul moment à la justice du prince que sa Majesté enjoint à ses juges, par les ordonnances du Royaume, de les y contraindre pour la saisie de leurs revenus temporels, n'étant nécessaire, pour en convaincre tout le peuple de cette colonie inviolablement attachée au culte dû à Dieu, et à l'obéissance du roi par l'exprès commandement de Dieu, que de lui donner connaissance ainsi que nous allons le faire, de la déclaration publique que les évêques de France assemblés à la tête du clergé, ont donnée le dix-neuf mars de l'année mil six cent quatre-vingt-deux ; laquelle déclaration porte en propres termes que saint Pierre et ses successeurs, vicaires de Jésus-Christ, et que toute l'Église même n'ont reçu de puissance de Dieu que sur les choses spirituelles et qui concernent le salut, et non point sur les choses temporelles et civiles : Jésus-Christ nous apprenant lui-même que son royaume n'est pas de ce monde, et, à un autre endroit, qu'il faut rendre à César ce qui est à César, et qu'il faut tenir à ce précepte de l'apôtre saint Paul, que toutes personnes soient soumises aux puissances des rois, car il n'y a point de puissance qui ne vienne de Dieu ; en conséquence poursuit la dite déclaration du clergé, nous déclarons que les rois ne sont soumis à aucune puissance ecclésiastique par l'ordre de Dieu dans les choses qui concernent le temporel.[53]

De plus, au Canada, la prétention cléricale à l'hégémonie dans le domaine politique sera contestée par la classe des marchands qui se plaignent des effets désastreux provoqués par l'influence des missionnaires sur les Amérindiens (querelle au sujet de la vente de l'eau de vie). Frontenac sera le promoteur le plus intransigeant de la politique gallicane du roi. Il fait surveiller les missionnaires dans leurs allées et venues, il essaie d'entraver la fondation de nouvelles communautés religieuses et tente d'opposer entre elles les communautés déjà existantes. Peu à peu, c'est la supréma-

---

[52] Voir Lionel Groulx, « Le gallicanisme sous Louis XIV », *Revue d'histoire de l'Amérique française*, vol. 1, n° 1, juin 1947, pp. 54-91.

[53] Cité par Guy Frégault, *La civilisation de la Nouvelle-France, 1713-1744*, Montréal, Fides, 1969, pp. 189-190.

tie de l'État sur l'Église qui s'établit. Il est très significatif de constater que dans la volumineuse correspondance sur les rapports entre l'Église et l'État, il n'est jamais question de Rome. L'Église de la Nouvelle-France attend tout de Versailles, ce qui est révélateur de son allégeance gallicane. Enfin d'après Guy Frégault, le jansénisme aura peu d'emprise sur la société de la Nouvelle-France[54].

Quelle fut l'attitude des habitants à l'égard de ces conflits, quel impact ont-ils eu sur la conscience populaire? Frégault, pour sa part, estime que les questions de théologie n'eurent pas d'échos dans la colonie et que c'étaient surtout des questions d'argent qui étaient à la base de ces querelles[55]. Il est donc plausible d'affirmer que ce qui caractérise principalement l'attitude des Canadiens envers la religion c'est l'esprit d'indépendance et non pas une soumission aveugle comme cela sera le cas plus tard[56].

Enfin il faut noter que la pensée politique et sociale du clergé canadien se caractérise par le respect de l'autorité hiérarchique dans l'Église, la glorification de l'esprit d'obéissance, le rigorisme, le refus de tout ce qui peut apporter des satisfactions humaines immédiates : danse, alcool, théâtre.

Autres composantes de l'idéologie dominante sous le régime français

Il semble bien que même si l'habitant canadien a fait preuve de beaucoup d'insubordination à l'égard des lois civiles, il n'a pas pour autant remis en question l'absolutisme monarchique et les institutions politiques et sociales concrétisant ce principe. Le pouvoir en Nouvelle-France est lui aussi absolu mais en théorie plus qu'en pratique car sa capacité répressive est plus restreinte qu'en métropole à cause des difficultés de communication et de l'éparpillement des habitants. Ceux-ci manifesteront donc aussi en ce domaine un esprit d'indépendance. Ils ne respecteront pas les ordonnances concernant la traite des fourrures, ils préféreront courir les bois sans toujours attendre la permission des autorités

---

54   *Ibid.*, p. 187
55   Voir Guy Frégault, *Le XVIIIᵉ siècle canadien*, pp. 121-139.
56   Selon J.-P. Wallot, cette proposition est valable jusqu'à la deuxième moitié du XIXᵉ siècle. *Un Québec qui bougeait*, Québec, Éditions du Boréal Express, 1973, pp. 203-210.

même si ce délit était passible de la peine de mort. Ils feront de la contrebande et contesteront corvées, rentes et autres obligations. À Montréal en 1704 et 1705, les habitants manifestèrent contre l'inflation. À Longueuil en 1733, il y eut un soulèvement populaire armé qui dura deux jours. Les gouverneurs éprouvent beaucoup de difficultés à faire respecter les lois et demandent à Versailles d'envoyer des troupes. Ainsi même si au niveau institutionnel, la Nouvelle-France vit dans le cadre de l'absolutisme, il n'en résulte pas forcément, en raison des conditions du milieu et de la particularité du processus colonial, un asservissement collectif.

Selon Frégault, la monarchie absolue n'a pas été un instrument d'oppression. En Nouvelle-France, les institutions monarchiques se caractérisent plus par le paternalisme que par l'absolutisme. Par exemple, le roi recommande aux administrateurs coloniaux de traiter les Canadiens «avec douceur et bonté... en entrant dans leurs besoins et en leur facilitant leur établissement et en empêchant que le petit habitant soit vexé par le puissant.» [57] Il faut aussi souligner que l'appareil bureaucratique colonial est léger et simple. Le peuple ne subit donc pas autant les ennuis, tracasseries et vexations qu'engendrent les exigences des parasites de l'État lorsqu'ils forment une classe nombreuse, puissante et bien organisée. Il ne faut pas s'étonner si dans la colonie, la naissance d'un prince ou la bonne santé du roi sont des occasions de réjouissances populaires.

Le peuple ne participe pas à la vie politique de la colonie. Cependant les notables, par l'intermédiaire du Conseil souverain et du Conseil supérieur, pourront jusqu'en 1728, influencer l'administration de la colonie. En 1717, surgit une institution représentative. Les marchands de Québec et de Montréal obtiennent du roi le pouvoir de s'assembler tous les jours pour discuter de leurs affaires. Ils sont aussi autorisés à élire deux délégués chargés de faire en leur nom les représentations nécessaires pour le bien du commerce. Ils en viendront à représenter non seulement leurs intérêts corporatifs mais aussi en certaines occasions la population de la ville. Enfin, les habitants de la colonie étaient fréquemment convoqués pour consultation sur les diverses questions d'intérêt général. Les griefs, requêtes et remontrances étaient largement utilisés.

---

[57] Mémoire du roi à Vaudreuil, cité par Frégault, *La civilisation de la Nouvelle-France (1713-1744)*, pp. 105-106.

Donc, règle générale, les habitants ne s'écrasent pas devant l'autorité royale, mais ont plutôt tendance à être indociles et indisciplinés. À plusieurs reprises, le peuple imposera sa volonté et obligera l'administration à reculer. Il semble bien que l'individualisme et l'esprit d'indépendance constituent deux des éléments dominants de la pensée des Canadiens sous le régime français.

Certains observateurs ont aussi noté l'émergence d'une conscience nationale sous le régime français[58]. Ce nationalisme embryonnaire transparaît dans les conflits à l'intérieur du clergé, et nous est aussi révélé par les difficultés éprouvées par les gouverneurs et intendants (non-Canadiens) à se faire obéir. «En 1715, Mgr de Saint-Vallier se plaint auprès du Conseil de Marine que les prêtres du pays ne donnent aucun agrément aux ecclésiastiques qui viennent de France[59]. Il y aurait donc eu une forte rivalité entre les prêtres canadiens et les membres français du haut-clergé. De même à propos des désaccords entre les officiers français et les officiers canadiens Bougainville écrira: «Il semble que nous soyons d'une nation différente, ennemie même.»[60]

Enfin, l'étude de la vie culturelle (même si elle était restreinte) peut nous faire voir que la colonie n'est pas décalée au niveau de l'évolution des idées par rapport à la métropole et qu'elle est perméable au mouvement des idées qui se développe en France malgré les efforts de blocage du clergé. Le père Charlevoix trace en 1720 un tableau élogieux de la société de la Nouvelle-France:

> On politique sur le passé, on conjecture sur l'avenir; les sciences et les beaux-arts ont leur tour et la conversation ne tombe point. Les Canadiens, c'est-à-dire, les Créoles du Canada respirent en naissant un air de liberté qui les rend fort agréables dans le commerce de la vie, et nulle part ailleurs, on ne parle plus purement notre langue. On ne remarque même ici aucun accent.[56]

Antoine Roy, pour sa part, estime qu'on lisait beaucoup au Canada: il évalue à 60,000 le nombre de livres en 1760. À ce propos, Louise Déchêne remarque que pour l'époque les habitants avaient un taux d'alphabétisation assez élevé: 38.4 p. 100 des

---

58 *Ibid.*, p. 211
59 *Ibid.*, p. 211
60 *Ibid.*, p. 212
61 Père Charlevoix, *Histoire et description de la Nouvelle-France* Paris, 1744, tome V, p. 117.

hommes signent leur acte de mariage, la proportion étant de 31.7 p. 100 pour les femmes[62].

Mais qui lisait? Il est difficile d'imaginer que les défricheurs, coureurs de bois et soldats aient consacré beaucoup de temps à cette activité. La consommation littéraire semble être plutôt le fait de l'élite, noblesse, clergé, marchands. La majorité des habitants ne disposait même pas d'un catéchisme.

À Québec, les Jésuites et le Séminaire prêtent des livres. On retrouve aussi des bibliothèques privées impressionnantes pour l'époque. M. Cugnet a 3,000 volumes et M. Verrier 4,000. Ce dernier possède tous les auteurs des XVIe et XVIIe siècles (sauf Ronsard). On y retrouve aussi *l'Esprit des lois* de Montesquieu, *Le discours sur les arts et les sciences,* de Buffon. Les rationalistes sont représentés par les œuvres de Montaigne, Charron, Fontenelle, Voltaire, Locke, Bayle. Selon Antoine Roy, «Les Canadiens du XVIIIe siècle connaissaient les principaux écrivains et Montesquieu et Voltaire et Rousseau. Ce que la France produisait de meilleur pénétrait dans la colonie sans trop faire attendre ceux qui l'habitaient».[63] Malgré les réticences du clergé, le théâtre aura aussi sa place dans la vie intellectuelle de la colonie. On jouera les pièces de Racine et de Molière.

Tout en soulignant l'aspect limité de son influence, Marcel Trudel nous montre que le voltairianisme a eu des échos en Nouvelle-France: «La société française du Canada est venue assez tôt en contact avec l'esprit de Voltaire, disons même avant l'existence de Voltaire.»[64] Ce contact fut opéré par le baron de la Hontan qui vécut dix ans en Nouvelle-France. «C'est déjà un auteur de la régence, écrit Trudel, un encyclopédiste... Il attaque la Révélation, les moines, le célibat ecclésiastique, il réclame la liberté de pensée, veut modifier les procédés judiciaires et s'en prend au Droit coutumier»[65] Il semble que l'influence de ce «philosophe» se soit limitée à quelques amis. Ce seront surtout la venue de Bigot et l'arrivée d'officiers à la fin du régime français qui serviront de médiation à l'influence de Voltaire:

---

[62] Ces taux s'appliquent aux immigrants qui se sont mariés entre 1647 et 1715. Voir *Habitants et marchands de Montréal au XVIIIe siècle*, Paris Plon, 1974, pp. 96ss.
[63] A. Roy, *Les lettres et les arts au Canada*, p. 75
[64] Marcel Trudel, *L'influence de Voltaire au Canada*, Montréal, Fides 1945, p. 19.
[65] *Ibid.*, pp. 19-20.

> La plupart de ces officiers étaient débarqués à Québec avec Montcalm: Lévis, Bourlamarque et Bougainville, pour nommer les plus célèbres. Ils étaient venus d'une France déjà imbue de voltairianisme. Apportant avec eux l'Encyclopédie, ils la lisent. Ils gardent de leur pays d'origine la frivolité, les goûts, la façon de penser. [66]

Toutefois, selon Trudel, l'influence de Voltaire, avant 1760, se manifestera surtout par le libertinage et la frivolité; en témoignent les hauts cris lancés par Mgr de Pontbriand:

> Ces vices, autrefois si rares dans la colonie: la licence dans les discours, la hardiesse à lire les livres les plus dangereux et à écouter le langage de l'impiété et de l'irreligion, le libertinage ne marchent-ils pas la tête levée parmi nous? [67]

Il est certes difficile d'évaluer l'influence réelle de ces idées nouvelles dans la colonie, mais il nous apparaît que pour des raisons politiques et polémiques, Trudel a tendance à minimiser la pénétration de ces idées dans l'élite et le peuple de la Nouvelle-France. Mais alors si tel était le cas comment expliquer les réactions intempestives des autorités cléricales? N'avons-nous pas ici l'exemple d'un conflit idéologique entre les fractions composant la classe dominante et opposant une bourgeoisie marchande naissante alliée à l'oligarchie administrative contre le pouvoir clérical et ses prétentions hégémoniques. Seuls, pour l'instant, quelques symptômes nous permettent d'avancer cette hypothèse.

Éléments pour une conclusion provisoire

Après cette analyse des structures économiques, sociales et idéologiques de la Nouvelle-France, il y a deux préjugés bien ancrés qui semblent devoir être relativisés: la domination idéologique de la religion et du clergé et le despotisme inhérent à l'absolutisme politique. En raison des conditions matérielles de vie: faible densité de la population, éloignement, courses des bois, contacts avec le mode de vie des Amérindiens, rapports étroits avec la nature, nécessité de l'adaptation et de l'innovation, ce qui caractérise surtout la mentalité et le système de valeurs des habitants de la Nouvelle-France, c'est l'individualisme, l'esprit d'indé-

---

[66] *Ibid.*, p. 23. Bougainville faisait partie du cercle des Encyclopédistes où il était le protégé de d'Alembert.

[67] *Ibid.*, p. 35.

pendance et d'insubordination. L'habitant n'est pas un être soumis, dominé dans le cadre d'une structure sociale de type féodal. Il est indiscipliné et contestataire sur le plan religieux, civil et militaire. Il a tendance étant en général propriétaire de ses instruments de production à faire passer ses intérêts matériels avant ses intérêts spirituels. Il ne semble pas être bigot et fervent partisan des pratiques religieuses. Il manifeste des goûts pour le libertinage et la frivolité du moins dans la classe dominante. Enfin, les valeurs religieuses entrent en conflit avec de nouvelles valeurs qui apparaissent avec le développement des activités commerciales: prêt avec intérêt, désir de faire des profits rapidement. Il y a décalage entre les valeurs proposées par le clergé et les nécessités de la pratique économique.

Sur le plan social et politique, cet esprit d'indépendance ne s'accompagne pas d'une remise en question idéologique de l'absolutisme. Mais en fait l'absolutisme en Nouvelle-France est plus formel que réel. Certains observateurs remarquent aussi l'apparition d'une conscience nationale manifestée par une lutte aux niveaux civil, religieux et militaire entre les Canadiens et les métropolitains. Enfin la vie intellectuelle de la colonie semble suivre les grandes orientations de la métropole. Les courants culturels et les nouvelles idées circulent entre la métropole et la colonie. Il n'y a pas encore de blocage et de fixation idéologique. Certes la Nouvelle-France, étant une société en voie de structuration, ne peut être décrite comme une société originale se développant par ses propres forces. Mais, même dans sa dépendance, on a pu voir surgir des formes originales d'organisation économique et sociale qui auraient pu fournir la base d'un processus d'autonomisation. La conjoncture n'a pas permis aux structures de prendre leur élan et de se développer selon leurs caractéristiques propres.

CHAPITRE II

Le régime anglais : 1760-1791

Dans la mesure où les événements historiques ont une influence sur les structures économiques, sociales et politiques, la Conquête prend une très grande signification pour expliquer le développement de la pensée politique et sociale, car les grandes orientations idéologiques résultent de la pratique concrète, vécue par une collectivité. À cause du double processus de colonisation provoqué par la Conquête et de la perturbation sociale qui en a résulté, la trame évolutive de la pensée politique et sociale du Canada français ne peut être la même que celle des sociétés qui se sont développées dans une continuité relativement stable, n'ayant pas été menacées de disparaître en tant que communauté par la domination militaire, économique, sociale et politique d'une autre société. Dans cette perspective, Michel Brunet décrit la pensée des Canadiens français comme une pensée politique à court terme, de nature existentielle :

> (C'est) une pensée incomplète, tronquée, souvent puérile, à la remorque des influences étrangères ou se réfugiant dans un isolationnisme stérile, impuissante à saisir les problèmes complexes du milieu et incapable de les définir, sujette à se nourrir d'illusions et de vastes synthèses divorcées de la réalité quotidienne, portant toutes les caractéristiques d'un infantilisme indûment prolongé[1].

Ces caractéristiques ne sont pas innées, elles ne font pas partie de la psychologie congénitale des Canadiens français. Elles sont un produit historique et social, car un peuple est fait par ce que font ses classes, dans certaines conditions historiques. Nous n'avons pas de vocation naturelle à la spiritualité, au romantisme, à l'infériorité dans les domaines économique, scientifique, artistique et politique. Nous n'avons pas une essence différente des autres hommes. Nous devons nous expliquer ce que nous sommes en analysant les conditions matérielles de notre existence collective

---

[1]   Michel Brunet, *la Présence anglaise et les Canadiens*, Montréal, Beauchemin, 1964, p. 116.

et, pour ce faire, il faut comprendre les conséquences de la Conquête sur les structures économiques et sociales du Canada.

Les effets socio-économiques de la Conquête et ses répercussions sur le développement des idéologies

L'interprétation de cette question est l'enjeu d'une lutte idéologique. La Conquête ne sert pas seulement à marquer une période dans le développement idéologique. Cet événement historique est devenu lui-même un phénomène idéologique, utilisé de différentes façons dans le débat sur l'existence ou non d'une bourgeoisie nationale (coloniale) sous le régime français et sur les conséquences de la Conquête pour le devenir de la collectivité francophone.

L'historiographie traditionnelle, se faisant l'écho de la propagande officielle, a tenté de minimiser les effets de la Conquête et la présentait généralement comme un bienfait pour les Canadiens, voulant ainsi masquer la domination coloniale britannique et celle de l'élite clérico-bourgeoise en laissant croire que la Conquête avait apporté la liberté et la prospérité. Après les opérations militaires, il y a toujours des opérations idéologiques qui visent à compléter la victoire et à en assurer la permanence en faisant consentir la population conquise à sa subordination. L'historiographie cléricale en ce sens a souvent été un porte-parole de l'idéologie de la classe dominante.

Fernand Ouellet nous propose lui aussi une histoire à biais colonialiste. Il axe sa perspective sur un autre système de valeurs mais il ne réussit pas à dépasser le cadre étouffant de l'idéologie dominante. À l'interprétation officielle de la classe dominante canadienne-française, il substitue l'interprétation officielle de la classe dominante colonisatrice. F. Ouellet et J. Hamelin soutiennent donc qu'il n'y avait pas de bourgeoisie autochtone en Nouvelle-France parce qu'il n'y avait pas possibilité d'accumuler le capital et de développer de nouveaux secteurs de production. Les principales causes en étaient le contrôle du commerce par les marchands métropolitains, l'absence d'une éthique capitaliste et la domination de la noblesse. Pour les tenants de cette thèse, la Conquête n'entraîne pas la disparition d'une bourgeoisie canadienne, elle permet simplement l'installation d'une bourgeoisie anglaise à une place inoccupée dans la structure sociale, ce qui donnera une impulsion au développement économique du Canada. On peut constater que l'école historiographique de Québec se rapproche beaucoup de l'historiographie traditionnelle, en considérant la Conquête comme source de progrès et de liberté puisqu'elle donne naissance à une bourgeoisie. On peut faire trois critiques principales à cette thèse :

1 – l'existence d'une bourgeoisie ne s'établit pas à partir de critères psychologiques, ce ne sont pas les idées, la mentalité ou la religion qui font la bourgeoisie mais la position dans le procès de production ;

2 – ces auteurs ne démontrent pas qu'il y avait domination de la noblesse ;

3 – cette école soutient qu'il n'y a pas de bourgeoisie à cause des faiblesses structurelles de l'économie (pas de diversification) résultant de la mentalité des habitants de la Nouvelle-France. Gilles Bourque critique cette interprétation :

> Comment en effet, dans cette perspective, expliquer le fait qu'après la Conquête la bourgeoisie anglo-saxonne, prétendument mieux armée mentalement, n'ait pas réorganisé de façon significative cette économie ? Au contraire, elle a continué à agir de la même manière. Ceci semble démontrer que la détermination fondamentale relève de la structure économique et non de la structure idéologique[2].

Les bourgeois-marchands britanniques ne réussiront pas plus à diversifier l'économie que les bourgeois-marchands de la Nouvelle-France.

Pour un autre groupe d'historiens animé par Maurice Séguin et Michel Brunet, et dans une autre perspective par Gilles Bourque, il y avait avant la Conquête une véritable bourgeoisie coloniale. Cette classe s'était imposée contre le clergé et la noblesse, se servait de l'État pour promouvoir ses intérêts et tenta de réaliser une colonisation intégrale qui échouera. « Ce groupe d'hommes dont les assises économiques reposent sur l'exploitation d'un seul produit et sur un régime militaire et dirigiste présente un signe de faiblesse indéniable[3] ».

---

[2] Gilles Bourque, *Classes sociales et question nationale au Québec, 1760-1840*, Montréal, Parti Pris, 1970, pp. 44-45.

[3] *Ibid.*, p. 43.

La plupart des historiens s'entendent pour dire qu'au niveau de la structure économique interne, la Conquête n'a pas entraîné de changements, c'est-à-dire que l'économie reste fondée sur le même produit générateur, les fourrures, et sur les mêmes produits secondaires, le blé et le poisson. Le mode de production dominant est le même. Le système politique ne change pas, c'est toujours un régime monarchique concrétisé par un État militaire et dirigiste.

Toutefois les divergences d'interprétation apparaissent lorsque les historiens étudient les effets de la Conquête au niveau de la structure externe. Pour l'école de Québec qui s'appuie sur le postulat de la séparation entre le développement économique et la lutte des classes, l'affaire est simple. Puisqu'il n'y a pas de bourgeoisie, le changement de métropole n'a pas de conséquences significatives. Au contraire, pour ceux qui refusent l'approche mécaniste et soutiennent la thèse de l'existence d'une bourgeoisie, la Conquête provoque un bouleversement de la structure externe qui se répercute sur la structure de classes de la colonie. Le changement de métropole atteint la bourgeoisie coloniale dans ses assises économiques et décapite la société canadienne de sa classe dynamique. Michel Brunet a particulièrement insisté sur ce processus de désintégration en montrant comment la Conquête a bloqué le développement économique de la bourgeoisie canadienne et a entraîné sa ruine progressive; car le changement de métropole coupait cette bourgeoisie de sa source de capitaux, de sa source de produits pour l'échange et de ses débouchés:

> Partiellement ruinés par la banqueroute du Trésor français, incapables de recevoir les marchandises qu'ils avaient commandées avant la fin de la guerre, privés de leurs anciennes sources d'approvisionnement, les négociants canadiens se trouvèrent complètement désemparés. La Conquête avait fermé aux commerçants canadiens leurs anciens marchés où ils trouvaient le crédit et les marchandises dont ils avaient besoin[4].

La Conquête a donc entraîné le départ des plus fortunés (1,200 environ) qui réalisèrent l'impossibilité de faire un commerce lucratif dans le nouveau contexte colonial. Ceux qui restèrent étaient les moins riches:

> Ils n'appartenaient pas au groupe des gros brasseurs d'affaires, des monopolisateurs et des profiteurs de guerre. La majorité formait la seconde couche de la bourgeoisie capitaliste canadienne de la fin du régime français, celle des petits entrepreneurs aux revenus et aux ambitions modestes[5].

---

[4]   Michel Brunet, *op. cit.*, p. 66.
[5]   *Ibid.*, p. 58.

Cette couche n'avait pas profité des protections officielles. Ils étaient mécontents de l'administration Bigot et jalousaient les succès scandaleux de leurs concurrents favorisés et protégés par l'État. Il y avait donc une lutte entre ces deux fractions de la bourgeoisie et c'est cette seconde couche qui espéra profiter de la chute du régime français et fut fascinée par l'idéologie de la libre concurrence et de la liberté de commerce. En ce sens, ils furent mystifiés, ne comprenant pas la signification économique, sociale et politique de la Conquête. Les Anglais n'avaient pas fait la guerre simplement pour remplacer le drapeau français par le drapeau anglais. Leur objectif était la conquête du riche empire commercial de la vallée du Saint-Laurent, des Grands Lacs et du Mississipi et l'élimination de la concurrence française.

Les marchands canadiens, manquant de capitaux, n'ayant pas d'associés fiables dans la nouvelle métropole pour écouler leurs marchandises et se réapprovisionner, perdirent le contrôle de la traite des fourrures et devinrent de simples sous-traitants vendant leurs marchandises aux marchands anglais de la colonie. Mis à la marge du circuit commercial, ils laissèrent à d'autres les gros profits et se contentèrent des miettes en devenant fournisseurs de matière première. Ils perdirent aussi peu à peu le commerce intérieur de la colonie (ex. vin et eau de vie) car leurs magasins étaient vides, les commandes passées en France ne pouvant être livrées, et ils ne pouvaient, faute de répondants et de crédit, se réapprovisionner dans la nouvelle métropole. Ainsi les marchands anglais devinrent les fournisseurs des Canadiens qui même dans le commerce domestique furent confinés à la sous-traitance[6]. Ils perdirent aussi le contrôle de l'appareil d'État qui, par le biais des fournitures militaires, jouait un rôle actif et important dans la vie économique de la colonie. La Conquête a donc pour effet de transférer le pouvoir économique et politique à un groupe social étranger à la structure de classe de la colonie. C'est une nouvelle clique, celle des marchands anglais, qui va désormais profiter des contrats de l'État et monopoliser les concessions des postes de traite. Enfin, de nouvelles habitudes commerciales vont s'imposer et défavoriser les marchands canadiens. C'est ainsi, par exemple, que les unités

---

[6] En 1778, 24 négociants de Québec et de Montréal dans une pétition envoyée à Londres, affirmaient qu'eux-mêmes et leurs collègues britanniques contrôlaient 80 pour 100 du commerce intérieur et extérieur de la colonie et que la population d'origine anglaise possédait la moitié de la fortune monétaire et immobilière du pays alors qu'elle ne représentait qu'environ 3 pour 100 de la population.

de mesure changent pour faciliter la comptabilité des marchands anglais avec la métropole. Tous ces phénomènes entraînent la réduction de l'univers économique des marchands canadiens qui, pour survivre, se retireront à la campagne, laissant aux nouveaux maîtres les secteurs les plus profitables de l'activité commerciale.

Au niveau structurel, la Conquête aura aussi des effets dans l'articulation des modes de production. Certes, le mode de production capitaliste continue à s'imposer, mais parallèlement, à cause des changements dans la structure économique externe qui provoquent la formation d'une double structure de classes à superposition nationale, on assiste à l'émergence d'une contre-tendance économique, c'est-à-dire le maintien et le développement du mode de production des petits producteurs, que nous avons décrit précédemment dans le chapitre sur le régime français. La société canadienne sera forcée de compter sur ses propres forces et de se replier sur l'agriculture, l'artisanat et le petit commerce pour assurer sa subsistance. On peut donc dire que s'il y a, à la suite de la Conquête, formation d'une double structure de classes, celles-ci ne sont pas liées au même mode de production.

Ce n'est pas seulement la nationalité qui différencie ces deux structures de classes ; c'est aussi la base économique sur laquelle elles se fondent, l'une s'appuyant sur un mode de production capitaliste, l'autre sur le MPPP. Les changements dans la structure économique externe ont donc eu un effet subséquent sur la structure économique interne favorisant la coexistence de deux modes de production, l'un fondé sur l'échange marchand, l'autre sur la production pour la subsistance.

Effets sur les structures sociales

Ces changements dans la structure économique de la colonie se répercuteront sur la structure sociale, faisant apparaître une double structure de classes à nationalité différente et modifiant les rapports dans la structure de classes canadienne-française : « La Conquête, après avoir provoqué la disparition du groupe des bourgeois, donnera la prépondérance à une classe conservatrice et bientôt réactionnaire. » [7]

---

[7]   Gilles Bourque, *op. cit.*, p. 55.

La nouvelle classe hégémonique de la colonie sera donc composée, surtout durant les premières décennies, d'administrateurs militaires et civils auxquels s'associeront à l'occasion certains marchands anglais. En général, cette fraction bureaucratique de la classe hégémonique sera de souche aristocratique alors que l'autre fraction sera originaire des colonies américaines et de la rôture. Ces différences d'origine sociale et d'intérêts seront à la base du conflit entre la fraction bureaucratique/militaire et la fraction marchande de la nouvelle classe hégémonique. Très tôt, la bourgeoisie marchande anglo-saxonne dominera la vie économique mais elle sera partiellement exclue de la vie politique. L'aile radicale de cette bourgeoisie s'opposera au gouvernement à idéologie aristocratique sur la question de la chambre d'assemblée, revendiquant l'établissement d'une Chambre des représentants au Canada comme dans les autres colonies de la Couronne britannique. Il y a donc lutte de classes pour le contrôle du pouvoir politique. Des divergences existent aussi en ce qui concerne l'attitude des conquérants à l'égard des conquis.

La fraction aristocratique de la classe dominante, quant à elle, soutiendra une idéologie de conciliation et une alliance avec la classe aristocratique de la société conquise. Son objectif politique est de réorganiser la colonie, d'établir le nouveau pouvoir tout en évitant les frictions et les mesures radicales, risquant de provoquer les habitants et de remettre en cause l'acquisition de ces nouveaux «Joyaux» de la Couronne britannique.

> Comme dans toute situation d'occupation ou de colonisation, on ressent le besoin d'asseoir son pouvoir sur la collaboration d'une classe de la société conquise ou occupée. Cette nécessité est accentuée par l'insignifiance numérique du conquérant par rapport aux conquis et par la menace que constituent les Treize Colonies qui à la veille de leur indépendance risquent d'envahir le territoire nouvellement acquis[8].

En 1761, les Canadiens français forment 99.7 pour 100 de la population. Le poids du nombre interdit au colonisateur l'application d'une politique radicalement colonisatrice, d'autant plus que les administrateurs britanniques craignent aussi une intervention militaire française. Murray et Carleton prôneront donc une politique de conciliation estimant que la province de Québec demeurerait toujours française et qu'il s'agissait de s'attacher ces nouveaux sujets. La réalisation de la conciliation impliquait la collaboration

---

[8] *Ibid.*, p. 56.

des conquis et pour cela la formation d'une alliance de classes transnationale.

Les seigneurs, en vertu de leurs intérêts de classe, n'avaient pas d'autre choix que de se mettre à la solde des nouveaux maîtres. Ils se doivent de collaborer, car expulsés en même temps que les marchands des activités commerciales, ils devront désormais compter sur l'extorsion des rentes et droits seigneuriaux pour subsister et comme la présence anglaise risque de remettre en question le mode de tenure ou le régime de propriété existant, c'est leur existence comme classe qui est menacée. De plus, cette classe ne pouvait vivre indépendante du pouvoir politique car elle tirait aussi son existence des offices ou charges royales. La Conquête signifiait pour elle en plus de la perte du commerce, la perte des postes et des bénéfices qui y étaient attachés. La nouvelle administration coloniale se servira de cette arme pour se soumettre la noblesse. En donnant aux nobles des fonctions subalternes, en leur permettant une participation limitée aux affaires publiques et militaires, on les liait au nouveau pouvoir, on achetait leur servilité et on s'en servait comme propagandistes, comme intermédiaires par lesquels la classe dominante espérait étendre son hégémonie sur le peuple conquis et obtenir son consentement à la nouvelle domination. Carleton jouera habilement de cette tactique[9]. Mais ses espoirs seront déçus, non pas par la docilité de la noblesse mais par son manque d'influence sur le peuple, qui n'avait pas manifesté sous le régime français une grande soumission et déférence envers cette couche sociale. La réaction passive des Canadiens à l'invasion américaine signifiera l'échec de cette politique coloniale et nous révèle que la conception absolutiste que se faisaient les

---

[9]   Il écrit à ce sujet: «Outre ces questions de justice, aussi longtemps que les Canadiens seront exclus de toutes les places de confiance auxquelles sont attachés des revenus, ils ne pourront oublier qu'ils ne sont plus sous la domination de leur souverain naturel. Bien qu'une telle exclusion n'affecte qu'un petit nombre, elle n'en atteint pas moins les susceptibilités de tous dont les sentiments nationaux ne peuvent être insensibles à l'exclusion de quelques-uns des leurs. L'élévation au rang de conseillers de trois ou quatre Canadiens en vue dont les fonctions consisteraient à peu près à l'honneur de porter ce titre, bien que dans certaines occasions, ils pourraient se rendre utiles, et l'organisation de quelques compagnies canadiennes d'infanterie commandées par des officiers judicieusement choisis avec la concession de trois ou quatre emplois sans importance dans l'administration civile, produiraient un grand changement dans l'opinion de la population. On réussirait au moins à diviser les Canadiens et dans le cas d'une guerre avec la France, nous en aurions un certain nombre pour nous qui stimuleraient le zèle des troupes nationales du roi». Cité par Gilles Bourque, *ibid.*, pp. 64-65.

dirigeants britanniques de la société de la Nouvelle-France était fausse[10].

Le clergé, quant à lui, est menacé sur le plan économique de la même façon que les seigneurs car il est lui aussi propriétaire foncier. De plus, en raison de garanties non formelles de liberté religieuse, son statut est incertain. Ces deux groupes sociaux formeront donc après la Conquête la classe dominante adjugée dans la structure sociale de la collectivité colonisée et manifesteront une volonté de collaboration afin d'assurer leurs assises économiques: régime seigneurial, droit de dîme, reconnaissance du contrôle épiscopal sur l'Église et indépendance du clergé. Après la désintégration de l'ancienne classe dirigeante de la Nouvelle-France retournée en France ou ruinée, cette coalition clergé-seigneurs se proposera aux conquérants comme interlocuteur et fera passer ses intérêts de classe pour les intérêts de l'ensemble des Canadiens. La Conquête fait donc d'une classe déclinante, une classe dominante de la société colonisée. Il faut rappeler que l'Église n'avait pas joué un rôle aussi important en Nouvelle-France, surtout à partir de la fin du XVIIᵉ siècle[11]. La Conquête a eu pour effet de modifier la structure de classe de la société canadienne et de conférer à l'Église un rôle de suppléance qui n'aura d'efficacité réelle qu'après l'échec de la rébellion de 1837-1838.

Le clergé et la noblesse élaboreront donc une stratégie commune pour défendre leurs intérêts de classe visant à obtenir la reconnaissance de la langue, de la religion, des lois et coutumes françaises qui assurent le maintien du régime seigneurial et l'obtention de places dans l'administration civile et militaire. En échange, ils offrent la loyauté et la fidélité du peuple envers la nouvelle domination coloniale. Leur idéologie en sera une de collaboration fondée sur l'affirmation de la bonté, de la générosité de l'occupant et de la nécessité divine de la soumission[12].

Les marchands, quant à eux, perdent leur assise économique et deviennent de simples intermédiaires des marchands anglais. Ceux qui restent sont en général de petits marchands qui n'ont pas été favorisés sous le régime français. Ils seront mystifiés par la propagande officielle et s'allieront à «l'aristocratie cléricale». On

---

[10]   C'est pourtant elle que l'historiographie traditionnelle adoptera, ce qui montre bien que même notre conscience historique fut colonisée.

[11]   Voir *Économie québécoise*, Montréal, les Presses de l'Université du Québec, 1969, p. 41.

[12]   Voir le mandement de Mgr Briand du 22 mai 1775, dans Gilles Bourque, *op. cit.*, pp. 81-89.

rencontre quelques exceptions qui chercheront à s'allier aux marchands britanniques mais cette expérience ne leur sera pas profitable. Ils seront forcés peu à peu de se retrancher dans des secteurs commerciaux marginaux et se concentreront sur les campagnes, en effectuant la sous-traitance pour les marchands anglais. Ils perdront tout pouvoir en tant que force sociale. Cette alliance contre-nature avec l'aristocratie cléricale accélérera d'ailleurs leur décadence, car leurs intérêts ne seront ni reconnus, ni défendus par la nouvelle élite cléricale qui voit d'un mauvais œil le commerce en général: «Antidémocratique et antiparlementaire, l'aristocratie cléricale canadienne-française s'oppose à la bourgeoisie capitaliste et à la montée du capitalisme commercial[13]». La Conquête aura donc pour effet de transformer une bourgeoisie en ascension en une petite bourgeoisie, de limiter les activités de cette classe au petit commerce et de l'orienter vers le secteur des services.

La Conquête évidemment ne changera pas grand-chose à la position sociale des classes populaires, si ce n'est d'intensifier le repli collectif dans l'agriculture et d'accentuer la dépendance du peuple envers ce secteur économique. Sous le régime français, les Canadiens n'étaient pas particulièrement attachés à cette activité productive, ils s'y adonnaient pour assurer leur subsistance mais l'abandonnaient lorsque l'occasion se présentait pour courir les bois:

> Vers la fin de la période 1760-1792 on peut estimer à environ 80 pour 100 la proportion de la population canadienne-française dans le domaine agricole. La vocation agricole des Canadiens français apparaît donc comme un résultat de la Conquête. Elle sera par la suite sacralisée par les élites.[14]

Le travail de la terre deviendra la principale source de revenu pour les Canadiens, ce qui entraînera la généralisation du MPPP à la base de la société canadienne. La Conquête aura aussi comme effet d'aviver les contradictions entre l'aristocratie et la paysannerie et on peut dire que ce sont la résistance passive et la méfiance envers la collaboration de l'aristocratie cléricale qui caractérisent l'attitude des classes populaires envers la Conquête.

La Conquête, sur le plan social, a donc eu comme effets de décapiter la société canadienne de sa classe dirigeante, de permettre la formation d'une double structure de classes différenciées par la nationalité et le type de mode de production; finalement,

---

[13] *Ibid.*, p. 91.
[14] *Ibid.*, p. 91.

elle a rendu possible la cooptation d'un groupe social décadent, caractérisé par une idéologie réactionnaire et une situation économique non créative, groupe auquel le conquérant confiera la direction de la société canadienne. Même si l'aristocratie cléricale ne réussira pas à s'imposer au peuple en tant qu'autorité politique et sera contestée par une autre classe sociale, la petite bourgeoisie, il n'en demeure pas moins que la structure sociale canadienne-française gardera des marques indélébiles de la situation occasionnée par la Conquête c'est-à-dire, que contrairement à la plupart des sociétés, elle sera soumise à l'hégémonie partielle de la petite bourgeoisie.

Les idéologies

L'idéologie de conciliation

Dans un premier temps, les conquérants, ignorant la situation réelle de la colonie, établirent une politique de colonisation intégrale. Ainsi, le législateur anglais dans la Proclamation royale ne tient nullement compte des forces en présence et décrète l'application des lois anglaises et de la tenure anglaise, l'établissement d'une Chambre d'assemblée, la soumission de l'Église catholique aux volontés du roi. Elle exige la prestation du serment du test, qui demande aux Canadiens qui veulent devenir fonctionnaires de renoncer à leur foi. En réalité cette infamie sacrilège tant dénoncée dans nos manuels d'histoire ne met en question que les intérêts de l'aristocratie.

Le premier gouverneur Murray se rendra compte du caractère irréaliste de cette loi et de l'impossibilité d'appliquer ces principes colonisateurs en raison des rapports démographiques, de l'agitation dans les colonies du sud et du retour toujours possible de la flotte française. Lui et Carleton défendront donc une politique de conciliation, non pas pour faire plaisir aux Canadiens, mais pour mieux défendre les intérêts de la Couronne britannique en Amérique du Nord. Carleton, à cet égard, deviendra maître dans l'art de la politique de la carotte et du bâton. Il écrit d'ailleurs à ce sujet :

> Aussi doit-on faire les plus grands efforts, avoir recours à l'adresse,
> et ne plus regarder aux dépenses pour déraciner faction ou parti,

pour assurer la tranquillité de ces provinces et y entretenir un ferme attachement envers le gouvernement de sa Majesté. Il est aussi également essentiel d'y maintenir ce sentiment de sécurité et de force, propre à maintenir, dans la soumission et la crainte, ceux qui n'ont pas encore entièrement conscience des devoirs que leur impose le titre de loyal sujet et d'honnête citoyen[15].

Pour arriver à leurs fins, ils chercheront des alliés dans la société conquise. Ces administrateurs coloniaux, appartenant eux-mêmes à l'aristocratie anglaise, fonderont tout naturellement leur stratégie sur une alliance avec le clergé et les seigneurs, estimant, d'après leur conception féodale de la société, retrouver dans cette classe sociale les leaders « naturels » de la société canadienne.

Mais cette stratégie allait à l'encontre de la Proclamation royale qui minait les assises économiques de l'aristocratie et du clergé. Faisant preuve de pragmatisme, les gouverneurs tenteront de restreindre les effets de la Proclamation et d'attacher les seigneurs au nouveau régime en maintenant le mode de tenure seigneuriale. En fonction de la conjoncture spéciale de la colonie, ils élaborent peu à peu le programme politique suivant: maintien des lois civiles françaises, du régime seigneurial, du droit de dîme pour le clergé et des postes dans l'administration pour les seigneurs. Mais ils se garderont bien d'institutionnaliser juridiquement ces droits, afin de mieux établir le rapport de subordination des conquis envers le vainqueur. Et lorsqu'ils le feront, ce sera sous la pression d'événements extérieurs à la colonie, c'est-à-dire le mouvement de sécession des treize colonies américaines. Cette politique de conciliation sert avant tout les intérêts impériaux de la Grande-Bretagne. Les Canadiens ne sont plus désormais que des pions manipulés sur un échiquier où ils ont perdu toute autonomie et toute capacité d'initiative. Cette politique doit aussi être comprise dans le contexte d'une lutte de classes entre l'aristocratie britannique et la bourgeoisie anglaise naissante. Il y aura donc une opposition anglo-saxonne à l'idéologie de conciliation.

L'idéologie de la bourgeoisie marchande anglaise

Il n'y a pas unanimité chez les conquérants en ce qui concerne la politique coloniale à appliquer. À cette politique de conciliation, les marchands anglais opposeront une politique d'assi-

---

[15]   *Ibid.*, p. 60.

milation radicale. Il y aura deux fractions ou deux lignes de pensée, développées par la bourgeoisie marchande.

Les désaccords ne portent pas tant sur l'assimilation des Canadiens que sur le régime politique de la colonie, l'aile radicale des marchands voulant introduire le parlementarisme et réclamant la mise sur pied d'une assemblée comme il en existait dans les autres colonies. D'ailleurs, en bonne partie, cette fraction radicale de la bourgeoisie est elle-même originaire des treize colonies du sud. L'aile modérée juge ce projet prématuré et dangereux, car il risquerait de donner trop de pouvoirs aux conquis et de menacer la nouvelle hégémonie, car comment justifier une assemblée qui exclurait de ses rangs 99 pour 100 de la population. Si on leur reconnaît des droits égaux, les Français contrôleront l'assemblée, si on crée une assemblée sans inclure les Français on risque de mécontenter la population. Voilà le dilemme qui anime la pensée politique de la bourgeoisie marchande.

Pour faire du Canada une colonie de peuplement anglais, il fallait promouvoir une immigration massive des Anglais. Mais comment donner les mêmes droits qu'en métropole à ceux qui émigrent et ne pas les donner aussi aux conquis? Assimiler les Canadiens par le peuplement anglais voulait dire mêmes droits dans la colonie conquise que dans les autres colonies. Accorder ces droits voulait dire redonner le pouvoir aux Canadiens, car ils étaient majoritaires. Le colonialisme s'opposait à la démocratie. Michel Brunet note à ce sujet:

> Les conquérants n'ont pas l'habitude de confier aux vaincus l'administration du territoire qu'ils occupent... en refusant de donner à la nouvelle colonie un gouvernement semblable à celui des autres colonies d'Amérique, la métropole décevait grandement les colons britanniques déjà installés sur le territoire conquis et n'encourageait pas la venue de nouveaux immigrants[16].

La politique coloniale faisait donc face à des objectifs contradictoires et on peut remarquer une constante dans la politique coloniale anglaise à l'égard des Canadiens: les droits démocratiques ne seront reconnus qu'au fur et à mesure de l'augmentation de l'impuissance ou de la faiblesse numérique des Canadiens français (1791, arrivée des Loyalistes, assemblée sans responsabilité, 1848, majorité anglaise, assemblée avec responsabilité).

---

[16] M. Brunet, *la Présence anglaise et les Canadiens,* Montréal, Beauchemin, 1964, p. 89.

L'aile modérée propose donc de retarder le projet d'assemblée et de favoriser l'assimilàtion rapide des Canadiens français. Le représentant de ce groupe, Masères, préconise la fusion des deux races, c'est-à-dire l'absorption de la race française par la race anglaise, en introduisant la religion protestante, la langue anglaise et les lois anglaises. Murray qui n'aime guère les principes démocratiques, profitera de cette division dans la bourgeoisie marchande pour maintenir le système politique dirigiste, s'assurer la confiance de l'élite canadienne et ainsi renforcer la position de l'aristocratie dans la lutte qu'elle mène contre la bourgeoisie.

Cette lutte reflète l'opposition entre deux types d'intérêts économiques, ceux des propriétaires fonciers et ceux des commerçants qui veulent se donner les instruments nécessaires au développement du commerce en cherchant à s'assurer le contrôle du pouvoir politique. Leurs revendications étaient à cet égard encouragées par la Proclamation royale qui préconisait l'établissement d'assemblées. Ils s'en serviront pour s'élever contre un gouvernement à idéologie militariste et à cet effet ils envoient, en 1765, une pétition à Londres :

> Vos pétitionnaires supplient... Votre Majesté... de nous donner un gouverneur imbu de principes de gouvernement autres que les principes militaires... d'ordonner l'établissement d'une Chambre de représentants dans cette province, comme dans toutes les autres provinces de Votre Majesté... Les nouveaux sujets... pourront être autorisés si Votre Majesté le croit à propos, à élire des protestants [17].

Seuls pourront siéger à cette assemblée les Canadiens anglais ou les protestants ; les Canadiens français catholiques n'auront que le droit de vote. Ces marchands réclament aussi les lois civiles anglaises (l'Habeas corpus, le procès par jury). Ils veulent surtout des lois qui vont servir leurs intérêts commerciaux (lois sur les banqueroutes et sur l'enregistrement).

On voit donc transparaître ici une des premières conséquences de la Conquête en ce qui concerne le développement des idéologies. À cause des transformations économiques et sociales provoquées par la domination anglaise (disparition d'une bourgeoisie autochtone dynamique, ascension d'une classe réactionnaire et constitution d'une nouvelle bourgeoisie étrangère), désormais, les idées nouvelles procéderont d'une dynamique exogène à la structure sociale canadienne-française et elles seront as-

---

[17]   Cité par Gilles Bourque, *op. cit.,* p. 112.

sociées à des groupes qui menacent l'existence nationale des Canadiens français. Les innovations idéologiques viennent désormais d'une autre société et ne correspondent pas toujours à la situation matérielle des classes de la structure sociale canadienne-française. Lorsqu'elles seront adoptées par la petite bourgeoisie professionnelle, elles prendront une signification particulière et après l'échec de ce groupe, la société canadienne-française, abritée sous le parapluie clérical, résistera à la pénétration de l'idéologie libérale.

De même, le développement de cette idéologie à l'intérieur de la structure sociale dominante sera biaisé par la particularité de la situation coloniale, qui forcera la bourgeoisie marchande anglaise à mettre une sourdine à son libéralisme afin de ne pas perdre son hégémonie. Autrement dit, la situation coloniale entrave le développement de l'idéologie libérale et de la démocratie bourgeoise, à la fois à l'intérieur de la structure sociale coloniale et de la structure sociale colonisée. Elle accentue l'autonomie de l'idéologie dominante par rapport aux conditions économiques et sociales à la base des deux sociétés.

L'idéologie de collaboration

À la volonté de conciliation de l'administration coloniale correspond une volonté de collaboration de la part des seigneurs et du clergé, qui désirent préserver leurs assises économiques: régime seigneurial, reconnaissance du statut de l'évêque, droit de dîme, indépendance du clergé. Il faut dire aussi que les rapports entre ces deux groupes sont facilités par une origine de classe identique. Il y a une communauté d'intérêts évidente entre les seigneurs et le clergé, à la fois sur le plan économique et politique. Il s'agit pour eux d'obtenir la reconnaissance des lois et coutumes françaises, ce qui assure le maintien du régime seigneurial, le droit de dîme et des places dans l'administration publique. Les trois thèmes majeurs de leur idéologie seront: notre langue, nos droits, notre religion. Cette idéologie sera essentiellement défensive. Elle cherche à conserver les privilèges d'une classe particulière en les présentant comme l'intérêt de la nationalité canadienne-française. Par l'appel à la solidarité nationale, l'idéologie traditionnelle tentera de masquer les rapports de classe de la société canadienne-française et d'entraver la pénétration des idées nouvelles.

Afin de préserver ses intérêts, cette aristocratie cléricale fera un marchandage, demandant la reconnaissance des droits, de la re-

ligion et de la langue française et offrant en retour au conquérant la soumission et la loyauté des Canadiens. Cette nouvelle
classe dominante s'opposera aux revendications des marchands anglais, servira d'appui à la politique de l'administration coloniale
et renforcera le caractère monarchiste et militariste de l'État
colonial.

La Conquête a modifié la structure de classes canadienne
dans laquelle l'Église fut appelée à jouer un rôle de suppléance,
ce qui explique, selon Michel Brunet, son dévouement envers le
nouveau pouvoir qui l'élève dans la hiérarchie sociale. « Leur impuissance et leur état d'esprit les portaient tout naturellement à
désirer s'entendre avec le conquérant. Une politique de collaboration ne leur enlevait rien et pouvait leur rapporter quelques avantages[18] ». Cette observation de Brunet vaut aussi pour les petits
marchands canadiens, confinés à la périphérie des activités lucra-
tives dans le commerce de détail.

Mgr Briand sera un des plus fervents soutiens de la politique
de collaboration et cette attitude lui était inspirée par sa conception
de l'ordre social et sa philosophie politique. La défaite militaire
et la Conquête étaient le résultat de la volonté de Dieu. Puisqu'il
appartient à la divine Providence de changer les rois, il faut donc
se soumettre à sa volonté et au nouveau roi. Partisan de la théorie
de l'alliance du sabre et du goupillon, Mgr Briand écrit dans une
lettre à un officier britannique: « Je vous prie monsieur de continuer à l'Église votre protection, j'oserais presque vous dire que
vous y êtes obligé, comme elle l'est de vous honorer[19] ». La puissance temporelle doit apporter son soutien à la religion et la puissance spirituelle doit faire rendre au peuple le respect et l'obéissance qu'ils doivent aux princes et aux supérieurs.

Dans son mandement pour célébrer un *Te Deum* à l'occasion
de la signature du Traité de Paris, Mgr Briand recommande aux
fidèles d'avoir des sentiments de parfaite soumission aux décisions
de l'adorable Providence qui, écrit-il, est d'autant plus miséricor-
dieuse qu'elle est moins conforme à nos désirs et flatte moins nos
inclinaisons. Il définit ainsi les prémisses d'une philosophie de la
résignation. Il faut se soumettre au nouveau roi George III car il
est débonnaire et généreux. Briand conclut:

---

[18]   M. Brunet.
[19]   M. Brunet, *les Canadiens après la Conquête, 1759-1775*, Montréal, Beau-
        chemin, 1969, p. 37.

> Rien ne peut vous dispenser d'une parfaite obéissance, d'une scrupuleuse et exacte fidélité et d'un inviolable et sincère attachement à notre nouveau Monarque et aux intérêts de la nation à laquelle nous venons d'être agrégés[20].

L'administration coloniale utilisa sciemment la religion et la bonne volonté de l'épiscopat comme opium pour le peuple. Murray appliqua une politique de tolérance religieuse car, disait-il : «la religion catholique était la meilleure du monde parce qu'elle formait de bons sujets[21]».

Pour l'Église, en autant que son statut était maintenu et la liberté religieuse tolérée, le changement de régime n'avait pas d'importance. Ce que Dieu a fait, l'homme ne peut le défaire... La Conquête pour elle signifiait un simple changement d'allégeance monarchique. Les rois passent, l'Église demeure...

Contrairement à l'impression de continuité que veut laisser la hiérarchie cléricale, il y a lieu, pensons-nous, de s'interroger sur les effets de la Conquête sur l'évolution idéologique de l'Église canadienne. À notre avis, la Conquête aura comme conséquence de forcer l'Église à mettre en veilleuse son orientation gallicane et de favoriser le retour aux principes ultramontains. En effet, pour les autorités coloniales, il s'agissait de détacher l'Église de l'ancienne métropole française car selon les principes gallicans l'évêque était nommé par le roi. Il s'agissait aussi de briser l'influence de la France sur l'Église canadienne en la canadianisant ; mais pour ce faire, il fallait résoudre le problème de la nomination de l'évêque. Afin d'éviter l'ingérence de la monarchie britannique dans les affaires de l'Église, on imagina de transférer le lieu de la légitimité épiscopale du pouvoir royal au pouvoir papal. Le principe de la cooptation de l'autorité dans l'Église canadienne fut reconnue par Rome qui comprit l'intérêt de la nouvelle situation et permit à Mgr Briand de choisir son successeur. Ainsi, malgré la précarité de la situation, la porte était ouverte pour une reprise en main par Rome de l'Église canadienne et pour le développement de l'ultramontanisme.

L'Acte de Québec (1774) sera la victoire non pas du peuple canadien, mais de l'alliance entre l'administration coloniale et l'aristocratie cléricale canadienne. Cette constitution concrétise juridiquement l'idéologie de conciliation et de collaboration. Pour en comprendre la nature et la portée, il faut la resituer dans un contexte qui dépasse largement le cadre des revendications de

---

[20] *Ibid.*, p. 46.
[21] *Ibid.*, p. 121.

l'aristocratie cléricale. « L'Acte de Québec donnait à la colonie un régime aristocratique tel qu'il n'avait jamais vraiment existé auparavant. [22]» Il est avant tout inspiré par les nécessités stratégiques de la politique impérialiste britannique que reflète le programme de Carleton: assurer l'ordre dans la colonie conquise et en faire un point d'appui pour les forces britanniques au cas où la Grande-Bretagne serait appelée à intervenir pour mâter les colonies américaines séditieuses. Il s'agissait aussi de faire obstruction aux revendications démocratiques des marchands anglais. La classe aristocratique, pour protéger ses intérêts, faisait obstacle à la mise en place d'un système politique représentatif. Pour Carleton, les assemblées populaires étaient des foyers de résistance au gouvernement impérial, elles rendaient le peuple insoumis, insolent, elles minaient l'autorité du roi. Elles étaient, à son avis, responsables de l'agitation dans les colonies américaines. Si le gouvernement impérial voulait conserver son empire sur le continent américain il devait contrecarrer les revendications démocratiques. Il fallait promulguer aussi un nouveau système de gouvernement qui reconnaisse la particularité culturelle de la colonie et puisse lier l'élite canadienne aux intérêts de l'empire et en faire un rempart contre les prétentions américaines.

L'Acte de Québec abroge la Proclamation royale, maintient le droit civil français abolit le serment du test et satisfait de cette façon les aspirations bureaucratiques de la classe seigneuriale, tout en lui reconnaissant un statut social. Il ne crée pas d'assemblée représentative comme le désirait la bourgeoisie marchande anglaise mais institue plutôt un Conseil législatif au sein duquel les seigneurs seront appelés à siéger (un tiers des membres). Il permet l'extorsion des rentes prévues par le régime seigneurial de même que celle des dîmes, assurant ainsi les assises économiques de l'Église et de la noblesse. Il ouvre la porte à la tolérance religieuse en ne disant rien sur la nomination de l'évêque. Enfin l'Acte de Québec agrandit le territoire du Canada en lui redonnant ses anciennes frontières, ce qui aura pour conséquence de satisfaire les ambitions expansionnistes des marchands et d'enrayer le développement des colonies américaines. Marcel Trudel résume bien son objectif fondamental lorsqu'il écrit: « L'Acte de Québec était un plan fort habile pour opposer les Canadiens et les Américains[23]».

---

[22]   Gilles Bourque, *op. cit.*, p. 79.
[23]   Marcel Trudel, *Louis XVI, le Congrès américain et le Canada*, Québec, Éditions du Quartier latin, 1949, p. 6.

Chez les Canadiens, les discussions sur les changements constitutionnels nous révèlent qu'il y avait des dissensions dans la pensée politique et sociale. La classe seigneuriale d'un côté appuyait le projet de Carleton car elle était contre l'institution du système représentatif, redoutant les effets des innovations démocratiques. Avec le droit de vote, le peuple aurait acquis la liberté politique, ce qui risquait de remettre en question le statut social et le pouvoir de la classe seigneuriale en confiant le pouvoir à des hommes d'une autre origine sociale. Se sachant dépendants du conquérant, les seigneurs appuient donc le projet d'un conseil législatif où ils seront admis à siéger.

D'autres Canadiens cependant ne s'opposaient pas à l'assemblée représentative. Ainsi, à l'été 1773, un groupe de citoyens qui se dénomment les Canadiens Vrais Patriotes préparent une « Adresse des habitants de la province de Québec à sa Majesté et aux Communes » où ils ébauchent les grands principes de la démocratie parlementaire. Ces Canadiens rejettent le paternalisme de Carleton et celui de la bourgeoisie anglaise. Ils ne s'opposent pas à l'introduction des lois anglaises en matière criminelle. Ils contestent la création d'un Conseil législatif et affirment leur préférence pour une assemblée élue où les Canadiens pourraient siéger. Mais si Londres refusait ce droit, ils se disent disposés à appuyer le projet de Conseil législatif. Leur principale revendication demeure toutefois l'assemblée élue sans discrimination nationale. Ce groupe manifeste plus d'audace et se distingue des éléments conservateurs de l'élite clérico-aristocratique, qui donne son appui inconditionnel à Carleton. Donc, dans l'immédiate après-Conquête, il n'y a pas de monolithisme idéologique et d'hégémonie politique véritables exercés par le clergé et les seigneurs. Leur pouvoir résulte beaucoup plus de leur soumission au colonisateur que de leur influence sur le peuple.

L'idéologie des classes populaires

Comment le peuple des villes et des campagnes a-t-il réagi aux transformations de la société canadienne provoquées par la Conquête ? Quelle fut son attitude à l'égard des nouveaux dirigeants et du nouveau rôle de l'élite cléricale ? Pour répondre à ces questions, nous disposons de quelques indices surtout repérés lors de la révolution américaine et de l'invasion du Canada qui s'ensuivit.

D'abord, durant les premières années du régime anglais, même si l'élite clérico-aristocratique préconise une politique de collaboration et de soumission absolue, le peuple canadien ne manifeste pas un enthousiasme débordant à l'égard des conquérants et de la nouvelle situation coloniale. Il est rare qu'un peuple éprouve spontanément une grande affection pour celui qui, hier, était son ennemi et qui est, aujourd'hui, son nouveau maître. Les Canadiens n'échappent pas à la règle et ne sont pas convaincus des bienfaits providentiels de la Conquête. Selon M. Brunet, la soumission zélée fut plus le fait de la minorité dirigeante que de la majorité du peuple dont l'attitude se caractérise par la résistance passive. Ils considèrent même l'attitude de la nouvelle fraction dirigeante comme une trahison et se méfient du clergé et des seigneurs:

> Aux yeux du peuple, les membres de la classe dirigeante de la colonie ne sont que des collaborateurs serviles des vainqueurs. Ce divorce (entre les Canadiens et ceux qui se disent leurs chefs de file) qui a eu une influence considérable et néfaste sur l'évolution de la pensée politique au Canada français, éclatera au grand jour chaque fois que le conquérant demandera aux dirigeants canadiens de rallier leurs compatriotes en vue d'une action collective destinée à servir principalement les intérêts britanniques... ...Les Canadiens vivent dans un état permanent de résistance passive[24].

Ainsi, par exemple, les habitants de la région de Montréal négligent systématiquement de payer les rentes qu'ils doivent à leurs seigneurs. Aux Trois-Rivières, les capitaines de milice ne se présentent pas à une réunion convoquée par le gouverneur Burton. Plusieurs familles cachent des prisonniers ou des déserteurs anglais. Les marchands canadiens conseillent aux Indiens *Tête de Boule* de ne pas vendre leurs fourrures à Montréal. Ce sont là diverses formes de sabotage qui témoignent du climat d'insubordination et d'instabilité qui règne dans le peuple. D'autres symptômes témoignent de ce climat de résistance passive. Lors du soulèvement de Pontiac, les gouverneurs de la colonie, appuyés par les autorités ecclésiastiques, tentent de former cinq compagnies de volontaires canadiens pour combattre les Indiens. Cette opération, entre autres, visait à démontrer aux Indiens que les Français reconnaissaient l'autorité des Britanniques et qu'ils ne devaient plus espérer de secours des Français: «La masse du peuple vit, dans cette expédition militaire contre les Indiens révoltés, une mesure destinée à consolider la position du conquérant[25]». Après

---

[24]   M. Brunet, *op. cit.,* pp. 54-55.
[25]   *Ibid.,* p. 63.

avoir fait des offres généreuses aux Canadiens et devant leur refus, le gouverneur Haldimann menace de saisir tous les fusils de chasse et constate que plus de la moitié des Canadiens de tout ordre ne croit pas la paix véritablement faite.

Sans vouloir en faire une généralisation absolue, il faut aussi remarquer la persistance d'un courant irreligieux qui montre que la nouvelle fraction dirigeante de la société canadienne-française ne dominait pas le peuple et que sa direction n'était réelle que pour le colonisateur. Ainsi en 1769, les habitants de Repentigny refusent de rebâtir leur église. De même les habitants de Saint-Thomas refusent de contribuer à la construction de leur nouvelle église. Mgr Briand écrit lui-même à ce sujet:

> Je n'ai que trop de preuves d'indocilité, d'entêtement, de rébellion, de mauvaises volontés, pour tout ce qui regarde la religion et le culte du Seigneur, de votre peu de respect pour les prêtres, et du peu de cas que vous faites de leurs enseignements et de leurs avis, et il ne m'est plus permis de me dissimuler qu'un très grand nombre s'ils font encore profession de religion et fréquentent nos églises et nos sacrements, si en un mot, ils paraissent encore tenir à la foi ce n'est plus qu'à l'extérieur et pour ne pas paraître séparés des autres [26].

Ce témoignage rend bien compte de l'irrespect des habitants envers l'autorité spirituelle et temporelle du clergé. Selon l'historien Brunet, ce comportement est celui d'un peuple qui méprise ses anciennes classes dirigeantes lorsque celles-ci ont perdu une guerre et sont soumises à l'autorité du vainqueur, avec lequel elles collaborent.

L'invasion américaine sera une autre occasion où les Canadiens manifesteront leur insoumission envers le nouveau pouvoir colonial et envers l'élite clérico-aristocratique. La révolution américaine sera aussi à l'origine de la pénétration des idées démocratiques au Canada. On peut dire qu'en un sens, elle a été le prélude à la révolution canadienne et lui a fourni certains éléments idéologiques. Par sa propagande, elle a fait l'éducation politique des Canadiens. Elle leur a expliqué leurs droits de citoyens, le principe de la représentation populaire et du vote des impôts. Elle a introduit les notions de liberté personnelle et d'égalité politique. L'influence de la France, sur le plan idéologique, ayant été enrayée et diluée, dès lors les innovations idéologiques proviendront

---

[26]   Cité par Lionel Croteau, *les Origines intellectuelles de la rébellion de 1837-1838*. (thèse), Ottawa, Université d'Ottawa, 1943, p. 33.

d'un autre monde culturel et la conscience politique des Canadiens sera marquée par le libéralisme américain.

Les principaux éléments de l'idéologie démocratique américaine

On retrouve ces éléments dans les lettres, adresses et manifestes que le Congrès et certains chefs politiques ont envoyés aux Canadiens pour les inciter à se joindre au mouvement et pour leur expliquer les raisons de l'invasion du Canada.

Dans sa première lettre, le Congrès américain expose sa théorie politique et les droits que revendiquent les colonies américaines. Comme on le remarquera, ces lettres sont de véritables cours de philosophie politique.

On y explique d'abord en ces termes le principe de base de la démocratie:

> Dans toute société humaine... il y a une force qui tend continuellement à conférer à une partie le haut du pouvoir et du bonheur et à réduire l'autre au dernier degré de faiblesse et de misère. L'intention des bonnes lois est de s'opposer à cette force et de répandre leur influence *également* et *universellement*.

> Toutes (les) histoires démontrent la vérité de cette simple position, que d'exister au gré d'un seul homme ou de quelques-uns est une source de misère pour tous. C'est sur ce principe que les Anglais ont construit l'édifice de leur gouvernement pour résister à la tyrannie et à l'injustice et c'est pour cela que les peuples des colonies possèdent leur gouvernement propre[27].

Le premier droit revendiqué est celui pour le peuple de participer à son propre gouvernement, en élisant ceux qui vont le représenter et prendre les décisions. En conséquence, il sera gouverné par les lois qu'il a lui-même approuvées et non par les édits ou décrets de ceux sur lesquels il n'a aucun pouvoir. Avant tout, ce droit est présenté comme un rempart pour défendre la propriété privée; ainsi celui qui a acquis des richesses par son travail et une « honnête industrie » ne peut en être privé sans son libre et plein consentement. La conséquence de ce droit est que le peuple peut refuser tout subside aux chefs qui oppriment le peuple. On verra plus loin que les Patriotes reprendront à leur compte cette argumenta-

---

[27]   Voir l'abbé Verreau, *invasion du Canada*, Montréal, E. Sénécal, 1873, pp. 5 et 6.

tion lors de la guerre des subsides, pour contester le pouvoir du gouverneur et obtenir le gouvernement responsable. En Nouvelle-Angleterre cette revendication exprimait les intérêts d'une bourgeoisie en pleine expansion qui voulait s'assurer le contrôle des leviers politiques, afin d'éliminer les obstacles extérieurs à son développement, c'est-à-dire les contraintes coloniales. Au Canada, par ailleurs, elle sera utilisée par la petite bourgeoisie professionnelle comme une arme contre la domination de la bourgeoisie marchande anglaise, dont la stratégie du développement économique reposait sur l'exploitation de la paysannerie, dans le cadre de la domination coloniale. Cette déviation est l'effet de la présence d'une double structure de classes à superposition nationale et à mode de production différencié.

La lettre du Congrès américain critique ensuite l'Acte de Québec, en essayant de montrer qu'il n'accorde rien aux Canadiens. « La liberté de religion et de conscience est un plat de lentilles, on ne vous donne rien, c'est une mystification car c'est Dieu qui vous l'a donnée et non Londres. » La restauration des lois françaises n'est pas assurée, elle est laissée à l'arbitraire du gouverneur et de son conseil. De plus, il n'y a pas de liberté possible si les pouvoirs ne sont pas séparés[18]. Or, avec l'Acte de Québec, tous les pouvoirs sont entre les mains du ministère, rien ne peut donc protéger les Canadiens contre le despotisme, les impôts et l'arbitraire, car il n'y a pas d'assemblée représentative.

Le second droit essentiel consiste à être jugé par un jury: « On pourvoit par là qu'un citoyen ne peut perdre la vie, la liberté ou les biens qu'au préalable sentence n'ait été rendue contre lui par douze de ses égaux et compatriotes de mœurs irréprochables, sous serment, pris dans le voisinage. »

Un troisième droit revendiqué est celui de la liberté personnelle par l'Habeas Corpus. Si un citoyen est mis en prison, il peut obtenir immédiatement d'un juge un ordre que l'on nomme Habeas Corpus, qu'il est obligé sous serment d'accorder et procurer promptement par ce moyen une enquête et la réparation d'une détention illégitime.

Le quatrième droit conteste les corvées liées au régime seigneurial. On revendique ici que la possession des terres soit accompagnée de légères rentes foncières mais non soumise à des corvées rigoureuses.

---

[28] Voir Gustave Lanctôt, *le Canada et la révolution américaine*, Montréal, Beauchemin, 1965, p. 39.

Enfin on réclame la liberté de presse. Pour cautionner son argumentation et lui donner plus de poids auprès des Canadiens, l'adresse invoque Montesquieu : « Qu'aurait dit votre compatriote, l'immortel Montesquieu, au sujet du plan de gouvernement (l'Acte de Québec) que l'on vient de former pour vous » car cette constitution, estiment les congressistes, réduit les Canadiens à l'esclavage. Le Congrès invite donc les Canadiens à s'unir aux colonies américaines et les incite à organiser des réunions, à se choisir des députés, à constituer un Congrès provincial qui enverrait des délégués au Congrès de Philadelphie[29]. Dans cette première adresse, il n'est pas encore question d'indépendance, il s'agit simplement de s'organiser pour s'opposer au Parlement anglais et à ses mesures arbitraires et non de rompre avec la Couronne britannique. Cette lettre sera imprimée en français et tirée à deux mille exemplaires.

D'autres lettres suivront en reprenant les mêmes thèmes. Le 7 septembre 1775, le général Washington envoie à son tour une adresse aux Canadiens où il dit souhaiter l'union des colonies pour la défense de la liberté :

> Unissons-nous pour la défense de la liberté, c'est dans ce but que le Congrès et moi nous avons fait pénétrer dans votre pays une double armée d'invasion : l'une comme l'autre ont reçu l'ordre de se comporter comme dans un pays ami. La cause de l'Amérique et de la liberté est la cause de tout citoyen vertueux de l'Amérique quelle que soit sa religion et quelle que soit son origine. Les Colonies-Unies ne connaissent en fait de distinction que celle que l'esclavage, la corruption et la domination arbitraire peuvent engendrer[30].

Dans ses instructions à Arnold, Washington concrétise sa pensée : si les Canadiens s'opposent à l'invasion ou refusent de collaborer, Arnold doit revenir en arrière, tout mauvais traitement ou dommage faits aux Canadiens devront être sévèrement punis, les troupes devront respecter ceux des Canadiens qui s'opposeront à l'invasion, devront payer la pleine valeur de ce qu'ils achèteront, ne pas se moquer de la religion catholique et assurer par tous les moyens le libre exercice de la religion.

L'invasion est déclenchée le 10 mai 1775 et provoque chez les Canadiens une réaction de résistance passive aux autorités britan-

---

[29] La différence de religion n'est pas un obstacle, car dans les colonies il y avait plusieurs religions et même une colonie catholique, le Maryland.

[30] Cité par Marcel Trudel, *Louis XVI, le Congrès américain et le Canada*, Québec, Les Éditions du Quartier latin, 1949, p. 59.

niques et à l'élite clérico-aristocratique. Les événements qui font suite à l'invasion démontrent que l'aristocratie et le clergé n'ont qu'une faible influence politique et idéologique sur le peuple. Les autorités militaires de Montréal demandent aux seigneurs d'enrôler leurs censitaires et de former des compagnies de miliciens. Mais les Canadiens et les Indiens refusent de bouger. Carleton déplore en ces termes cet état de fait:

> Le peu de troupes que nous avons dans la province a été immédiatement mis sur pied et a reçu ordre de s'assembler à Saint-Jean ou à proximité de cet endroit. Les nobles du voisinage ont été eux-mêmes invités à rassembler leurs habitants pour se défendre. Mais bien que les gentilshommes aient montré beaucoup d'empressement, ils n'ont pu gagner le peuple ni par leurs sollicitations, ni par leur exemple.

> Tout esprit de subordination semble détruit et le peuple est empoisonné par l'hypocrisie et les mensonges mis en œuvre avec tant de succès dans les autres provinces et que les émissaires et les amis de celles-ci ont répandus partout ici avec beaucoup d'adresse et d'activité[31].

La révolution américaine fait apparaître au grand jour les contradictions de classe de la société canadienne. D'une part, l'élite, le clergé et les seigneurs, conscients de leurs intérêts de classe, se rangent du côté des Britanniques et étalent leur loyalisme, et d'autre part, le peuple montre qu'il n'est pas convaincu des bienfaits de l'Acte de Québec, préfère rester neutre, manifeste même une neutralité bienveillante à l'égard des révolutionnaires américains et se montre réceptif aux idées politiques de nos voisins du sud.

Mgr Briand fut l'allié fidèle de Carleton et un fervent propagandiste de la doctrine de la fidélité au roi et à l'autorité «légitime». Déjà en 1768, il avait publié une lettre circulaire visant à décourager les espoirs d'une reprise du pays par la France. Dans son mandement du 22 mai 1775, il rappelle que l'Église enseigne d'obéir au pouvoir établi et que les envahisseurs sont des sujets révoltés contre leur souverain légitime «qui est en même temps le nôtre». L'évêque offre des indulgences à ceux qui prendront les armes pour défendre la colonie britannique et il demande aux Canadiens de se souvenir de la bonté et de la douceur du présent gouvernement et des faveurs récentes qu'il vient d'accorder par l'Acte de Québec[32]. Ce mandement fut critiqué partout au Québec.

---

[31] Cité par Gilles Bourque, *op. cit.*, p. 144.
[32] *Ibid.*, pp. 81-82.

Monsieur de Montgolfier, supérieur des sulpiciens de Montréal, dans un projet de sermon développe quatre arguments qui
résument la position du clergé :

   1 – comme patriote, le Canadien se doit de défendre sa patrie
      envahie, car rester neutre, c'est se déclarer pour l'en-
      nemi ;

   2 – en qualité de sujet, par son serment, le citoyen ne peut
      refuser d'obéir aux ordres sans manquer à la justice et à la
      fidélité qu'il doit au roi ;

   3 – comme catholiques, les Canadiens doivent montrer que la
      religion, qui apprend à honorer Dieu, leur enseigne aussi
      à obéir à leur souverain ;

   4 – ils le doivent enfin par reconnaissance au roi qui les a si
      bien traités et au gouverneur qui a si bien défendu leur
      cause.

Comme toute classe dominante, le clergé identifiait ses intérêts aux intérêts de la société et parce que les autorités britanniques avaient donné satisfaction aux principales revendications
de l'élite, il voulait que le peuple adopte son attitude de servilité.
Mais à cette époque, le clergé n'est une classe dirigeante que pour
les autorités britanniques, il ne l'est pas encore pour le peuple qui
refuse de suivre ses directives.

Les habitants accusent l'évêque de s'ériger en général du
pays lorsqu'il appuie le gouverneur pour la levée des milices. Le
rétablissement des milices qu'on veut mettre sous la direction des
seigneurs se heurte à une véritable résistance dans les campagnes
et même lorsque des miliciens sont recrutés, ils refusent de passer
à l'action. Le 17 septembre, des habitants de Saint-Mathias, Saint-
Charles et Saint-Denis s'emparent d'un presbytère où se cachent
deux délégués de Carleton, ils malmènent le curé et s'emparent des
deux émissaires du gouverneur. Ils en profitent aussi pour piller
les propriétés des seigneurs. (Il est à remarquer que ces mêmes
paroisses seront les plus combatives lors de l'insurrection de 1837-
1838.) Il y a plus de 70 paroisses qui manifestent une résistance
plus ou moins active aux efforts de mobilisation du clergé et des
autorités britanniques. À Saint-Michel de Bellechasse, un habitant
interrompt le curé pendant le sermon et lui reproche de prêcher
pour les Anglais. À Saint-Thomas de Montmagny le sentiment est
le même. Les habitants disent au curé Maisonbasse : « Vous êtes
un Anglais et vous voulez nous faire devenir Anglais en nous obligeant à nous soumettre ». À certains endroits, cette résistance
prend la forme d'un véritable soulèvement contre l'Église.

Les Canadiens ne se contentent pas d'être neutres, certains passent à la rébellion ouverte contre le régime. Toutes les campagnes du sud étaient à la disposition des Bostonnais qui faisaient monter la garde pour eux par des Canadiens. « Quant aux Canadiens de Pointe-Olivier, écrit Lanctôt, ils s'étaient constitués les partisans irréductibles de la cause américaine[33] ». On estime à environ 500 le nombre des Canadiens qui combattront aux côtés des Américains. D'autres les ravitailleront, leur serviront de guides et d'espions. Devant cette révolte et cette agitation pro-américaine des Canadiens, Mgr Briand ordonne aux curés de ne pas administrer les sacrements à ceux qui professent des idées rebelles.

Tous les villages de la vallée du Saint-Laurent et du Richelieu refuseront de collaborer. Seules les villes font montre de quelque peu de loyalisme royal. En dehors de l'élite il n'y a pas cent Canadiens prêts à combattre pour la royauté. Cette résistance atteste bien que les habitants n'acceptaient pas la direction du clergé. Lanctôt écrit à ce sujet :

> Les chefs du pays, y compris Mgr Briand et Carleton, avaient par trop présumé de « l'implicite obéissance » du Canadien à la voix de l'Église. Ils oubliaient le caractère individualiste et raisonneur de ce catholique moyen que le nouveau monde avait en plus marqué d'un esprit d'indiscipline et d'indépendance et que le régime britannique avait libéré de ses anciennes inhibitions[34].

Ces hommes n'écoutaient pas plus les seigneurs car, continue Lanctôt :

> hors des conditions de sa tenure, le censitaire possédait en fait et manifestait à l'occasion une pleine indépendance à l'égard du maître du manoir. Il ne lui reconnaissait ni autorité sociale, ni emprise sur ses opinions. Sous l'ancien régime ce milicien ne servait pas sous le seigneur mais sous les officiers tirés de son milieu — les seigneurs n'exerçaient aucune influence ni ne pouvaient lever un seul milicien[35].

Ainsi cette attitude de neutralité et d'inaction des campagnes aboutissait à la résistance aux ordres et allait même jusqu'à l'aide aux envahisseurs.

Quelle sont les raisons de cette résistance ou de cette neutralité bienveillante ?

---

[33] G. Lanctôt, *le Canada et la révolution américaine*, Montréal, Beauchemin, 1965, p. 82.

[34] *Ibid.*, p. 86.

[35] *Ibid.*, p. 87.

En premier lieu, on peut dire que les habitants étaient conscients de leurs intérêts et savaient que l'Acte de Québec favorisait l'élite cléricale et pas eux. La reconnaissance du droit de dîme et le maintien de la tenure seigneuriale signifiaient pour eux un accroissement de l'impôt. Les pro-rebelles proposaient l'abolition de la dîme et des rentes seigneuriales. Ces revendications seront reprises par les Patriotes de 1837.

On peut trouver la deuxième explication dans la faiblesse militaire du gouvernement britannique qui ne disposait que de 750 soldats. Dès lors, tout le poids de la défense aurait été supporté par les habitants. Ceux-ci n'étaient pas dupes. C'était au roi de défendre sa nouvelle colonie et non pas aux vaincus d'hier. Ils n'avaient rien à gagner et tout à perdre.

Enfin, une troisième raison semble être la rumeur à l'effet qu'il y avait des troupes françaises chez les révolutionnaires américains, ce qui stimulait l'ardeur des pro-rebelles et avivait certains espoirs.

En résumé, on peut dire que le peuple fait preuve d'une neutralité bienveillante envers les Américains. Il y a une minorité pro-rebelle qui intervient directement soit contre l'aristocratie cléricale, soit aux côtés des Américains contre le gouvernement britannique. Dans l'ensemble, le peuple est conscient de ses intérêts de classe et se montre réceptif aux idées démocratiques véhiculées par les propagandistes des colonies du sud.

Même si les armées d'invasion seront défaites au printemps de 1776, à la suite de l'arrivée de renforts britanniques et des difficultés internes de l'armée américaine (fin des contrats des soldats, ravages de la maladie, difficultés d'approvisionnement), il n'en demeure pas moins que la guerre d'indépendance américaine marque une période critique dans l'histoire canadienne, car elle provoqua une crise politique profonde et ouvrit la voie aux idées politiques démocratiques. La révolution américaine sera, après la Conquête, la première source extérieure qui influencera le développement des idéologies au Québec.

Autres influences extérieures

Selon Jean-Pierre Wallot et John Hare, la lecture des imprimés révèle l'influence des idées étrangères sur le mouvement des idées au Canada et discrédite la légende entretenue par les historiens et les sociologues, qui ont prétendu que les Canadiens vivaient en marge des grands courants idéologiques de l'époque, recroquevillés sur eux-mêmes, imperméables aux idées nouvelles qui fermentaient dans le monde occidental: « En réalité les courants idéologiques étrangers circulaient parmi une certaine élite et filtraient lentement mais sûrement jusqu'aux masses[36] ».

La pénétration et la diffusion de ces idées nouvelles seront favorisées par l'apparition de l'imprimerie. Dès 1764, Brown introduit une presse à Québec et fait paraître *la Gazette de Québec*. Ce journal se fera le promoteur du protestantisme libéral et le propagandiste de l'esprit de Voltaire. La philosophie des Lumières nous parviendra sous couvert de la littérature anglaise. Gilles Bourque écrit à ce sujet:

> On sait qu'il sera interdit pendant de nombreuses années d'établir des relations culturelles avec l'ancienne métropole. Le conquérant refuse jusqu'à l'introduction de livres français dans la colonie de sorte qu'on lit Voltaire dans sa traduction anglaise[37].

En se référant à Voltaire, *la Gazette* condamne l'intolérance religieuse, la puissance temporelle des papes, l'excommunication et le trop grand nombre de fêtes et de jours fériés qui nuisent à la bonne marche des affaires. Les notions d'équilibre des pouvoirs, de l'indépendance de chaque individu, de la nécessité de l'instruction, d'une richesse minimale pour bien légiférer et de la liberté par et dans la société caractérisent l'apport idéologique britannique et s'accordent bien avec les besoins et les intérêts de la bourgeoisie commerciale.

Il nous restera aussi de l'invasion américaine un autre imprimeur, Mesplet, qui publiera *la Gazette de Montréal* de 1785 à 1793. Son influence est toutefois restreinte. Gravitent autour de lui quelques démocrates qui se recrutent surtout parmi la petite bourgeoisie canadienne-française. Ils admirent les assemblées représentatives et voudraient en voir s'établir une dans la colonie, afin de contrôler les taxes et les dépenses. Ces démocrates adhèrent aussi aux idées des Encyclopédistes: tolérance en matière religieuse, anticléricalisme, règne de la raison, l'égalité devant la loi, la liberté de pensée et de parole. Ils applaudiront les débuts de la révolution française. Wallot et Hare résument ainsi la pénétration des idées nouvelles au Canada:

---

[36] J. Hare et J.-P. Wallot, « Les idéologies dans le Bas-Canada au début du XIXe siècle », *l'Information historique*, vol. 21, n° 4, sept.-oct. 1969, p. 183.

[37] G. Bourque, *op. cit.*, p. 91.

Bien avant la révolution américaine et française, l'élite canadienne connaissait les philosophes du XVIIIe siècle, Voltaire et les Encyclopédistes en particulier. Ces influences littéraires, la propagande américaine puis française, l'activisme temporaire d'un noyau de « démocrates » groupé autour de Mesplet et de la *Gazette de Montréal,* journal idéologique de combat entre 1785 et 1793, la pénétration graduelle des idéaux des philosophes en matière de gouvernement, tous ces facteurs ont influé indéniablement sur certaines couches de la population[38].

Il est cependant difficile, dans l'état actuel des recherches, de déterminer avec exactitude l'étendue de leur influence et de leur diffusion dans les différentes classes de la colonie.

Un autre événement historique de grande importance, la révolution française, peut nous servir d'indice pour évaluer l'effet des influences extérieures sur le développement des idéologies au Québec et par ricochet, saisir l'état de la mentalité populaire. S'il faut croire Michel Brunet, la révolution française a profondément remué les Canadiens, les classes populaires croyant que la révolution victorieuse viendrait libérer le Canada de la domination anglaise.

La révolution française a donc eu des échos sur les rives du Saint-Laurent. La propagande révolutionnaire parvint au Canada par l'entremise du citoyen Genet qui lança au peuple un appel à l'insurrection. Cette brochure, intitulée « Les Français libres à leurs frères canadiens », était appelée par les gens du peuple « Le catéchisme ». En voici les principaux thèmes: Nos anciens dirigeants despotiques vous ont trahi et soumis à la servitude, nous n'y pouvions rien. Mais maintenant que le peuple est libre, il est en son pouvoir de vous venger et de vous rendre aussi libres et indépendants que la France ou les États-Unis ! « Canadiens, imitez leur exemple et le nôtre, la route est tracée, une révolution magnanime peut vous faire sortir de l'état d'abjection où vous êtes plongés[39] ». L'homme est né libre, poursuit le pamphlet, c'est l'ignorance des uns et la perfidie des autres qui sont responsables de ses chaînes. La révolution est nécessaire et « l'insurrection est pour vous le plus saint des devoirs ». Les raisons de se révolter sont nombreuses: cruauté exercée par l'Angleterre, les entraves au commerce, les monopoles, l'exploitation de la traite

---

[38]   J.-P. Wallot et J. Hare, *op. cit.,* p. 183.

[39]   Voir M. Brunet, « La Révolution française sur les rives du Saint-Laurent » *Revue d'histoire de l'Amérique française,* Vol. XI, septembre 1957, p. 159.

par les Anglais, la mauvaise constitution, la corruption des dirigeants.

> Canadiens, vous avez en vous tout ce qui peut constituer votre
> bonheur... Les hommes ont le droit de se gouverner eux-mêmes, les
> lois doivent être l'expression de la volonté manifestée par l'organe
> de ses représentants, nul n'a le droit de s'opposer à leur exécution[40].

Le peuple par ses représentants est le souverain.

L'appel décrit ensuite le programme de l'insurrection ou les
avantages que les Canadiens retireraient en se libérant : 1 – Le
Canada sera un État libre et indépendant. 2 – Il pourra former des
alliances avec la France et les États-Unis. 3 – Les Canadiens se
choisiront un gouvernement, ils nommeront eux-mêmes les
membres du corps législatif. 4 – Le veto sera aboli. 5 – Accès à
la fonction publique pour tous les citoyens canadiens. 6 – Abolition des corvées. 7 – Liberté de commerce. 8 – Abolition des monopoles et des privilèges dans le commerce des fourrures.
9 – Abolition des droits seigneuriaux et du régime seigneurial
10 – Liberté des cultes. 11 – Abolition des dîmes.

Selon Michel Brunet, il y eut dans diverses paroisses des
mouvements populaires qui traduisaient l'enthousiasme des Canadiens envers la révolution française. Entre autres, des Canadiens
de Laprairie répondront à la lettre de Genet en se disant prêts à
s'unir aux Français pour libérer la colonie. On remarque aussi
que des troubles mineurs éclatent dans toute la province de 1794 à
1796 et qui contestent l'autorité établie et la loi sur les milices et
les chemins. Mgr Hubert commentant ces événements parle « des
agitations surprenantes dans lesquelles la révolution de France
jette les esprits du peuple[41] ». Le clergé encore une fois intervient
pour prêcher la soumission et la fidélité à la monarchie britannique.
Il fait une intense campagne de propagande contre la révolution
française et la France, cette fille indigne de l'Église. Dans une
lettre qu'il envoie au clergé, Mgr Hubert écrit que « les liens qui
les attachaient à la France ont été entièrement rompus, et que
toute la fidélité et l'obéissance qu'ils devaient précédemment au
roi de France, ils les doivent, depuis ces époques à Sa Majesté
britannique. C'était leur devoir d'éloigner les Français de cette
province[42] ». La classe dominante canadienne-française se sent

---

[40] *Ibid.*, p. 161.
[41] Cité par M. Brunet, *ibid.*, p. 156.
[42] Cité par Mason Wade, *Les Canadiens français de 1760 à nos jours*, Montréal,
Cercle du livre de France, 1963, tome 1, p. 117.

directement menacée par les idées de la révolution française et pour protéger sa situation privilégiée et sa position dominante, elle célèbre ce qui les rend possible, c'est-à-dire la domination coloniale anglaise.

Dans cet esprit, Mgr Plessis écrit en 1799, à la suite de la défaite française d'Aboukir: «Réjouissons-nous... Tout ce qui affaiblit la France, tend à l'éloigner de nous. Tout ce qui l'en éloigne, assure nos vies, notre liberté, notre repos, nos propriétés, notre culte, notre bonheur[43]». Dès lors, le messianisme pouvait naître et la mission spirituelle des Canadiens français s'affirmer. Il fallait racheter les péchés commis par cette France athée, reprendre et porter bien haut le flambeau du catholicisme français. Toutefois, ce sera à partir de la deuxième moitié du XIXᵉ siècle que ces germes de mysticisme et de prosélytisme prendront une véritable signification dans la conscience populaire. On peut douter de la résonnance profonde du discours clérical dans les classes populaires à la fin du XVIIIᵉ siècle.

La révolution française, en plus de confirmer pour la classe dominante la rupture définitive avec la France, aura aussi pour effet de renflouer le contingent clérical avec l'arrivée d'une cinquantaine de prêtres chassés par la révolution. Cet influx rehaussa le niveau de la culture française au Canada car ces prêtres apportant avec eux livres et objets d'art augmentèrent les ressources culturelles du Canada français, presque entièrement coupé des sources de sa culture depuis la Conquête. Ces prêtres rénovèrent aussi l'enseignement et mirent sur pied des collèges et des écoles qui assureront la formation de la petite bourgeoisie professionnelle.

Mais, en dépit de cet apport, la situation de l'Église canadienne demeure précaire: manque chronique de prêtres, mauvaise formation théologique, manque de préparation pastorale, immaturité de ceux qui sont ordonnés, incertitude du statut légal de l'Église. Ces carences de l'Église canadienne influent profondément sur les relations entre le clergé et les laïcs qui en général ne suivent pas les directives cléricales. L'indépendance traditionnelle des habitants est toujours vivace. J.-P. Wallot remarque à ce sujet:

> Si l'incertitude du statut légal de l'Église nourrit l'indépendance traditionnelle des habitants à son endroit, une carence grave de

---

[43] Cité par J.-P. Wallot «Courants d'idées dans le Bas-Canada à l'époque de la Révolution française», *l'Information historique*, mars-avril 1968, p. 73.

prêtres en période d'explosion démographique ne peut que handi-caper sérieusement la propagation de la religion et de la morale[44].

Si à la fin du régime français, il y avait 170 prêtres pour 60,000 habitants, en 1805, il n'y en a que 186 pour s'occuper d'un diocèse qui compte plus de 200,000 fidèles. À la fin du XVIIIe siècle, 75 paroisses environ n'ont pas de prêtres ce qui n'aide guère au rayonnement de la religion parmi la population[45], et Wallot de conclure: «Au début du XIXe siècle, il nous semble donc clair qu'il n'y a pas d'Église triomphante, forte et prospère, non plus que de clergé très influent et dominateur — encore moins de théocratie[46]». S'il faut en croire les commentaires de Mgr Plessis inscrits dans ses carnets de visite paroissiale, les Canadiens manifestent peu de zèle, peu de foi pour la religion, peu d'empres-sement à s'en instruire, beaucoup d'orgueil, de suffisance, de ré-sistance et d'indocilité. Ivrognerie, désordres et scandales publics, danse, adultère, inceste, fornication sont leurs principaux péchés. La pratique religieuse est beaucoup plus pour eux un événement social que spirituel. C'est surtout une occasion de fraterniser avec ses voisins, de discuter récolte et politique. Leur catholicisme n'est qu'un glacis superficiel qui n'a pas encore de dimension politique et sociale, c'est-à-dire qui ne permet pas l'hégémonie po-litique et idéologique du clergé. Après cette brève analyse, il nous faut reconsidérer l'interprétation traditionnelle qui présentait la société canadienne après la Conquête comme une société repliée sur elle-même, conservatrice, dominée par le clergé et la religion et fermée aux influences des idées progressistes de l'épo-que.

Conclusion

La Conquête a donc eu des effets sur le développement idéo-logique de la société canadienne en éliminant la classe dynamique, en brisant le rythme du développement idéologique de cette socié-té, en la soustrayant de son champ d'influence intellectuelle na-turel et en permettant à une idéologie réactionnaire et en régres-sion de se renforcer et de devenir plus tard dominante.

---

[44] J.-P. Wallot, *Un Québec qui bougeait,* Québec, Les Éditions du Boréal Express, 1973, p. 203.
[45] *Ibid.,* p. 190.
[46] *Ibid.,* p. 210.

Cette idéologie est essentiellement défensive, il s'agit pour la classe qui l'articule de justifier le maintien des privilèges et de l'assise économique de l'aristocratie cléricale. Son horizon est le passé, sa source d'inspiration, la société féodale où elle occupait le sommet de la hiérarchie sociale. Elle se fixera sur un idéal qui est déphasé par rapport à la nouvelle situation socio-économique. Cette classe est non créatrice de par sa situation économique et ne peut par conséquent faire la promotion d'éléments idéologiques originaux, traduisant la spécificité de l'articulation des modes de production. La seule nouveauté qu'elle pourra se permettre sera celle de la soumission et de la survivance, par la résignation et la collaboration. Elle tentera d'opérer un blocage idéologique ne laissant filtrer des autres sociétés que les éléments idéologiques les plus rétrogrades. Sans être absolu, il faut bien reconnaître qu'il y a coupure, que le canal de diffusion des idées nouvelles venant de l'ancienne métropole française est pour le moins obstrué et remplacé par un nouveau réseau d'influences idéologiques axé sur la Grande-Bretagne et les colonies américaines.

À un autre niveau, la Conquête brouillera le développement de la conscience démocratique en imposant une médiation exogène à la société canadienne. La Conquête aura des conséquences idéologiques, non seulement pour les Canadiens dont la classe susceptible d'être porteuse d'idées progressistes a été éliminée, mais elle affectera aussi la nouvelle classe dynamique des marchands anglais qui s'embourberont dans l'antinomie entre la démocratie et le colonialisme. Ce nouveau groupe social qui aspirait à l'hégémonie politique et idéologique, avait besoin d'institutions politiques démocratiques pour mieux contrôler l'appareil d'État et compléter sa domination économique. Mais l'application des principes démocratiques dans le cadre d'une société à double structure de classes, différenciées par la nationalité et le mode de production, impliquait à la fois la perte du pouvoir politique et du contrôle économique. Aussi longtemps qu'ils formeront la nationalité minoritaire, il y aura contradiction entre leurs objectifs: le contrôle politique du Canada et les moyens politiques pour y arriver: la démocratie parlementaire. En ce sens, on peut dire que le colonialisme fera obstacle au développement de la démocratie bourgeoise. Parce qu'elle était colonisatrice, la bourgeoisie anglaise ne pouvait espérer s'emparer seule du pouvoir politique et devait le laisser aux mains d'un autre groupe social dont l'origine de classe était différente. La Conquête aura donc pour effet de brouiller le développement idéologique à l'intérieur de la nationalité minoritaire dominante et de maintenir dans une position dominante deux classes sociales rétrogrades et à idéologies réactionnaires.

Elle engendrera à l'intérieur de la structure de classe de la nationalité majoritaire dominée, le développement et la prédominance d'un nouveau groupe social: la petite bourgeoisie professionnelle qui sur la base d'un mode de production spécifique: le M.P.P.P. récupérera l'idéologie démocratique et s'en servira comme arme, à la fois contre l'aristocratie britannique et cléricale et contre la bourgeoisie marchande. Cette situation coloniale donnera une coloration particulière au libéralisme des Canadiens qui déviera des modèles européen et américain en réalisant l'amalgame entre l'anticapitalisme et la démocratie politique.

Il est enfin intéressant de constater qu'un bon nombre de Canadiens ne semblent pas dépaysés ou effrayés par les nouvelles perspectives idéologiques véhiculées par la propagande américaine. Ils seront plutôt sensibles et réceptifs à l'égard des revendications démocratiques des révolutionnaires américains et français, ce qui laisse supposer qu'ils n'étaient pas mystifiés et subjugés par l'idéologie de collaboration de l'élite cléricale et que le régime français n'avait pas été un obstacle au développement d'une conscience populaire individualiste et démocratique, que le climat intellectuel d'alors n'était pas celui d'une société féodale, mais que tout comme dans les autres sociétés de l'époque, il y avait en Nouvelle-France un terrain fertile pour le développement du capitalisme, du libéralisme et de la démocratie. N'eût été la Conquête, la société canadienne aurait probablement connu une évolution idéologique comparable à celle de sa métropole et des autres colonies américaines. Mais laissons là la spéculation.

CHAPITRE III

Le régime anglais : 1791-1840

Situation économique

Sur le plan économique cette période se caractérise par trois phénomènes principaux : 1– le déclin du commerce des fourrures ; 2– la crise de l'agriculture ; et 3– le développement du commerce du bois et des transports. Ces diverses transformations auront des effets sur les rapports de classe dans la formation sociale québécoise.

Au début du siècle, on assiste à une contraction des marchés et à une baisse des prix pour les fourrures. De plus, au moment où la conjoncture se détériorait, la renaissance de la concurrence dans ce secteur commercial va accélérer le processus de déclin. Ainsi, les exportations de fourrures vers 1810 n'atteignent que 9.2 pour 100 de l'ensemble des produits exportés alors que ce produit représentait, en 1770, 76 p. 100 de la valeur des exportations ; ce sera le bois qui, en 1810, le remplacera avec 74 p. 100 de la valeur des produits exportés. Enfin, le taux de profit baisse parce que les frais d'exploration augmentent ; le castor se faisant de plus en plus rare, les expéditions sont plus longues et plus coûteuses. Ces divers facteurs entraînent la disparition de la Compagnie du Nord-Ouest au profit de la Compagnie de la Baie d'Hudson. Ce sera la fin du commerce des fourrures comme produit générateur de l'économie.

La dernière décennie du XVIIIe siècle fut pour le monde de l'agriculture une période de prospérité car l'Angleterre connut une poussée démographique et une urbanisation importante, de sorte qu'elle était incapable de subvenir à ses besoins alimentaires. Les produits agricoles canadiens étaient en demande.

Mais à partir de 1803, il y a aussi dans ce secteur économique une contraction du marché extérieur. De 1803 à 1812 on enregistre une baisse de 27 p. 100 des exportations. S'ajoutent à ces difficultés de mauvaises récoltes, car les méthodes de culture sont archaïques, les sols sont épuisés et les diverses tentatives de diversification de la production ont échoué. La crise de l'agriculture atteindra son point culminant entre 1816 et 1836. L'effet des facteurs énumérés ci-haut sera amplifié par le surpeuplement des terres, entraîné par le refus du gouvernement colonial de concéder de nouvelles seigneuries et l'impossibilité pour les Canadiens français d'aller s'établir dans les «townships» réservés à la colonisation britannique. On comprend mieux la gravité du problème en constatant que de 1784 à 1831, la population du territoire seigneurial s'accroît de 234 p. 100, alors que l'espace occupé n'augmente que de 138 p. 100. Les cadres restreints du mode de production des petits producteurs ne sont plus suffisants pour assurer l'existence des Canadiens français, en raison des obstacles qu'imposent à son développement la dominance du capitalisme commercial et la politique coloniale. Il ne réussit plus à assurer la reproduction sociale et les paysans commencent à émigrer soit vers les villes, soit vers les États-Unis. Le Bas-Canada ne réussit plus à satisfaire ses besoins alimentaires et commence à dépendre pour sa subsistance, des importations de blé du Haut-Canada et des États-Unis. Les importations de beurre se multiplient par 33, le saindoux par 17, le porc et le bœuf par 3[1]. Il en résulte une paupérisation de la masse paysanne. Cette situation économique désastreuse, en plus de provoquer le mécontentement des paysans, menace aussi directement la base économique de la petite bourgeoisie professionnelle qui ne parvient plus à vendre ses services aux agriculteurs appauvris.

Durant cette période, le bois remplace les fourrures comme produit dominant de l'économie. Dès 1815, les exportations de bois équarri connaissent une hausse vertigineuse qui s'explique par la politique protectionniste britannique, c'est-à-dire par l'imposition en Angleterre de droits d'entrée très élevés pour les bois de l'Europe du Nord et par le blocus continental décrété par Napoléon, dont l'effet est de rendre aléatoires les sources d'approvisionnement traditionnelles de la Grande-Bretagne situées sur la Baltique. Cette situation suscite un transfert des capitaux anglais vers le Québec qui seront investis dans l'exploitation des ressources forestières. Cette politique entraîna un vif conflit entre deux groupes de marchands de la métropole, l'un lié au commerce du bois

---

[1]   Voir Fernand Ouellet, *Histoire économique et sociale du Québec, 1760-1850*, Montréal, Fides, 1966, p. 193.

de la mer Baltique, l'autre à celui de l'Amérique du Nord. Les premiers, défavorisés par les tarifs élevés, organisent une violente campagne antimercantiliste en faveur du libre échange. Cela effraie la bourgeoisie canadienne car à cause de la faillite de l'agriculture et du déclin du commerce des fourrures, le bois constituait la seule ressource du Québec et si ce commerce n'était pas protégé, le lien colonial risquait d'être rompu. Les libres échangistes n'eurent donc pas gain de cause et le commerce du bois connut une très forte expansion. Ce commerce fournissait les devises nécessaires pour l'importation des denrées et des produits manufacturés, il procurait aux capitalistes des bénéfices susceptibles d'être réinvestis, il assurait au gouvernement les revenus nécessaires au financement des travaux publics, il offrait au prolétariat rural les emplois dont le frustrait la crise agricole. Il faut souligner enfin que les Canadiens français ne participaient pas à la direction des grandes entreprises de ce secteur économique car seule la bourgeoisie mercantile avait accès aux réseaux commerciaux de la métropole. Notre rôle sera de fournir la main-d'œuvre à bon marché et de produire la richesse pour les autres.

L'essor de l'exploitation forestière provoqua une véritable révolution économique au Québec. Les fourrures et le blé avaient toujours été les deux pôles du développement économique québécois. À partir du XIXe siècle cet état de chose est bouleversé. On passe d'un capitalisme commercial primitif à un capitalisme quasi industriel, qui ne modifie pas le rapport de dépendance coloniale mais transforme l'articulation des modes de production en provoquant la prolétarisation partielle des petits producteurs agricoles et initie une révolution dans les transports et les pratiques commerciales. Ces transformations exigeaient le soutien de l'État pour le développement des moyens de transport (routes, canaux), ce qui provoqua une lutte de classes pour le contrôle de l'appareil politique qui opposa la petite bourgeoisie professionnelle aux capitalistes anglais, car l'assemblée du Bas-Canada contrôlée par la petite bourgeoisie s'opposait aux investissements massifs dans l'infrastructure économique. Par l'entremise de ces deux classes, ce sont deux structures sociales et deux rationalités économiques qui s'affrontent. On peut dire que l'économie du bois parachève les conséquences économiques de la Conquête, en accentuant le repli des Canadiens français dans les secteurs non profitables de l'économie. Le commerce du bois sera essentiellement le fait de la bourgeoisie marchande anglaise, les conquis étant réduits au rôle de coupeurs de bois.

Transformations de la structure sociale

On assistera durant cette période à l'émergence d'une classe de grands capitalistes, au déclin des grands propriétaires terriens et des marchands-aventuriers de la fourrure, à la formation d'un prolétariat rural misérable et à l'émergence de la petite bourgeoisie professionnelle. Ces transformations entraîneront un réalignement des rapports de force et des alliances, que nous expliquerons plus en détail par la suite. Nous nous concentrerons ici sur ce nouveau venu, sur la scène de l'histoire: la petite bourgeoisie professionnelle. L'ascension de cette classe à la direction de la société canadienne-française marque l'originalité de notre formation sociale et traduit bien les effets particuliers du double processus de colonisation résultant de la Conquête. Contrairement à la plupart des autres sociétés, le Québec sera sous la domination de la petite bourgeoisie, classe qui partout ailleurs est en voie d'effritement, de décomposition et qui n'atteint jamais le degré de cohésion suffisant pour imposer son hégémonie politique et idéologique. Le rôle historique disproportionné joué par cette classe au Québec s'explique par le caractère tronqué de la structure sociale canadienne-française, par la subordination de cette structure à une structure sociale de nationalité différente et par la présence et la persistance du mode de production des petits producteurs à la base de la société colonisée, qui a permis la correspondance des intérêts de cette petite bourgeoisie avec ceux de la classe paysanne.

Les membres de cette nouvelle élite sont issus du peuple. Son origine rurale explique en partie son pouvoir et son prestige. Ce sont pour la plupart des fils de paysans qui ont fait instruire leurs enfants dans les écoles et collèges. L'éducation et la politique sont pour eux les seules voies de promotion sociale, car les autres secteurs d'activités leur sont fermés. Ils se dirigeront par conséquent vers les professions libérales: droit, notariat et médecine. Une autre fraction de cette petite bourgeoisie sera composée de marchands et de petits entrepreneurs. Ainsi en 1792, on dénombre au Bas-Canada 432 marchands et taverniers. De 1791 à 1799, le nombre des professionnels s'accroît de 15 pour 100[2]. De 1800 à 1815 l'augmentation est de 58 p. 100 alors que l'accroissement de la population n'est que de 32 p. 100. On a donc une surpro-

---

[2]   Voir Fernand Ouellet, *Histoire économique et sociale du Québec, 1760-1850*, Montréal, Fides, 1966, pp. 163 et 202.

duction de professions libérales. Ainsi en 1836, on dénombre
373 notaires et 208 avocats. Mais ces jeunes gens instruits aux
espoirs grandioses ne trouvent pas de travail. La société canadienne ne peut les intégrer et répondre à leurs aspirations car
le génie, l'armée, la marine et l'administration sont pour eux des
carrières interdites, réservées à l'élite de la structure sociale colonisatrice. En raison de cette situation coloniale le processus de distanciation entre cette petite bourgeoisie et la masse paysanne
ne peut s'opérer. Ils doivent se soutenir mutuellement pour protéger leurs assises économiques.

Frustrés dans leurs aspirations, menacés économiquement
par l'engorgement du secteur des services et par la crise agricole
qui affecte leur clientèle, ces jeunes professionnels prennent
rapidement conscience de leurs intérêts et trouvent dans la politique un débouché où ils exerceront leurs talents et imposeront
leur leadership et leur vision du monde, qui correspond provi-
soirement aux intérêts des habitants.

Cette petite bourgeoisie s'opposera au régime existant et à
l'aristocratie cléricale, qu'elle remplacera en tant que classe dominante de la société canadienne-française. Elle sera démocrate
et cherchera à s'emparer du pouvoir politique en s'appuyant élec-
toralement sur le peuple. Elle s'opposera aussi à la bourgeoisie
marchande anglaise et donnera naissance au nationalisme canadien-français. En plus de contrôler l'Assemblée, elle établit sa suprématie politique en développant le journalisme comme arme de
combat politique et idéologique. Ce sera surtout par l'Acte constitutionnel de 1791 qu'elle pourra assurer sa prépondérance, comme en témoigne cette affirmation du député Black faite en 1800:

> La Chambre d'Assemblée du Bas-Canada se compose de cinquante
> membres, et bien que l'administration et le commerce de la colo-
> nie soient entre les mains des Anglais, cependant, l'influence de
> ceux-ci lors des élections générales ne peut faire élire plus de douze
> représentants qui doivent lutter contre les passions et les préjugés
> de 38 représentants français dont la majorité ne sont certainement
> par les sujets canadiens du roi les plus respectables[3].

Contrairement à ce que laisse croire cette citation imprégnée de
chauvinisme ethnique, la ligne de clivage à l'Assemblée n'est pas
entièrement ethnique. Elle est aussi sociale car d'une part, des
éléments anglo-saxons se joindront à la petite bourgeoisie profes-

---

[3] Cité par Gilles Bourque, *Classes sociales et question nationale au Québec,
1760-1840*, Montréal, Parti Pris, 1970, p. 165.

sionnelle et d'autre part, des seigneurs canadiens-français se rangeront du côté des Anglais. Ainsi l'Écossais John Neilson, éditeur de *la Gazette de Québec,* par conviction idéologique se joindra à la petite bourgeoisie parce qu'il s'oppose au capitalisme commercial (il s'en dissociera cependant après 1830). D'autres, comme Wolfred Nelson, médecin établi en milieu rural, partagent les mêmes conditions économiques que les Canadiens français et prendront leur parti. Enfin, certains Irlandais seront aussi pro-patriotes en raison de leur antibritannisme. La question nationale ne peut donc être dissociée de la lutte sociale.

Deux grandes dominantes caractérisent l'idéologie de la petite bourgeoisie et illustrent cette relation dialectique : le nationalisme et le libéralisme politique. Ce dernier thème prendra une connotation particulière, car en raison du phénomène de superposition nationale et du caractère spécifique de la structure sociale coloniale, la petite bourgeoisie canadienne-française se servira des instruments politiques réclamés par la bourgeoisie marchande anglaise pour mettre cette dernière en échec. Elle dissocie le libéralisme politique de sa raison d'être économique : le développement du commerce. Il y a par conséquent décalage entre la superstructure idéologique et la base économique. La petite bourgeoisie professionnelle adopte l'idéologie politique de la bourgeoisie, mais à cause de la situation coloniale elle ne peut s'allier à cette classe, accepter son hégémonie. Elle préfère s'appuyer sur le peuple parce que ce dernier lui fournit son assise économique. C'est le paysan qui paie les services du notaire, de l'avocat, du médecin et du petit marchand, de sorte que ces derniers se doivent de défendre les intérêts économiques des paysans. Pour les députés canadiens-français, le pouvoir politique devait servir le développement de l'agriculture alors que pour les capitalistes anglophones, il devait servir le commerce. Durant cette période, on assiste donc à un conflit de classes qui est même temps un conflit de nations. Toutes les luttes parlementaires qui suivront portent la marque de cet antagonisme qui met en opposition deux structures sociales :

> la première, anglaise, est formée de deux classes «dirigeantes», l'une sur le plan économique (bourgeois-marchands) et l'autre sur le plan politique (administration et fonctionnarisme), mais elles ne possèdent (sic) ni main-d'œuvre agricole ni prolétariat suffisants ; la seconde, française, est composée d'une population normale et de deux classes «dirigeantes», l'aristocratie cléricale et la petite bourgeoise, lesquelles ne possèdent cependant ni puissance économi-

que importante, ni force politique leur permettant d'exercer effectivement le pouvoir[4].

Cet antagonisme se répercute à plusieurs niveaux. Il y a opposition entre deux pratiques économiques: l'une fondée sur l'agriculture et limitée au Québec, l'autre fondée sur le capitalisme commercial dans une perspective pancanadienne. Sur le plan politique, les forces en présence se servent de différents pouvoirs pour s'opposer: les conseils exécutif et législatif pour les Canadiens anglais et l'Assemblée pour les Canadiens français. Au niveau idéologique, les deux sociétés cherchent à imposer leur Église et leur système d'éducation. Les Canadiens français sont contre l'empire et aspirent à l'indépendance, les Canadiens anglais s'appuient au contraire sur la métropole et veulent maintenir les liens coloniaux. Enfin, les Canadiens français s'opposent à l'immigration pour enrayer la croissance démographique des Anglais alors que ces derniers, par ce moyen, cherchent à noyer et assimiler les Canadiens français. Jusqu'en 1837, l'Assemblée législative sera le lieu privilégié de ces affrontements.

À ces transformations, dans la structure sociale de la nationalité dominée: remplacement de l'aristocratie cléricale, opposition à la politique de collaboration, hégémonie de la petite bourgeoisie et politique de confrontation, correspondent aussi des modifications dans la structure sociale de la nationalité dominante; ainsi l'antagonisme entre l'administration coloniale et la bourgeoisie marchande s'atténuera. D'une part, l'aristocratie bureaucratique ne peut plus compter sur son alliance avec les seigneurs et de l'autre, la bourgeoisie, ne pouvant utiliser l'Assemblée pour promouvoir ses intérêts, se doit de reléguer aux oubliettes ses revendications démocratiques et de s'assurer le contrôle de l'appareil d'État, en se servant des conseils où elle remplacera les seigneurs. Ce retournement d'alliance mettra fin à la politique de conciliation et mènera à l'opposition de deux structures sociales antagonistes.

L'évolution du régime politique: l'Acte constitutionnel de 1791

Le régime politique du Canada, aussi bien sous la domination française qu'anglaise, en avait toujours été un de confusion des

---

[4] *Ibid.*, p. 218.

pouvoirs. Avec l'invasion américaine, la pénétration des idées démocratiques, la formation d'une bourgeoisie marchande anglaise et l'arrivée d'immigrants loyalistes, les pressions se feront de plus en plus fortes pour modifier ce régime politique et instituer le parlementarisme.

L'arrivée des Loyalistes chassés par la révolution américaine renforce la position politique de la bourgeoisie marchande, qui lutte depuis la Conquête pour acquérir les institutions politiques nécessaires à la défense et au développement du capitalisme commercial. Ces nouveaux venus s'installent sur les rives nord des lacs Ontario et Érié et dans les Cantons de l'est. Ils exigent en échange de leur loyauté de ne pas être soumis aux lois civiles françaises et au mode de propriété seigneuriale. Ils veulent les mêmes droits politiques que leurs congénères métropolitains et américains : une administration publique qui leur appartienne et une Assemblée représentative. Ils s'opposent cependant à l'idéal démocratique américain et lui préfèrent les institutions politiques anglaises. Cette immigration renforce donc l'influence idéologique du libéralisme anglais et de la démocratie de type britannique, au détriment du républicanisme américain :

> L'admiration pour les institutions anglaises qu'on opposera à l'esprit démocratique américain acquiert dès lors un relief inconnu auparavant. La démocratie américaine apparaît comme une menace risquant de corrompre les esprits et de susciter des adhésions. L'indépendance américaine et l'immigration loyaliste ont donc eu comme résultat de rapprocher les habitants de la vallée du Saint-Laurent de l'Empire[5].

Les marchands anglais, quant à eux, contrôlent 90 pour 100 de l'économie de la colonie et réclament depuis longtemps le pouvoir politique qui complétera leur pouvoir économique. Ils exigent une chambre d'assemblée, mais ne désirent pas la division de la province car cela les séparerait des Loyalistes et perpétuerait leur statut de minorité.

Pour leur part, les Canadiens français se sont rendus compte avec la guerre d'indépendance américaine qu'une assemblée représentative pourrait les servir et les sortir de leur état d'infériorité. Le clergé et les seigneurs, quant à eux, s'opposent à tout changement constitutionnel car l'existence d'une assemblée élue démocratiquement et la distribution des terres de la Couronne à des francs tenanciers mineraient leurs positions économique, sociale et politique.

---

[5]   Fernand Ouellet, *op. cit.*

Pour satisfaire ces exigences contradictoires, on fera donc un compromis accordant une assemblée représentative et divisant la colonie en deux provinces: le Haut et le Bas-Canada, ce qui permettait de concilier les exigences des Loyalistes et les intérêts de l'aristocratie cléricale. L'Acte constitutionnel n'accordait que le minimum aux marchands et cherchait surtout à résoudre le problème posé par l'immigration des Loyalistes qui désiraient profiter des institutions britanniques: « Les lois anglaises, la tenure anglaise, la justice britannique, le système parlementaire, tels étaient leurs principaux desiderata[6] ». La nouvelle Constitution reconnaît le principe de la représentation populaire, en fixant un sens électoral très faible (deux livres de revenus annuels) qui accorde le droit de vote à presque tous les propriétaires de terre. Le vote paysan prend donc une importance capitale et ceux-ci utiliseront ce nouveau droit massivement. De fait, la nouvelle constitution est un compromis amalgamant les conceptions monarchique, aristocratique et démocratique du pouvoir politique. Elle institue un système de contrepoids où le pouvoir des élus est limité par le pouvoir de l'exécutif. Elle ne reconnaît pas le principe de la responsabilité ministérielle, car elle permet que les membres de l'exécutif soient choisis et nommés indépendamment de l'assemblée élue. Ils pouvaient rester en place même si la majorité des députés élus leur refusait tout appui. Au sommet de l'appareil politique, il y a un gouverneur général nommé par Londres qui préside à l'administration des colonies britanniques en Amérique du Nord. À la direction de chaque province, il y a un lieutenant-gouverneur, un conseil exécutif et un conseil législatif dont les membres sont nommés à vie. Les membres de ces trois organismes sont désignés par le gouvernement impérial de Londres. La constitution de 1791, en établissant un gouvernement représentatif sans responsabilité ministérielle, fournissait les ferments de nombreux affrontements.

Dès sa mise en application, cette nouvelle constitution donnera lieu à des heurts entre Canadiens français et anglais. Dans la première assemblée du Bas-Canada, on remarque la présence de seigneurs, d'avocats, de notaires, de marchands et de certains habitants. Mais sur un total de 50 députés, 16 sont de langue anglaise alors que la population anglaise ne compte que 10,000 personnes sur un total de 156,000. De plus, les Canadiens français étaient en minorité dans les organes non électifs du gouvernement:

---

[6] *Ibid.*, pp. 147-148.

7 membres sur 16 au Conseil législatif et 4 sur 9 au Conseil exécutif. Le conflit éclate dès l'ouverture de la première session de la Chambre sur la question de l'élection du président de l'Assemblée et sur la langue des débats. Après d'âpres débats, un Canadien français, Jean-Antoine Panet, est élu président et le bilinguisme est instauré. La bataille politique entre l'Assemblée et le pouvoir exécutif s'engagera sur la question du contrôle des dépenses et le vote des subsides. Cette querelle allait aboutir à la rébellion de 1837-1838. Ce sont là les principaux éléments qui nous permettent de comprendre la configuration idéologique et les rapports de force qui ont tissé la trame historique de cette période cruciale de notre développement.

Naissance du nationalisme canadien-français

Avant le début du XIXe siècle, le nationalisme canadien-français n'est qu'épisodique et embryonnaire. Pour se développer cette idéologie avait besoin d'une classe sociale qui l'assume et l'articule à travers un appareil politique et idéologique. Ces divers éléments ne seront réunis que dans les premières décennies du XIXe siècle, où il y aura formation d'une petite bourgeoisie, prise de conscience d'un intérêt de classe, cohésion de classe, accès pour cette classe à une institution politique: l'assemblée, et création d'un journal: *le Canadien* (et plus tard *la Minerve*).

Il faut rappeler ici que le XIXe siècle est, en Europe et en Amérique du Sud, fertile en mouvements de libération nationale qui s'inscrivent dans la continuité de la Révolution française et affirment le droit des peuples à disposer d'eux-mêmes. De 1804 à 1830, le principe des nationalités est donc en vogue et fait partie du credo libéral. Les Serbes, les Grecs et les Belges se libèrent tandis que les Italiens et les Polonais échouent dans leurs tentatives. En Amérique du Sud, les colonies portugaises et espagnoles accèdent à l'indépendance: le Brésil en 1822, la Bolivie en 1825 et l'Uruguay en 1828. Dans ces pays, la lutte de libération nationale a été dirigée par une alliance entre les propriétaires fonciers et la bourgeoisie commerciale.

Ces divers mouvements de libération nationale ont eu une influence sur la pensée des Patriotes; en témoigne cette invocation de Papineau: «Dans ce moment que le principe démocratique étend ses ramifications sur toute la face de l'Europe, resterons-nous stationnaires[7]?» Il va de soi, dans l'esprit de Papineau, que le droit à l'autodétermination est indissociable des principes démocratiques.

Au Canada, cette lutte nationale prendra la forme des luttes parlementaires. Le parlementarisme apparaît alors comme le moyen de briser le pouvoir oligarchique du gouverneur et du conseil exécutif; ce sera aussi un moyen de freiner les pratiques de favoritisme de la «clique du Château» (spéculation sur les terres publiques). L'époque est aussi caractérisée par la lutte entre le gouverneur et la Chambre d'assemblée, par des querelles religieuses (nomination des curés, les biens des jésuites), par les velléités d'assimilation, par l'immigration et par le projet d'Union de 1822.

À travers ces conflits, les Patriotes vont structurer l'idéologie nationaliste et la rendre dynamique. Leur pensée politique et leur projet économique reposent sur un principe de base, qui est la nécessité pour une nation de se gouverner elle-même. Cette conscience nationale émergera progressivement des luttes politiques qui traduisent les intérêts matériels des classes en lutte.

La première question à faire l'objet d'une lutte nationale au début du siècle fut la création de l'Institution royale. C'était le premier acte d'une campagne d'anglicisation. Le projet visait la création par l'État d'un système d'éducation appelé le «Royal Institution for the Advancement of Learning» qui serait sous le contrôle d'un comité composé du gouverneur, du lieutenant-gouverneur, de l'évêque anglican, du juge un chef et du président de l'Assemblée, comité qui avait pour tâche de créer des écoles gratuites primaires et secondaires[8]. L'effet de ce projet était de soumettre le système d'éducation au contrôle des autorités anglaises: «Cette mesure serait un instrument extrêmement puissant pour accroître le pouvoir exécutif et modifier graduellement les sentiments politiques et religieux des Canadiens français[9]», selon les termes mêmes du secrétaire du gouverneur. Ce projet fut adopté par l'Assemblée avec quelques amendements qui assuraient l'indépendance des écoles confessionnelles et privées et liaient la création d'écoles dans les paroisses à la volonté de la majorité de la

---

[7]   Cité par Fernand Ouellet, *op. cit.*, p. 57.
[8]   Voir M. Wade, *les Canadiens français de 1760 à nos jours*, Montréal, Cercle du livre de France, 1963, tome 1.
[9]   *Ibid.*, pp. 122-123.

population. Ces mesures ne furent jamais appliquées et le projet resta lettre morte. Il faut toutefois l'inscrire dans une campagne visant l'assimilation des Canadiens français, soutenue par les marchands anglais, la clique du Château et le clergé anglican.

La lutte constitutionnelle entre l'exécutif et l'Assemblée ne débute vraiment qu'avec la question de l'entretien des institutions publiques : les prisons[10]. Ainsi en 1805, il faut créer une nouvelle taxe pour construire des prisons. L'Assemblée est face à l'alternative suivante : soit imposer le commerce soit imposer la propriété foncière. Conformément à ses intérêts de classe, la bourgeoisie marchande anglaise favorise une taxe foncière qui a pour effet de faire supporter par les habitants le coût de l'opération. La petite bourgeoisie, au contraire, défendant les intérêts des paysans, veut que ce soient les marchands qui en défraient le coût en imposant le commerce par une taxe sur le rhum qui servait aux échanges dans la traite des fourrures. Les députés canadiens-français formant la majorité à l'Assemblée feront triompher leur point de vue, en utilisant le pouvoir politique pour miner les intérêts économiques de la bourgeoisie marchande.

La création du journal *le Canadien* en 1806 exacerbe l'antagonisme entre l'exécutif et l'Assemblée qui par ce journal, se dotait d'un instrument indispensable pour défendre et diffuser ses positions dans la population. La petite bourgeoisie naissante se donnait ainsi un instrument de combat idéologique. Il est fondé par quatre membres de l'Assemblée : 3 avocats, Pierre Bédard, Jean-Thomas Taschereau, Joseph-Louis Borgia et un médecin, François Blanchet.

La réaction antifrançaise de l'aristocratie bureaucratique manifestée à l'occasion de la parution du *Canadien* est bien représentée par ce passage tiré du *Mercury* du 27 octobre 1806 :

> Cette province est déjà beaucoup trop française pour une colonie anglaise. La défranciser autant que possible, si je peux me servir de cette expression, doit être notre premier but[11].

Le 23 novembre un autre commentateur reprend ce thème :

> Que reste-t-il à faire? Retirer ces privilèges qui sont représentés comme trop rares, mais qui sont en réalité trop nombreux, et dont les conquis se réjouissent trop librement, et prendre des mesures pour que l'administration des affaires publiques se fasse en anglais

---

[10]   J.-P. Wallot, *Un Québec qui bougeait*, Trois-Rivières, Éditions du Boréal Express, 1973.

[11]   Cité par M. Wade, *op. cit.*, p. 124.

par des Anglais ou par des hommes ayant des principes anglais. Ce serait le premier pas, et le plus efficace, vers l'anglicisation de la province [12].

Ces commentaires témoignent de la fin de l'idéologie de conciliation et du réalignement des forces sociales chez les conquérants. Avec l'Acte de 1791, la bourgeoisie marchande ne peut plus entretenir l'espoir de contrôler l'Assemblée. Elle cherchera donc à s'allier à l'aristocratie bureaucratique qui elle-même doit reviser sa stratégie et son alliance avec l'aristocratie cléricale; en effet, celle-ci n'a pas été en mesure de répondre aux attentes des conquérants et a montré son impuissance auprès du peuple lors de l'invasion américaine. Les seigneurs et le clergé doivent s'effacer devant la montée de la petite bourgeoisie qui dans les campagnes assume un véritable leadership et affronte, sur le plan politique, le pouvoir colonial.

La politique du nouveau gouverneur Craig (1807) confirmera cette nouvelle orientation des alliances de classes et accentuera les conflits entre l'exécutif et l'Assemblée. Craig était un soldat de carrière dont les idées sur le gouvernement colonial relevaient de l'esprit du XVIIIe siècle et faisaient primer les prérogatives royales sur les velléités d'autonomie et de responsabilité de l'Assemblée.

Dans sa lutte contre les donneurs de place, contre le favoritisme et la corruption, l'Assemblée voulut affirmer le principe de la séparation des pouvoirs et sa conséquence: l'incompatibilité du cumul des fonctions de juge et de député. Elle bannit donc les juges de son sein en adoptant une loi qui les rendait inéligibles. Mais le Conseil législatif contrôlé par l'oligarchie anglaise opposa son veto. Lorsque l'Assemblée revient à la charge en mai 1809 pour bannir les juges, Craig utilisa son pouvoir de dissolution et prorogea la législature. Les élections de l'automne ramenèrent les mêmes hommes à l'Assemblée. C'était le début d'une longue partie de ping-pong: l'aristocratie bureaucratique renvoyant l'Assemblée devant les électeurs et ceux-ci renvoyant les mêmes députés combattre l'exécutif. Devant la résistance obstinée de l'Assemblée, appuyée en cela par le peuple, Craig multiplia les actes arbitraires et entre autres, il fit saisir les presses du journal *le Canadien* et emprisonner son imprimeur (Bédard). Il emplit les rues de soldats et suspendit le service des postes. Ce terrorisme laissa le peuple imperturbable et il renouvela sa confiance aux membres de l'Assemblée, adversaires de la politique arbitraire, du favoritisme

---

[12] *Ibid.*, p. 124.

et de la discrimination nationale. Ce sont les premières escarmouches d'une lutte épique pour le gouvernement responsable.

Avant toute chose, le conflit entre l'exécutif et l'Assemblée traduit non seulement une lutte contre l'oppression nationale, mais aussi une lutte de classes entre la petite bourgeoisie professionnelle et la bourgeoisie marchande. En plus de la question des taxes pour les prisons, trois autres problèmes illustrent la dialectique de la lutte sociale et de la lutte nationale: l'immigration, le financement des voies de communication et le projet d'union.

L'Assemblée s'oppose farouchement à l'immigration qui est essentiellement anglaise (britannique et américaine), car elle est une menace d'assimilation à long terme. Au cours de la période 1830-1837, 217,185 Britanniques viennent s'établir au Canada. Si la moyenne annuelle des arrivées était de 31,041 habitants, l'année 1832 fut une année record avec 51,746 nouveaux venus[13]. Pour la plupart, ces immigrants sont des Irlandais qui fuient les famines de leur pays. Ils arrivent au Canada dans des conditions déplorables, souvent atteints de maladies contagieuses qui provoquent des épidémies dans les villes qui les accueillent (ainsi le choléra ravage le Bas-Canada en 1832). Cette immigration était encouragée par les marchands de Montréal qui espéraient ainsi peupler les Cantons de l'Est et le Haut-Canada, se procurer de la main-d'œuvre à bon compte pour les grands projets de construction des canaux et enfin, réduire la prépondérance démographique et politique des Canadiens français. Conscient des effets assimilateurs de cette stratégie, l'Assemblée s'attaque à la colonisation dans les «townships» en refusant de les considérer comme partie intégrante du Bas-Canada. À cet effet, les députés canadiens-français refusent de voter les fonds pour y développer un système routier. L'Assemblée s'oppose aussi à ce que la population de ces territoires soit représentée en son sein.

En raison de l'achèvement du canal Champlain en 1822 et du progrès constant du canal Érié qui menaçaient l'hégémonie commerciale des marchands anglais de Montréal au profit des capitalistes américains, il devenait urgent pour la bourgeoisie montréalaise d'ouvrir des voies de communication avec le Haut-Canada et de créer une unité commerciale pancanadienne. Il fallait canaliser le Saint-Laurent et pour ce faire, les marchands comptaient bien se servir de l'État. Mais la députation canadienne-française ne

---

[13]   Voir T.R. Preston, *Three Years 'Residence in Canada from 1837 to 1839*, Londres, 1840, tome 2, pp. 35-36.

partageait pas leur avis sur l'orientation du développement économique. L'Assemblée était réticente à délier les cordons de sa bourse et à financer ce projet avec l'argent du peuple:

> Cette attitude est d'autant plus provocante pour la bourgeoisie marchande que le Haut-Canada commence à construire sa partie du canal. Il devra cependant s'arrêter face à l'attitude plus ou moins réfractaire d'une Assemblée canadienne-française, encouragée par Londres qui préfère pour des raisons stratégiques développer le canal Rideau[14].

La petite bourgeoisie s'opposait ainsi au développement du capitalisme commercial et refusait de financer les travaux publics au profit de la bourgeoisie marchande.

Frustrée dans ses intérêts de classe, cette bourgeoisie, soutenue par l'aristocratie bureaucratique qui veut en finir avec la résistance de l'Assemblée, préconise l'union des deux Canadas. Ils firent donc des pressions pour que le Parlement de Londres abolisse l'Acte de 1791 et le remplace par une constitution qui unirait le Haut et le Bas-Canada. Le projet d'union ou « Union Bill» fut présenté au Parlement par Edward Ellice à la suggestion de ses amis montréalais Richardson, Grant et Molson, éminents représentants de la bourgeoisie commerciale.

L'administration coloniale est alors en faillite; elle a accumulé déficit sur déficit et l'Assemblée lui refuse de nouvelles sources de revenu. L'Union permettrait de dénouer cette crise, de résoudre le conflit douanier entre le Haut et le Bas-Canada, de construire le réseau de canaux nécessaire au développement du commerce et de soustraire le Haut-Canada à l'influence américaine. Ce projet vise aussi à noyer les Canadiens français et à les angliciser plus rapidement. C'est l'objectif exprimé par un groupe de citoyens anglais dans une pétition où il est écrit:

> L'influence qu'aurait l'union sur l'anglicisation du Bas-Canada a été le principal argument des Canadiens français pour s'opposer à son adoption et, au nom de prétentions fallacieuses, ils essaieraient d'amplifier les inconvénients qu'ils subiraient d'un changement qui se produirait dans leur langue, leurs manières et leurs habitudes. Personne ne peut douter des bénéfices qui résulteraient de ce changement, même pour les Canadiens français eux-mêmes[15].

On a ici un bel exemple de paternalisme colonialiste. Les pétitionnaires ajoutent que si l'Union n'est pas adoptée, les Canadiens

---

[14]　Gilles Bourque, *op. cit.*, p. 233.
[15]　*Ibid.*, p. 295-296.

français formeront un État séparé, une nation française «ou comme ils se sont appelés, la Nation canadienne.»

Le projet stipule que la langue officielle sera l'anglais et qu'il y aura un seul conseil législatif et une seule assemblée, où le Haut-Canada sera représenté par 40 députés et le Bas-Canada par 50. On faussait ainsi la représentation selon la population pour assurer la majorité aux Canadiens anglais. Il prévoyait aussi l'augmentation des qualifications pour être éligible en fixant le cens électoral à 500 livres sterling, ce qui défavorisait les Canadiens français. Il soumettait enfin la nomination des curés au consentement du gouverneur. «Il s'agit d'un projet radicalement conservateur et anti-démocratique[16]», qui vise directement les ambitions politiques de la petite bourgeoisie.

Lorsque la nouvelle de ce projet parvint à Québec, une tempête de prostestations s'éleva. Une pétition anti-unioniste recueillit 60,000 noms. Papineau et Nelson furent délégués à Londres pour la présenter au Parlement, qui adopta diverses mesures commerciales mais laissa inchangé le régime constitutionnel. Ce n'était que partie remise car la bourgeoisie marchande aura gain de cause en 1840. La petite bourgeoisie, quant à elle, se livre à une pratique politique qui, de la guerre des subsides à l'affirmation du développement économique fondé sur l'agriculture, vise à imposer la nation canadienne-française; pour ce faire, elle veut renverser le phénomène de superposition nationale et le lien colonial avec la métropole, pour enfin assurer sa domination de classe au sein de sa propre société.

La guerre des subsides

Le fond du débat repose sur le fait que l'Assemblée désire voter les subsides nécessaires au fonctionnement de l'administration de la colonie annuellement et dans le détail, alors que le gouverneur et les Conseils veulent un vote global et valable pour la vie du roi. L'Assemblée tente ainsi de s'assurer le contrôle des finances en surveillant chaque poste de dépense pour les réduire en cas d'abus, surtout dans le cas des salaires des fonctionnaires. Ainsi, en 1824, l'Assemblée exige que les salaires des fonctionnaires soient réduits du quart.

---

[16]   *Ibid.*, p. 299.

Selon l'Acte constitutionnel de 1791, le Conseil exécutif n'était pas responsable de ses dépenses devant les représentants du peuple qui seuls, par contre, avaient le pouvoir de voter de nouvelles taxes. Sous-jacents à ce débat sur le gouvernement responsable, il y a des intérêts en jeu. C'est ainsi que l'Assemblée, composée en majorité de Canadiens français, veut prendre le contrôle de l'appareil d'État qui distribue les postes rémunérateurs, pour les enlever à la «clique du Château» qui dispose des budgets selon ses fantaisies accumulatrices et dilapide les fonds publics au profit de la minorité anglaise.

> Le cas Caldwell, écrit Gilles Bourque, illustre bien les véritables visées de l'Assemblée et montre clairement contre qui elles sont dirigées. Ce receveur général puise dans le trésor public pour financer ses opérations commerciales. En 1822, il doit déclarer faillite et se trouve dans l'impossibilité de rembourser l'État. L'Assemblée veut donc que les revenus et les dépenses soient placés sous son contrôle. Le gouvernement pourrait opposer une fin de non-recevoir à ces réclamations, se passer du vote des députés, mais il se trouve dans une situation économique difficile. Les sources de revenus de la colonie sont divisées en deux parties, l'une à laquelle le gouvernement a accès l'autre, pour laquelle il a besoin de l'approbation de l'Assemblée[17].

L'exécutif finançait ses dépenses grâce aux revenus impériaux (lods de vente, services), aux amendes, aux licences et droits de douanes. Dès 1794, ces revenus s'avéraient insuffisants et pour autoriser la perception de nouveaux impôts il fallait l'approbation de l'Assemblée élue. Au début, les députés acceptèrent d'accorder à l'exécutif le droit de percevoir de nouveaux revenus. Mais ils comprirent rapidement que leur intérêt était de contrôler eux-mêmes ces nouvelles sources. Dès 1810, l'Assemblée refuse de financer l'exécutif sans contrôler les dépenses. Craig dissout alors l'Assemblée et Londres l'encourage à gouverner sans les élus du peuple en puisant dans le trésor britannique pour payer ses dépenses. Mais cet expédient est insuffisant et en 1817 le gouvernement accuse un déficit de 120,000 livres. L'Assemblée de son côté dispose d'un surplus considérable accumulé par des taxes qu'elle a levées. Puisque l'Angleterre n'accepte plus de combler les déficits, le gouverneur et son conseil deviennent les débiteurs de l'Assemblée qui exige, pour les prêts qu'elle accorde, le contrôle des dépenses annuellement et en détail, incluant non seulement les dépenses pour les travaux publics mais aussi la liste civile — les

---

[17]   *Ibid.*, p. 226.

salaires des fonctionnaires — ce qui menaçait l'assise économique de l'aristocratie bureaucratique. C'est ainsi qu'en 1836, il y avait eu 14 sessions sans vote de subsides. L'administration coloniale se retrouvait en pleine crise :

> De 1822 à 1836, le Conseil législatif du Bas-Canada rejeta 234 projets de lois adoptés par l'Assemblée tandis qu'en une dizaine d'années environ 300 projets de lois connurent le même sort dans le Haut-Canada... Dans les deux cas, il s'agissait d'établir la suprématie des représentants élus sur les administrateurs désignés par nomination : revendication essentielle de toute révolution bourgeoise-démocratique[18].

Impuissant à dénouer la crise, le gouvernement de Londres décrète un coup de force en ordonnant au gouverneur de couvrir son déficit avec les recettes non utilisées de l'Assemblée et de constituer une liste civile, c'est-à-dire une liste de dépenses qui seraient défrayées automatiquement, sans recours à l'Assemblée. Celle-ci refuse de se soumettre, le gouverneur la dissout, provoquant ainsi la Rébellion.

Cette guerre des subsides révèle les aspirations à la démocratie politique de la petite bourgeoisie professionnelle, qui au nom du gouvernement responsable défend ses intérêts et se présente comme la seule classe capable de ramener la paix au Canada. Étienne Parent écrit en ce sens dans le Canadien en 1832 :

> Jamais nous ne pourrons espérer de paix et d'harmonie dans le gouvernement, tant que la constitution n'entourera pas les représentants du roi d'hommes responsables de tous les actes administratifs et jouissant de la confiance de la Chambre, comme c'est le cas dans tout gouvernement représentatif bien organisé[19].

Même si Parent représente l'aile modérée des Patriotes, il faut remarquer qu'à l'origine, la revendication du gouvernement responsable est envisagée dans le cadre du lien colonial et ne s'accompagne pas encore de l'idée d'indépendance politique, du moins ce n'est pas explicite[20]. La menace de sécession se précisera quelque peu dans les 92 résolutions qui obtiennent un large soutien

---

[18]   S.B. Ryerson, le Capitalisme et la Confédération, Montréal, Parti Pris, 1972, p. 57.

[19]   Cité par Gilles Bourque, op. cit., p. 230.

[20]   Toutefois, notons que dans la Minerve du 16 février 1832, on trouve un article affirmant : « Une séparation immédiate de l'Angleterre est le seul moyen de conserver notre nationalité ». L'indépendance n'était considérée que comme dernier recours.

populaire. Ainsi, aux élections de 1834, le parti patriote obtient 483,639 votes et ses adversaires seulement 28,278[21]. Les revendications exprimées par la petite bourgeoisie à l'Assemblée trouvent une large audience dans le peuple, car les Canadiens sont irrités par l'immigration qui a provoqué une épidémie de choléra et par l'octroi à la British American Land Company de 850,000 acres dans les Cantons de l'Est, destinés à la spéculation foncière[22]. De plus, la situation économique est désastreuse et on est au début d'une dépression. Enfin, les dissolutions arbitraires de l'Assemblée, la violation de la liberté de presse par l'emprisonnement de Duvernay et Tracy, la répression meurtrière de la part de l'armée lors de l'élection de 1832 alimentent le mécontentement populaire. L'agressivité et la résistance acharnée de l'Assemblée symbolisent aux yeux du peuple la résistance nationale contre l'oppression coloniale et traduisent un conflit de légitimité nationale et sociale qui s'exprime dans les 92 résolutions endossées par 80,000 signatures.

Les 92 résolutions

S'inspirant peut-être de la pratique des États généraux et des cahiers de doléances qui précédèrent la Révolution française, le parti des Patriotes[23] consigne ses revendications dans un manifeste politique appelé les 92 résolutions et rédigé principalement par L.-J. Papineau, A.-N. Morin et E. Bédard. Ce manifeste fait clairement ressortir les deux dominantes de l'idéologie des Patriotes: le nationalisme et la démocratie. Il peut se comparer aux déclarations de principes qui annonçaient les révolutions américaine et française.

Les huit premières résolutions sont un acte de foi en l'Angleterre, mais elles sont flanquées des résolutions 50 et 86 qui menacent la métropole de sécession si elle ne soutient pas les réformes exigées par les Canadiens. Ces exigences portent sur la dé-

---

[21]   Voir Lionel Groulx, *Histoire du Canada français*, Montréal, Fides, 1962, p. 166.

[22]   Voir S.B. Ryerson, *op. cit.*, p. 38.

[23]   Le parti des Patriotes est le premier parti politique organisé au Canada. Il s'appuie sur un réseau de comités paroissiaux et régionaux dont la tâche est d'organiser des assemblées, de préparer des projets de résolution et d'émettre des pétitions. En 1834, ces comités locaux furent regroupés sous la direction d'un comité central permanent situé à Montréal.

mocratisation de l'appareil politique et sur le respect des droits nationaux des Canadiens. Ce nationalisme est exprimé en ces termes:

> La majorité des habitants du pays n'est nullement disposée à répudier aucun des avantages qu'elle tire de son origine et de sa descendance de la nation française qui sous le rapport des progrès qu'elle a fait faire à la civilisation, aux sciences, aux lettres, aux arts, n'a jamais été en arrière de la nation britannique, et qui aujourd'hui dans la cause de la liberté et de la science du gouvernement est sa digne émule[24].

Les Patriotes par cette résolution non seulement rejettent le colonialisme culturel mais affirment aussi, à l'encontre du clergé, leur attachement à la France révolutionnaire. Dans la résolution 88, les Patriotes mettent aussi en parallèle la situation canadienne et le cas irlandais. De la 41e à la 50e, ils manifestent leur attrait pour le régime politique américain et concluent par une menace de revendication d'indépendance si la métropole ne satisfait pas leurs revendications.

Environ le tiers des résolutions (9 à 40) dénoncent la tyrannie et les abus de pouvoir des Conseils exécutif et législatif. La résolution 34 s'insurge contre le cumul des charges et la confusion des pouvoirs, tandis que la résolution 75 s'élève contre la discrimination à l'égard des Canadiens français dans le fonctionnarisme, où ils ne disposent que de 47 postes sur 194. Le document (résolutions 64 à 74) exige de rendre le Conseil législatif électif et réclame pour l'Assemblée le contrôle des budgets, le droit à l'enquête et le pouvoir de fixer elle-même ses droits et privilèges (immunité des parlementaires, résolution 49). Dans les résolutions 79 à 83, on demande la reconnaissance du principe démocratique de la proportionnalité de la représentation par rapport à la population. Enfin la résolution 21 invoque le droit des sujets canadiens de modifier leur propre constitution.

> Les Patriotes ne faisaient donc que définir leur concept d'une assemblée populaire qui devait devenir le centre de décision pour la nation, complétée par un Conseil exécutif responsable envers elle et qui ne serait en fait qu'un comité chargé de mettre en œuvre les décisions de l'Assemblée[25].

Dans ce manifeste, les Patriotes affirment donc leur opposition au régime aristocratique et leur désir d'autodétermination par l'éta-

---

[24] Cité par S.B. Ryerson, *op. cit.*, p. 63.
[25] *Ibid.*, p. 64.

blissement de la démocratie parlementaire. Les 92 résolutions furent adoptées à l'Assemblée par 56 voix contre 23 et furent par la suite transmises au parlement britannique. Elles étaient fortement soutenues par les habitants car aux élections de 1834, tous les députés canadiens-français modérés qui s'y étaient opposés furent battus.

Si pour l'essentiel, les revendications des Patriotes sont de nature politique c'est qu'elles reflètent la particularité de la situation coloniale où la domination sociale et nationale s'exerce au moyen de l'appareil d'État. En réalité, la démocratisation des institutions politiques signifiait le renversement du pouvoir économique de la bourgeoisie marchande et de son alliée l'aristocratie bureaucratique et la constitution d'un État-nation canadien dirigé par la petite bourgeoisie professionnelle.

D'ailleurs, les Patriotes complétèrent ce programme de revendications politiques par une lutte économique. Ils préconisèrent le boycottage des produits anglais dans la septième résolution adoptée à l'assemblée de Saint-Ours tenue le 7 mai 1837:

> Nous consommerons de préférence les produits manufacturés dans notre pays; nous regarderons comme bien méritant de la patrie quiconque établira des manufactures de soie, de drap, de sucre, de spiritueux, etc.[26]

Ils incitaient les Canadiens à s'abstenir de consommer vins, rhum, thé, café, sucre, tabac, tissus qui venaient de l'étranger, afin d'empêcher le trésor public de se remplir par la perception des droits de douane et à encourager les manufactures domestiques et l'industrie nationale. Ils s'attaquèrent aussi au bastion même de la bourgeoisie en conseillant aux Canadiens de retirer massivement leur argent des banques, contrôlées par les marchands anglais. Ce nationalisme économique donna naissance à la Banque du Peuple qui concurrença la Banque de Montréal contrôlée par John Molson et Peter McGill. Ces gestes montrent bien qu'en plus du conflit national, il y a une lutte de classes pour le contrôle de l'économie.

---

[26]   Mason Wade, *op. cit.*, pp. 183-184.

La pensée politique
de Louis-Joseph Papineau

Dans son dernier discours public, Papineau résumait en ces termes les principes politiques qui l'ont guidé :

> Les bonnes doctrines politiques des temps modernes, je les trouve condensées, expliquées et livrées à l'amour des peuples et pour leur régénération dans quelques lignes de la Déclaration d'indépendance de 1776 et de la Déclaration des droits de l'homme et du citoyen de 1789...
>
> Les vraies doctrines sociologistes des temps modernes se résument en peu de mots : reconnaître que dans l'ordre temporel et politique, il n'y a d'autorité légitime que celle qui a le consentement de la majorité de la nation ; de constitutions sages et bienveillantes que celles sur l'adoption desquelles les intéressés ont été consultés et auxquelles les majorités ont donné leur libre acquiescement : que tout ce qui est institution humaine est destiné à des changements successifs, que la perfectibilité continue de l'homme en société lui donne le droit et lui impose le devoir de réclamer les améliorations qui conviennent aux circonstances nouvelles, aux nouveaux besoins de la communauté dans laquelle il vit et se meut...[27]

Si au début de sa carrière, Papineau admirait les institutions politiques britanniques et considérait même le lien colonial avec l'Angleterre comme bénéfique pour les Canadiens français, il sera amené à radicaliser ses positions sous la pression des luttes politiques et sociales, qu'il menait contre les marchands anglais et l'aristocratie bureaucratique. Il élabora un programme politique visant le contrôle de l'appareil d'État par la petite bourgeoisie et il prit conscience de l'incompatibilité entre une démocratie au service des Canadiens français et le maintien du lien colonial. À partir de 1827, il devient républicain et s'inspire de plus en plus du modèle démocratique américain : « De tous ces gouvernements, écrit Papineau, ceux dont le régime a sans comparaison produit les fruits les plus heureux, a été le républicanisme pur ou très légèrement modifié des États confédérés de la Nouvelle-Angleterre[28] ». Si avant 1830, l'idéologie de la petite bourgeoisie était ambiguë et fluctuante, à partir de cette date elle se clarifie en se radicalisant. Cette réorientation de l'idéologie des Patriotes mènera à une scission à l'Assemblée, une fraction minoritaire des

---

[27] Cité par Fernand Ouellet, *Papineau*, Québec, Les Presses de l'Université Laval, 1959, pp. 100-101.

[28] *Ibid.*, p. 53.

députés, sous la direction de Neilson, voulant limiter son action aux réformes administratives. En 1833, Parent se rallie à ce groupe en se faisant le promoteur d'une politique de collaboration:

> Étienne Parent tend à définir la société canadienne-française de façon culturelle plutôt que de façon politico-économique. Le Canadien français se distingue par sa culture, il participe à la structure économique et à la structure politique canadienne considérées comme anationales. Parent s'opposera radicalement aux Patriotes [29].

Cependant, la majorité des députés, avec Papineau à leur tête, réclame des changements constitutionnels et fait le projet d'une république canadienne-française autonome.

Fernand Ouellet résume ainsi les grandes lignes du programme de réformes politiques proposées par Papineau:

> Dès cette époque, Papineau élabora un programme démocratique inspiré du modèle américain. Les réformes qu'il demandait se situaient à tous les niveaux: indépendance du judiciaire, élection du Conseil législatif, responsabilité de l'exécutif, disparition du patronage, décentralisation administrative et gouvernementale par la création d'organismes opérant au niveau du comté et de municipalités [30].

Son libéralisme politique était indissociable de son nationalisme. Le régime parlementaire, pour Papineau, signifiait la possibilité pour les Canadiens français de contrôler les institutions politiques et d'assurer le développement de la société canadienne-française. Sa pensée est centrée sur le Bas-Canada. Il n'a jamais conçu un Canada comprenant toutes les colonies anglaises de l'Amérique du Nord et à cet égard, il s'opposait aussi à la perspective pancanadienne de la bourgeoisie marchande.

Son nationalisme, comme celui des Patriotes, n'est pas que politique, il comporte aussi une dimension économique. Il transparaît dans le discours nationaliste de l'époque une volonté de fonder un ordre économique canadien-français et qui serve en premier lieu les intérêts des habitants du Bas-Canada. Ainsi, ils veulent axer le développement économique sur la seule ressource qui soit accessible aux Canadiens français: l'agriculture. Pour y arriver, ils devront s'opposer à la domination du capitalisme commercial, qui par sa structure même est source d'injustice sociale et qui, par le colonialisme, maintient les Canadiens français dans un état de dépendance et d'infériorité.

---

[29] Gilles Bourque, *op. cit.*, p. 240.
[30] Fernand Ouellet, *op. cit.*, p. 9.

Ce nationalisme économique est manifeste lors de la campagne visant à boycotter les produits anglais et à stimuler la production domestique. Papineau explique ainsi cette politique économique :

> Quelques-uns vous crieront : Mais, c'est détruire le commerce !
> Je réponds en premier lieu que, si le commerce était inséparable
> du triomphe de nos oppresseurs, inséparable de notre dégradation,
> il faudrait détruire le commerce, mais il n'en est rien. Nos efforts
> peuvent lui donner une nouvelle et meilleure direction. Multipliez
> vos troupeaux pour avoir plus de laine, notre bétail pour le manger,
> pour bonnifier la terre, pour tanner plus de cuir et avoir plus d'artisans qui mettront en œuvre les produits plus abondants, semez
> plus de lin pour avoir plus de toile et pendant nos longs hivers,
> occuper utilement nos industrieuses et jolies concitoyennes... et
> nous aider à affranchir le pays[31].

Il reprend en quelque sorte le plan de Talon et propose, comme objectif à la lutte nationale, de susciter un développement économique autocentré mettant en valeur la richesse du pays. Papineau opte donc pour un système économique fondé sur la petite propriété paysanne et sur la petite production, orientées vers la satisfaction des besoins de base de la population. Il ne nie pas l'utilité du commerce et de l'industrie dans la mesure où ils servent les intérêts de la société agricole. Gilles Bourque remarque à ce propos :

> Les petits-bourgeois ne sont pas des agriculturistes. Ils ne posent
> pas l'agriculture contre le capitalisme. Ils s'opposent au capitalisme
> commercial qui leur échappe et fait des Canadiens français un groupe de citoyens de seconde zone. Ils tentent d'imposer une nouvelle
> vision économique centrée sur le développement du Bas-Canada.
> Ils se fondent sur la seule ressource que les Canadiens français
> contrôlent encore : l'agriculture. Leur projet économique consiste
> à induire un développement capitaliste à propension industrielle du
> secteur agricole lui-même[32].

Papineau croyait que la structure économique traditionnelle était apte à fonder une société égalitaire et démocratique. Son opposition aux banques, à l'établissement de bureaux d'enregistrement, à la construction des canaux, à l'immigration, à l'abolition du régime seigneurial exprime sa vision nationaliste des questions économiques et traduit bien l'effet spécifique de la situation coloniale, sur l'articulation des modes de production. À notre avis, sa pensée économique ne reflète pas le modèle féodal comme cer-

---

[31] Cité par S.B. Ryerson, *op. cit.*, pp. 69-70.
[32] Gilles Bourque, *op. cit.*, p. 251.

tains historiens le prétendent (F. Ouellet et F. Dumont), mais plutôt l'univers du mode de production des petits producteurs, où le travail est peu spécialisé, la production est fonction de la subsistance, les échanges sont restreints et l'accumulation faible. En raison de la différence nationale et de la structure coloniale, les rapports entre ce mode de production et le capitalisme prennent un caractère antagoniste alors que dans les sociétés normales, ils coexistent en symbiose. Les Patriotes rejettent donc la perspective d'un développement capitaliste dépendant des intérêts économiques métropolitains et de la bourgeoisie coloniale[33].

La dégradation de la situation économique et le blocage institutionnel inhérent à la structure sociale coloniale du Bas-Canada ont poussé les Patriotes à envisager la possibilité de l'indépendance et de la révolution, pour réaliser leur programme politique et économique.

> L'idée de révolution, écrit F. Ouellet, s'est implantée à partir de 1830 parmi les membres du parti républicain et patriote. La révolution parisienne de 1830 avait stimulé les espoirs des Patriotes vers l'indépendance du Bas-Canada. Les crises, les épidémies, les conflits sociaux, raciaux et les luttes politiques faisaient voir la révolution comme le seul moyen de solutionner ces problèmes[34].

Cette idée prendra corps surtout après les élections de 1834, pendant lesquelles les Patriotes avaient dû affronter la violence brutale organisée par le pouvoir établi et la classe dominante. En réaction aux revendications exprimées dans les 92 résolutions, l'armée ouvrit le feu sur une paisible assemblée au Champ-de-Mars et défila à plusieurs reprises dans les rues. Non contents de ces démonstrations de force, les marchands anglais, au nom de l'antirépublicanisme et de leur loyauté impériale organisèrent leurs propres groupes armés : la « British Legion » et le « Doric Club », afin de s'opposer par la force au mouvement démocratique. Dans ce contexte de menaces et de terrorisme du pouvoir, Papineau demande au peuple de s'organiser et de se tenir prêt à assurer sa défense par tous les moyens, car la légalité constitutionnelle était bafouée par l'oligarchie britannique.

Même si l'idéologie de Papineau et de la petite bourgeoisie se fonde sur la défense de la nationalité, elle n'élude pas les oppo-

---

[33] « Supprimer les seigneurs, objectait Papineau, c'est, dans les campagnes où la bourgeoisie n'existe pas, mettre les paysans sous la férule des marchands de bois ». Voir Robert Rumilly, *Papineau*, Montréal, Éditions Bernard Valiquette, 1944, p. 231.

[34] F. Ouellet, *op. cit.*, p. 77.

sitions au niveau de la structure sociale canadienne-française. Son nationalisme ne fait pas abstraction de la lutte des classes, il est profondément marqué par l'antagonisme entre l'aristocratie cléricale et la petite bourgeoisie. Cette opposition se traduit, entre autres, par les positions anticléricales et laïcistes de Papineau qui concevait la société canadienne-française en termes laïcs et préconisait la séparation de l'Église et de l'État. Il dénonçait l'ingérence du clergé dans le domaine politique et proposait la prise en charge par l'État des services comme l'éducation et les hôpitaux. Mais s'il était anticlérical, Papineau pensait néanmoins que la tolérance religieuse et la liberté de pensée devaient exister et ainsi, il ne niait pas la raison d'être du catholicisme. Selon S. Ryerson les aspects démocrates et laïcistes de l'idéologie des Patriotes leur étaient inspirés par les philosophes français :

> Lorsqu'il étudiait au Séminaire de Québec, Papineau avait lu abondamment les œuvres, alors interdites, des révolutionnaires matérialistes français : les Encyclopédistes, Holbach, Diderot, Voltaire, etc. ainsi que les ouvrages des philosophes matérialistes anglais. Sa jeunesse avait été fortement influencée par la Révolution française et jusqu'à la fin de sa vie, il devait rester profondément marqué par cette pensée révolutionnaire et démocratique à laquelle s'alliait l'esprit démocratique et national des Canadiens français qui luttaient pour leur survivance[35].

F. Ouellet, pour sa part, décrit ainsi la pensée laïque de cette époque :

> L'esprit laïque gagne sans cesse du terrain parmi ces petits-bourgeois. L'incrédulité et l'anticléricalisme apparaissent. Les aspirations laïques prennent de l'ampleur. L'idée d'un État neutre, gardien des droits individuels, d'un système d'enseignement neutre fait son apparition. C'est que l'éducation et l'hospitalisation apparaissent désormais à plusieurs comme des services publics. Et, peu à peu se dégage, à travers les critiques contre le clergé et l'aristocratie la conception d'un État libéral et d'une société laïque[36].

C'étaient là deux conditions essentielles pour assurer la domination sociale de la petite bourgeoisie.

Pour Papineau, le rôle de l'État était de protéger et de favoriser l'épanouissement des libertés individuelles. Sans être paternaliste, il devait fournir à la collectivité les services publics essen-

---

[35]   S.B. Ryerson, *op. cit.*, pp. 59-60.
[36]   Fernand Ouellet, « Nationalisme et laïcisme au XIXᵉ siècle », dans J.-P. Bernard, *les Idéologies québécoises au XIXᵉ siècle*, Montréal, Éditions du Boréal Express, 1973, p. 44.

tiels, pour que chacun ait droit à la justice. Sur le plan économique, l'État devait se garder d'intervenir pour favoriser le commerce et pour cette raison, Papineau s'oppose à la politique protectionniste optant pour le libre échange et le développement du commerce avec les États-Unis.

En résumé, on peut dire de Papineau qu'il était républicain, démocrate, anticlérical, laïciste et nationaliste. Toutefois, parmi les Patriotes, il n'est pas le plus radical. Il sera débordé par son aile gauche lors des événements de 1837-1838. À la veille du soulèvement, il déconseillera le recours aux armes. Pour lui, la lutte devait demeurer constitutionnelle. Sa stratégie politique n'est pas dépourvue de contradictions. Il écrira de son refuge aux États-Unis :

> J'ai fait de l'opposition constitutionnelle, je n'en ai pas fait d'autres... Nous ne conspirions pas pour renverser le gouvernement par la force, nous voulions le guérir par la diette et le régime [37].

Le moyen ultime de sa politique était le boycottage des produits anglais et la contrebande.

Le docteur Nelson, qui avait aussi des désaccords avec Papineau sur l'abolition du régime seigneurial, lui répliquera « que le temps est arrivé de fondre nos plats et nos cuillers d'étain pour en faire des balles ». De même, les Fils de la liberté comprendront la nécessité de passer à la résistance active. Papineau, pour sa part, était contre le soulèvement armé et, dépassé par les événements, il n'assumera pas le leadership du mouvement révolutionnaire. À la première escarmouche il ira se réfugier aux États-Unis sur les conseils de ses proches.

Les événements de 1837-1838

Le peuple est exaspéré par la crise économique, l'inflation, le chômage, les épidémies, les mauvaises récoltes de blé et par le pourrissement de la situation politique. La session spéciale de 1836 dure 12 jours et ne règle rien. L'impasse est totale. En 1837, les résolutions Russell jettent de l'huile sur le feu en contredisant les revendications des Patriotes: pas de Conseil législatif électif, pas de gouvernement responsable, contrôle du budget par le gou-

---

[37]   Cité par M. Wade, *op. cit.*, p. 181.

verneur, feu vert pour le pillage des caisses de l'Assemblée, confirmation du titre légal de propriété de la British American Land Co.. Ces dix résolutions sont un coup de force de l'oligarchie et provoquent la révolte des Canadiens français.

Pour répondre à ces mesures coercitives, les Patriotes organisent des assemblées populaires dans les villes et villages de la province. À Saint-Ours, une assemblée de 1,200 personnes adopte douze résolutions dénonçant l'oppression coloniale[38]. Gosford interdit les assemblées populaires, mais cet ordre est sans effet et elles se multiplient. À l'été de 1837, les églises se vident lorsque les curés entonnent le *Te Deum* pour célébrer l'arrivée sur le trône de la reine Victoria. Au mois d'août, Gosford dissout l'Assemblée. Les jeunes Patriotes se constituent en association : les Fils de la liberté. Les Patriotes poussent l'organisation d'institutions parallèles. Le comité des Deux-Montagnes décide d'élire ses propres juges. Le même phénomène se produit à Saint-Charles le 23 octobre, où une assemblée de 5,000 personnes demande aux citoyens des six comtés du Richelieu d'élire leurs juges et capitaines de milice. Elle affirme aussi le principe du droit du peuple de changer la forme du gouvernement selon son gré. À cette assemblée, les radicaux prennent la direction du mouvement. Le docteur Côté, député de L'Acadie, conclut son discours en disant : « Le temps des discours est passé, c'est du plomb qu'il faut envoyer maintenant à nos ennemis[39] ». À Montréal, les Fils de la liberté prêtent serment de fidélité à la patrie et jurent de vaincre ou de mourir. Dans leur manifeste, ils proclament leur intention « d'émanciper notre pays de toute autorité humaine si ce n'est celle de la démocratie[40] ». Le 6 novembre, il y a une bagarre entre le « Doric Club » et les Fils de la liberté. Les Anglais fanatisés saccagent l'imprimerie du *Vindicator* et attaquent la maison de Papineau. Le 12 novembre toutes assemblées et défilés sont interdits. Le 16 novembre des mandats d'arrêt sont lancés contre 26 Patriotes accusés de trahison.

Le 22 novembre, les 500 hommes de Gore affrontent quelque 700 habitants qui armés d'une centaine de fusils de chasse mettent en déroute l'armée anglaise. C'est la victoire de Saint-

---

[38]   Les orateurs expriment leurs regrets que le Canada n'ait pas fait cause commune avec les Américains en 1775. Cette référence à la révolution américaine nous éclaire sur la provenance des idées des Patriotes. Dans le discours qu'il prononce le 15 mai 1837 à Saint-Laurent, Papineau fait aussi l'éloge du système politique américain.

[39]   Cité par M. Wade, *op. cit.*, p. 190.

[40]   *Ibid.*, p. 189.

Denis. Mais Papineau, sur les conseils d'amis, s'enfuit, ce qui affaiblit le mouvement. Le 24 novembre, c'est la défaite des Patriotes à Saint-Charles. Ils étaient mal dirigés, mal organisés, peu armés et sans stratégie militaire. Les troupes anglaises font régner la terreur en pillant et brûlant les villages de la vallée du Richelieu. Le 14 décembre, c'est une autre défaite des Patriotes à Saint-Eustache. Le caractère improvisé de la révolte et l'irrésolution des chefs sont les causes de cet échec. Le 10 février 1838, le Parlement britannique suspend la constitution et nomme Lord Durham gouverneur général.

Le 28 février, les Patriotes réfugiés aux États-Unis avec Robert Nelson à leur tête proclament la République du Bas-Canada. Le document décrète l'indépendance du Bas-Canada, la séparation de l'Église et de l'État, la suppression de la dîme, l'abolition des redevances seigneuriales, la liberté de la presse, le suffrage universel pour les hommes y compris les Amérindiens, le scrutin secret, la nationalisation des terres de la Couronne et celles de la British American Land, l'élection d'une assemblée constituante et l'emploi des deux langues dans les affaires publiques. Robert Nelson est nommé président du Gouvernement provisoire du Bas-Canada. Nelson et Côté fondent aussi une armée de libération appelée les Frères chasseurs qui s'organisent secrètement dans les États américains frontaliers et préparent l'invasion du Canada. Les 8 et 9 novembre, l'armée de Colborne forte de 6,000 hommes, met en déroute les Patriotes au nombre de 1,000 et ne disposant que de 250 fusils. Le 4 novembre, la loi martiale avait été proclamée et l'Habeas Corpus suspendu. Colborne fait 753 prisonniers. On les passe devant la cour martiale où il n'y a pas d'avocats canadiens pour les défendre. 99 sont condamnés à mort et sous la pression des journaux anglais qui réclament des exécutions immédiates, 12 Patriotes seront pendus au Pied-du-Courant à l'angle des rues Notre-Dame et Delorimier, 58 déportés en Australie, 2 bannis du pays et 27 libérés sous caution. Aucun des chefs de la rébellion n'est exécuté car pour la plupart ils se sont réfugiés à l'étranger. Selon Gilles Bourque, ces événements peuvent être décrits à la fois comme une guerre civile qui oppose des classes sociales dans le cadre d'un État colonial et comme une guerre nationale qui met en conflit deux structures sociales différenciées par la nationalité et qui veulent affirmer leur hégémonie politique[41]. Ils aboutissent finalement à la victoire de la société canadienne-anglaise consacrée par l'Union.

---

[41]	Gilles Bourque, *op. cit.*, p. 322.

L'idéologie cléricale à travers les réactions au mouvement révolutionnaire des Patriotes

Au XIXe siècle, deux principes menaçaient l'ordre tradition-nel: le principe de la souveraineté populaire, qui tendait à rem-placer les monarchies de droit divin par des républiques et le prin-cipe de la séparation de l'Église et de l'État, qui mettait en cause le pouvoir temporel de l'Église. On a vu précédemment que c'est sur ces deux principes que se fondait l'idéologie libérale de la petite bourgeoisie en lutte à la fois contre l'aristocratie cléricale et la bourgeoisie marchande. Déjà, lors des lois scolaires de 1824 et 1829 et du vote du bill des fabriques, la position sociale du cler-gé avait été remise en question par les aspirations laïcistes de la petite bourgeoisie. Le monopole de l'Église dans le domaine de l'éducation était contesté par la volonté de l'Assemblée de donner un plus grand rôle à l'État en cette matière, en créant un système d'éducation accessible au peuple et moins axé sur la religion et la morale. Les élites locales laïques, en appuyant la loi sur les fabri-ques, cherchaient aussi à prendre le contrôle des biens et revenus de l'Église.

La réaction du clergé au mouvement des Patriotes est prin-cipalement contenue dans le mandement de Mgr Lartigue, publié au lendemain de l'assemblée de Saint-Charles, le 24 octobre 1837. Ce document est en fait un manifeste antilibéral, imprégné d'un sentiment royaliste réactionnaire. L'argumentation de Mgr Larti-gue s'inspire de l'encyclique *Mirari Vos* de Grégoire XVI (du 15 août 1832) qui désapprouvait les patriotes polonais et déclarait le tsar de Russie leur souverain légitime[42]. « Ce mandement, écrit F. Ouellet, marque un point tournant important dans le mouvement des idées dans le Canada du XIXe siècle. Il marque une scission définitive entre les libéraux et le clergé dont ils feront le porte-parole de l'oligarchie anglaise[43] ». Par sa profession de foi loyaliste, il manifeste la persistance de l'idéologie de collaboration, en repre-nant sensiblement les mêmes thèmes et les mêmes menaces que durant l'invasion américaine.

---

[42] Ce sera à la suite de cette encyclique que Lamennais rompra avec l'Église et publiera son ouvrage, *les Paroles d'un croyant*, qui eut une grande popu-larité chez les Patriotes.

[43] Fernand Ouellet, « Le mandement de Mgr Lartigue de 1837 et la réaction li-bérale », *Bulletin des recherches historiques*, tome 58, 1952, p. 104.

Mgr Lartigue y affirme sa croyance en la monarchie de droit divin. Pour lui, dans chaque État, il ne peut y avoir qu'une autorité suprême et absolue et la puissance de cette autorité vient de Dieu et non du peuple. Par conséquent, toute révolte contre la monarchie et le pouvoir temporel est une révolte contre la volonté de Dieu: «Ne vous laissez donc pas séduire, si quelqu'un voulait vous engager à la rébellion contre le gouvernement établi, sous prétexte que vous faites partie du «peuple souverain»[44]. Il condamne la révolution parce que, dit-il: «L'Église est ennemie des révolutions» et que tout pouvoir vient de Dieu. Le 11 décembre, son homologue de Québec, Mgr Signay, condamne en ces termes le recours à la violence:

> Que par des voies légales et constitutionnelles on cherche à remédier aux abus dont on croit avoir raison de se plaindre, c'est un droit que nous ne prétendons contester à personne; mais que pour y parvenir l'on ait recours à l'insurrection, c'est employer un moyen,... criminel aux yeux de Dieu et de Notre Sainte Religion[45].

Mgr Lartigue estimait que les devoirs d'un catholique à l'égard de la puissance civile établie étaient une question religieuse et non une question politique et qu'il devait se soumettre. Il accuse donc les Patriotes d'être des brigands et de vouloir un effrayant despotisme. Afin de dissuader les habitants de s'engager sur la voie de la rébellion et pour afficher son loyalisme, il ordonne, le 8 janvier 1838, au clergé du diocèse de Montréal de refuser les sacrements et la sépulture chrétienne aux révolutionnaires. Mgr Lartigue et Mgr Signay engagèrent leur clergé à signer une pétition à la reine et au Parlement pour protester de leur loyauté et condamner le soulèvement.

Les Patriotes dénoncèrent cette collusion entre l'Église et l'État et la trahison du clergé. Papineau écrit à ce sujet:

> Rien ne m'a plus dégoûté que de voir aux époques de crises et de révolutions où le peuple a voulu revendiquer ses droits, les ministres des religions servir d'instruments aux tyrans et par une alliance avec ces malfaiteurs contre leurs adeptes et leurs brebis sacrifier celles-ci et les condamner aux tourments éternels d'un autre monde si elles résistent aux tourments de l'esclavage dans ce monde-ci[46].

L'intervention de l'Église fut accueillie avec colère par des manifestations populaires et des articles anticléricaux dans la presse pa-

---

[44]   Mason Wade, *op. cit.*, p. 191.
[45]   Cité par Gilles Bourque, *op. cit.*, pp. 271-272.
[46]   Fernand Ouellet, *op. cit.*, p. 102.

triote. À Montréal, 1,200 Patriotes manifestent devant la cathédrale Saint-Jacques. On interrompt la lecture du mandement dans les églises par les cris de « À bas le mandement » « Vive Papineau » et en chantant « La Marseillaise. » Le sentiment populaire devient si violent que Mgr Lartigue offre sa démission à Rome et songe à se réfugier au Séminaire de Québec. Certains curés eurent à subir des assauts contre leur propriété, certains Patriotes voulant s'emparer des caisses de la fabrique pour acheter des armes.

Pour les Patriotes, ce mandement n'est pas affaire de dogme car en matière politique, l'Église n'a pas à dicter la conduite à suivre. Sur ces questions, l'obéissance à l'Église de même que les excommunications ne peuvent s'appliquer. En mêlant les questions de doctrine aux questions politiques, l'Église, estiment les libéraux, fait servir sa puissance spirituelle pour maintenir son hégémonie temporelle. C'est en ces termes que le journal *le Libéral* réplique à Mgr Lartigue et dénonce l'alliance du trône et de l'autel :

> Il vaudrait bien mieux pour les curés de recevoir tranquillement leur dîme et les mille autres contributions prélevées sur l'ignorance du peuple... que descendre dans l'arène des disputes politiques, mus qu'ils sont toujours dans ces questions par leurs intérêts privés... Le jour n'est peut être pas éloigné où les évêques regretteront de s'être immiscés dans des affaires qui ne les regardaient pas[47].

Pour les libéraux, tout catholique peut contester la portée dogmatique du mandement sans être pour cela considéré comme un hérétique. Dans ce débat théologique, le glaive britannique donnera raison au clergé.

Il n'y a pas à proprement parler de scission entre le haut et le bas clergé à l'occasion de la Rébellion. Cependant, comparativement à l'unanimité du haut clergé dans son appui au gouvernement, le bas clergé offrira un éventail d'options plus large. Même s'il est plus près des habitants, le curé de campagne n'en ressent pas moins le programme des Patriotes comme une menace à son autorité locale et à son statut matériel. Depuis le début du XIXe siècle, il est contesté par les nouvelles élites locales qui lui reprochent l'excès de dépenses somptuaires dans la construction des églises et presbytères et qui critiquent le contenu exclusivement reli-

---

[47]   Cité par Mason Wade, *op. cit.*, p. 192.

gieux de l'éducation qu'il dispense. Il ne se sent pas d'affinités trop poussées pour le libéralisme et le nationalisme. Aussi, n'est-il pas étonnant de constater que l'attitude des curés qui ont manifesté une sympathie quelconque pour le mouvement des Patriotes soit souvent ambiguë et empreinte d'opportunisme[48]. Selon Richard Chabot, «aucun de ces curés n'a soutenu sans réserve le mouvement révolutionnaire[49]». Se sentant plus près des sentiments populaires ils font montre d'une résistance passive et d'esprit critique envers le mandement qui manifeste de façon trop évidente les liens entre le gouvernement et l'épiscopat[50]. Mais s'ils accordent un appui moral aux Patriotes, ils s'empresseront après l'échec de la Rébellion de discréditer publiquement les rebelles. À vrai dire, seul le Curé Chartier de Saint-Benoît, qui est un ancien avocat, s'engage activement aux côtés des Patriotes et affiche des opinions libérales. Ainsi, alors qu'il était directeur du collège de Sainte-Anne-de-la-Pocatière, il faisait la promotion de profondes réformes pédagogiques: abolition des châtiments corporels, messe sur semaine et confession non obligatoires, formation d'un comité étudiant-professeur chargé d'étudier le cas des étudiants qui manquaient à la discipline. Il se lie d'amitié avec plusieurs chefs patriotes, dont Papineau et Chénier. Il veut aussi donner plus d'initiatives aux laïcs dans la gestion de la fabrique. Il critique l'autoritarisme de l'épiscopat et l'inamovibilité des curés. À l'automne 1837, il prononce des sermons où il incite ses paroissiens à la rébellion pour défendre leurs droits. «Il remet alors en question l'idéologie traditionnelle de l'Église sur l'obéissance au pouvoir civil, la puissance temporelle du pape et la monarchie de droit divin[51]». Mais il fait figure d'exception.

La majorité des curés blâme le mouvement révolutionnaire et leurs prises de position loyalistes seront décisives pour ceux qui hésitaient à prendre les armes pour soutenir leurs convictions réformistes. Dans de nombreux villages, les interventions du clergé

---

[48] Ce sont les curés Blanchet de Saint-Charles, Crevier de Saint-Hyacinthe, Mercure de La Présentation, Tessier de Saint-Mathias, Mignault de Chambly, Ricard de l'Île Perrot, Bonin de Sainte-Scholastique, Turcotte de Sainte-Rose.

[49] Richard Chabot, *le Curé de campagne et la contestation locale au Québec de 1791 aux troubles de 1837-1838*, Montréal, Hurtubise HMH, 1975, p. 116.

[50] Richard Chabot, «Le rôle du bas clergé face au mouvement insurrectionnel de 1837», dans *Histoire du Canada*, Montréal, Presses de l'Université du Québec, 1970, p. 88.

[51] Richard Chabot, *op. cit.*, pp. 119-120.

rural[52] paralyseront l'action des insurgés tout particulièrement dans les régions de Nicolet, Trois-Rivières, Joliette, Québec et le bas du fleuve. Ils empêcheront la généralisation de la rébellion dans ces régions qui manquent de leadership laïc et d'organisations locales révolutionnaires. Selon R. Chabot, leur rôle fut indispensable pour l'efficacité des appels à la soumission lancés par la hiérarchie ecclésiastique :

> Dans quelle mesure alors le clergé est-il responsable de l'échec des insurrections ? On peut être certain qu'il exerça une influence considérable auprès des masses illettrées. Les sanctions religieuses infligées aux Patriotes ont pu dissuader certains habitants de se joindre au mouvement. Mais il ne faut pas exagérer la portée de l'intervention cléricale. Malgré la réprobation religieuse, 5,000 paysans en 1837 et un plus grand nombre l'année suivante, se soulèvent. Leur participation massive au mouvement laisse penser qu'un désaccord fondamental existe entre le peuple et l'Église[53].

La société rurale n'est certes pas en 1837 une société unanime et soumise. La contestation est enracinée dans les milieux populaires, plus ou moins fortement selon les régions du Bas-Canada.

Le peuple et la contestation patriotique

Tout au long de cette période on remarque un appui massif des habitants à leur représentants. Il y a en quelque sorte une osmose entre l'élite petite-bourgeoise et le peuple. Même si les luttes politiques à l'Assemblée servent principalement les intérêts de la petite bourgeoisie, elles coïncident avec la défense de la situation matérielle et des intérêts objectifs de la paysannerie car en définitive ces deux groupes sociaux sont liés au même mode de production.

On ne peut connaître avec exactitude l'influence réelle des idéaux démocratiques et libéraux préconisés par les Patriotes sur le peuple des campagnes, mais certains indices peuvent nous ré-

---

[52]   Celles principalement des curés Paquin de Saint-Eustache, Ducharme de Sainte-Thérèse, Poirier de Sainte-Anne-des-Plaines, Saint-Germain de Saint-Laurent, Caron de Saint-Vincent-de-Paul, Demers de Saint-Denis, Lamarre de Saint-Césaire, Kelly de Sorel, Lafrance de Saint-Jean-Baptiste de Rouville, Hudon de Boucherville.

[53]   *Ibid.*, pp. 129-130.

véler l'état d'esprit de la population. En cette période de crise économique et politique, l'habitant prend conscience des effets de la domination coloniale et est sensible aux appels patriotiques lancés par cette nouvelle élite dont le sort est lié au sien. Il sympathise avec les Patriotes et assiste à leurs réunions à travers toute la province où il peut prendre connaissance des thèses patriotiques diffusées dans *la Minerve* et le *Vindicator* dont on lit de larges extraits. Son adhésion à la cause nationaliste est incontestable et se manifeste par l'appui électoral accordé aux députés radicaux dans leur lutte contre l'oligarchie britannique[54]. La politisation des habitants par les cadres locaux du mouvement révolutionnaire se fait aussi à l'occasion des luttes contre l'ingérence du clergé dans la gestion et la vie quotidienne des paroisses. Les principes d'autorité, de hiérarchie et de soumission à l'élite cléricale sont fortement contestés en raison de la concurrence que livrent au clergé le notaire, l'avocat, le médecin et le petit marchand pour le leadership local. Le statut social du curé n'est pas accepté spontanément et son niveau de vie relativement aisé de même que ses investissements somptuaires choquent l'habitant. La querelle des fabriques donne lieu à des débats violents dans les assemblées de paroisse où on revendique une gestion démocratique des biens de l'Église. La crise agricole renforce l'agressivité des habitants sur la question des dîmes et des droits seigneuriaux. Leur abolition est vivement souhaitée. Le principe démocratique de la souveraineté populaire semble rencontrer un large écho dans cette masse de petits propriétaires qui comprennent qu'en contrôlant le pouvoir politique, ils peuvent être mieux en mesure de défendre leurs intérêts économiques. Démocratie, contrôle des impôts et des dépenses vont de pair pour la masse paysanne. Le libéralisme politique signifiait pour cette classe la préservation de son mode de vie, de sa nationalité et la possibilité de se développer selon ses propres moyens et besoins. Dans ce contexte, il n'y a rien d'étonnant à ce que le parti patriote, dans sa lutte contre l'aristocratie bureaucratique, la bourgeoisie marchande et l'aristocratie cléricale ait pu s'appuyer sur une assise populaire profonde et que ses idéaux démocratiques et nationaux aient rencontré un large assentiment populaire.

---

[54] Le taux de participation électorale des paysans était très élevé. F. Ouellet indique que dans le comté de Dorchester le pourcentage du vote paysan oscille entre 83 et 98 p. 100 du vote exprimé. Voir *le Bas-Canada, 1791-1840*, Ottawa, les Éditions de l'Université d'Ottawa, 1976, p. 41.

Certes l'homogénéité n'est pas parfaite ; si elle n'est pas dominante, l'autorité sociale du clergé demeure toutefois présente
quoique affaiblie. Le taux de pratique religieuse est à son plus
bas. Son influence est aussi atténuée par la faiblesse numérique
de ses cadres : ainsi le rapport fidèles-prêtre qui était déjà élevé
en 1810 (1:1375) l'est encore plus dans le temps fort de la crise
(1:1834) en 1830. Durham reconnaît cette situation lorsqu'il écrit :
« L'affaiblissement sérieux du rôle du clergé dans la région de
Montréal... concourt à mettre le gouvernement dans l'impossibilité absolue de ramener la population française à des sentiments
meilleurs[55] ». Comme l'indique cette source, le fossé entre l'élite
cléricale et le peuple n'a pas partout la même profondeur. Son
emprise sociale et idéologique semble plus forte dans la région de
Québec comme en témoigne cette plainte d'un organisateur de la
région, qui écrit au directeur de la Minerve : « J'enrage quand je
vois que dans le District de Montréal, on fait partout des assemblées
publiques et à Québec... rien ! Ah ! pauvre Québec seras-tu toujours
sourd et froid[56] ?... » Cette tiédeur patriotique de la région de
Québec s'explique non seulement par l'influence plus grande du
clergé, mais aussi par la présence immédiate du pouvoir colonial
et par une plus grande diversité des activités économiques (commerce du bois, construction navale, port) qui rend la crise agricole peut-être moins aiguë.

À l'occasion des événements de 1837-1838, alors que les chefs
patriotes ne donnent pas de consignes claires sur la conduite à
suivre et qu'ils sont forcés par la répression militaire de se ca-
cher, il se créera un vacuum de leadership et l'habitant désemparé,
celui qui hésitait à prendre les armes, se trouvera face au seul
mot d'ordre clérical : loyauté, soumission et résignation. Même
si le clergé profite de cet état de confusion sociale pour reprendre
son emprise sur le peuple, le fait le plus significatif est qu'un
très grand nombre d'habitants soutiennent activement la révolte,
étant donné les circonstances et le caractère aventuriste de cet
engagement, et que dans l'ensemble, le peuple adhérait au credo
démocratique et nationaliste de la petite bourgeoisie.

---

[55]   Cité par Richard Chabot, op. cit., p. 109.
[56]   Cité par Richard Chabot, op. cit., p. 109.

Lord Durham et son rapport

Après un séjour relativement bref de cinq mois, Durham remit son rapport à Londres sur la situation au Canada et sur les mesures à prendre pour y remédier. Ce rapport est important, non seulement parce qu'il dessine dans ses grandes lignes la prochaine constitution du Canada, mais aussi parce qu'il fournit une interprétation idéologique des événements canadiens qui aura une assez grande influence par la suite. Voyons qui est l'homme, quelle est son interprétation et quelles sont ses solutions.

Parlementaire et diplomate britannique, Durham appartient à une famille traditionnellement libérale et radicale. Il a défendu au parlement les classes déshéritées et les idées de réformes (réforme électorale de 1832). Il fut éloigné du gouvernement à cause de ses idées trop radicales et on préféra lui confier des missions diplomatiques à l'étranger. C'est de cette façon qu'il débarqua à Québec avec le titre de gouverneur général du Canada avec tous les pouvoirs et les fonds nécessaires à l'accomplissement de son enquête. Ses premières impressions et informations sur le Canada lui furent surtout transmises par les représentants des marchands de Montréal à Londres: Ellice, Moffatt et Badley, qui préconisaient depuis longtemps la fédération des colonies britanniques de l'Amérique du Nord.

Le premier but de cette union législative était de noyer la population canadienne-française dans une mer anglaise afin de lever les embâcles au développement des intérêts capitalistes. Pendant son bref séjour, Durham rencontra surtout des marchands anglais qui firent prévaloir leur point de vue. Les Canadiens français vinrent peu nombreux à son bureau et Durham ne fit pas d'effort particulier pour les rencontrer. Malgré tout, Étienne Parent représentant l'aile modérée de la petite bourgeoisie le saluait dans son journal comme «... un nouveau Messie (qui) vient... effacer un nouveau péché originel».

L'idéologie de Durham apparait dès les premières pages du rapport qui révèlent la mentalité antinomique d'un aristocrate radical, qui se caractérise par l'amalgame de positions colonialistes, racistes et libérales.

Il est colonialiste parce qu'il pensait que les solutions aux difficultés canadiennes devaient avant tout être fonction des intérêts de la métropole. Il écrit en ce sens:

> Le pays qui a fondé et maintenu ces colonies au prix d'une grande dépense de sang et du trésor, peut avec justice attendre sa compensation de l'exploitation au bénéfice de sa propre population surabondante de leurs ressources encore non appropriées ; elles sont le juste patrimoine du peuple anglais, l'ample apanage que Dieu et la nature ont tenu en réserve dans le Nouveau Monde pour ceux dont le lot qui leur fut assigné dans le Vieux-Monde n'en comporte que des parties insuffisantes[57].

À l'en croire, l'exploitation économique des colonies par la métropole était un droit d'origine divine et naturelle. Il rationalisait de cette façon la reproduction des contradictions du capitalisme en métropole par l'intégration des colonies à ce mode de production et le maintien de leur dépendance économique.

Il est aussi raciste, parce qu'il considère que la race anglaise est supérieure et que l'assimilation des Canadiens français est leur seule chance d'accéder à la civilisation. Dans son esprit, les Canadiens français ne forment même pas une nationalité :

> Cette nationalité canadienne-française en est-elle une... je ne connais pas de distinction nationale marquant et continuant une infériorité plus désespérée... C'est pour les tirer de cette infériorité que je désire donner aux Canadiens de notre caractère anglais... Ils sont un peuple sans histoire et sans littérature... Leur nationalité a pour effet de les priver des plaisirs et de l'influence civilisatrice des arts[58].

Comme tout colonisateur imbu de sa supériorité, il pense que nous ne pourrons sortir de notre infériorité qu'en devenant Anglais. Son racisme l'aveuglera au point de l'empêcher de reconnaître les causes réelles de la situation politique au Bas-Canada.

Selon Durham les troubles du Canada résultent non pas d'un conflit de principes articulé sur des intérêts de classe divergents mais d'une lutte de races. Faisant fi de ses dimensions historiques et sociales, Durham estime que le conflit oppose deux races : l'une progressiste et dynamique, l'autre réactionnaire, retardataire, statique et qui est responsable des troubles. À cette interprétation on peut opposer celle d'un journaliste du *Canadien* qui avec beaucoup plus de lucidité explique en ces termes la situation coloniale et dénonce la supercherie idéologique colonialiste :

> Voilà donc où nous en sommes. Le gouvernement fait tout ce qu'il peut pour arrêter l'industrie parmi nous et il nous dit : vous n'êtes

---

[57] Voir *le Rapport Durham*, Montréal, les Éditions Sainte-Marie, 1969, p. 4.
[58] *Ibid.*, pp. 121ss.

pas industrieux. Il s'empare des biens destinés à l'éducation, il la décourage et dit: vous êtes ignorants. Il nous refuse les places d'honneur et de profit, et il nous dit: vous êtes sans richesses, sans considération. La presse sous ses ordres et tous ceux à qui profitent un tel état de chose répètent en cœur: vous êtes sans industrie, vous êtes sans connaissance, vous êtes pauvres, vous êtes sans importance. À force d'injustice, on n'a que trop malheureusement obtenu ce résultat, et l'on se sert à présent de ce résultat même comme prétexte pour nous humilier; on nous a fait un crime de notre manque d'industrie, de notre défaut de connaissance, comme si ce crime et la honte n'étaient pas sur la tête et le front de ceux-là seuls qui en ont posé la cause[59].

Durham, pour sa part, estime, que les Anglais sont protégés contre les sentiments racistes par une heureuse immunité: «L'heureuse absence chez nous de toute hostilité nationale nous permet difficilement de comprendre l'intensité de la haine que la différence de langage, de lois et de coutumes suscite entre les habitants d'un même village ou les citoyens d'un même pays[60]». C'est un bel exemple d'auto-occultation inhérente à l'idéologie colonialiste qui présente les autres comme des inférieurs qui ne pourront se régénérer qu'en acceptant la domination du colonisateur porteur des vertus de la civilisation et du progrès. Durham conclut lui-même:

> Je n'entretiens aucun doute au sujet du caractère national qui doit être donné au Bas-Canada; ce doit être celui de l'Empire britannique, celui de la majorité de la population de l'Amérique britannique, celui de la grande race qui doit, dans un laps de temps de courte durée, être prédominante sur tout le continent nord-américain[6].

Son libéralisme sera aussi imprégné de ce racisme car dans son esprit, la race anglaise a le monopole du véritable libéralisme. Les Canadiens français marqués par leurs tares nationales ne pouvaient être de vrais démocrates: «les Français paraissent s'être servis de leurs armes démocratiques pour des buts conservateurs, plutôt que ceux d'un mouvement libéral et éclairé; et les sympathies des amis de la réforme sont naturellement acquises aux partisans des saines améliorations que la minorité anglaise tenta vainement d'introduire dans les antiques lois de la province[62]». Les

59   Cité par L. Groulx, *Histoire du Canada*, Montréal et Paris, Fides, 1962, pp. 131-132.
60   Rapport Durham, *op. cit.*, p. 7.
61   *Ibid.*, p. 118.
62   *Ibid.*, p. 9.

vrais partisans des réformes démocratiques étaient ceux qui depuis vingt ans empêchaient tout changement politique afin de préserver leurs privilèges de minorité colonisatrice et exploiteuse. Le libéralisme des Patriotes était faux parce qu'il mettait en question la domination coloniale et la classe dominante qui en profitait. Telle est la logique développée par le colonisateur démocrate, dans son analyse de la situation.

Les troubles du Canada résultent non d'une lutte de classes, d'une lutte entre le peuple et l'exécutif mais d'une lutte entre deux races: l'une supérieure et minoritaire, l'autre inférieure et majoritaire. Fondamentalement, Durham reproche aux Patriotes d'avoir utilisé les institutions démocratiques pour paralyser les progrès du capitalisme britannique et favoriser leurs intérêts «indignes». Il leur reproche aussi de manquer d'esprit capitaliste pour l'exploitation et l'accumulation:

> On peut dire que si les Français ne sont pas une race aussi civilisée, aussi énergique, aussi avide de gains financiers que celle qui les environne, ils sont un peuple aimable, vertueux et satisfait possédant tout l'essentiel du confort matériel et qu'ils ne doivent être méprisés ou maltraités parce qu'ils cherchent à jouir de ce qu'ils ont sans imiter l'esprit d'accumulation qui influence leurs voisins[63].

Durham reconnaît, sans en tirer les conséquences, que la rébellion de 1837-1838 met en présence deux modes de production dont les agents cherchent à s'emparer du pouvoir d'État afin de le faire servir au type de développement qui est conforme à leurs intérêts. Durham pour sa part valorise un de ces modes de production: l'accumulation capitaliste, et déduit qu'en raison des impératifs commerciaux de la bourgeoisie marchande, les Canadiens français doivent abandonner leurs prétentions à l'hégémonie politique et nationale et se soumettre à la logique «irréversible» du capitalisme en fournissant impôts et travail à la bourgeoisie anglaise:

> Les prétentions des Canadiens français à la possession exclusive du Bas-Canada priveraient la population anglaise déjà plus nombreuse du Haut-Canada et des townships de l'accès par le grand canal naturel (le Saint-Laurent) à ce commerce *qu'eux seuls ont créé* et maintenant poursuivent[64].

---

[63] *Ibid.*, p. 119.
[64] *Ibid.*, p. 119. Nous soulignons car ce texte fait abstraction de la guerre de Conquête et de l'élimination des Français du commerce des fourrures Avant le colonisateur c'était le déluge, il a tout fait. Il a créé à partir de rien.

En résumé, pour Durham, il y avait au Canada une lutte de races opposant les Français ignorants, sans culture, jaloux, sans esprit d'initiative, conservateurs, et les Anglais qui eux étaient porteurs du progrès, de la civilisation et pour cette raison devaient posséder les leviers de commande par le contrôle du gouvernement responsable afin de développer le commerce et les industries dans l'intérêt de la métropole.

Afin de solutionner les problèmes constitutionnels, politiques et administratifs de toutes les colonies, il propose aussi à la Grande-Bretagne de chambarder l'une des principales assises idéologiques de sa politique coloniale en établissant le gouvernement responsable. Ainsi, la politique intérieure sera aux mains des coloniaux et en fin de compte, cette politique déchargera la métropole du fardeau financier de la colonie, favorisera l'unité impériale et le maintien des liens commerciaux. L'Angleterre conservera toujours des privilèges exclusifs: donner une constitution aux colonies, assurer la concession des terres, réglementer les relations internationales, contrôler le commerce extérieur et assurer la protection militaire de la colonie. Durham propose de la sorte une forme de colonialisme à autonomie locale (un néo-colonialisme avant la lettre).

En ce qui concerne les problèmes spécifiques du Bas-Canada, Durham propose une solution à court terme: l'union législative du Haut et du Bas-Canada, et à long terme l'assimilation des Canadiens français. L'union législative devait non seulement mettre les Canadiens français en minorité et accorder au Canada-Uni le gouvernement responsable, mais elle devait aussi favoriser l'intégration des Canadiens français à la collectivité « canadian ». À cet égard, Durham précise que la Grande-Bretagne doit respecter la loi de la majorité et s'arranger pour que cette majorité soit anglaise au besoin en modifiant la carte démographique et politique par l'envoi d'immigrants.

Quant à l'assimilation des Canadiens français, elle ne doit pas se faire par la contrainte mais par la force naturelle des choses, c'est-à-dire par une politique consciente de minorisation lente mais définitive:

Sans opérer le changement ni trop rapidement, ni trop rudement pour ne pas froisser les sentiments et ne pas sacrifier le bien-être de la génération actuelle, l'intention première et ferme du gouvernement britannique doit à l'avenir consister à établir dans la province une population anglaise, avec les lois et la langue anglaise, et à ne confier le gouvernement de cette province qu'à une assemblée décidément anglaise[65].

L'exemple qui doit guider cette politique d'assimilation est celui de l'État de la Louisiane. Cette assimilation lente se fera par le camouflage sous une égalité formelle des droits, d'une inégalité réelle, en entretenant le mythe de l'autonomie locale en réalité dépourvue de pouvoir, par l'établissement d'une quasi-égalité juridique des deux langues, par l'immigration massive, en encourageant les divisions de la nationalité par le jeu des partis politiques, par la mise en minorité politique et par la loi de l'intérêt économique et social qui entraînera les élites à abandonner la défense des intérêts du peuple, de leur langue et de leur nationalité. Cette politique n'aboutira pas à l'effet attendu: l'assimilation, mais elle réussira à désamorcer les velléités de lutte anticoloniale et de libération chez les Canadiens français pour un certain temps.

Enfin, l'union législative était avantageuse à plusieurs autres points de vue selon Durham. En plus de mettre les Canadiens français en minorité et de favoriser leur assimilation, elle réglerait les disputes concernant le partage des revenus (droits de douane), elle permettrait au Haut-Canada d'éponger son déficit à même les fonds excédentaires du Bas-Canada, elle favoriserait l'achèvement des travaux de canalisation nécessaires à la prospérité de la bourgeoisie de Montréal, elle permettrait d'épargner des deniers publics et de rendre l'administration plus efficace. Durham pensait que cette union législative devait dans un proche avenir s'étendre à toutes les provinces britanniques de l'Amérique du Nord.

Les réactions au rapport Durham

À Londres, où Lord Durham était considéré comme un radical, le gouvernement hésita longtemps avant de soumettre le rapport pour étude. Les parlementaires britanniques rejetèrent partiellement le diagnostic et refusèrent de considérer dans leur complémentarité les diverses solutions proposées. Ils retinrent le projet d'union mais rejetèrent les recommandations sur la responsabilité ministérielle et la représentation selon la population. Seules les mesures assimilatrices rallient les faveurs du colonisateur.

---

[65] *Le rapport Durham*, Montréal, les Éditions Sainte-Marie, 1969, p. 118.

La métropole n'est pas encore prête à modifier l'assise idéologique de sa politique coloniale en autorisant le gouvernement responsable.

Les recommandations visant la mise en minorité des Canadiens français sur les plans politique et démographique satisfont les administrateurs coloniaux de la «Clique du Château» et du «Family Compact», mais ils refusent de lier les changements constitutionnels à un changement de structure politique qui leur enlèverait le pouvoir exécutif. Ils ne sont pas d'accord avec l'établissement du gouvernement responsable qui donne le contrôle du budget et de la distribution des postes à l'assemblée, même si celle-ci est anglaise. Ils auront momentanément gain de cause auprès des législateurs métropolitains.

Les réformistes du Haut-Canada et les marchands de Montréal sont comblés par le rapport qui satisfait leurs principales revendications: élimination du problème canadien-français, union législative et gouvernement responsable par lequel ils espèrent s'approprier l'appareil politique et l'administration du pays. Ils devront cependant attendre encore quelques années avant d'obtenir pleine satisfaction sur cette question.

Pour les Canadiens français, à tous points de vue, le rapport est catastrophique parce qu'il constitue un arrêt de mort pour la volonté d'hégémonie politique et nationale. Le clergé, par la bouche de Mgr Lartigue, se déclare ouvertement contre, car les recommandations menacent par ricochet sa position sociale. Si la société canadienne-française est vouée à la disparition par assimilation, ses projets de théocratie s'effondrent. La fraction modérée de la petite bourgeoisie qui dans les circonstances est la seule à pouvoir se faire entendre, par ses porte-parole Parent, Lafontaine et Cartier, s'unit avec le clergé pour dénoncer l'iniquité de la politique assimilatrice. Mais devant la situation de fait, certains, comme Parent, seront si découragés qu'ils proposeront à leurs compatriotes d'abandonner la défense de leur nationalité et de se fondre dans le grand tout canadien[66].

L'échec de la Rébellion conduit donc à l'union des deux Canadas et accélère le processus d'infériorisation de la société canadienne-française. À la résistance dynamique et libératrice fondée sur le projet de construire sur les rives du Saint-Laurent

---

[66]   Voir Gérard Filteau, *Histoire des Patriotes*, Montréal, Éditions Modèles, Tome III, pp. 243-244.

une société française indépendante politiquement et auto-centrée économiquement, succède la résistance conservatrice, défensive et l'idéologie de la survivance. Au sein de la nation colonisée, les classes sociales se réalignent sous la férule du clergé. Les alliances se modifient et la petite bourgeoisie professionnelle, sous l'impulsion de sa fraction modérée, redéfinit une nouvelle stratégie axée essentiellement sur la conservation par la collaboration subordonnée.

Conclusion

Conséquences sociales, politiques et idéologiques de l'échec de la rébellion de 1837-1838

L'échec de la Rébellion a entraîné une modification du rapport entre les forces sociales du Bas-Canada. Elle signifie tout d'abord la victoire de la bourgeoisie marchande sur la petite bourgeoisie professionnelle. Le mouvement des Patriotes menaçait les assises économiques de cette bourgeoisie et la frustrait du pouvoir politique nécessaire à son développement. Désormais, les intérêts économiques du capitalisme commercial seront favorisés sans entrave par l'appareil politique. La bourgeoisie marchande pourra dès lors exercer son hégémonie et, privilégiée par les nouvelles dispositions constitutionnelles, elle pourra se faire la propagandiste de l'idéal démocratique. Il n'y a plus d'obstacle pour elle à l'établissement du gouvernement responsable dans le cadre du Canada-Uni. L'échec des Patriotes a donc permis la résolution de la contradiction entre ses aspirations démolibérales et sa situation de domination coloniale.

Pour les vaincus de 1760, l'échec de 1837-1838 était grave de conséquences et allait marquer d'un arrêt d'un siècle le développement de la société canadienne-française. C'est après 1837-1838 que la défaite de 1760 prend toute sa signification pour l'avenir des Canadiens français. Elle renforce toutes les tendances inhérentes à la situation coloniale imposée par les armes en 1760.

La rébellion de 1837-1838 était une tentative de révolution «bourgeoise» dans le cadre d'un État colonial où, à cause de la nature particulière de la structure de classes ce fut la petite bourgeoisie professionnelle qui, alliant objectifs sociaux et nationaux, fut appelée à en être la force motrice et non la bourgeoisie, comme ce fut le cas en Angleterre, aux États-Unis et en France. Pour ce faire, il lui fallait mobiliser le peuple, combattre l'oligarchie dominante et son alliée l'aristocratie cléricale, renverser le pouvoir colonial, déclarer l'indépendance et s'établir comme classe hégémonique à la direction de l'État. Elle a réussi à mobiliser le peuple et à s'imposer à la tête de la structure sociale colonisée, mais elle n'a pas été en mesure de mener cette lutte à bonne fin, car elle n'avait pas la puissance économique nécessaire, comme en témoigne l'état lamentable de l'équipement militaire des Patriotes. Elle comptait sur l'appui de la bourgeoisie américaine pour combler cette lacune, mais ses attentes furent déçues.

Pour la petite bourgeoisie proprement dite, cet échec signifiait la perte de son rôle hégémonique dans la société canadienne-française. Elle ne pouvait plus seule prendre la responsabilité de la direction de cette société. Elle devait passer la main à une autre fraction de l'élite et se contenter de jouer un rôle secondaire d'appui et de collaboration. Ceux qui aspiraient encore à jouer un rôle politique devront se soumettre au contrôle du clergé et du pouvoir colonial et abandonner leur radicalisme politique. Les éléments modérés de la petite bourgeoisie acceptèrent la tutelle de l'Église et leur insertion dans un jeu d'alliances, où ils avaient perdu toute capacité d'initiative. Désormais, cette petite bourgeoisie s'alliera aux capitalistes canadiens-anglais monnayant son appui politique en échange de postes honorifiques et de quelques bénéfices marginaux. Sa soumission lui vaudra une nouvelle assise économique: la fonction publique, lui permettant de délaisser son alliance avec le peuple. Elle reléguera aux oubliettes la défense des intérêts du peuple, s'accommodant de nombreuses compromissions et préférant un pragmatisme rémunérateur. L'échec de la Rébellion opère donc une coupure entre l'élite et la masse et force un renversement des alliances. La petite bourgeoisie lie maintenant son sort au développement du capitalisme et abandonne sa conception d'un développement économique autonome, axé sur l'agriculture et fondé sur la petite propriété et la petite production.

Ces événements historiques laissèrent une marque profonde dans la conscience populaire. Les habitants ont été profondément déçus, se sont sentis trahis et se sont repliés sur eux-mêmes, résignés à leur sort de colonisés, d'hommes diminués. Désormais, les trompettes de l'idéologie de la résignation, de la soumission et de la collaboration trouveront résonnance dans l'âme populaire.

L'idéologie de collaboration pouvait renaître. Elle était présentée comme la seule solution possible pour la survie des Canadiens français. Le nationalisme de dynamique et progressiste qu'il était, deviendra défensif et conservateur. La défaite de 1837-1838, en rendant possible la main-mise du clergé sur la société canadienne-française, érige en système idéologique dominant la fixation idéologique portée par l'élite cléricale. À cet égard, on peut aussi dire que l'échec de la Rébellion est une victoire pour le clergé, car il lui permet de neutraliser son ennemie, la petite bourgeoisie radicale et anticléricale, de s'assurer la collaboration des éléments modérés et d'imposer un système de valeurs rétrogrades dont les thèmes dominants seront l'agriculturisme, le messianisme et l'anti-étatisme. L'idéologie dominante allait désormais refléter la vision du monde du clergé, ses intérêts et les sources de son pouvoir. Un siècle d'obscurantisme débutait.

CHAPITRE IV

Vers la fédération canadienne 1840-1867

Le contexte économique de l'Union

De 1840 à 1867, on assiste à la dislocation du système économique impérial, au renforcement des liens économiques avec les États-Unis, au dépérissement de l'économie bas-canadienne, au déblocage et à l'établissement de la suprématie économique du Haut-Canada permise par l'Acte d'Union, et enfin à l'établissement d'un marché inter-colonial.

Avant d'analyser les facteurs internes qui ont déterminé les tendances économiques de cette période, il faut prendre en considération deux facteurs externes particulièrement significatifs: la métropole abandonne progressivement ses tarifs préférentiels pour le bois et le blé canadien; et les Américains développent leur réseau ferroviaire par lequel ils peuvent concurrencer encore plus sérieusement les capitalistes canadiens qui n'ont encore à leur disposition qu'un réseau de communication basé sur les canaux.

À cette époque de crise structurelle du capitalisme en Europe qui atteint son point culminant en 1848, l'Angleterre connaît des difficultés économiques. C'est ainsi que les libres-échangistes en profitent pour relancer le mouvement visant l'abolition des tarifs préférentiels, afin d'abaisser les prix des matières premières. À partir de 1842, l'Angleterre s'oriente vers une politique de libre échange qui entraîne l'abolition des «Corn Laws», en 1846. Les produits canadiens sont ainsi privés de protection sur le marché métropolitain et doivent affronter la concurrence des exportations étrangères (ex. les bois de la Baltique). Cette nouvelle politique du libre échange avantageait les capitalistes britanniques qui pouvaient désormais négocier la pénétration du marché européen pour leurs produits manufacturés. Comme on peut le constater dans toute situation coloniale, les intérêts de la métropole passent toujours avant ceux de la colonie.

Ce réaménagement des accords commerciaux entraîna aussi des transformations de la politique coloniale envers le Canada. Ne pouvant plus assurer des débouchés pour ses produits, il fallait bien reconnaître à la colonie une certaine forme d'autonomie, afin de permettre aux capitalistes canadiens d'avoir les coudées franches pour chercher de nouveaux marchés. En ce sens, on peut dire que ces transformations dans l'économie métropolitaine orientèrent l'économie canadienne vers celle des États-Unis de sorte que, peu à peu, l'impérialisme américain allait relayer l'impérialisme britannique.

Les structures économiques externes furent modifiées et afin d'éviter la catastrophe, les hommes d'affaires canadiens se tournèrent vers les États-Unis. Pendant un certain temps, ils penseront faire reculer la métropole dans ses projets libre-échangistes, en préconisant l'annexion aux États-Unis. Mais, devant l'échec de leur campagne de pression, ils abandonnèrent cette idée et préférèrent négocier un accord commercial avec les Américains: le traité de réciprocité (1854). Ils solutionnèrent ainsi le problème des débouchés pour les matières premières. Les ressources forestières de la Nouvelle-Angleterre étaient épuisées. Ainsi les capitalistes canadiens trouvaient-ils preneurs aux USA, pour le bois qu'ils ne pouvaient plus vendre à l'Angleterre. En échange, les Américains purent pénétrer le marché canadien des produits agricoles.

Il faut souligner que cette modification dans la structure économique externe entraîne une transformation progressive de l'industrie de la coupe et accélère le processus d'industrialisation. En effet, les besoins du marché américain exigent non plus du bois équarri mais du bois scié. Les moulins à scie sont donc la grande nouveauté de l'époque.

Ces changements eurent des répercussions sur la structure économique interne du Canada-Uni et accentuèrent la dépendance économique du Bas-Canada. L'agriculture du Bas-Canada était dans le marasme, elle ne suffisait plus à combler les besoins alimentaires de la population. Le Bas-Canada, pour ses approvisionnements, dépendait donc du Haut-Canada et des États-Unis. Le bois était le principal soutien de l'économie bas-canadienne. Mais avec la fermeture du marché impérial, le Bas-Canada perdit son hégémonie dans ce secteur au profit du Haut-Canada, qui était plus près du centre-ouest américain, où la demande était forte. Ainsi à partir de 1840, l'obstacle du nationalisme canadien-français étant supprimé, le Haut-Canada affirme sa prépondérance dans les deux secteurs vitaux de l'économie d'alors: l'agriculture et le bois. À cet égard, il faut noter que l'infériorité économique des Canadiens français est beaucoup plus un effet de structure qu'un effet de mentalité[1]. L'agriculture est le principal secteur d'activité économique, mais son faible rendement la tient à l'écart de l'économie de marché. C'est encore une économie de subsistance, mais elle devra progressivement céder du terrain et faire place à la domination du capital. Il y a des signes avant-coureurs de la désintégration du mode de production des petits producteurs. Certes, sur le plan de la transformation des produits, le Bas-Canada en est encore au système artisanal, mais les effets de la révolution industrielle commencent à se faire sentir. Le textile, le papier et les chemins de fer sont, entre 1850 et 1870, des manifestations de la deuxième phase de l'expansion capitaliste.

Une conséquence indirecte des modifications du réseau commercial sera de favoriser le développement d'un nouveau secteur industriel: les chemins de fer. L'amélioration du système de communication était devenue nécessaire pour resserrer les liens entre les colonies britanniques de l'Amérique du Nord, suite à cette nouvelle politique tarifaire de la Grande-Bretagne. Les producteurs canadiens, tout en faisant des accords économiques avec leurs concurrents du sud, voulaient conserver le contrôle du marché canadien et des Maritimes pour les produits manufacturés. Pour ce faire, ils se devaient de construire une voie ferrée reliant Halifax et Montréal. Les Maritimes produisaient du charbon et du poisson et trouvaient dans l'Ouest le bois et les produits agricoles qui leur manquaient. Ainsi, durant cette période, l'économie canadienne est traversée par des tendances divergentes: la création de relations économiques avec les États-Unis sur un axe nord-sud et la création d'un réseau économique pan-colonial, sur un axe est-ouest.

Une bonne part de la vie politique canadienne sera animée par la question des transports. Les besoins d'expansion du capi-

---

[1]   S. Ryerson a remarqué que les capitaux britanniques ont surtout été canalisés vers le Haut-Canada et ont ainsi favorisé un essor technologique plus rapide. Pour illustrer ce fait, il note qu'en 1851, il y avait 154 scieries à vapeur dans le Haut-Canada alors qu'il n'y en avait que 4 dans le Bas-Canada. De même, il y a un total de 1,567 scieries dans le Haut-Canada et seulement 1,065 dans le Bas-Canada. Voir *Unequal Union*, p. 175.

talisme détermineront l'orientation des allocations gouvernementales. L'appareil d'État se mettra au service des « développeurs » et des financiers, à tel point qu'on peut dire que la fédération canadienne est, pour une bonne part, une création du capitalisme qui pour se développer, avait besoin d'un marché et des fonds publics. Pour réaliser ce marché contre nature, il fallait d'énormes investissements d'infrastructure que ne pouvait assumer l'entreprise privée. On se servit donc de l'État pour extorquer aux populations des diverses provinces les fonds nécessaires et, pour ce faire, on imposa un cadre juridique qui prit la forme fédérative.

On peut discerner deux phases dans cette politique de développement des transports : la première, qui va jusqu'en 1848, est axée sur les canaux ; la seconde, sur les chemins de fer. Alors que le Bas-Canada devait peu à peu renoncer aux marchés extérieurs, le Haut-Canada entendait bien profiter des « Corns Laws » et des « Navigation Acts », afin de répondre à la demande des marchés métropolitains et québécois. Cette ouverture sur les marchés extérieurs, indispensable à l'accumulation capitaliste, était impossible sans l'amélioration des voies de communication. Il fallait aménager la voie maritime du Saint-Laurent qui donnait accès à la mer. Cette politique visait aussi à empêcher les Américains de drainer chez eux, par le canal Érié-Hudson, la production du Haut-Canada, ce qui nuisait évidemment aux intérêts des marchands de Montréal. Mais au moment où ces travaux de canalisation furent achevés (1848), ils étaient déjà désuets, face au développement du réseau ferroviaire américain, plus efficace et moins coûteux que la voie maritime. Pour se tirer d'affaire, la bourgeoisie marchande entreprit la construction d'un réseau ferroviaire afin de maintenir l'axe économique est-ouest, résister à l'attraction du sud et intégrer l'économie des Maritimes à un marché commun des colonies anglaises de l'Amérique du Nord. Cette deuxième phase de la politique des transports donnera naissance à la Confédération.

De l'Acte d'Union au gouvernement responsable

Ce sont avant tout les intérêts économiques du Haut-Canada et des marchands de Montréal qui ont inspiré les grandes lignes de la nouvelle constitution du Canada. Il semble bien que la banque Baring Brothers, qui avait souscrit la presque totalité des emprunts du Haut-Canada, ait fait pression sur le cabinet londonien pour faire porter le fardeau de la banqueroute du Haut-Canada sur les épaules du Bas-Canada, par la fusion des dettes[2]. L'Union permettait aussi de compléter le réseau de communication, en ouvrant les marchés du Bas-Canada et de l'Angleterre aux commerçants du Haut-Canada.

Les Canadiens français ne furent pas consultés sur le projet d'union législative. Ce fut un conseil spécial, nommé par Colborne et composé surtout d'administrateurs et de marchands anglais, qui approuva l'Union. Dans le Haut-Canada, le « Family Compact » et les marchands de Toronto exigèrent, avant de donner leur accord, une représentation inférieure pour le Bas-Canada, la proclamation de l'anglais seule langue officielle et la localisation de la capitale dans le Haut-Canada. Le Parlement impérial vota l'Union Act le 23 juillet 1840 et l'Union fut proclamée le 10 février 1841.

L'Acte d'Union réunissait les deux Canada en une seule province et établissait un conseil législatif nommé à vie, une assemblée élue composée de 42 membres représentant le Bas-Canada et de 42 pour le Haut-Canada, l'anglais seule langue officielle à l'Assemblée, la possession d'une propriété de 500 livres pour être député. Le contrôle des revenus et des budgets est accordé à l'assemblée, sauf une somme de 45,000 livres sterling, servant à payer le salaire du gouverneur et des juges et, 30,000 livres pour les salaires des principaux fonctionnaires. Le gouverneur a un droit de veto, la reine peut bloquer un projet de loi pendant un maximum de deux ans, le gouverneur se réserve enfin le droit de créer des comtés et d'y nommer des représentants. Cette nouvelle constitution n'est pas des plus démocratique. C'est une démocratie faite à la mesure d'un pouvoir colonial qui veut dominer un peuple colonisé. Elle force les Canadiens français à payer les dettes des Canadiens anglais. Elle accorde une représentation supérieure au Haut-Canada, dont la population est moins nombreuse que celle du Bas-Canada qui dispose de 42 représentants pour 650,000 habitants comparativement aux 42 représentants pour les 450,000 habitants du Haut-Canada.

Enfin, elle fut imposée à la population du Bas-Canada sans aucune consultation et cela, en dépit d'une pétition opposée à

---

[2] Le revenu du Haut-Canada ne suffisait même pas à payer les intérêts de la dette de 1,200,000 livres, alors que celle du Bas-Canada n'était que de 95,000 livres.

l'union législative. Cette nouvelle constitution répondait à la recommandation d'assimilation du rapport Durham, mais reléguait
aux oubliettes ses autres propositions ; gouvernement responsable,
établissement de gouvernements locaux et représentation proportionnelle à la population, qui étaient les principales revendications
des réformistes du Haut-Canada ; ceux-ci continueront donc à
s'opposer au Conseil exécutif responsable au gouverneur. La
lutte pour le gouvernement responsable reprend donc dans le cadre
de l'Union.

Le nouveau régime constitutionnel n'a pas eu comme conséquence l'assimilation des Canadiens français parce que les liens
idéologiques furent plus forts que les liens ethniques, dans le jeu
politique. Théoriquement, les Anglais disposaient d'une majorité
absolue à l'Assemblée, mais en pratique, elle ne put être effective
car la lutte pour le gouvernement responsable divisa la majorité
et la formation des partis se fit alors sur la base d'alliances idéologiques et non pas ethniques. Les Anglais du Haut et du Bas-
Canada ne purent former un bloc homogène car ils étaient divisés,
entre réformistes et conservateurs, sur la question du gouvernement responsable.

Ce fut, en quelque sorte, le jeu des partis qui permit aux
Canadiens français minoritaires de jouer un rôle sur le plan politique mais qui, en même temps, les réduisit à une dépendance
définitive et leur enleva toute capacité de direction autonome. Ils
avaient la balance du pouvoir mais ils étaient aussi privés d'un
pouvoir réel et complet. Une pluralité ethnique était devenue
nécessaire pour obtenir une majorité politique et conduire un parti
au pouvoir. Baldwin et Hincks, leaders réformistes, refusèrent
l'alliance ethnique que leur proposait le parti britannique du Bas-
Canada. Ils firent pression sur les libéraux du Bas-Canada — les
anciens Patriotes modérés — (Lafontaine entre autres), pour qu'ils
acceptent l'Union et la collaboration avec les réformistes du
Haut-Canada, dans leur lutte pour l'autonomie locale par l'obtention du gouvernement responsable. Baldwin rassure Lafontaine
en ces termes :

> Vos frères réformistes du Haut-Canada vous reconnaîtront vous
> et vos compatriotes en tant que Canadiens — nulle animosité
> nationale ne sera entretenue — nous désirons amitié, estime et
> collaboration, si nous pouvons les obtenir sans renoncer à nos
> principes[3].

---

[3]   Cité par Mason Wade, *les Canadiens français de 1760 à nos jours*, p. 256.

Il s'agissait de rallier toutes les forces progressistes, afin de faire pencher l'équilibre politique en faveur des principes démocratiques. Cependant, dans cette nouvelle répartition du pouvoir, les Canadiens français devaient se contenter d'être une force d'appui ; ils ne pouvaient nullement aspirer à la prépondérance et à la direction. Ils allaient assurer leur survie, en marchandant leurs appuis politiques dans la lutte opposant les conservateurs et les réformistes anglais et se diviseront eux-mêmes, selon les conjonctures politiques et les aléas du patronage.

Derrière cette lutte de principes, se profilaient des conflits d'intérêts car la question du gouvernement responsable était inextricablement liée à celle du contrôle du patronage. Pour la petite bourgeoisie canadienne-française, l'accès aux charges publiques était vital car la politique était pour cette classe la seule voie de la mobilité sociale. C'est ce qui explique son acharnement dans la guerre des subsides et son alliance forcée avec le parti de Baldwin. Contrôle des dépenses gouvernementales et des budgets, responsabilité du gouvernement à la Chambre, signifiaient contrôle de l'attribution des charges publiques, des contrats et des subsides.

Lafontaine, tout comme la totalité du Canada français, s'opposait à l'Acte d'Union mais refusait comme stratégie l'abstentionnisme politique. Il condamne en ces termes l'Union :

> Elle est un acte d'injustice et de despotisme, en ce qu'elle nous est imposée sans notre consentement ; en ce qu'elle prive le Bas-Canada du nombre légitime de ses représentants ; en ce qu'elle nous prive de l'usage de notre langue dans les procédés de la Législature contre la foi des traités et la parole du gouverneur général, en ce qu'elle nous fait payer, sans notre consentement, une dette que nous n'avons pas contractée, en ce qu'elle permet à l'exécutif de s'emparer illégalement, sous le nom de liste civile, et sans le vote des représentants du peuple, d'une partie énorme des revenus du pays[4].

Les Canadiens français devaient participer au nouveau régime s'ils voulaient le voir révoquer ; pour ce faire, ils devaient collaborer avec les réformistes du Haut-Canada. C'est aussi l'occasion, pour les modérés, de prendre la direction politique de la société canadienne-française, laissée vacante par l'échec des leaders radicaux. Lafontaine se présente donc aux élections et publie un manifeste définissant la nouvelle politique de collabo-

---

[4]   *Ibid.*, p. 257.

ration. Il demande à ses compatriotes d'accepter le «jeu démocratique» dans le cadre de l'Union et de voter aux élections.
Lafontaine doit cependant se retirer de la lutte, devant les tactiques d'intimidation électorales utilisées par Lord Sydenham pour
le faire battre. Il s'illusionne sur les vertus du jeu démocratique
pratiqué par un colonisateur.

Un autre ancien patriote, Étienne Parent, défendra aussi
cette politique de collaboration. Il se montre, dans l'ensemble,
favorable à l'Acte d'Union et estime l'assimilation des Canadiens
français acceptable dans le cadre du gouvernement responsable.

L'Acte d'Union ne modifiait pas les rapports entre l'exécutif
et le législatif. Le gouvernement relevait toujours de Londres et
non de l'Assemblée. Le gouverneur général pouvait exercer une
véritable dictature. Il avait le pouvoir de faire les nominations
aux charges publiques, il nommait les membres du Conseil législatif et, en les contrôlant, il pouvait imposer un veto aux propositions votées par l'Assemblée. Il pouvait plus difficilement contrôler la composition de l'Assemblée, mais encore là, il jouissait
de pouvoirs lui permettant d'intervenir dans les élections et de
faire élire les candidats favorables à sa politique, en remaniant
les comtés ou en établissant les bureaux de vote dans les places
fortes du gouvernement ou encore, en tolérant les mesures d'intimidation[5]. Enfin, la composition du Conseil exécutif était laissée
à son entière discrétion. Il nommait qui il voulait, sans tenir
compte de la composition de la Chambre.

Les réformistes à l'Assemblée exigeaient que le gouverneur
n'ait plus de pouvoir exécutif et que les membres du Conseil
exécutif soient choisis parmi les membres du parti majoritaire
de l'Assemblée, afin de lier l'existence du gouvernement à l'obtention d'un soutien majoritaire des représentants du peuple.

L'application des règles prévues par l'Acte d'Union varia selon
la personnalité des gouverneurs en place. Sydenham bloqua systématiquement toutes les mesures réformistes, exerça une discrimination ethnique dans l'attribution des charges publiques et s'at-
tribua les fonctions de premier ministre. Son successeur, Bagot,
adopta une position tout à fait contraire. Il refusa d'identifier
son administration à un seul parti. Il rompit avec la pratique dis-
criminatoire dans le patronage en nommant Morin, Huot et Mon-

---

[5] Ainsi, au printemps de 1841 Lors Syndenham fit élire 19 tories sur 42 dans
le Bas-Canada et se créa une majorité à l'Assemblée.

delet aux postes de magistrat, afin d'obtenir l'appui du parti français. Il distribua des postes à des réformistes du Haut-Canada. Pendant ce temps, à l'Assemblée, le rapport des forces s'était modifié et les réformistes détenaient la majorité. Mais alors que le Bas-Canada y était représenté par 25 réformistes, deux tories étaient ses porte-parole au Conseil exécutif. Afin de corriger cette situation inique, Bagot rompit avec la tradition en faisant participer des Canadiens français au gouvernement. Lafontaine fut nommé procureur général du Bas-Canada et Baldwin occupa le même poste pour le Haut-Canada. À l'occasion du débat sur ces nominations, Lafontaine en profita pour faire son premier discours en français, protestant ainsi contre l'injustice de la nouvelle constitution envers les Canadiens français. Morin fut aussi nommé commissaire des Terres de la Couronne et Étienne Parent greffier du Conseil exécutif. Pour la première fois depuis la Conquête, des Canadiens français avaient accès au pouvoir exécutif et au patronage. L'administration de Bagot bousculait quelque peu la politique coloniale britannique et rendait de la sorte possible le raffermissement des liens entre les réformistes du Haut et du Bas-Canada, en donnant raison aux tenants de la collaboration.

Mais le décès de Bagot et son remplacement par Sir James Metcalfe allaient compromettre les progrès réalisés, car le nouveau gouverneur général revint à la politique initiée par Sydenham, en se créant un parti pour soutenir son administration. Baldwin et Lafontaine, en désaccord avec la politique de patronage du gouverneur, démissionnent, soutenus dans leur geste par l'Assemblée qui fut alors dissoute par Metcalfe. Neuf mois plus tard, le Bas-Canada élisait 28 réformistes alors que le Haut-Canada n'en élisait que 11. Le parti du gouverneur obtenait ainsi une majorité de 6 votes. Cette assemblée tory adopta un certain nombre de lois importantes: celle qui donnait sa forme définitive au plan de gouvernement local établi par Sydenham, celle instituant le régime scolaire du Bas-Canada sur une base de contribution volontaire, celle donnant le droit de vote au clergé, celle autorisant le paiement des indemnités pour les pertes subies pendant l'insurrection dans le Haut-Canada seulement, et celle demandant l'abrogation des dispositions de l'Acte d'Union, contre l'usage du français.

En 1846, Lord Elgin succède à Metcalfe, Entre-temps, les Whigs sont arrivés au pouvoir en Angleterre et enjoignent à Elgin d'accorder le gouvernement responsable. Aux élections de

1847, les réformistes obtiennent une forte majorité. Baldwin et Lafontaine sont invités à former le nouveau gouvernement. Dorénavant, c'est le parti majoritaire à l'Assemblée qui va gouverner la colonie. Le gouverneur sera simplement le représentant de la reine et l'agent de liaison entre la métropole et la colonie. Le gouvernement britannique se réserve tous les pouvoirs relatifs au commerce, aux affaires étrangères, à la défense et aux amendements à la constitution. La colonie est autonome en ce qui concerne son administration intérieure.

Ce changement de régime politique est lié à une modification de l'attitude du gouvernement britannique envers ses colonies, car la métropole était de plus en plus réticente à supporter le vieux fardeau colonial. Un sentiment anticolonial se développait. On considérait que les colonies coûtaient cher et rapportaient peu, et qu'il était temps qu'elles assument les frais de leur administration. La métropole voulait se défaire de ses responsabilités envers les colonies et avoir les mains libres pour réaménager sa politique économique. En aucune façon, le gouvernement responsable ne fut le fruit de la magnanimité de la métropole. Le colonialisme était une entrave à l'impérialisme et devait être sacrifié aux nécessités de l'exportation des capitaux et du libre échange[6].

D'autres facteurs expliquent l'attribution par les autorités métropolitaines du gouvernement responsable. L'arrivée massive de 100,000 immigrants irlandais venait grossir les rangs du prolétariat canadien et renforcer les réformistes radicaux. Les autorités coloniales craignaient aussi les effets d'entraînement du mouvement révolutionnaire européen. Lord Elgin écrivait à ce sujet: « La France et l'Irlande sont en flammes, et presque la moitié de la population de la colonie est française, tandis que l'autre moitié est presque entièrement irlandaise[7] ». On cherchait donc à éviter une union des partisans de Papineau et des ouvriers irlandais. Une concession s'imposait pour éloigner le spectre de la révolution. L'autonomie coloniale par le gouvernement responsable ne fut accordée au Canada que dans un cadre insti-

---

6   Voir Catherine Coquery-Vidrovitch, « De l'impérialisme ancien à l'impérialisme moderne », dans A. Abdel Malek, *Sociologie de l'impérialisme,* Paris, Anthropos, 1971, p. 94.

7   Voir S. Ryerson, *Capitalisme et confédération,* Montréal, Parti Pris, 1972, p. 222.

tutionnel et une conjoncture qui excluaient toute possibilité d'hégémonie politique des Canadiens français.

Les grands courants idéologiques après 1840

Aucune société ne peut sortir indemne d'une expérience de répression militaire. Le pessimisme était le sentiment dominant chez les Canadiens français, qui estimaient avoir été vaincus par des forces et des intérêts économiques étrangers à leur société. Dans ce contexte, le passé prendra une valeur compensatoire de l'impuissance du présent. Les leçons du passé serviront de repoussoir au radicalisme politique et à l'esprit révolutionnaire. L'histoire servira de matraque idéologique pour réprimer les idées progressistes et discréditer ceux qui les défendaient. Ces angoisses face à l'avenir s'exprimeront, dans notre littérature naissante, par l'exaltation des premiers temps de la colonie. Devant la perspective de l'assimilation et la peur de l'oubli, on commença à écrire l'histoire de notre « épopée ». Il ne s'agissait plus de faire l'histoire mais de rêver des temps anciens.

Cette période marque un tournant important dans le développement des idéologies au Québec car l'échec de 1837-1838 renforce les tendances structurelles de la société québécoise liées au phénomène de superposition nationale. Le repli sur soi, la rigidité dans les relations sociales, la domination cléricale sont des phénomènes consécutifs à la répression du mouvement des Patriotes. Auparavant, le Québec, à l'intérieur de sa spécificité, évoluait sensiblement au même rythme que les autres sociétés. Certes, la domination coloniale provoquait un déséquilibre mais la situation n'était pas irrémédiable. 1840 marque, pour un temps, la fin des espoirs d'émancipation nationale, la fin du radicalisme politique et le début de la suprématie cléricale effective, du nationalisme conservateur, de l'idéologie de la survivance, de la collaboration, de la modération, du refoulement et de l'impuissance collective. Les trois principales composantes de l'idéologie dominante seront désormais l'agriculturisme, le messianisme et l'antiétatisme. La société traditionnelle au Québec ne réussit à s'imposer qu'après l'échec de la Rébellion.

De 1840 à 1867, on peut dégager trois grandes orientations idéologiques représentées par les libéraux modérés, les rouges et les ultramontains.

Les libéraux modérés

Ceux qu'on appelle les libéraux modérés sont d'anciens Patriotes dont certains, comme Étienne Parent, voulaient des réformes, sans aller jusqu'à la rupture du lien colonial, alors que d'autres, comme Louis-Hippolyte Lafontaine, étaient opposés à la lutte armée et aux attitudes radicales et croyaient aux changements dans la paix, l'harmonie et la bonne entente. Dans l'immédiat, après 1840, ce groupe est minoritaire parmi les réformistes car le peuple accorde encore son soutien électoral aux radicaux. Mais peu à peu, la pratique de la collaboration leur donnera un pouvoir relatif, leur permettant d'affirmer leur hégémonie politique.

L'obtention du gouvernement responsable, rendant le patronage accessible aux élus du peuple, permit aux libéraux modérés d'imposer progressivement leur domination sur le plan politique. La petite bourgeoisie perdit son agressivité style 1830. Les querelles idéologiques devinrent des luttes d'opinions, sujettes aux compromis et elles s'atténuèrent au profit d'un pragmatisme rémunérateur. Désormais, pour cette fraction de la petite bourgeoisie qui adopte le modèle du libéralisme politique britannique, la conscience nationale se limitait à l'obtention de places pour les Canadiens français et à la défense de la langue française. La dimension culturelle prend alors le dessus sur la dimension politique du nationalisme.

Pour Lafontaine, l'avenir des Canadiens français résidait dans l'application intégrale de la constitution britannique. Au radicalisme des Patriotes, il opposait la patience, la modération, la temporisation et la collaboration. Les réformes devaient se réaliser dans la paix et dans le cadre des institutions parlementaires britanniques. Sa pensée politique est modelée par le traumatisme de l'échec de 1837-1838 et par l'incapacité pour les Canadiens français de s'épanouir, en tant que collectivité, par eux-mêmes. Sa pensée traduit ici les limites de l'idéologie de la petite bourgeoisie qui, à cause de sa position économique fragile, se sent incapable d'assumer seule la direction politique de la société. Il fallait donc agir de concert avec les réformistes canadiens-anglais, former la majorité et obtenir le gouvernement responsable par lequel les Canadiens français pourront éventuellement reconquérir ce qu'ils ont perdu avec l'Acte d'Union. Il réalisa en ce sens un des objectifs de la petite bourgeoisie: l'accès à la fonction publique par l'établissement du gouvernement responsable. À son actif on peut aussi ajouter des réformes de la politique de colonisation, de la tenure seigneuriale, de l'éducation, la codification du droit civil et le soutien de la vie culturelle, par le patronage gouvernemental.

Mais dans l'ensemble, on peut dire que la pensée de Lafontaine ouvrit une très longue période de soumission historique collective. La prudence devenait le credo politique des libéraux. Il fallait se résigner au fait accompli puisque nous étions la cause de l'Union. C'était la faute des extrémistes si l'Union existait. À cet égard, Lafontaine traduit bien l'autoculpabilité nationale propre aux colonisés. Ses appels au réalisme ne sont que le reflet de l'état de minorité de la collectivité dont il se voulait être le leader. Dorion porte à cet égard dans *l'Avenir* un jugement sévère lorsqu'il écrit:

> Elle (la nationalité) était considérée comme un obstacle avoué à l'obtention de droits politiques; il fallait s'en dépouiller, en faire abstraction, sacrifice même; ne plus se considérer comme Canadiens français si nous voulions être quelque chose dans ce système d'organisation sociale; et ainsi sous prétexte de la confondre, la noya-t-on dans le libéralisme. Le principe de la nationalité cessant d'être en honneur, puisqu'on la répudiait par intérêt, elle devait donc s'affaiblir, perdre de sa force morale et finir bientôt par s'effacer complètement... l'Union dont on se fatiguait à parer les inconvénients et les mauvaises conséquences pour en obtenir plus tard les avantages demandait notre mort nationale en échange de cette liberté politique constitutionnelle que nous avions si chèrement achetée avec elle[8].

Les libéraux modérés substituèrent au nationalisme dynamique émancipateur un nationalisme de survivance axé essentiellement sur la conservation culturelle.

Donc après 1848, on trouve dans l'élite une fraction majoritaire, qui est satisfaite de l'abandon de la politique d'assimilation et des places accordées aux Canadiens français dans l'administration du pays. Cette majorité, dirigée par Lafontaine, s'identifie aux traditions politiques et sociales de la Grande-Bretagne et lie le sort du Canada français à la bonne volonté des réformistes du Haut-Canada. Elle accepte de collaborer à l'édification d'une économie canadienne, axée sur le développement industriel du Haut-Canada et fondée sur l'influx des capitaux bri-

---

[8]   *L'Avenir*, 15 avril 1848.

tanniques. Ce groupe majoritaire récuse les idéaux républicains et démocratiques américains et français et opte pour la paix et la stabilité. Il a l'appui du clergé. Le parti de Lafontaine se disait réformiste ou libéral, parce qu'il était favorable à l'autonomie coloniale dans les affaires internes et parce qu'il avait revendiqué le gouvernement responsable. Mais, son libéralisme semblait bien mitigé à ceux qui préconisaient une réforme globale de la société.

Les Rouges

À un autre pôle, on retrouve le libéralisme radical, soutenu par une minorité, qui continue à défendre les idées démocratiques et républicaines d'inspiration française et américaine. On désigne sous le nom de Rouges, les libéraux doctrinaires et anticléricaux de l'époque de l'Institut canadien, de même que les héritiers du radicalisme des Patriotes. Les Rouges maintiennent leur alliance avec la paysannerie. Leur antagonisme avec les libéraux modérés peut s'expliquer à partir d'une différence de conception de l'alliance de classe, car ils refusent l'alliance avec la bourgeoisie anglaise alors que les modérés soutiennent cette alliance. Le rougisme se limite dans le temps à la période 1848-1867. Joseph Cauchon, dans son *Journal de Québec,* présentait les Rouges comme «les organes du socialisme... ennemis de l'ordre et de tout frein moral... ennemis de Dieu et de la patrie[9]».

Deux journaux diffuseront leur idéologie: *l'Avenir* et *le Pays.* Trois composantes principales caractérisent leur pensée: le libéralisme, le nationalisme et l'anticléricalisme. Ils seront adversaires de la doctrine ultramontaine et dans cette guerre d'idées, ils croiseront le fer avec les autorités épiscopales, Mgr Bourget et Mgr Laflèche. Ce groupe de radicaux, contrairement aux libéraux modérés, refusent l'Union et préconisent le maintien d'un Bas-Canada distinct, habité et gouverné par les Canadiens français. Ils rejettent le modèle politique britannique et prônent une démocratisation radicale. Au plan économique, ils définissent comme priorité l'amélioration de l'agriculture et son intégration à l'économie américaine. Ils préconiseront même l'annexion. Leur programme se résume à ceci: suffrage universel, réformes juridiques,

---

[9] Cité par Jean-Paul Bernard, *Les Rouges: libéralisme, nationalisme et anticléricalisme au milieu du XIXe siècle,* Montréal, les Presses de l'Université du Québec, 1971, p. 81.

abolition du régime seigneurial et des dîmes, éducation populaire, colonisation, annexion aux États-Unis.

Une analyse de *l'Avenir,* faite par J.-P. Bernard, nous révèle les principaux thèmes de l'idéologie des Rouges dont les principaux leaders étaient A.-A. Dorion, L.-J. Papineau, L.-A. Dessaulles, J.-B.-E. Dorion (admirateur des socialistes européens), Joseph Doutre et Charles Laberge.

Durham, dans son rapport, avait dit des Canadiens français qu'ils étaient un peuple ignorant, sans culture, sans littérature, sans histoire. Les jeunes Canadiens français ne restèrent pas indifférents à ce mépris raciste et se préoccuperont beaucoup de la mise sur pied d'un système d'éducation. Cette préoccupation est révélatrice d'un changement significatif des perspectives stratégiques des jeunes radicaux. Le terrain de la lutte se déplace. L'éducation et la culture remplacent la politique, comme moyen d'affirmation des jeunes Canadiens français, après l'échec de 1837. On considère, dans une perspective rousseauiste, que le changement social viendra plus de la diffusion des lumières de l'éducation que de la politique active. Aux associations strictement politiques et militantes, on substituera les associations religieuses, littéraires et culturelles.

En ce qui concerne les Rouges, ils semblent vouloir revenir à la politique par le biais des institutions éducatives et culturelles. C'est dans cet esprit et parce que la population française ne disposait pas de bibliothèque, que fut fondé en 1844 l'Institut canadien, qui devait servir d'université populaire et de point de ralliement pour la jeunesse canadienne-française. Ce n'est qu'à partir de 1847, sous l'impulsion de Louis-Joseph Papineau, que l'Institut sortira de sa neutralité politique et sera pendant les années qui suivront le centre de diffusion des idées radicales. À son sujet, se développera une polémique acerbe avec les ultramontains et Mgr Bourget qui voulaient appliquer les règles de l'Index aux institutions laïques: contrôler et censurer la bibliothèque de l'Institut, en interdisant la mise en circulation de certains livres. Les Rouges lutteront contre cette ingérence de l'Église dans des questions d'intérêt public et pour l'établissement d'un système d'éducation laïc[10]. Le journal *l'Avenir*, fondé en

---

[10]   Les Rouges critiquaient l'éducation donnée par les institutions religieuses. Dessaulles écrit à ce sujet: «On fait à des enfants qui ne sont pas destinés à la prêtrise, une vie de petit séminaire; on les façonne à de minutieuses règles, à des exigences multipliées, je dirais presque au joug monastique.»

juillet 1847, reprendra ce. thème[11] en considérant l'éducation comme un moyen de donner la prospérité à un peuple, dont on admet le retard dans les connaissances agricoles et dans les affaires. À l'élection de mai 1848 à l'Institut canadien, les collaborateurs de *l'Avenir* furent élus à tous les postes importants, barrant ainsi la route aux partisans du journal *la Minerve,* qui reprochaient à leurs adversaires de vouloir transformer en club politique une société conçue à l'origine pour être littéraire et scientifique. Les Rouges, pour leur part, soutenaient les principales thèses du libéralisme: liberté de pensée et de culte, liberté de conscience, libertés civiles et politiques et entendaient bien se servir de l'Institut pour les concrétiser.

L'Institut canadien, à partir de 1850, en plus de maintenir son orientation politique radicale, révolutionne son statut en faisant disparaître de sa constitution une clause fondamentale qui excluait toute personne qui n'était pas canadienne-française. La qualification nationale fut rayée de ses statuts. Cette orientation nouvelle est motivée par une raison idéologique: l'application du principe de la fraternité universelle. La xénophobie, la crainte et le rejet des étrangers a toujours été au Québec le fait des nationalistes conservateurs à qui s'oppose une tradition nationaliste progressiste, qui concevait la nation comme la réunion de tous les habitants d'un même pays. La nation canadienne devait inclure les protestants, les Juifs[12], les Anglais aussi bien que les Canadiens français catholiques. Les radicaux rejetaient le critère religieux pour définir la nationalité: «... au Canada, il est impossible d'espérer que la nationalité soit entièrement composée de catholiques d'un côté et des protestants de l'autre[13]». Cette nou-

---

(Cité par Ph. Sylvain, «Libéralisme et ultramontanisme au Canada français.» dans W. L. Morton, *le bouclier d'Achile,* Toronto, McClelland et Stewart, 1968, p. 130). Ils réclamaient la déconfessionnalisation de l'éducation et la séparation de l'Église et de l'État. «Il ne peut y avoir de religion d'État, s'écriait Papin au Parlement, et s'il en est ainsi, l'État ne peut en aucune façon donner de l'argent pour l'enseignement d'aucune foi religieuse». *Ibid.,* p. 131.

11   «*L'Avenir* sera plus que jamais dédié aux intérêts de la jeunesse canadienne, et le premier intérêt, suivant nous, c'est l'éducation». *L'Avenir* 23 octobre 1847.

12   Les Patriotes, Papineau à leur tête, avaient en 1832 reconnu le droit de vote aux Juifs. Cette attitude contraste beaucoup avec l'antisémitisme des décennies suivantes.

13   Gonzalve Doutre, *le Principe des nationalités.* Lecture publique faite devant l'Institut canadien de Montréal, le 1er décembre 1864, p. 53.

velle orientation entraîna une scission. Un groupe de dissidents forma l'Institut national, sous le haut patronage de Mgr Bourget. Cela n'empêcha pas l'Institut canadien de prospérer et en 1854, il comptait 600 membres.

La lutte entre le clergé et les libéraux radicaux est amorcée par l'attitude de *l'Avenir* sur deux questions non religieuses: le rappel de l'Union et l'appréciation des révolutions de 1848.

Avec le retour à la politique active de Louis-Joseph Papineau, les Rouges s'attaquèrent à l'Union. Dans son manifeste aux électeurs des comtés de Huntingdon et de Saint-Maurice, Papineau rejetait l'Acte d'Union comme étant un compromis inique et inacceptable. En écho au manifeste de Papineau, son neveu, Louis-Antoine Dessaulles publie dans *l'Avenir* une lettre exigeant le rappel de l'Union parce que, écrit-il: «l'Union était sans contredit la plus flagrante injustice, le plus infâme attentat à nos droits naturels et politiques qui peut être commis[14]». Les Rouges, dans leur opposition à l'Union, s'appuyaient sur le principe libéral de la théorie des nationalités: le droit des peuples à disposer d'eux-mêmes. Ce principe était en vogue en Europe et inspirait divers mouvements de libération nationale, en Italie entre autres.

Le clergé, pour sa part, s'était rallié aux thèses modérées de Lafontaine et appuyait l'Union. Il s'opposait au principe des nationalités pour deux raisons: d'abord, parce qu'il faisait appel au peuple comme fondement de la légitimité et de l'autorité et non pas à Dieu, et ensuite, parce que concrètement, ce principe mettait en question les pouvoirs temporels du pape sur les États pontificaux, contestés par les révolutionnaires italiens. Ces divergences idéologiques avaient des répercussions politiques, car les autorités cléricales soutenaient fermement le parti de Lafontaine-Baldwin contre les libéraux radicaux. Mgr Bourget écrit à ce sujet:

> Qu'avons-nous à vous recommander pour échapper aux malheurs qui désolent tant de grandes et puissantes nations? Le voici en deux mots: Soyez fidèles à Dieu et respectez toutes les autorités légitimement constituées. Telle est la volonté du Seigneur. N'écoutez pas ceux qui vous adressent des discours séditieux; car ils ne sauraient être vos vrais amis. Ne lisez pas ces livres et ces papiers qui soufflent l'esprit de révolte...[15]

---

14   *L'Avenir*, 3 mai 1848.
15   Cité par Philippe Sylvain, *op. cit.*, p. 120.

Le clergé mettait ainsi son influence morale au service d'un parti politique et soutenait ouvertement les candidats ministériels contre les démocrates qui, exaspérés, renchériront dans leurs dénonciations de la collusion entre l'Église et l'État et réclameront des institutions laïques.

La position annexionniste de *l'Avenir* allait exacerber encore plus l'antagonisme entre les Rouges et les ultramontains, car elle menaçait la position privilégiée du clergé. Jean-Paul Bernard souligne, en ces termes, l'aspect paradoxal de cette trajectoire de la pensée politique des Rouges :

> C'est une révolution surprenante à première vue qui amène *l'Avenir* à se poser en avril 1848 comme le champion de la nationalité menacée par l'Union avec le Haut-Canada puis à une année d'intervalle à défendre l'idée de l'annexion du Bas-Canada aux États-Unis... Manifestement, il semble y avoir dans cette évolution une véritable conversion, l'abandon de la primauté de la perspective nationale[16].

Il semble bien qu'en désespoir de cause, les libéraux radicaux préférèrent la prospérité et la jouissance des libertés républicaines à la nationalité. De toutes façons, celle-ci est amenée à disparaître par l'annexion au Canada anglais et à cette perspective, *l'Avenir* préfère la disparition par l'annexion aux États-Unis.

L'Avenir préférait l'annexion aux États-Unis à une confédération avec les colonies[17]. Avec l'annexion, les Canadiens français n'avaient rien à perdre. On citait en exemple la Louisiane qui avait gardé sa langue et ses lois françaises. On soulignait les avantages financiers de l'annexion. On insistait enfin sur l'idée de l'autonomie des États américains. L'annexion était une panacée

---

[16] J.-P. Bernard, *op. cit.*, p. 120.
[17] Le manifeste annexionniste fut publié dans *l'Avenir* le 13 octobre 1849. Au même moment au Canada anglais, il y avait un groupe qui montrait des sentiments antibritanniques et préconisait l'annexion aux États-Unis. L'élection du vieux radical Peter Perry à la fin de 1849, et la convention des Cleargrit Reformers au printemps de 1850 furent les premiers signes de l'éclatement du parti réformiste du Haut-Canada. Exprimant le retour à la tradition radicale de 1837 et s'inspirant du chartisme et de la « Jacksonian democracy », l'idéologie des Grits attira la sympathie des radicaux canadiens-français et favorisa une nouvelle alliance politique. À un pôle opposé, les tories et les marchands de Montréal étaient furieux contre l'administration coloniale qui venait d'abolir les tarifs préférentiels, d'accorder le gouvernement responsable et d'approuver l'indemnisation des dommages subis en 1837-1838 dans le Bas-Canada. Ils brûlèrent le parlement de Montréal et brandirent la menace de l'annexion.

à la création d'une république bas-canadienne et elle réaliserait un des objectifs des Rouges: la rupture du lien colonial avec la Grande-Bretagne. Les démocrates voulaient avant tout la liberté, l'égalité et la fraternité pour tous les hommes.

L'idéologie des Rouges est bien résumée par le programme de *l'Avenir* publié en janvier 1851: éducation aussi étendue que possible; amélioration des techniques agricoles; colonisation des terres à la portée des classes pauvres; libre navigation sur le Saint-Laurent; réforme de la judicature, décentralisation judiciaire, codifications des lois; réforme postale, libre circulation des journaux; réduction des salaires des fonctionnaires; décentralisation du pouvoir, municipalités de paroisse; institutions électives dans toute leur plénitude: gouverneur électif, conseil législatif électif, magistrature élective, tous les chefs de bureau élus; réforme électorale visant la représentation proportionnelle à la population et le suffrage universel; abolition de la tenure seigneuriale; abolition des dîmes; abolition des réserves du clergé protestant; abolition du système des pensions par l'État; abolition des privilèges des avocats et liberté accordée à tout homme de défendre sa propre cause; droits égaux, justice égale pour tous les citoyens.

Les libéraux radicaux prolongent la tradition des Patriotes, en continuant à défendre les idéaux démocratiques et républicains. Mais sous la pression du patronage, leur base sociale s'effritera peu à peu et ils ne réussiront pas à exercer une hégémonie politique et idéologique. En outre, le déclin des Rouges s'explique par l'existence de trois antinomies: 1) cette idéologie est l'expression d'une fraction de plus en plus restreinte de la petite bourgeoisie; 2) elle s'attaque au clergé mais lui reconnaît un rôle social indispensable et; 3) elle ne réussit pas à réconcilier nationalisme et démocratie, à cause du cadre institutionnel de l'Union où les Canadiens français sont minoritaires.

L'ultramontanisme

Les principaux porte-parole de la doctrine ultramontaine au Canada sont Mgr Bourget et Mgr Laflèche. Les ultramontains s'opposent aux gallicans et se définissent comme des catholiques tout court. Ils refusent tout compromis avec les libertés modernes et toute conciliation avec le libéralisme. Ils condamnent les partis politiques et les individus dont les idées ne sont pas conformes à celles de l'Église. Ils indiquent aux fidèles pour quel candidat ils doivent voter. Pour eux, l'ordre religieux est aussi intimement lié à l'ordre civil que l'âme l'est au corps. Aucune société ne peut être édifiée sans la religion et il est nécessaire de subordonner le temporel au spirituel, la politique à la religion, de sorte que la législation sociale doit s'appuyer sur des préceptes religieux.

Ce courant idéologique fait d'abord surface en France où il y eut, au milieu du XIXᵉ siècle, ce qu'on pourrait appeler une renaissance religieuse, qui prend racine dans les craintes inspirées par la révolution industrielle. Ce renouveau de ferveur religieuse entraînera la prolifération des communautés religieuses, qui viendront renforcer les effectifs de l'Église canadienne[18]. Les progrès de l'ultramontanisme résultent en partie de l'action journalistique de Louis Veuillot. Selon Philippe Sylvain, nul écrivain français n'a davantage façonné la mentalité canadienne-française[19].

Pour les ultramontains de l'école de Veuillot, l'idéal politique était: l'État officiellement catholique et soustrait à la pression de l'opinion publique. Ils voulaient restaurer la théocratie donnant au pape une juridiction politique sur le monde entier, juridiction qui englobait les questions sociales et politiques. Ils condamnaient toutes les libertés modernes, la souveraineté populaire, le principe des nationalités, la science, le naturalisme et le rationalisme. Ils voulaient, en quelque sorte, revenir à la situation qu'occupait l'Église au XIIᵉ siècle et l'aboutissement de leur logique était la dictature universelle de Rome et du pape. Ils rejetaient tous les produits de la Révolution française. La révolution était le mal absolu et il fallait la combattre sans répit. L'ultramontanisme français était aussi antinationaliste parce que les mouvements nationalistes étant républicains, ils menaçaient en Italie le pouvoir temporel de la papauté.

Mais sur ce point, il en allait autrement au Canada et l'idéologie ultramontaine pour combattre le libéralisme se devait d'être nationaliste. C'est seulement en étant lui-même nationaliste que le clergé pouvait reprendre le contrôle de la situation et déloger la petite bourgeoisie radicale. Après l'échec de la rébellion de 1837-1838, Mgr Bourget comprit rapidement les avantages que l'Église pouvait tirer de la situation, si elle prenait l'initiative

---

[18]   En 1841, c'est l'arrivée des Oblats, puis le retour des Jésuites en 1842 et par la suite la venue des Clercs de Saint-Viateur, des Clercs de Sainte-Croix, et de nombreuses autres communautés de femmes.

[19]   Philippe Sylvain, *op. cit.*, p. 144.

d'une contre-révolution, utilisant des arguments nationalistes pour gagner la confiance du peuple et « lui insinuer doucement et prudemment son devoir». Dans cette perspective, le nationalisme ultramontain prend donc un caractère particulier, car il identifie nation et religion ou, comme le dira Mgr Laflèche, «la foi sera le ciment de la nation». La stratégie de Mgr Bourget consistait à opposer au nationalisme radical et offensif des libéraux, un nationalisme culturel conservateur et défensif, expurgé de toute vision globale de l'avenir et aiguillonné par la trilogie «nos Institutions, notre Langue, nos Droits».

Les convictions ultramontaines et les sympathies conservatrices de Mgr Bourget s'expriment clairement dans les trois lettres pastorales des 10 mars, 30 avril et 31 mai 1858:

> Dans la première, l'évêque décrivait les effets néfastes de la Révolution, qu'il attribuait à la diffusion des mauvais livres; par la deuxième, il indiquait les moyens de prévenir la propagande révolutionnaire au Canada par l'application des règles de l'Index, et la troisième stigmatisait ceux qu'il considérait comme les fourriers, dans notre pays, de la «révolution», les libéraux de l'Institut canadien [20].

Pour enrayer le développement de l'esprit révolutionnaire au Canada, il lança une campagne de répression intellectuelle contre l'Institut canadien, cette «chaire de pestilence».

L'Institut, conséquent avec sa philosophie, refusa de se soumettre aux ordres de l'évêque, niant à qui que ce fût le droit de surveillance et de prohibition en matière de livres, de lectures, en vertu du principe libéral du droit de chacun de juger par sa raison, ce qui est bon pour lui. En promulguant les règles de l'Index (ce qu'avait refusé de faire l'évêque de Québec) Mgr Bourget visait à détruire l'Institut, en obligeant tous les catholiques à le quitter. Dans sa troisième lettre, Mgr Bourget condamnait non seulement l'Institut mais aussi le parti politique auquel il se rattachait et le journal le Pays (successeur de l'Avenir), qui était l'organe officiel des Rouges.

La philosophie politique de Mgr Bourget s'inspirait de l'encyclique Mirari Vos, qui rejetait le principe de la souveraineté du peuple, de la liberté d'opinion, de la séparation de l'Église et de l'État et leur substituait le principe de l'obéissance aveugle à l'Église et au gouvernement établi. L'Église devait se mêler de

---

[20] Ibid., p. 221.

politique lorsque les intérêts de la foi et des bonnes mœurs étaient concernés, car sa mission était d'enseigner aux souverains à gouverner avec sagesse et aux sujets à obéir avec joie.

La question italienne sera l'occasion d'un affrontement épistolaire entre les Rouges et les ultramontains, car l'unité italienne était la première grande réalisation du principe des nationalités. La presse servit de champ de bataille où s'opposèrent *le Courrier de Québec* et *l'Ordre* contre *le Pays,* dirigé par L.-A. Dessaulles qui affirmait la solidarité des libéraux canadiens avec les libéraux italiens et la cause de l'unification italienne au détriment des États pontificaux, dont il critiquait l'administration. Mgr Bourget répliqua en intimant aux directeurs du *Pays* de publier une série de sept lettres contredisant les positions de Dessaulles et reprochant au *Pays* d'infiltrer l'esprit révolutionnaire que l'Écriture sainte condamnait:

> Les écrits du *Pays*... ne respirent que mépris, insulte et outrage. Car il se fait un plaisir malin de blâmer l'entourage du pape, c'està-dire ce qu'il y a de plus respectable au monde. Il l'accuse d'avoir trompé son peuple, en lui faisant des promesses de réformes qu'il n'a point exécutées, quoique le contraire soit prouvé. Il fait voir dans l'administration de ses finances des abus horribles qui n'existent pas. Il veut faire passer pour cruel et tyrannique ce gouvernement, qui est le plus paternel du monde. Enfin, il ne voit dans son système judiciaire qu'un corps mort qu'il faut abattre à coups de hache et jeter au feu quoique ce système soit ce qu'il y a de plus équitable...[21]

Il accusait *le Pays* d'être antichrétien, anticatholique, antisocial, calomniateur et, par conséquent, dangereux pour la jeunesse du pays. Il exigeait des directeurs une réorientation idéologique du journal. Ceux-ci n'obtempérèrent pas aux ordres de l'évêque et refusèrent de publier ses lettres au nom de la liberté de la presse et du principe de la séparation de l'Église et de l'État.

Les fondements de l'idéologie ultramontaine seront aussi défendus au Canada par Mgr Laflèche, évêque des Trois-Rivières, qui exposa ses conceptions dans un essai intitulé « Quelques considérations sur les rapports de la société civile avec la religion et la famille », où il tente d'établir la suprématie du pouvoir spirituel sur le pouvoir temporel et s'oppose à ceux qui préconisent le laïcisme.

---

[21]   *Ibid.,* p. 238.

La pensée de Mgr Laflèche se fonde sur deux postulats: 1) c'est la Providence qui règle l'organisation et la direction des nations et des sociétés; 2) la famille est d'origine divine. Ces deux propositions lui permettent d'attaquer la théorie libérale de la séparation de l'Église et de l'État parce que, dit-il: « La famille n'est que la nation en petit et en germe, et la nation, c'est la famille en grand[22]». Ainsi, puisque la famille est d'origine divine, puisque la nation n'est que la reproduction élargie de la famille, dès lors, il y a dépendance des pouvoirs temporels à l'égard des préceptes du Créateur, transmis par l'Église. L'autorité des gouvernants vient de Dieu et, ceci étant, le gouvernement a des responsabilités envers l'Église. L'État ne peut être neutre sur le plan religieux comme le réclament les libéraux. Au contraire, il a une mission à remplir:

> La mission imposée à nos pères a été la conversion et la civilisation des sauvages de ce pays... et le but que lui a assigné la Providence n'est rien d'autre que l'établissement d'un peuple profondément chrétien dans cette terre qu'elle leur a donné en héritage[23].

Laflèche condamne donc les « erreurs » de la société moderne: le mariage civil, le divorce, l'éducation des enfants par l'État. Dans ce système idéologique, le gouvernement doit légiférer pour faire respecter la loi de Dieu dont l'interprétation n'appartient qu'à l'Église. L'État doit être catholique.

Dans cette idéologie de droite qu'est l'ultramontanisme, il y a peu d'analyses et d'explications. On affirme. Cette idéologie idéalise le passé, c'est-à-dire les premiers temps de la colonie et la société féodaliste. Elle justifie le statu quo et ne cherche pas de nouvelles solutions au marasme et à la stagnation de la société canadienne-française; au contraire, elle l'exhalte, en fait un modèle de civilisation. L'agriculture est un de ses thèmes favoris et elle est présentée comme la garantie de prospérité des Canadiens français. Elle condamne l'industrialisation, le commerce de l'argent et ses conséquences, le matérialisme et le cosmopolitisme. Elle propage un délire d'harmonie et d'unanimité, axé sur la famille et l'Église.

Ce sera surtout à partir de 1850 que l'Église exercera son hégémonie idéologique. Auparavant, le clergé était trop peu nom-

---

[22] Cité par René Hardy, « L'ultramontanisme de Laflèche: genèse et postulats d'une idéologie». *Recherches sociographiques,* vol 10, nos 2-3, 1969, p. 168.

[23] *Ibid.,* p. 202.

breux pour faire concurrence aux politiciens locaux. Mais après l'échec de la Rébellion, ses effectifs augmentent car le recrutement sacerdotal s'ajoute aux professions libérales, comme débouchés pour la jeunesse. Son objectif est la création d'une société cléricale fondée sur une nationalité catholique: «Nous serons catholiques avant tout, mais non pas seulement catholiques par conviction, mais catholiques par nationalité [24]». Ce détournement du nationalisme et cette emprise cléricale furent rendus possibles par une certaine dépolitisation, par une coupure grandissante entre le politicien et le peuple, provoquée par l'apparition des partis, par les nécessités du jeu parlementaire et la faillite de la révolution démocratique.

Vie intellectuelle et culturelle

Au milieu du siècle, la vie intellectuelle connaît un essor sans précédent. Les événements ont stimulé l'imagination et le rêve nostalgique remplace l'action. En l'espace de deux ans, il se publie une dizaine de romans qui manifestent une préoccupation nationale et historique.

L'enseignement primaire est réorganisé par les nouvelles communautés religieuses arrivées de France. L'Université Laval est fondée en 1852. L'Institut canadien se ramifie en province, où sont établis une soixantaine de noyaux. Ces centres d'études structurent les débats et font surgir une conscience historique. On y étudie les questions d'intérêt national, on discute de liberté religieuse et politique, de philosophie, d'éducation publique. On scrute le passé en mettant l'emphase sur les origines françaises. Les grandes lignes de ce mouvement littéraire passent par le passé glorieux, la mystique nationale et la valorisation du rôle de l'Église présentée comme la protectrice de la nationalité. L'abbé Casgrain définit en ces termes l'orientation de notre littérature:

> Si, comme il est incontestable, la littérature est le reflet des mœurs, du caractère, des aptitudes, du génie d'une nation... la nôtre sera grave, méditative, spiritualiste, religieuse, évangélisatrice comme nos missionnaires... Mais surtout elle sera croyante. Religieuse: telle sera sa forme caractéristique, son expression, sinon elle ne vivra pas, elle se tuera elle-même. C'est sa seule condition d'être; elle n'a pas d'autres raisons d'existence; pas plus que notre peu-

---

[24] Voir *les Mélanges religieux*, 7 septembre 1847.

ple n'a de principe de vie, sans religion, sans foi; du jour où il cessera de croire il cessera d'exister[25].

Ce programme spiritualiste et ce nationalisme religieux, propagés par l'École de Québec, définiront les normes d'écriture de notre littérature de 1860 à 1930. En plus du rejet du réalisme et du matérialisme, cette littérature est marquée d'un rétrécissement de vision et d'aspiration. La perception du monde canadien-français se rétrécit comme une peau de chagrin. Ce que les autres ont réalisé, nous, on devra se contenter de le reproduire à petite échelle. Mgr Bourget rêvera de faire de Montréal une « petite Rome ». On commencera à croire que nous sommes nés pour un petit pain, que notre infériorité dans le domaine matériel sera compensée par une supériorité dans notre destin spirituel et notre avenir céleste. P.-J.-O. Chauveau voudra « faire une nation » mais, pour le héros de son roman, Charles Guérin, faire une nation ce sera faire une paroisse au nord de Montréal. Dans plusieurs autres romans du XIXe siècle, tel *Jean Rivard* d'Antoine Gérin-Lajoie, l'idéal du héros est de fonder une petite république. L'idéologie dominante fera de cet univers pusillanime, ratatiné, un modèle de civilisation.

Toutefois, un autre courant littéraire, axé sur l'engagement et l'action sociale, verra le jour à Montréal. Ces écrivains de l'émancipation sont à la recherche de nouveaux systèmes philosophiques et politiques. Ils veulent libérer la société de ses servitudes, progresser par la science, relever le peuple de sa misère. Ils invoquent les principes de justice, de progrès et de liberté. Ils traduisent ainsi les influences des tendances libérales et socialistes, en insistant sur la démocratie, les libertés politiques, le républicanisme, l'émancipation de l'État, le laïcisme. *Les Paroles d'un croyant,* de Lamennais, exercera une grande influence sur cette génération de réformistes regroupés à l'Institut canadien, animé par les Papineau, Gérin-Lajoie, Dorion, Barthe, Dessaulles, Doutre, Laflamme, Buies, Lusignan, Fréchette, etc. Victor Hugo sera leur émule, lui pour qui « romantisme et socialisme c'est le même fait ». Ils l'éliront à la présidence d'honneur de l'Institut.

Ces hommes sont en révolte contre la société de leur temps, ils axent leur prise de conscience sur le besoin d'indépendance intellectuelle. Ils prêchent la tolérance et la liberté de pensée, ils

---

[25] Abbé H.-R. Casgrain, « Le mouvement littéraire au Canada », *le Foyer canadien,* IV, 1866.

s'attaquent à la domination cléricale qui entretient l'infériorité économique des Canadiens français. Ce mouvement succombera en 1865 sous les coups de l'ostracisme clérical, qui imposera le rigorisme moral comme critère absolu en littérature. Les Balzac, Sand, Lamennais, Proudhon, Taine, Renan seront vilipendés pour leur réalisme et naturalisme par les chantres du classicisme rétrograde, qui tenteront d'élever une digue contre l'influence corruptrice de la littérature française, ennemie déclarée de Dieu et de son Église. Les modèles que nous importerons de cette France impie seront ceux tracés par les de Bonald, de Maistre et surtout, par Louis Veuillot qui fournira à ses disciples canadiens les fondements intellectuels de l'utramontanisme.

Conclusion

De 1840 à 1867 s'opère donc le grand tournant idéologique de la société canadienne-française. Les principales composantes de l'idéologie dominante se modifient sous la pression des transformations économiques, sociales et politiques survenues après l'échec de 1837-1838. Le républicanisme, le laïcisme, le libéralisme et le nationalisme émancipateur de la petite bourgeoisie, cèdent la place au cléricalisme, à l'ultramontanisme, à l'agriculturisme et au nationalisme défensif de la survivance, qui sont les principaux thèmes idéologiques de l'élite cléricale.

Le nationalisme, de politique qu'il était avant 1840, sera à l'avenir restreint à sa dimension culturelle. Il se définira par la défense de la religion catholique, de la langue et des institutions canadiennes-françaises. Le critère définisseur de la nationalité sera en premier lieu la religion et en deuxième lieu, la langue :

> C'est ainsi que nous entendons la nationalité canadienne-française : la religion, le catholicisme d'abord, puis la patrie. Le Canada sans le catholicisme c'est un drapeau sans couleur. Notre religion c'est notre première distinction nationale, en même temps qu'elle est la base de nos institutions[26].

Ainsi, la défense de la langue était subordonnée à la défense de la religion, par l'établissement d'institutions éducatives confessionnelles.

---

[26]   Cité dans Fernand Dumont (ed.), *les Idéologies au Canada français, 1850-1900*, Québec, les Presses de l'université Laval, 1971, p. 71.

Cette réorientation du nationalisme défini dans la perspective des intérêts du clergé aura des implications sur les autres aspects de la pensée politique et sociale. Elle imposera d'abord, au niveau économique, l'idéologie agriculturiste qui est définie ainsi par Michel Brunet:

> L'agriculturisme est une façon générale de penser, une philosophie de la vie qui idéalise le passé, condamne le présent et se méfie de l'ordre social moderne. C'est un refus de l'âge industriel contemporain qui s'inspire d'une conception statique de la société[27].

Cette école de pensée rejette les libertés modernes, l'industrialisation, le progrès technique, le matérialisme et les principaux acquis intellectuels du siècle des Lumières. Pour les agriculturistes, l'âge d'or de l'humanité a été celui où l'immense majorité de la population tirait sa subsistance de la culture du sol. Ils évoquent avec nostalgie le geste du semeur[28] et sont convaincus que l'homme regrettera d'avoir abandonné la vie pastorale pour la vie industrielle. Ils considèrent que la vraie puissance des nations s'édifie sur l'agriculture et la paysannerie.

Cette idéalisation de l'agriculture ne devient un credo national qu'après la première moitié du XIXe siècle. Afin de préserver son assise socio-économique, l'élite cléricale et petite-bourgeoise s'est efforcée de convaincre les Canadiens français de demeurer agriculteurs, en dépit des conditions matérielles du milieu, défavorables à ce type d'activités. Ainsi, Georges-Étienne Cartier implorait les habitants de ne pas vendre leurs terres car ils menaient ainsi la nationalité à sa perte. Ceux qui s'exilaient aux États-Unis ou qui allaient à la ville étaient dénoncés comme traîtres ou déserteurs. De nombreux romans et chansons populaires ont propagé ce mythe de l'agriculture comme dernière chance de la nation. Un discours de Mgr Laflèche résume bien la pensée agriculturiste des milieux officiels:

> Or, je n'hésite pas à dire messieurs que le travail agricole est celui de l'état normal de l'homme ici-bas et celui auquel est appelée la masse du genre humain. C'est aussi celui qui est le plus favorable au développement de ses facultés physiques, morales et intellectuelles, et surtout celui qui le met le plus directement en rapport avec Dieu... Oui la prospérité et l'avenir des Canadiens français se trouvent dans la culture et les pâturages de son riche territoire.

---

[27] Michel Brunet, *la Présence anglaise et les Canadiens*, Montréal, Beauchemin, 1968, p. 119.

[28] La peinture québécoise contient de nombreuses toiles qui illustrent ce thème.

Puisse le peuple canadien comprendre cette vérité importante et ne la jamais perdre de vue, s'il veut accomplir les grandes destinées que lui réserve sans aucun doute la Providence [29].

Cette idéologie coupée du pays réel, portée par une classe dont la domination dépend de sa subordination/collaboration à une autre structure sociale, rationalise l'impuissance chronique d'une collectivité colonisée, en magnifiant et en idéalisant les conséquences de son exploitation et de son aliénation. Autrement dit, elle prend comme postulats de sa vision du monde les effets de la situation coloniale et impose à l'ensemble de la société canadienne-française un projet irréaliste, qui n'a pour seule raison d'être que de justifier la domination d'une classe sans pouvoir effectif, incapable de diriger un développement économique autocentré. Ainsi, au lieu d'expliquer le phénomène de l'exode rural par des causes économiques, on l'attribue à des facteurs psychologiques comme l'amour du luxe, des folles dépenses, de la facilité, etc. Dans leurs analyses, ces élites oubliaient le surpeuplement des campagnes et le fait que le Québec ne possédait pas l'infrastructure économique suffisante pour engendrer un développement économique qui améliore les conditions de vie. Cet irréalisme reflète le caractère tronqué de notre structure sociale et il ira s'accroissant avec le développement de l'économie canadienne.

Cet aspect de l'idéologie dominante résulte de la domination nationale et sociale exercée sur la société canadienne-française par la colonisation britannique. Le processus d'industrialisation et d'urbanisation, à cause des structures économiques et politiques imposées par la colonisation, fut réalisé presque exclusivement par des capitalistes anglais et américains. La classe cléricopetite-bourgeoise n'était pas équipée pour jouer le même rôle et assumer à son profit la direction du développement économique. Menacée, prise de panique, elle préféra prendre le parti du repli sur soi, du refus des progrès contemporains qui nous échappaient et se réfugier dans le monde des illusions et des espoirs célestes. Afin de compenser notre infériorité économique, on nous prédisait une destinée grandiose en Amérique du Nord. Nous étions pauvres, mais élus par Dieu pour une mission spirituelle et morale: christianiser l'Amérique et porter le flambeau de la civilisation. On sentait confusément que le monde des affaires, de l'usine et de la ville appartenait aux autres, que les Canadiens français n'y avaient pas leur place, dépossédés qu'ils étaient d'une bourgeoisie propre, dynamique et hégémonique.

---

[29]   Cité par Michel Brunet, *ibid.*, p. 126.

L'idéologie dominante au Canada français, à l'époque, est aussi anti-étatiste et à cet égard, elle est porteuse d'une profonde contradiction car la politique rurale préconisée par les agriculturistes exigeait forcément une intervention massive de l'État. Mais dans la pensée sociale de l'époque, l'État ne devait jouer qu'un rôle limité dans la société. À l'exception du domaine agricole, les agriculturistes préconisent un laisser-faire absolu ou plutôt la substitution de l'Église à l'État et la subordination de ce dernier aux intérêts de l'Église. Tout en supportant les entreprises du clergé, il devait s'abstenir d'intervenir et de jouer un rôle actif. L'éducation, la sécurité sociale, la santé devaient être laissées aux mains des institutions privées, c'est-à-dire religieuses. Cette philosophie sociale petite-bourgeoise était compatible avec celle de la bourgeoisie anglophone, qui avait ainsi les mains libres pour manipuler à son profit les fonds publics et soutenir ses entreprises: la construction des canaux, les chemins de fer, les subsides aux compagnies, l'aide militaire pour écraser les Amérindiens et s'emparer de leurs territoires, etc. Les Canadiens français, quant à eux, se sont empêchés d'utiliser le seul instrument qui pouvait compenser leurs faiblesses structurelles et servir leur promotion collective.

Cette phobie de l'État empêcha aussi la formation d'une conscience politique. Des générations successives ont été convaincues que la politique était essentiellement corruptrice et indigne des vertus spirituelles canadiennes-françaises. On discrédita ces inventions humaines que sont la démocratie, le vote, les institutions politiques. Notre cynisme politique ne vient pas d'une tare héréditaire, mais résulte de notre absence des centres de décisions et de la domination de l'idéologie cléricale. L'échec de la révolution démocratique discrédita et affaiblit la petite bourgeoisie laïque, qui perdit aux mains du clergé la direction de la société.

Anti-étatisme et cléricalisme vont de pair, car selon l'idéologie ultramontaine:

> l'Église a le devoir et le pouvoir de reprendre les gouvernements civils chaque fois qu'ils se mettent en contradiction avec la loi de Dieu, et manquent par là aux conditions essentielles de leur mission[30].

Dès lors, l'action de l'État doit être subordonnée à la volonté de l'Église, seule mandataire pour interpréter la loi de Dieu. À l'intérieur du grand compromis victorien, l'Église laisse la bourgeoisie

---

[30]   *Le Nouveau Monde*, 9 décembre 1873.

d'affaires britannique s'occuper du secteur économique et elle s'assure le contrôle et la direction de la société canadienne-française, laissant à la petite bourgeoisie domestiquée les postes politiques et honorifiques.

CHAPITRE V

L'apogée de l'ultramontanisme 1867-1896

L'industrialisation

La deuxième moité du XIXe siècle est marquée par la transformation structurelle de l'économie canadienne qui, sous la pression des influences extérieures, s'oriente progressivement vers l'industrialisation. Sur le plan international, cette période correspond à la deuxième phase de l'expansion capitaliste, qui se traduira au Canada par l'entrée massive des capitaux britanniques (évalués à $100 millions et surtout investis dans les chemins de fer) et américains[1]. Au Québec, ces tendances économiques se traduisent par le passage du commerce du bois équarri au commerce du bois œuvré et par le dépérissement du mode de production des petits producteurs et son remplacement par une agriculture capitalistique.

Si au recensement de 1850 le Québec présentait encore les traits dominants des économies rurales (plus de 80 pour 100 de la population vivait à la campagne), on remarque que de 1851 à 1896, la situation change radicalement car la valeur de la production du secteur secondaire passe d'environ $2,000,000 à

---

[1] P. Hartland évalue à $15 millions les investissements directs américains en 1867. Voir « Canadian Balance of Payments since 1868 », dans *Trends in the American Economy in the 19th Century, Studies in Income and Wealth,* vol. 24, pp. 717-755. Dès la fin du siècle la prédominance du capital américain sur le capital britannique est nettement marquée: investissements directs États-Unis et obligations privées: $191 millions; investissements directs Grande-Bretagne et obligations privées: $90 millions. Il faut noter toutefois que les obligations gouvernementales, $789 millions, sont la propriété presque exclusive des Britanniques.

$153,470,000 soit une augmentation de 7578 pour 100[2], ce qui traduit bien le démarrage de l'industrialisation. En 1851, le bois représente 57 pour 100 de la valeur des exportations du Canada-Uni, mais ce secteur économique sera perturbé par diverses pressions extérieures. En effet, en raison de la concurrence des bois de la Baltique et des innovations technologiques dans l'industrie de la construction navale où on abandonne le voilier en bois pour le bateau à vapeur, la demande pour le bois équarri canadien s'atrophie, ce qui provoque une crise dans cette industrie. Mais celle-ci sera de courte durée parce que le marché américain prendra la relève. Cette diversification des marchés pour le bois modifie l'industrie de la coupe car les besoins du marché américain exigent du bois scié:

> A partir des années 1850, les entrepreneurs s'orientent vers la fabrication du bois de construction (madriers et planches) sous l'impulsion de deux facteurs. Une forte demande de bois scié commence à se faire sentir à la suite de l'épuisement des forêts américaines et de l'urbanisation de la Nouvelle Angleterre[3].

Selon Albert Faucher[4], ce sont les Américains qui, au Québec, investissent dans ce secteur qui exige une plus grande capitalisation. Cette nouvelle orientation des marchés et de la production a des effets d'entraînement importants car elle nécessite la construction de voies ferrées, l'aménagement des ports et la création d'industries secondaires qui transforment les sous-produits du bois (comme l'industrie des pâtes et papiers). De plus, elle entraîne l'ouverture de nouvelles régions à la colonisation, fait surgir de nouvelles villes et donne naissance à l'habitant ambivalent: moitié bûcheron, moitié cultivateur. D'autres industries comme celles de la farine, du sucre raffiné, du beurre, du fromage, du textile, du cuir, viennent compléter le tableau industriel de l'époque.

La politique nationale tarifaire de 1879 en augmentant de 17.5 à 30 pour 100 les droits d'entrée sur les objets ouvrés et semi-ouvrés stimule l'industrialisation, principalement en Ontario où se développe l'industrie lourde. Ce processus est retardé au Québec en raison de l'étroitesse du marché, de l'absence de fer et d'acier et du manque de capitaux autochtones. Les indus-

---

2 Jean Hamelin et Yves Roby, *Histoire économique du Québec, 1850-1896*, Montréal, Fidès 1971, p. 262.
3 *Ibid.*, p. 217.
4 *Ibid.*, p. XIV.

tries qui s'implantent sont liées à l'exploitation des ressources naturelles, celles du secteur secondaire sont légères (alimentation) et emploient peu d'ouvriers. En 1871, il y avait 5.5 pour 100 de la population dans la « classe industrielle »[15].

> Les principales industries que l'on retrouve au Québec en 1867 sont en général petites de taille, axées sur les besoins d'un marché local et produisent les choses nécessaires à la consommation courante. La presque totalité des industries sont concentrées à Montréal et à Québec[6].

Ce qui caractérise cette première phase d'industrialisation au Québec, c'est la primauté des industries légères et le caractère dépendant, extraverti de ce développement économique. Les entrepreneurs, les marchés, les techniques et les capitaux viennent de l'extérieur. La vie économique des Québécois étant axée sur le petit commerce et l'agriculture, ces deux activités ne permettent pas une accumulation de capital suffisante et la formation d'une bourgeoisie financière et industrielle capable de jouer un rôle déterminant dans ce processus. Le Québec ne pourra offrir que ses richesses naturelles et une main-d'œuvre docile et à bon marché.

L'industrialisation s'accompagne toujours d'un mouvement d'urbanisation. Ainsi, la population urbaine de 1851 à 1900 passe de 20 à 40 pour 100 de la population totale. Ce mouvement s'explique principalement par l'arrivée d'immigrants, surtout irlandais, mais aussi par l'exode des Canadiens français vers les villes car ils ne trouvent plus dans les campagnes surpeuplées le moyen d'assurer leur existence. À cette époque deux autres solutions s'offrent aux jeunes Canadiens français qui veulent assurer leur avenir. 500,000 choisiront de s'expatrier aux États-Unis espérant s'y enrichir pour revenir un jour au Québec. D'autres, forcés par la crise agricole[7], choisissent d'aller ouvrir de nouveaux territoires de colonisation dans les Cantons de l'Est, les Laurentides et le Saguenay. Même si le prolétariat urbain du milieu du XIXe

---

[5] Voir Charles Lipton, *The Trade Union Movement of Canada, 1827-1959*, Montréal, Canadian Social Publications Limited, 1968, p. 26.

[6] André Gosselin, « L'évolution économique du Québec », dans *Économie québécoise*, Montréal, les Presses de l'Université du Québec, 1968, p. 108.

[7] Il importe de souligner que 44 pour 100 de la population active agricole est constituée d'ouvriers agricoles. Avec la baisse des prix, la crise économique de 1874-1878, l'épuisement des sols, le retard technologique, l'agriculture québécoise ne peut subvenir aux besoins de ce prolétariat rural.

siècle est majoritairement anglophone (Irlandais), les Canadiens français affluent en grand nombre vers les villes et en 1843, par exemple, ils forment 62 pour 100 de la population du quartier Sainte-Marie à Montréal.

Cette industrialisation/urbanisation, en plus de destructurer les tissus sociaux traditionnels, fait apparaître de nouveaux problèmes sociaux qui poussent les travailleurs à s'organiser pour défendre leurs intérêts. Les principaux problèmes que rencontrait la classe ouvrière naissante étaient les bas salaires, le chômage, la division des travailleurs selon leur nationalité, l'introduction de nouveaux procédés mécaniques et le travail des femmes et des enfants. Cette situation économique introduit de nouveaux thèmes dans la pensée sociale et politique et suscite les premières expériences du syndicalisme.

La révolution des transports

La bourgeoisie mercantiliste s'était emparée de l'appareil d'État après l'échec de la Rébellion et comptait bien s'en servir pour s'enrichir. Les «Lumber Lords», en finançant la caisse électorale du parti conservateur, se donnaient toutes les libertés de piller sans vergogne nos richesses naturelles, en obtenant des concessions forestières immenses pour des prix dérisoires ($11.07 le mille carré).

> L'improvisation, l'imprévoyance, le favoritisme caractérisent la politique forestière du Québec de 1851 à 1896... le gouvernement du Québec est beaucoup plus l'instrument des groupes mercantiles que celui de la collectivité[8].

Si nos forêts sont aliénées à l'entreprise privée en vertu du «Crown Timber Act» de 1849 qui s'inspire du libéralisme économique le plus pur, ces mêmes capitalistes utiliseront à leur profit, par la politique des chemins de fer, les fonds publics, au nom de l'utilité publique.

Devant l'inefficacité du système des canaux inutilisables l'hiver et dépassés par le développement du réseau ferroviaire américain, les marchands de Montréal risquaient de perdre leur hégémonie sur le commerce de l'Ouest au profit des ports amé-

---

8   Jean Hamelin et Yves Roby, *op. cit.*, p. 214.

ricains. Pour contrer ces tendances, ils firent la promotion de la construction des chemins de fer appuyés en cela par les politiciens. Le «Railways is my Politics» de Sir Alan McNab résume parfaitement le nouveau point de vue. La politique économique du gouvernement était donc modelée par les décisions des promoteurs de chemins de fer qui avaient besoin d'énormes capitaux pour réaliser leurs entreprises. Les gouvernements fédéral et provinciaux leur accordent des subventions en argent ou en terres. Si les intentions des politiciens étaient de créer un marché national/ unité nationale, celles des financiers étaient d'accaparer les surplus agricoles de l'Ouest, de valoriser par la spéculation leurs concessions de terres (car le développement du chemin de fer faisait monter le prix des terres) et enfin, de rivaliser avec New York par la défense de la voie laurentienne.

Le «boom» des chemins de fer fut un phénomène de l'Ouest canadien. Le Québec resta à la marge du développement de ce nouveau secteur car, à cause du régime seigneurial, la spéculation foncière y était restreinte. Au Québec la grande construction de chemins de fer se fait surtout au XXᵉ siècle:

> Aussi la spéculation sur les terres était liée au développement ferroviaire. Mais les projets de spéculation demeuraient un phénomène du Canada-Ouest principalement. L'Est, du moins dans sa partie seigneuriale, était immunisé contre ce genre de dévergondage pourtant utile à la promotion économique de type capitaliste[9].

Seuls, les Cantons de l'Est, contrôlés par la British American Land Co., et la région de Montréal seront touchés par l'impact de la révolution ferroviaire et ce n'est qu'après la Confédération, que la rive nord du Saint-Laurent sera à son tour dotée de ce nouveau mode de transport. En 1867, le Québec avait 575 milles de voies ferrées comparativement à 1,393 en Ontario. Adolphe Chapleau disait de la province de Québec qu'elle «n'a jamais été favorisée comme l'a été l'Ontario[10]». Ce décalage explique en partie le retard du développement industriel et urbain du Québec.

---

[9]   Voir Albert Faucher, *Québec en Amérique au XIXᵉ siècle,* Montréal, Fides, 1973, pp. 61, 62 et 67.

[10]   *Ibid.,* p. 48.

L'agriculture

L'économie rurale durant cette période est profondément modifiée. Après 1867, dans le secteur agricole, c'est la fin de la petite production axée sur la subsistance et l'autosuffisance. L'agriculture devient capitalistique et les gouvernements soutiennent cette orientation en incitant les habitants, par une propagande bien orchestrée, à se spécialiser en fonction du marché. Sociétés d'agriculture, écoles d'agriculture, journaux agricoles, agronomes, tous œuvrent en ce sens et cherchent des solutions pour pallier le faible rendement des terres et les conséquences économiques de la poussée concurrentielle des blés de l'Ouest.

La crise de 1873-1879 amorce donc la prolétarisation des cultivateurs québécois qui, dans de nombreux cas, sont forcés de vendre leurs terres. Ceux qui persévèrent, pour survivre, doivent se spécialiser. On pense alors faire de l'industrie laitière une industrie nationale parce qu'elle demande moins de bras et offre des débouchés stables et plus rentables. Les cultivateurs s'orientent vers la production de fromage et de beurre et, à la fin du XIXᵉ siècle, les petites fabriques poussent comme des champignons. Les revenus de l'industrie laitière permettent la mécanisation de l'agriculture, ce qui provoque un surplus de main-d'œuvre agricole et accentue encore plus les tendances à la prolétarisation, qui est désormais irréversible. L'agriculture entre dans une économie de marché. En amont et en aval, le cultivateur est dépendant du capitaliste pour ses engrais, sa machinerie et l'écoulement de ses produits. Il dépend aussi du marché pour assurer sa subsistance et celle de sa famille, car il abandonne progressivement la production diversifiée pour maximiser son rendement spécialisé. Ces nouvelles orientations amorcent au niveau structurel le déclin de la société rurale.

Les Canadiens français et la Confédération

Avant d'analyser les réactions à l'établissement d'une nouvelle constitution au Canada, il faut présenter les causes économiques et politiques qui ont suscité ce changement.

Les causes économiques

La Confédération apparaissait d'abord comme une solution aux difficultés économiques des colonies britanniques. 1864 était une date fatidique, car elle marquait la fin du traité de réciprocité que les Américains ne voulaient pas renouveler. Il fallait donc trouver de nouveaux marchés pour les produits canadiens. De plus, le développement du commerce entre les colonies britanniques de l'Amérique du Nord était entravé par les divers tarifs douaniers et les diverses réglementations commerciales, particulières à chaque colonie. L'Acte d'Union fut donc modifié parce qu'il était devenu incompatible avec le développement des forces productives et les besoins d'expansion du capitalisme. Les gouvernements des colonies étaient incapables seuls de soutenir le financement des transports et de la mise en place d'une infrastructure économique qu'exigeait la bourgeoisie financière, principale instigatrice du projet confédératif.

L'union des colonies britanniques d'Amérique du Nord permettait d'uniformiser les réglementations commerciales et de créer un marché pan-colonial qui, protégé par une politique tarifaire adéquate, pouvait se substituer au marché américain, absorber une part des produits canadiens et stimuler de cette façon une industrialisation.

Selon S. Ryerson, le facteur déterminant de la formation de la fédération canadienne est l'essor d'une industrie capitaliste canadienne-anglaise fondée sur le développement des chemins de fer, qui nécessitait la création d'un État unifié et autonome, pour favoriser l'expansion des marchés internes. Les rails sont l'épine dorsale de la nation canadienne.

Les commerçants canadiens avaient besoin d'un accès à la mer en hiver. Ils étaient alors dépendants des compagnies de transport américaines pour l'exportation de leurs produits vers les Maritimes, les Antilles et l'Europe. Ils projetèrent la construction d'une voie ferrée, reliant Halifax à Rivière-du-Loup, pour permettre à Toronto et Montréal de communiquer avec l'Atlantique sans passer par les États-Unis. Il s'agissait aussi d'attirer vers la voie laurentienne le commerce du blé de l'Ouest et en retour, d'y vendre les produits manufacturés du Canada central.

Ce projet fut confié à des entrepreneurs privés (la Compagnie du Grand Tronc pour l'Est), qui financèrent l'opération en puisant dans les caisses de l'État. Ainsi, en 1862, 60 pour 100 de la dette du Haut et du Bas-Canada résultait du financement des chemins de fer. Les financiers, étant au bord de la faillite, escomptaient pour se renflouer faire supporter le coût de leurs opérations par les autres colonies de l'Amérique du Nord: le Nouveau-Brunswick et la Nouvelle-Écosse. Pour arriver à leurs fins, ils s'assurèrent l'appui des politiciens.

Ainsi, G.-É. Cartier était avocat et conseiller de la Compagnie du Grand Tronc. À plusieurs reprises en tant que parlementaire, il a défendu les intérêts des compagnies de chemins de fer, en soutenant les législations qui assuraient des garanties et des prêts à ces compagnies privées. La Confédération canadienne est indissolublement liée au développement du capitalisme canadien qui, pour prospérer, s'est créé un État à la mesure de ses visées expansionnistes.

Les causes politiques et militaires

Le régime politique de 1840 était désuet. L'Acte d'Union avait accordé une égalité de représentation au Haut et au Bas-Canada. Si ce principe au début favorisait la surreprésentation du Haut-Canada et était jugé injuste par les Canadiens français, peu à peu, avec la croissance de la population du Haut-Canada [11], ses effets furent inversés et le principe de l'égalité de représentation jouait désormais en faveur des Canadiens français. Il devenait dès lors intolérable pour la majorité, qui jugeait la constitution désuète et non démocratique. Ils réclament donc à grands cris l'application du principe démocratique de la « rep. by pop. », la représentation proportionnelle à la population.

De même, sur le plan financier, si la constitution de 1840 avantageait le Haut-Canada en faisant payer sa dette publique par le Bas-Canada, il en va autrement après 1850 où le Haut-Canada fournit la plus forte partie des revenus publics, qui devaient être répartis également entre les deux régions. Il fallait donc corriger cette « injustice ».

Un autre facteur, l'instabilité politique, a aussi influé sur la naissance de la Confédération. Les crises ministérielles se succé-

---

[11]   Au recensement de 1861 la population du Haut-Canada était de 1,400,000 et celle du Bas-Canada 1,110,000.

daient à cause du système de la double majorité[12]. On arrivait difficilement à former des majorités cohérentes pour soutenir les politiques du gouvernement.

La menace américaine a, de plus, poussé les colonies à s'unir. On craignait que les États nordistes victorieux s'en prennent militairement au Canada, en représailles contre l'aide que l'Angleterre avait fournie aux États du Sud. En outre, il y avait dans l'Ouest des problèmes de délimitation de frontières. Des Américains, dans l'enthousiasme de la ruée vers l'Ouest, s'établissaient en territoire canadien. Leurs entreprises étaient soutenues par des mouvements annexionnistes américains, qui avaient aussi leur contrepartie au Canada.

Enfin, cette crainte des États-Unis se concrétisa dans la menace du fénianisme. Depuis 1861 les Fénians, mouvement nationaliste irlandais, s'étaient organisés aux États-Unis et avaient profité de la guerre de Sécession pour s'entraîner militairement. Ils voulaient transporter au Canada leur lutte contre l'Angleterre et s'emparer du pays pour négocier ensuite l'indépendance de l'Irlande. En 1866, ils attaquèrent le Nouveau-Brunswick à Campobello, le Haut-Canada dans la presqu'île du Niagara et le Bas-Canada à Freligsburg. Les hommes politiques canadiens exploitèrent ces incidents de frontière en faveur de la Confédération et réclamèrent l'organisation de la défense.

Pour améliorer la défense militaire du Canada, il fallait un investissement d'un million de dollars. La Confédération était un moyen pour faire supporter le coût de la défense du territoire à tous les habitants des colonies britanniques.

L'accord de la métropole fut aussi un facteur de la naissance de la Confédération. Les hommes politiques britanniques, tout comme la population, souhaitaient que les colonies se suffisent à elles-mêmes et cessent d'être un fardeau financier pour la métropole. La stratégie impériale favorisait l'unification pour empêcher les colonies d'être absorbées par les États-Unis et pour qu'elles assument les frais de la défense militaire du territoire.

Les réactions des Canadiens français

Selon Jean-Charles Bonenfant, les Canadiens dans leur ensemble ne s'intéressaient pas particulièrement aux principes théo-

---

[12]   De 1862 à 1864, il y eut quatre changements de ministères.

riques du fédéralisme. Ils adoptaient plutôt une approche pragmatique[13]. Tous connaissaient l'exemple de la Confédération américaine mais la plupart n'acceptaient pas cette forme de démocratie et ne voulaient donc pas l'imiter, car elle différait trop de la tradition britannique. Cette ignorance théorique se reflète dans l'incertitude et l'ambiguïté de la définition du système, les mots confédération et fédération étant utilisés indistinctement. Le Canada n'est pas une confédération, mais une fédération[14].

Une brève analyse du partage des pouvoirs entre le gouvernement fédéral et ceux des provinces illustre sans équivoque le caractère centralisateur du fédéralisme canadien. Dans la nouvelle constitution, qui agrège au Canada-Uni les provinces du Nouveau-Brunswick et de la Nouvelle-Écosse, le gouvernement central a compétence pour tout ce qui concerne l'intérêt général du pays. Les pouvoirs des provinces sont limités à tout ce qui est d'intérêt local, particulier. De plus, l'introduction de l'article 91 attribue au fédéral le pouvoir de légiférer pour la paix, l'ordre et le bon gouvernement du pays. Cette clause est très extensive. L'article définit ensuite un certain nombre de domaines réservés à la juridiction fédérale comme, par exemple, les réglementations sur le commerce, les transports, les impôts, la défense, etc. Le fédéral a aussi le pouvoir de contrôler la législation provinciale par le désaveu[15]. Enfin, le gouvernement central possède les pouvoirs résiduaires, c'est-à-dire qu'il a compétence pour tout ce qui n'est pas explicitement défini dans l'article 92 et pour tout ce qui n'a pas été prévu par la constitution (ex.: radio-télévision).

Les pouvoirs des provinces définis dans l'article 92 sont exclusifs, limités aux domaines prévus dans la constitution: pouvoir de taxation, pouvoir d'emprunt, juridiction sur les hôpitaux, les prisons, les asiles, les institutions municipales, l'incorporation des compagnies, les travaux publics, les mariages, les lois sur la propriété et les droits civils, l'administration de la jus-

---

[13]   Voir Jean-Charles Bonenfant, « L'idée du fédéralisme en 1864 », *Culture*, XXV, n° 4, décembre 1964, p. 314.

[14]   La différence entre ces deux notions est qu'une confédération est le regroupement d'États souverains qui mettent à leur tête des organismes de coordination sans pouvoir de décisions véritables, l'autorité restant aux mains des États confédérés, alors que dans la fédération les autorités centrales ont un véritable pouvoir gouvernemental sur les États membres. Voir M. Duverger, *Institutions politiques et droit constitutionnel*, Paris, P.U.F., 1966, p. 72.

[15]   Il y eut 150 cas de désaveu avant que cette disposition ne tombe en désuétude après la Deuxième Guerre mondiale.

tice provinciale. L'éducation est un domaine réservé exclusivement aux provinces. L'article 93 ne garantit que les droits de la
minorité protestante du Québec. Il n'est pas extensible aux minorités catholiques des autres provinces parce que l'article ne garantit que les droits conférés par la loi, au moment de l'Union. Or,
ces droits n'étaient clairement définis que pour la minorité protestante du Québec. Cette clause ne confère donc aucun droit aux
minorités françaises en dehors du Québec. L'article est aussi
muet en ce qui concerne la langue d'enseignement. Il ne fait
référence qu'à des systèmes scolaires séparés en fonction de
l'appartenance religieuse. Il permet la dissidence sur une base religieuse. En cas de préjudice, la constitution prévoit un droit d'appel au fédéral qui est très aléatoire pour les catholiques français,
car le parlement fédéral est contrôlé par une majorité protestante
anglaise.

L'article 133 définit la politique des langues officielles en
statuant qu'il est permis d'utiliser, dans les chambres des Parle-
ments du Canada et de la province de Québec, la langue anglaise
ou la langue française dans les débats. Dans les publications
gouvernementales, les deux langues sont obligatoires. Enfin, il
y a des pouvoirs concurrents ou des compétences partagées
pour l'immigration et l'agriculture. En conclusion, on peut dire
que le partage des compétences n'est pas clairement défini et
laisse place à de nombreuses interprétations possibles, qui varieront en effets centralisateurs selon la conjoncture politique du
moment. Aucun mécanisme n'est prévu pour modifier la constitution car le Canada est toujours soumis à la suprématie impériale.
L'A.A.N.B. est une loi du Parlement britannique, il ne résulte
pas de la volonté des peuples du Canada, mais de la volonté
d'appropriation d'un appareil d'État par la bourgeoisie canadienne.

La Confédération représente une série de compromis qui
avantagent surtout les habitants du Haut-Canada et la grande bourgeoisie d'affaires montréalaise, car elle ouvre aux premiers les
territoires de l'ouest et les rassure sur la mise en minorité définitive des Canadiens français, tout en permettant aux seconds
de se renflouer financièrement. L'opposition au projet dans la
province d'Ontario est quasi inexistante: sur 65 députés, 57 appuient le projet. Il en va autrement dans les Maritimes où Terre-
Neuve et l'Île-du-Prince-Édouard se dissocient du projet. Au
Nouveau-Brunswick et en Nouvelle-Écosse se manifeste un très
fort courant oppositionnel. Cela entraînera même au Nouveau-
Brunswick, la défaite électorale des partisans de la Confédéra-

tion, laquelle sera finalement imposée par l'intervention du gouverneur général.

Le Canada français quant à lui demeure perplexe et divisé. Sur les 48 députés canadiens-français, 26 approuvent le projet et 22 le rejettent. Les facteurs qui ont joué en faveur de la Confédération sont: le désir de sortir de l'instabilité politique en réglant le problème de la représentation selon la population, la crainte des États-Unis, l'influence du clergé qui appuyait le parti conservateur et la volonté de Georges-Étienne Cartier.

Hector Langevin et Georges-Étienne Cartier étaient favorables à la modification des règles de la représentation même si elle consacrait la « minorisation » politique des Canadiens français. Ils raisonnaient ainsi: il n'y avait rien à craindre pour la nationalité car même si les Anglais étaient fortement majoritaires au Parlement, on n'y discuterait pas de questions touchant la nationalité, la langue et la religion, ces sujets étant de compétence provinciale. Les Rouges, pour leur part, étaient en mauvaise posture pour s'opposer à cette réforme du système de représentation car ils l'avaient réclamée à plusieurs reprises. Entre autres, Papineau en 1849 s'était fait le champion de la « rep. by pop. ».

L'élite canadienne-française appuyait aussi le projet parce qu'elle craignait l'annexion aux États-Unis. Confédération ou annexion était selon Taché, Cartier et Langevin l'alternative qui s'offrait. Posée en ces termes, la conclusion s'imposait d'elle-même car on ne croyait pas pouvoir conserver la langue, la religion et les institutions canadiennes-françaises au sein des États-Unis. Ces arguments seront repris par les évêques.

L'influence du clergé a poussé les Canadiens français à accepter la Confédération en soutenant le parti conservateur, principal défenseur du projet. Cartier dans un discours déclarait à ce propos:

> Je dirai que l'opinion du clergé est favorable à la Confédération... Le clergé en général est ennemi de toutes dissensions politiques et s'il est favorable au projet, c'est qu'il voit dans la Confédération une solution des difficultés qui ont existé pendant si longtemps[16].

Aux élections qui suivirent l'établissement de la nouvelle constitution, la plupart des évêques se prononcèrent en faveur du nouveau

---

[16] Cité par Jean-Charles Bonenfant, « Les Canadiens français et la naissance de la Confédération, « *Canadian Historical Association Report*, 1952, p. 42.

régime. Dans son mandement du 18 juin 1867, Mgr Larocque, évêque de Saint-Hyacinthe, disait à ses fidèles:

> Fermez vos oreilles à l'insinuation perfide assez souvent répétée: plutôt l'annexion que la confédération telle qu'elle nous est donnée. Demeurez convaincus que pour ceux qui tiennent ce langage la Confédération n'est qu'un prétexte mis en avant: l'annexion est clairement l'objet de leur convoitise qu'ils flattent et fomentent depuis assez longtemps[17].

Par ces ingérences politiques, les évêques veulent influencer les opinions et les attitudes politiques des catholiques en faveur du parti conservateur et de son projet de Confédération, qui est la clé indispensable pour ouvrir au clergé les portes de la théocratie. Avec la création d'un État provincial, l'Église pouvait espérer réaliser le projet ultramontain d'une société catholique et française.

Georges-Étienne Cartier fut le principal propagandiste du changement» constitutionnel. Il se convertit à l'idée de la Confédération, parce que c'était à ses yeux le seul moyen de régler le problème de la représentation et qu'il détestait l'instabilité politique qui affectait depuis dix ans la vie politique du Canada-Uni. Il avait aussi horreur des institutions républicaines et démocratiques et, pour cette raison, redoutait l'annexion aux États-Unis. Il déclarait à la Chambre en février 1865:

> Je suis opposé au système démocratique qui prévaut aux États-Unis. En ce pays, il nous faut une forme propre de gouvernement, où se retrouve l'esprit monarchique[18].

Conservateur, monarchiste et autoritaire, il s'opposait au suffrage universel et préconisait l'établissement d'un cens électoral basé sur la richesse immobilière. Partisan de l'empire, il redoutait l'union douanière avec les États-Unis et la réciprocité industrielle. Ses positions politiques étaient conformes à ses intérêts financiers dans la Compagnie du Grand Tronc[19].

Enfin, la petite bourgeoisie apporta son soutien au projet confédératif car il renforçait son assise économique et son pouvoir

---

[17] Cité par Jean-Charles Bonenfant dans *la Naissance de la Confédération.* Montréal, Leméac, 1969, p. 13.

[18] Cité par Jean-Charles Bonenfant, «Les idées politiques de George-Étienne Cartier» dans Marcel Hamelin (ed.), *les Idées politiques des premiers ministres du Canada,* Ottawa, les Éditions de l'Université d'Ottawa, 1969, p. 36.

[19] Il fut prouvé en 1873 que Sir Hugh Allen avait versé $35,000 au fonds électoral conservateur à la demande de Cartier et Macdonald en échange de la promesse d'obtenir le contrat de construction de la voie ferrée transcontinentale.

politique, en instituant un autre palier de gouvernement qu'elle pourrait désormais contrôler et utiliser à ses propres fins. Après l'échec de la rébellion de 1837-1838, sa soumission et sa loyauté étaient récompensées : on lui reconnaissait la légitimité et la capacité de diriger un gouvernement provincial, sous la surveillance paternelle du gouvernement fédéral. La nation avait son mini-État et la classe dominante sa fonction publique.

Il faut toutefois noter que la bourgeoisie anglaise de Montréal exerce une forte influence sur la gestion du nouvel appareil d'État provincial car, elle forme entre 40 et 50 pour 100 des cabinets provinciaux d'avant 1897. Le trésorier de la province est le représentant de la « Bank of Montreal », créancière attitrée du gouvernement[20]. S'il y a autonomie provinciale, il n'y a pas d'autonomie pour la petite bourgeoisie.

Les adversaires de la Confédération

Ils représentaient une forte proportion de la population car ils firent élire 22 députés. Les libéraux formaient le gros du contingent des opposants. Ils étaient aussi soutenus par quelques conservateurs dissidents comme Henri-E. Taschereau, Honoré Mercier et L.-O. David qui quittèrent leur parti pour s'opposer à la Confédération.

Les motifs d'opposition étaient divers : on craignait la domination anglaise, on ne voulait pas précipiter les événements, on voulait que la question soit soumise au peuple, ce que refusaient les conservateurs. Les arguments du leader des opposants, Antoine-Aimé Dorion, sont exposés dans le manifeste à ses électeurs d'Hochelaga : 1) le projet était prématuré ; 2) il dénonçait la création d'une chambre haute non élective ; 3) il prétendait que les magnats des chemins de fer voulant rétablir l'état de leurs finances étaient les véritables pères de la Confédération ; 4) il voyait dans le projet, en matière de mariage et de divorce, une menace pour les institutions canadiennes-françaises.

Mais ce que voulaient avant tout les libéraux, c'était un appel au peuple comme cela s'était fait au Nouveau-Brunswick. Les

---

20   Voir Jean-Claude Robert, *Du Canada français au Québec libre,* Paris, Flammarion, 1975, pp. 147-148.

conservateurs rétorquaient en disant qu'il appartenait aux représentants du peuple de prendre cette décision et que, depuis qu'on discutait du projet, il y avait eu 80 élections partielles où un seul adversaire du projet avait pu se faire élire. Le peuple encore une fois ne fut pas consulté et selon Jean-Charles Bonenfant, il n'est pas certain que s'il l'avait été, il aurait appuyé Cartier et Macdonald. La lutte aurait été très serrée. En raison de l'attitude antidémocratique des conservateurs, nous ne connaissons pas les réactions du peuple à la Confédération. De toutes façons, il appartenait en dernière instance au parlement impérial de voter la loi régissant le statut de la colonie: l'Acte de l'Amérique du Nord britannique.

Les premières expériences du syndicalisme

Avant 1850, à cause de la structure coloniale et agricole de l'économie québécoise, il y a peu d'industries. Celles qui existent sont petites, dispersées (sauf sur le canal Lachine), axées principalement sur les ressources forestières, employant une main-d'œuvre instable, saisonnière et hétéroclite. De plus, dans les manufactures existantes, la division du travail est peu poussée et se fait sur une base artisanale. À cet égard, le recensement de 1851 énumère seulement 125 métiers, ce qui reflète bien l'état peu développé de l'économie québécoise. Dans ce contexte, il est rarement question de grèves ou de syndicats. On ne retrouve que des embryons d'organisations ouvrières comme le syndicat des typographes de Québec (1827), un syndicat de la chaussure à Montréal (1830) et quelques cercles ouvriers dans la menuiserie, la charpenterie et le travail de la pierre, qui mènent en 1834 une lutte pour la journée de dix heures[21]. Jusqu'en 1872, toutes les organisations ouvrières sont illégales et clandestines.

La philosophie sociale dominante de l'époque était fondée sur les principes du libéralisme: libre concurrence et individualisme. En droit, l'idée dominante était la liberté individuelle, c'est-à-dire le droit de l'individu à la liberté entière de disposer de son travail et de son capital comme bon lui semblait. C'était la politique du

---

[21]   Voir Charles Lipton, *Histoire du syndicalisme au Canada et au Québec: 1827-1959*, Parti Pris, Montréal, 1976, pp. 12-14.

laisser-aller. L'État ne devait pas intervenir pour réglementer les rapports entre le travail et le capital. Son rôle était de protéger la liberté sur le marché du travail. Dès lors, les unions étaient considérées comme des conspirations criminelles contre cette «loi naturelle». Le marché du travail devait être libre et le propriétaire des moyens de production était le seul à avoir le droit et le pouvoir de définir les conditions de travail et les salaires. La loi ne reconnaissait pas les syndicats et l'Église les dénonçait car ils étaient une menace à son autorité, à sa suprématie sociale.

Ce sont d'abord les Irlandais qui vont remettre en question les principes du libéralisme économique, en se groupant dans la «Quebec Ship Laborers' Benevolent Society» en 1862. Les débardeurs canadiens-français s'organisent de leur côté et fondent en 1865 la «French Ship Laborers' Benevolent Society», pour s'opposer au monopole que tente d'accaparer le syndicat irlandais sur le port de Québec. Dès le début, la classe ouvrière est divisée par la question nationale et les conflits sont nombreux entre ces deux groupes. Les Irlandais luttent contre la pratique du marché libre du travail, ils refusent que le prix du travail soit fixé selon les lois de l'offre et de la demande. Les charpentiers mèneront aussi de dures luttes contre les patrons.

Lors des grèves, les bagarres sont fréquentes. La répression policière est brutale et entraîne la mort d'ouvriers. Au milieu du XIXᵉ siècle, c'est à Québec que le mouvement ouvrier est le plus combatif. En août 1869 et en juin 1878, il y a de sérieux affrontements entre les ouvriers et les forces répressives. Le 12 juin 1878, au cours d'une émeute, deux ouvriers sont tués et plusieurs autres blessés. Ils réclamaient le salaire de $1 par jour. En août 1879, d'autres échauffourées opposent les débardeurs canadiens-français et irlandais.

Ces grèves et ces associations vont à l'encontre de l'idéologie dominante. Le clergé et la presse s'y opposent. *La Minerve* écrit à ce propos:

> Les grèves semblent passées à l'état de mal endémique en ce pays. Ainsi, voilà que l'un des plus mauvais produits de l'Europe essaie de prendre racine sur le sol canadien... Il y a longtemps que cette plante pestilentielle fleurit aux États-Unis, toujours empressés d'importer d'Europe les maux les plus dangereux pour l'état social[22].

Le journal précise que les grèves sont toujours faites au profit des paresseux, qu'elles n'apportent rien aux ouvriers car les pa-

---

[22] Cité par Jean Hamelin et Yves Roby, *op. cit.*, p. 311.

trons sont les plus forts. La collusion entre l'Église et le capital
s'enracine à des principes idéologiques très différents ; la première
combat le syndicalisme pour sauvegarder son contrôle social fondé
sur une conception hiérarchique et statique de la société, alors que
le second refuse aux ouvriers de se grouper au nom de l'individualisme libéral et pour préserver son pouvoir économique.

Un réformateur social : Médéric Lanctot

Originaire de la petite bourgeoisie et de tradition intellectuelle
libérale radicale, Médéric Lanctot se portera à la défense des ouvriers et luttera pour les organiser. Pour Lanctot, le national et le
social sont indissociables et pour cette raison, il s'engage dans
l'action politique en 1867, en se présentant contre G.-É. Cartier et
en s'opposant à la Confédération. Il compare Cartier à Durham car
il estime que la Confédération mettra les Canadiens français à la
merci de la majorité anglophone. Il accuse aussi Cartier d'être
anti-ouvrier. Avec les Rouges, il multiplie les assemblées publiques
et les pétitions demandant l'appel au peuple. Dans son journal,
L'Indépendance, il préconise la rupture du lien colonial. *Le Nouveau Monde* qui ne peut être taxé de radicalisme, reconnaît en
ces termes le caractère social de la lutte menée par Lanctot contre
la Confédération :

> La lutte électorale qui vient d'avoir lieu à Montréal a donné pour
> la première fois en ce pays le triste spectacle d'un conflit marqué
> entre les différentes classes de notre société [23].

Ainsi, en plus d'être un adversaire de la Confédération, Lanctot
peut être considéré comme notre premier théoricien social.

Influencé par la fondation de l'Association internationale des
travailleurs par Marx et Engels et par la condition de la classe
ouvrière à Montréal, il prend conscience de la nécessité d'une
organisation des travailleurs. On doit reconnaître une certaine
perspicacité à Lanctot qui saisit l'importance de l'industrialisation
dans l'avenir des Canadiens français, alors que la société québécoise est encore à 80 pour 100 agricole. Afin de lier patriotisme
et revendications ouvrières et pour trouver des solutions aux problèmes des ouvriers, il lance l'idée de grouper en une fédération

---

[23] Denis Héroux et Richard Desrosiers, *les Travailleurs québécois et le syndicalisme,* Montréal, les Presses de l'Université du Québec, 1973, p. 27.

les ouvriers de tous les corps de métier. Il écrit dans *l'Union nationale* du 13 février 1867:

> Or il faut que la presse patriotique donne place à ces réclamations dans ses colonnes afin qu'elles soient connues du pays entier. En exerçant une forte pression sur l'opinion publique, le gouvernement du pays aura probablement honte de tenir l'ouvrier dans cette condition coloniale où tout est misère et déception pour les classes ouvrières.

Au printemps de 1867, il réussit à mettre sur pied cette fédération ouvrière et lance un mouvement de revendications pour augmenter les salaires. Il organise à cet effet une manifestation sur le Champ-de-Mars où se regroupent 15,000 ouvriers. Son but était de «favoriser la collaboration travail-capital, de travailler au bien-être des ouvriers et finalement d'arrêter l'immigration[24]».

À la suite d'un voyage en Europe, Lanctot prend conscience de la contradiction du capitalisme où les travailleurs sont la principale force productive, les créateurs de la richesse sociale et sont, en même temps, ceux qui subissent les effets paupérisants de l'industrialisation. Plus ils travaillent, plus ils s'appauvrissent. Pour remédier à cette situation, Lanctot estime qu'«il faut au Canada que le capital et le travail s'associent et une loi devra obliger tout industriel-capitaliste à partager les bénéfices de la manufacture, de l'usine, de l'atelier, avec les ouvriers qu'il emploie[25]». Ainsi, pense-t-il, l'employé s'enrichira, gagnera en dignité et la société sera protégée des maux inhérents à la misère et à l'ignorance. Si le capital peut s'associer comme il veut et avec qui il veut, les ouvriers doivent aussi avoir le droit de s'unir et de former une association:

> C'est à vous, amis ouvriers, de voir à ce que dans l'agitation qui se fait et le mouvement qui se prépare, votre choix fasse valoir vos droits à la maîtrise du travail et à la propriété du produit conjointement avec le Capital. Vous comprenez maintenant la nécessité où vous êtes de vous remuer pour sauver vos familles de l'exil et de la misère, des maux et des malédictions qui torturent aujourd'hui l'Europe[26].

---

[24] Gaétan Gervais, *Médéric Lanctot et l'Union nationale,* thèse, Université d'Ottawa, 1968, p. 146.

[25] Voir Médéric Lanctot, *l'Association du capital et du travail,* Montréal, 1872.

[26] Cité par Denis Héroux et Richard Desrosiers, «Un adversaire de la Confédération et un théoricien social en 1867», dans *Histoire du Canada,* Montréal, Éditions Sainte-Marie, 1967, p. 102.

Cette collaboration de classes, en plus d'améliorer les conditions matérielles de l'ouvrier, devait réduire les grèves et le mécontentement et permettre à chacun de vivre dans la paix et l'ordre.

Son projet utopique ne se limitait pas à organiser les ouvriers sur les lieux de production, il voulait aussi intervenir au niveau de la consommation, en établissant à Montréal un réseau de coopératives d'alimentation qu'on appelait « magasins à bon marché ». La réaction ne se fit pas attendre. Le clergé dénonça son entreprise et les journaux bourgeois l'attaquèrent en disant qu'il n'était pas ouvrier. Ses initiatives échoueront et ruiné par ses aventures financières, il devra émigrer aux États-Unis et plus tard à Ottawa. Il est probablement le premier Canadien français à effleurer les théories des socialistes européens et à essayer de les appliquer à l'analyse de la société québécoise.

L'échec de Lanctot en vue de regrouper les corps de métier n'arrêtera pas le mouvement. Inspirés par leurs confrères américains et torontois, les ouvriers québécois mettront sur pied 19 unions entre 1880 et 1890. D'après un relevé sommaire établi par Jean Hamelin et Yves Roby, il y a eu 44 grèves de 1886 à 1890. La journée de neuf heures, l'augmentation des salaires, la reconnaissance du droit d'association, l'établissement d'une législation ouvrière, le droit de regard des ouvriers sur les changements technologiques et l'introduction du machinisme sont les principales préoccupations du mouvement ouvrier. Les revendications ouvrières ne se confinent pas aux seules questions économiques, les organisations ouvrières de l'époque cherchent aussi à intervenir sur le plan politique, pour défendre leurs intérêts.

Les Chevaliers du travail

Le développement du syndicalisme au Québec dans sa forme institutionnelle a été influencé par les mouvements ouvriers britannique et américain. Jusqu'en 1870, on ne peut parler de conscience de classe chez les travailleurs car la solidarité ouvrière ne vise pas la transformation de la structure de la société, mais s'articule plutôt sur les revendications professionnelles. On assistera aussi au foisonnement des sociétés de secours mutuel dont l'objectif était de constituer un fonds de secours pour dépanner les ouvriers en cas de maladie ou de mortalité. On en dénombrait une quarantaine en 1866. Les unions de l'époque mettent beaucoup plus l'accent sur le principe d'identité entre les ouvriers que sur l'idée d'opposition au patronat.

L'apparition des unions américaines en 1872, année où est reconnue la légalité des organisations ouvrières, modifiera cette orientation et amènera les ouvriers à se séparer des patrons et de leur paternalisme. Avec le déclin de la production artisanale et le développement de l'industrialisation, le mouvement ouvrier délaissera peu à peu la politique de collaboration, se radicalisera et débouchera sur l'action politique. Cette transformation sera initiée par l'Ordre des Chevaliers du travail établi au Canada en 1881. Cette organisation groupe 10,000 à 12,000 membres répartis en 22 assemblées dont 13 sont formées de Canadiens français[27]. Contrairement aux objectifs corporatistes des unions de métier, les Chevaliers souhaitaient une modification de la structure sociale et économique. Ils voulaient substituer au système capitaliste basé sur le monopole et l'exploitation des travailleurs, des coopératives de production et de distribution. Ils insistaient aussi sur les nécessités, pour la classe ouvrière, de l'éducation, de l'organisation, de la coopération et de l'action politique.

Parmi leurs principales revendications on retrouve: la réduction des heures de travail, le contrôle de l'immigration et des contrats de travail, l'établissement d'un ministère du travail et de statistiques ouvrières, la limitation du travail des femmes et des enfants, un salaire égal pour un travail égal, l'interdiction du travail des enfants de moins de quatorze ans et la réduction à huit heures de la journée de travail des femmes et des enfants. Ils demandent que les employeurs prennent en charge l'éducation des enfants illettrés qui sont à leur emploi. Ils prônent la création d'écoles du soir et de bibliothèques publiques. Ils réclament des réformes juridiques comme l'établissement de cours de justice dans toutes les villes, l'abolition des saisies de biens pour dettes, l'abolition de la corvée, la création d'un tribunal d'arbitrage et d'un système de taxation plus juste. Enfin, ils souhaitent voir disparaître les qualifications foncières (le cens électoral) exigées des candidats aux élections provinciales et municipales et demandent l'extension du droit de vote et l'abolition du Conseil législatif.

Cette politisation de l'idéologie syndicale est manifeste dans les revendications formulées au congrès du «Trade and Labour Congress of Canada» réuni à Québec en 1891: suffrage universel, nationalisation des chemins de fer et des télégraphes, municipalisa-

---

[27]   Voir Jean Hamelin (ed.), *les Travailleurs québécois, 1851-1896,* Montréal, les Presses de l'Université du Québec, 1973, dont nous nous inspirons largement pour cette section.

tion des services du gaz, de l'électricité, du téléphone, de l'aqueduc, du transport, uniformisation des lois ouvrières au Canada, arrêt de l'immigration chinoise et juive, journée de neuf heures, gratuité de l'éducation. Cependant, sur ces questions, francophones et anglophones ne sont pas toujours d'accord. C'est ainsi qu'on refuse de se prononcer sur une proposition de Thomas Saint-Pierre réclamant l'indépendance du Canada et que les Québécois votent contre l'instruction obligatoire. De même l'année suivante, une proposition demandant la création d'un État socialiste est battue.

Ces diverses revendications des Chevaliers du travail traduisent la montée d'une conscience de classe chez les travailleurs et même si ce mouvement commence à décliner en 1894, son action a profondément marqué le mouvement ouvrier québécois, en situant le combat aussi bien sur le terrain politique qu'économique. À cette fin, les Chevaliers fondèrent en 1886 le Conseil central des métiers et du travail de Montréal, qui favorisera l'intervention politique des travailleurs sur la scène municipale et soutiendra de nombreuses candidatures ouvrières, dont celle d'Adélard Gravel aux élections fédérales de 1883, celle de T.-A. Lépine en 1888 (qui sera élu) celles de W. Robertson, E. Gravel, et W. Keys à l'élection provinciale de 1886. La plupart de ces candidatures ouvrières échoueront en raison du système électoral fixant à 9 heures et à 5 heures l'ouverture et la fermeture des bureaux de vote, alors que les ouvriers travaillaient de 7 heures à 6 heures. Les difficultés de financement et l'absence d'un parti autonome sont les autres causes de ces échecs.

Après 1890, les unions américaines relèguent au second rang l'action politique, en donnant la priorité à la seule promotion économique des travailleurs dans le cadre du capitalisme et en favorisant la défense des ouvriers qualifiés, au détriment des ouvriers non qualifiés. Les Chevaliers insistaient, pour leur part, sur la nécessité de la solidarité de l'ensemble de la classe ouvrière dans la lutte contre le capitalisme.

Les réactions cléricales et patronales au syndicalisme

C'est le paternalisme clérico-patronal qui caractérise les réactions de la classe dominante aux premières expériences syndicales. La vision du monde développée par l'idéologie cléricale se fonde sur le postulat suivant: la loi fondamentale qui anime toutes les relations entre les hommes est le respect de l'autorité. Dans cette perspective, les rapports patrons-ouvriers doivent être modelés sur les rapports familiaux où le père détient son autorité de Dieu. Le deuxième postulat est l'inégalité naturelle entre les hommes qui nécessite une hiérarchie sociale et entraîne une vision statique de la société. « Il y aura toujours des pauvres, il ne faut donc rien espérer dans ce bas monde et se tourner vers l'au-delà. » Ces incitations à la soumission, à la résignation et au respect des autorités établies sont renforcées par l'horreur qu'inspirent les révolutions de 1848 et de 1871. Dans la presse cléricale, socialisme et syndicalisme seront présentés comme étant des forces conjuguées du mal. Effrayé par la réalité industrielle et urbaine et craignant pour sa suprématie sociale, le clergé manifeste une profonde méfiance envers les organisations ouvrières qu'il associe avec les sociétés maçonniques. L'Église utilisera son influence spirituelle pour éloigner les travailleurs québécois du syndicalisme. Ainsi par exemple, Mgr Taschereau, évêque de Québec, menace d'excommunier tout catholique qui chercherait à limiter la liberté du travail pour améliorer sa situation matérielle :

> Chacun doit se souvenir que tout homme est maître de son travail et peut en disposer au prix qui lui convient. Il a le même droit sur son travail qu'un cultivateur sur sa terre. C'est pourquoi les sociétés des travailleurs se rendent coupables d'une grave injustice toutes les fois qu'elles essaient de forcer quelqu'un à se joindre à elles ou à travailler pour le prix qu'elles ont fixé [28].

Dans l'ensemble, le clergé adopte une attitude négative face aux innovations qu'apporte le syndicalisme. D'ailleurs il ne comprend pas très bien le phénomène de l'industrialisation et ses conséquences, car il lui applique un modèle d'interprétation rural (comparaison entre la propriété du travail et la propriété foncière). Les plus positifs, comme Mgr Fabre, ne soutiendront que les sociétés d'ouvriers et d'artisans « instituées sous le patronage de la religion » et sous celui des patrons, cette « classe lettrée et riche qui sait se dévouer pour ces associations d'ouvriers catholiques ». Ces sociétés devaient rendre leurs membres contents de leur sort et résignés. Face aux problèmes de l'industrialisation et de la classe ouvrière, l'Église choisit d'appuyer les patrons. Elle pratique une politique de collaboration avec la bourgeoisie, laissant cette dernière avec ses problèmes de conscience à l'égard de l'ac-

---

[28] *Mandements, lettres pastorales et circulaires des évêques du Québec*, Québec, Imprimerie A. Côté, 1890, tome 6, page 205. Voir aussi pages 576-577.

cumulation des richesses et des jouissances matérielles et prêchant aux ouvriers la résignation et les espérances surnaturelles.

Mgr Taschereau fera une lutte acharnée à l'Ordre des Chevaliers du travail, le classant de son propre chef, sans indication
impérative du Saint-Siège[29], dans la catégorie des sociétés secrètes
auxquelles il était défendu d'appartenir sous peine de péché grave.
Même lorsque l'interdit sera levé par Rome sur l'Ordre, Mgr Taschereau sera réticent à faire marche arrière. Il écrit dans sa lettre
aux curés de Québec le 6 janvier 1888:

> À ceux qui viendront vous consulter, vous direz de ma part que je
> conseille fortement à tous les catholiques de l'archidiocèse de ne
> pas s'enrôler dans cette société qui est pour le moins dangereuse, et
> d'en sortir au plus tôt s'ils en font partie[30].

L'Église cherche donc par tous les moyens à briser les premières
tentatives de syndicalisation au nom de la religion et de la nationalité, afin de maintenir sa domination dans le domaine social. Même
l'ouverture faite par l'encyclique *Rerum Novarum* et les attitudes
plus libérales de certains évêques américains ne réussiront pas à
faire évoluer l'esprit réactionnaire que manifeste le clergé à l'égard
des transformations sociales provoquées par l'industrialisation.
L'Église du Québec s'est fermé les yeux et repliée sur sa conception organique et patriarcale de la société, elle a laissé les
capitalistes exploiter en paix les travailleurs et a essayé de désar-
mer ces derniers pour respecter le jeu du libéralisme économique.

Le patronat va lui aussi s'opposer à l'organisation des travailleurs au nom de la liberté et de l'individualisme. Le discours
du juge Tessier illustre bien la ligne de pensée du monde des affaires:

> On semble croire que les ouvriers ont le droit de dicter à leurs
> patrons quel sera le prix de leur travail. C'est une erreur. Les ou-
> vriers ont le droit de travailler pour qui ils le désirent et à quelque
> prix que ce soit; de même le patron peut employer qui il lui plaît et à
> quelque prix que ce soit. Toute prétention contraire est fausse,
> antireligieuse, antisociale et illégale[31].

De même, dans la plus pure tradition du libéralisme, *le Moni-
teur du Commerce* soutient que «le travail est un article acheté
et vendu comme toute autre espèce de marchandise, le prix en

---

[29]   Rome avait rangé l'Ordre dans les sociétés défendues mais n'en faisait pas
       un dogme.
[30]   Cité dans *le Courrier du Canada*, 11 janvier 1888.
[31]   *La Minerve*, 29 avril 1880.

étant déterminé par la qualité, l'offre et la demande.» «Se coalise qui veut, travaille qui veut, s'abstient qui veut[32]». Il va de soi que la grève n'est pas reconnue comme un moyen de défense des ouvriers; par contre, les patrons doivent avoir toutes les libertés: lock-out, congédiements sans formalité, embauche à fort bas prix, protection de la police, engagement de briseurs de grève, etc. Pour le patronat, autoritarisme et paternalisme sont les deux mamelles des relations de travail.

En résumé, on peut dire qu'il y a cinq facteurs qui ont freiné le développement du syndicalisme au Québec, à la fin du XIXe siècle: l'individualisme traditionnel de l'habitant nouvellement industrialisé, la tradition des corps de métiers, une législation anti-ouvrière, la répression idéologique du clergé et la division du mouvement ouvrier provoquée par l'apparition des syndicats catholiques.

Nationalisme et ultramontanisme

L'attribution du gouvernement responsable et la reconstitution d'une entité politique canadienne-française (1867) forcent l'Église à modifier sa stratégie politique. Elle ne peut plus se fier comme par le passé à une collaboration «naturelle» avec l'aristocratie bureaucratique car avec l'institutionnalisation de la démocratie libérale, le pouvoir politique passe aux mains de la bourgeoisie et de la petite bourgeoisie et se fonde sur la manipulation de l'opinion publique. Dans ce nouveau contexte, les autorités cléricales, afin de préserver le statut privilégié de l'Église et se donner une nouvelle base de négociation avec les partis politiques, descendront dans l'arène politique. L'Église agit alors comme un parti politique sans en avoir les structures. Elle cherche à contrôler l'électorat et par son intermédiaire à diriger les politiciens canadiens-français qui, à leur tour, sur les plans fédéral et provincial devront défendre ses intérêts et sa conception de la société. Elle tente aussi d'influencer l'opinion publique en utilisant la presse pour diffuser son idéologie. Le journalisme devait être un instrument d'apostolat et de prédication et à cet effet plusieurs journaux furent créés: *Mélanges religieux, le Nouveau Monde, le Journal des Trois-Rivières, le Courrier du Canada, la Vérité.*

---

[32]   Cité dans Jean Hamelin et autres, *op. cit.,* p. 171.

Si l'échec de la Rébellion a renforcé la position sociale du clergé, l'établissement de la démocratie parlementaire favorisera l'hégémonie idéologique de l'ultramontanisme et la nouvelle constitution de 1867 rendra possible la réalisation du rêve théocratique: un État catholique et français sur les rives du Saint-Laurent, car comme l'écrit le journal *le Nouveau Monde*: «Il en est des États comme des individus: ils doivent tous relever de l'autorité de l'Église[33]».

Cautionnée par le Concile du Vatican (1870) qui proclame l'infaillibilité du pape, la conscience ultramontaine se cristallisera à l'occasion de l'affaire Riel et du refus des conservateurs fédéraux de désavouer la loi du Nouveau-Brunswick, abolissant les écoles séparées. L'Église cherche alors à étendre sa domination sur le plan politique et intervient directement dans les élections. Cette tentative de subordination du politique au religieux est illustrée par le programme électoral catholique publié le 20 avril 1871 dans *le Journal des Trois-Rivières*[34]. Ce document propose l'établissement au Québec d'une théocratie par députés interposés, en exigeant la soumission idéologique des hommes politiques aux évêques. À cet égard, les intentions de Mgr Bourget sont claires:

> J'ajoute que je considère ce programme comme la plus forte protection du parti conservateur et le plus ferme appui des bons principes qui doivent gouverner une société chrétienne. Je m'attache à ce principe parce que j'y vois le salut de ma chère patrie qui ne sera véritablement libre qu'en autant que la liberté de l'Église y sera respectée avec tous les droits qui seront assurés et garantis[35].

L'Église veut ainsi imposer son contrôle sur l'appareil politique en manipulant les électeurs. Le programme demande à l'électeur de s'assurer que le candidat à qui il donne son vote offre toutes les garanties pour la protection des intérêts de la religion:

> Ces conseils dictés par la sagesse, seront compris nous l'espérons par tous les électeurs catholiques de la province de Québec. Il est impossible de le nier, la politique se relie étroitement à la religion et la séparation de l'Église et de l'État est une doctrine absurde et impie. Cela est particulièrement vrai du régime constitutionnel qui attribuant au parlement tout pouvoir de législation, met aux mains de ceux qui le composent une arme à double tranchant qui pourrait être terrible[36].

---

[33] *Le Nouveau Monde*, 25 novembre 1873.
[34] Voir André Lavallée «20 avril 1871. Un programme électoral catholique», dans *Histoire du Canada*. Montréal, Éditions Sainte-Marie, 1967, pp. 107-127.
[35] *Ibid.*, p. 124.
[36] *Ibid.*, p. 117.

Un autre journal ultramontain, *le Nouveau Monde,* donne des consignes précises : « Voter en faveur d'un libéral ou d'un gallican, c'est envoyer dans les chambres un homme qui travaillerait contre l'Église. Cela n'est pas permis[37] ». En plus de la conception clé-ricale de la vie politique, nous voyons ici se profiler la position de l'Église vis-à-vis les institutions politiques démocratiques. Le régime démocratique est valable et acceptable en autant que ce seront les principes catholiques qui guideront les acteurs. En con-séquence, ceux qui exercent le pouvoir législatif doivent être en accord avec les enseignements de l'Église et c'est la conformité des candidats avec la doctrine catholique qui doit guider l'électeur dans son choix :

> L'adhésion pleine et entière aux doctrines catholiques romaines en religion, en politique et en économie sociale doit être la première et la principale qualification que les électeurs catholiques devraient exiger du candidat catholique[38].

Tout en affirmant leur allégeance au parti conservateur, les ultra-montains voulaient utiliser leur influence religieuse pour inciter les conservateurs à modifier les législations qui allaient à l'encontre des intérêts de la religion. Certes, leur marge de manœuvre était faible sur la scène fédérale où les députés canadiens-français n'avaient pas de pouvoirs réels et devaient louvoyer dans un jeu d'alliances complexe, mais au Québec, l'efficacité de la stratégie ultramontaine permettra au clergé d'exercer une véritable hégé-monie politique. Ceci ne veut pas dire que toutes les décisions politiques étaient inspirées par les évêques mais plutôt que le clergé avait le pouvoir de s'opposer à toutes décisions contraires à ses intérêts et à sa conception de la société.

L'ultramontanisme n'est pas une idéologie exclusivement clé-ricale, elle fut aussi soutenue et défendue par des laïcs qui adhé-raient à la vision du monde de l'Église et qui acceptaient la tutelle de la religion sur la vie politique ou la vie civile, soit par principe, soit par opportunisme politique. Mais en dernière analyse, on peut dire que cette idéologie s'est surtout imposée par le biais du natio-nalisme qui lui a servi de justification : la religion devenait ainsi la principale ligne de défense de la nationalité, derrière laquelle se ré-fugiait aussi la petite bourgeoisie.

---

[37]   *Le Nouveau Monde,* 26 juillet 1872.
[38]   Cité par André Lavallée, *op. cit.,* p. 118.

Un nationaliste ultramontain :
Jules-Paul Tardivel

Né aux États-Unis d'un père français et d'une mère anglaise, Tardivel ignore tout de la langue française jusqu'à l'âge de 17 ans. Cet Américain, venu au Québec en 1869, deviendra le plus farouche défenseur de la nation canadienne-française à la fin du XIX.[e] siècle. Après ses études, il sera journaliste au *Courrier de Saint-Hyacinthe*, à *la Minerve* et au *Canadien*. En 1881, il fonde son propre journal, *la Vérité*. Pendant un quart de siècle, il sera au centre de nombreuses polémiques et controverses. Ses partisans l'appelaient le « Louis Veuillot canadien » alors que ses adversaires ne se gênaient pas pour l'injurier copieusement, en le traitant d'énergumène, de scélérat, de fou qu'il faudrait fouetter sur la place publique.

Tardivel est avant tout un ultramontain, c'est-à-dire comme il le définit lui-même, un catholique sans épithète qui professe sans arrière-pensée toutes les doctrines romaines et qui cherche à les appliquer lorsque les circonstances le permettent[39]. L'ultramontain est celui qui refuse tout compromis avec le monde moderne et surtout avec le libéralisme. La première règle de l'ultramontain est de refuser la modération et la conciliation qui n'est, selon Tardivel, que le prétexte à une foule de lâchetés :

> Ce qui nous perd, c'est le « conciliationisme » qui s'accommode des petits empiètements des méchants et qui, pour éviter le combat, accepte des concordats bâtards finissant toujours par enterrer la justice. Subissons ce que nous ne pouvons éviter, mais protestons fermement ; ne nous bornons pas à dire : ce n'est pas l'idéal. C'est parce qu'on néglige d'exposer les principes aux yeux des hommes que l'erreur finit par s'imposer. Tout cela c'est du libéralisme, le plus dangereux de tous...[40]

Pour les ultramontains, l'intransigeance était la voie d'accès à la vérité. Rien d'étonnant à ce que Tardivel ait exaspéré ses adversaires retranchés dans la politique du compromis. Ses principaux ennemis sont les catholiques libéraux, ceux qui essaient de réconcilier le catholicisme avec les libertés modernes. Entre autres, Tardivel s'attaquera avec acharnement à Wildrid Laurier en disant : « Ceux qui haïssent le prêtre aiment Laurier[51] ». Mercier n'aura pas

---

[39]   *La Vérité*, 31 mai 1884.
[40]   *La Vérité*, 28 avril 1906.
[41]   *La Vérité*, 18 juillet 1896.

meilleure presse à ses yeux à cause de ses lois sur les instituteurs et la faible indemnité donnée pour les biens des Jésuites, qui trahissent son libéralisme. Tardivel sera impitoyable à son égard lorsqu'éclatera la série de scandales du chemin de fer de la baie des Chaleurs. Il est profondément antilibéral et dans son esprit, un vrai catholique doit être conservateur et inversement.

La grande tâche des ultramontains au XIXe siècle était la lutte contre le gallicanisme qui tendait à soumettre l'Église au pouvoir civil. Contrairement à l'idéologie libérale, qui au nom de l'individualisme et du rationalisme pose l'autonomie de la personne vis-à-vis son milieu et celle de la société civile par rapport à la religion, l'idéologie ultramontaine démontre la nécessaire dépendance de l'homme à l'Église et celle de l'ordre temporel à l'ordre spirituel. Puisque Dieu est à l'origine de toute chose, des hommes, de la société et de l'État et que l'homme travaille et vit pour retourner à Dieu, il est donc logique que l'Église qui le représente sur terre, soit la seule mandataire pour interpréter la volonté divine et juger de la conformité des lois civiles avec les fins spirituelles de l'humanité. De cette thèse, il résulte que la politique ne peut se séparer de la religion et que l'État doit être soumis à la direction et au contrôle de l'Église, gardienne infaillible de la morale, monopolisant les voies d'accès à l'éternité paradisiaque. Si dans la hiérarchie des autorités, celle de l'Église surpasse toutes les autres, celle de la famille, où l'autorité paternelle a un caractère sacré, a aussi préséance sur celle de l'État, dont la seule raison d'être est de garantir la liberté de la famille et de l'Église, qui de par ses origines divines, est supérieure à la société civile. Dans cette perspective, Tardivel estime que le gallicanisme qui veut l'omnipotence de l'État, constitue une menace sérieuse au Canada français, tout particulièrement dans le domaine de l'éducation. L'autorité civile n'a pas à s'immiscer dans l'éducation sinon pour en promouvoir la marche selon les principes chrétiens et les directives de l'Église, qui doit avoir en ce domaine un contrôle absolu. Pour cette raison Tardivel s'oppose à l'instruction obligatoire[42] qui substitue l'autorité de l'État à l'autorité du père. Il rejette aussi la gratuité scolaire.

La méfiance de Tardivel à l'égard de l'intervention de l'État détermine son attitude envers les problèmes sociaux. Il soutient les positions les plus conservatrices envers les grèves et les revendications ouvrières. Dieu étant source d'harmonie, les intérêts des

---

[42] *La Vérité*, 28 janvier 1882.

patrons et des ouvriers ne peuvent être opposés. L'homme n'a pas
à contester la place sociale qui lui a été assignée par la divine
Providence. De plus, les augmentations de salaire sont déraison-
nables et peu conformes à la morale chrétienne, car l'homme est
né pour travailler et acquérir la vie éternelle. La pauvreté est alors
un pas vers la sanctification. Pourquoi des classes, des riches et
des pauvres? Puisque c'est la divine Providence qui l'a voulu, le
chrétien n'a pas à se poser de telles questions. Sur ces sujets, il
doit s'en remettre aux prédications de l'Église. En particulier,
lorsque les ouvriers, pour améliorer leur sort, demandent à l'État
d'intervenir dans l'éducation et de lutter contre les trusts, Tardivel
se montre très circonspect. C'est remettre en question la hiérarchie
sociale voulue par Dieu où l'ouvrier est soumis à son patron, le
paroissien à son curé, le fils à son père, l'État à l'Église et l'Église
à Dieu. En toute chose, la loi fondamentale est le respect de l'autorité.

Les ultramontains réprouvaient aussi la science et ses appli-
cations. L'idée de progrès matériel est un épouvantail pour eux.
Tardivel est célèbre, par exemple, pour ses tirades contre les
chemins de fer. Il commente avec sarcasme certains événements.
Lorsqu'un navire saute dans un port espagnol, il en profite pour
écrire:

> La dynamite est un produit du progrès moderne et comme beaucoup
> de produits similaires, elle paraît plutôt nuisible qu'utile au genre
> humain[43].

Les progrès scientifiques et les découvertes techniques ne l'im-
pressionnent guère car ils détournent l'homme de sa finalité suprême: la perfection morale et spirituelle. Le roman, le théâtre et
les boissons enivrantes sont considérés comme nocifs pour la société et symbolisent aux yeux de Tardivel la décadence morale:

> Le roman qu'on lit dans nos journaux règle générale, est une vé-
> ritable tribune de Satan, ni plus ni moins. Le démon y prône tous
> les péchés et y flétrit toutes les vertus[44].

Tardivel préconise un rigorisme moral à toute épreuve.

La pensée politique de Tardivel

L'importance de la pensée politique de Tardivel ne se mesure
pas à la jauge de son efficacité à court terme dans la vie politique

---

[43] *La Vérité*, 11 novembre 1893.
[44] *La Vérité*, 11 février 1893.

québécoise, car il s'est tenu à l'écart de la politique active et n'a pas tenté d'actualiser ses projets. Elle s'évalue plutôt en fonction de son influence sur l'évolution du nationalisme canadien-français.

> Nous pouvons considérer Tardivel comme le père de la pensée séparatiste au Québec. En effet, Jules-Paul Tardivel a été le premier Canadien français sous le régime de la Confédération à développer l'idée séparatiste et à défendre l'idéal d'une nation distincte et séparée du Canada anglais[45].

Mathieu Girard le présente comme la figure dominante du nationalisme canadien-français pour la période 1867-1896. Avant lui, l'idée d'indépendance signifiait beaucoup plus la rupture des liens avec la métropole. Ainsi, les Patriotes fondaient leur nationalisme sur une conception polyethnique de la nation à dominante canadienne-française. L'obstacle à leur émancipation était la domination coloniale.

Avec l'Acte d'Union et la Confédération, la perspective se modifie. Le Canada a entière responsabilité et souveraineté sur son administration interne. Même si certaines formes du colonialisme britannique demeurent, son moteur est moins Londres qu'Ottawa et les intérêts de la bourgeoisie mercantile. De plus, pour la première fois depuis 1760, les Canadiens français ont repris possession d'un niveau de pouvoir politique: le gouvernement de la province de Québec. L'État et la nation peuvent désormais coïncider.

Enfin, le contexte politique de l'époque conditionne le cheminement intellectuel de Tardivel. L'affaire Riel, la formation du Parti national de Mercier, son élection, sa politique autonomiste et la question des écoles du Manitoba constituent la toile de fond événementielle sur laquelle se développe sa pensée.

Au Manitoba, les Métis et les Canadiens français luttent contre l'arbitraire de la Compagnie de la baie d'Hudson et du gouvernement fédéral. Riel prend la direction du mouvement qui défend les droits des Métis. Il exige une consultation de la population sur l'intégration de leurs territoires dans la fédération canadienne et à cet effet, il forme un gouvernement provisoire que les autorités fédérales refuseront de reconnaître. Après des négociations ardues, la province du Manitoba est créée et des concessions territoriales sont faites aux Métis. Les écoles confessionnelles protestantes et catholiques sont garanties et le français et l'anglais

---

[45]   Voir Mathieu Girard, « La pensée politique de Jules-Paul Tardivel », *Revue d'histoire de l'Amérique française,* décembre 1967, p. 397.

adoptés comme langues officielles. Mais ces arrangements juridiques ne mettent pas fin aux visées impérialistes de l'Ontario. Les colons arrivés d'Ontario chassent les Métis, les exécutent sommairement et exercent une terreur raciste tolérée par le gouvernement fédéral. Aux élections de 1871, Riel est élu au fédéral, mais il ne peut aller siéger car les autorités ontariennes ont mis sa tête à prix ($5,000.). Il doit s'exiler.

Peu à peu, les Métis sont repoussés à l'ouest et au nord et à la veille de la création de l'Alberta et de la Saskatchewan, Riel revient organiser la défense des droits des Métis. Il préconise alors la création dans l'Ouest d'une société libérée de l'exploitation où la pauvreté et la misère disparaîtraient, où les hommes s'aimeraient, travailleraient ensemble pour créer un monde idéal. Cette vision utopiste effraie le clergé qui condamne toutes les actions «illégales». Riel établit le gouvernement provisoire de la Saskatchewan et la lutte armée commence. Pour combattre cette rébellion, les Ontariens organisent une guerre sainte. L'insurrection est écrasée et après une caricature de procès, Riel est exécuté.

Le Québec est en ébullition, car à travers la répression des Métis, c'est le contrôle anglophone sur l'Ouest qui est visé et les droits du français et de la religion catholique qui sont menacés. La majorité de la population se dresse contre Macdonald, ses ministres sont brûlés en effigie. Le 22 novembre une assemblée populaire monstre (50,000 personnes) se tient au Champ-de-Mars à Montréal. Les libéraux essaient d'exploiter politiquement ce mouvement populaire et par ce biais tentent d'affaiblir l'emprise des conservateurs sur les Canadiens français et le clergé [46]. Le journal *La Presse* lance le crie de ralliement à la cause nationale: «Désormais, il n'y a plus ni conservateurs, ni libéraux, ni castors. Il n'y a que des Patriotes et des Traîtres [47]». Honoré Mercier fonde alors son Parti national afin de réunir tous les Canadiens français sous la même bannière et en 1887, il prend le pouvoir en évoquant

---

[46] En 1870, les francophones représentaient 50 pour 100 de la population manitobaine. En 1890, ils ne sont plus que le tiers. Le gouvernement de Greenway en profite pour abolir le secteur catholique dans le système d'éducation public, obligeant ainsi les Canadiens français et les Métis à payer de leur poche les écoles françaises. Cette loi n'est pas jugée anticonstitutionnelle par les diverses instances juridiques. Les conservateurs refusent de soutenir les revendications des Canadiens français du Manitoba et Laurier profitera de cette question pour se faire du capital politique au Québec.

[47] Cité par M. Wade, *les Canadiens français de 1760 à nos jours,* Montréal, Cercle du Livre de France, 1963, tome 1, p. 456.

le gibet de Régina. Ces événements accentuent la division entre Français et Anglais et ébranlent les fondements de la coexistence pacifique entre les «deux peuples fondateurs».

Mercier, soutenu pour l'occasion par la presse ultramontaine, proclamait bien haut le caractère national, français et catholique de son gouvernement national qu'il définissait ainsi: «c'est-à-dire un gouvernement comprenant dans son sein toutes les classes et toutes les nationalités et toutes les nobles aspirations du peuple[48]». Cette conception traduit bien la vision petite-bourgeoise du politique et de l'État. Mercier institutionnalise et propage l'idée que la province de Québec est l'État national des Canadiens français. Ses législations cherchent à concrétiser le principe de l'autonomie provinciale. Dans sa perspective, ce sont les provinces qui ont fait la Confédération et en conséquence, elles ont le pouvoir de reviser la constitution. À cet effet, il convoque et préside une conférence interprovinciale. Il confie aussi au curé Labelle le poste de sous-ministre de l'Agriculture et de la Colonisation ce qui irrite profondément le Canada anglais. Il règle la question des biens des Jésuites à l'insatisfaction de Tardivel toutefois.

Mercier est le premier chef politique depuis Papineau à enthousiasmer les foules par ses discours et à baser son pouvoir sur l'opinion publique. Ses thèmes favoris étaient la proclamation du caractère catholique et français de la province de Québec et l'urgence de l'unité pour les Canadiens français. «Cessons nos luttes fratricides et unissons-nous» était sa devise.

À cette conception autonomiste et canadienne-française du nationalisme, Wilfrid Laurier opposera une conception canadienne du nationalisme:

> Nous sommes Canadiens français mais notre patrie n'est pas confinée au territoire ombragé par la citadelle de Québec: notre patrie c'est le Canada, c'est tout ce que couvre le drapeau britannique sur le continent américain... Ce que je réclame pour nous, c'est une part égale du soleil de justice et de liberté; cette part nous l'avons ample, et ce que nous réclamons pour nous, nous sommes anxieux de l'accorder aux autres... C'est là l'idée qui a été la source inspiratrice de la Confédération[49].

Ces deux conceptions du nationalisme s'opposeront à travers l'histoire des Canadiens français. L'une cherchait à lier État et

---

[48]   Voir Robert Rumilly, *Mercier*, Montréal, les Éditions du Zodiaque, 1936, p. 319.

[49]   Cité par M. Wade, *op. cit.*, pp. 466-467.

nation alors que l'autre voulait mettre l'État au-dessus des nationalités.

Dans son journal *la Vérité* qui pendant vingt-cinq ans a circulé dans la plupart des presbytères et séminaires du Québec, Tardivel laisse filtrer au fil de sa plume l'espoir de voir s'établir sur les rives du Saint-Laurent une société française complètement indépendante:

> Nous n'avons fondé *la Vérité,* écrit-il, que pour souffler sur l'étincelle du patriotisme canadien-français. Lorsque cette étincelle sera devenue incendie, embrasant tous les cœurs, lorsque les chefs canadiens-français diront hautement au peuple que notre destinée providentielle est de devenir une nation autonome, alors la raison d'être de *la Vérité* aura cessé et *la Vérité* disparaîtra[50].

L'indépendance du Canada français est pour Tardivel une nécessité religieuse, car le Canada français qui est avant tout une réalité catholique a été choisi par la Providence pour christianiser l'Amérique:

> Dieu a planté dans le cœur de tout Canadien français patriote «une fleur d'espérance». C'est l'aspiration vers l'établissement, sur les bords du Saint-Laurent, d'une Nouvelle-France dont la mission sera de continuer sur cette terre d'Amérique l'œuvre de civilisation chrétienne que la vieille France a poursuivie avec tant de gloire pendant de si longs siècles[51].

Être séparatiste pour Tardivel, c'est être catholique. Pour cette raison, il condamne la bêtise de la rébellion de 1837-1838 pour son caractère révolutionnaire et anticlérical. Il condamne aussi la Confédération qui est, dans son esprit, une union législative continuant la politique assimilatrice de Durham.. Elle est, à son avis, l'œuvre des sectaires francs-maçons et des orangistes. Pour enrayer l'assimilation et réaliser l'indépendance, trois conditions sont essentielles: 1) rester fidèles à Dieu; 2) s'unir et abandonner l'esprit de parti; et 3) éviter l'émigration et l'annexion aux États-Unis.

Tardivel ne devient séparatiste qu'en 1886 après l'affaire Riel et il présente la synthèse de ses idées dans son roman, *Pour la patrie,* publié en 1895. À travers les diverses péripéties de son héros, qui lutte contre un complot secret anticatholique visant à s'emparer du gouvernement fédéral pour exterminer les Canadiens français, Tardivel exprime le sentiment d'isolement ressenti au Québec à la suite de la poussée expansionniste vers l'ouest et de

---

[50]   *Ibid.,* p. 398.
[51]   Jules-Paul Tardivel, *Pour la Patrie,* Montréal, Cadieux et Derome, 1895, p. 7.

l'affaire Riel. Dans cette œuvre de politique fiction, on peut dégager trois éléments constitutifs du nationalisme de Tardivel: la mission sacrée du Canada français, la méfiance envers toutes les influences extérieures et le désir d'un État canadien-français séparé[52]. Le nationalisme de Tardivel est avant tout canadien-français:

> Notre nationalisme à nous est le nationalisme canadien-français. Nous travaillons depuis 23 ans au développement du sentiment national canadien-français: ce que nous voulons voir fleurir, c'est le patriotisme canadien-français; les nôtres, pour nous, sont les Canadiens français, la Patrie, pour nous, nous ne disons pas que c'est précisément la province de Québec, mais c'est le Canada français; la nation que nous voulons voir se fonder, à l'heure marquée par la divine Providence, c'est la nation canadienne-française[53].

Tout comme Mercier, il considère que les partis politiques et l'esprit de parti sont néfastes pour la survie de la nation canadienne-française, qui doit plutôt chercher son salut dans la défense de la religion catholique car: «L'esprit catholique vient de Dieu, il vivifie et unit; l'esprit de parti vient de l'homme et du démon, il désunit et tue[54]». Dans son esprit, les partis politiques étaient une invention des colonisateurs qui pour mieux régner, divisaient les Canadiens français. Le thème de la lutte contre l'esprit de parti reviendra périodiquement dans la pensée des nationalistes, qui dénonçaient le gaspillage d'énergies et les luttes fratricides inhérentes à la logique partisane. Ils réclamaient l'union de tous les Canadiens français dans un seul parti homogène, qui serait alors en mesure de défendre efficacement les intérêts de la nation. À cet égard, il y a une similitude entre la pensée de Tardivel et celle d'Henri Bourassa qui cherchera à préserver son indépendance vis-à-vis le parti libéral et dénoncera les méfaits de l'esprit partisan. Cet accord tactique s'accompagne toutefois d'un désaccord stratégique. Tardivel s'attaque à la Ligue nationaliste et à Bourassa parce qu'ils se sont donnés comme objectif de travailler au développement d'un sentiment canadien indépendant des questions d'origine, de langue et de religion, dans le cadre confédéral.

Tardivel estime que le Canada est une absurdité géographique et qu'on perd son temps à essayer de fabriquer un patriotisme

---

[52]   Voir John Hare, « Nationalism in French Canada and Tardivel's Novel *Pour la Patrie* », *Culture,* vol. XXII, numéro 4, décembre 1961, pp. 403-412.

[53]   *La Vérité,* 2 avril 1904.

[54]   Cité par M. Wade, *op. cit.,* p. 420.

canadien et à dépenser ses forces pour le développement des autres nationalités. Elles sont bien capables de se défendre elles-mêmes, persifle Tardivel:

> L'œuvre féconde et utile ne serait-elle pas plutôt de consacrer toutes nos énergies à développer et à fortifier le sentiment national canadien-français, pour que au jour de l'effondrement du grand tout canadien — que nous et nos contemporains ne verront peut-être pas — ceux qui viendront après nous aient sous la main des matériaux pour reconstruire un édifice moins vaste mais plus conforme aux aspirations nationales de notre race[55]?

Pour Tardivel, le nationalisme canadien fondé sur la dualité ethnique n'était qu'une mystification dont le résultat à long terme serait l'anglicisation.

La polémique entre Tardivel et Bourassa illustre bien les deux tendances du nationalisme canadien-français, qui divergent sur la définition du cadre politique dans lequel la nationalité aura le plus de chances de persister. L'une veut donner la priorité à la nation canadienne-française, l'autre au contraire met ses espoirs dans la participation à l'État fédéral canadien et croit à la théorie du pacte entre les deux peuples fondateurs.

Conclusion

Le discours ultramontain est essentiellement axé sur la dénonciation et sur l'affirmation d'absolus. Dans ce contexte, le doute n'est pas permis, l'analyse des situations nouvelles y est absente et l'innovation est inutile, car le dogme est là qui fournit une interprétation toute faite de la réalité. Toutes les réponses se trouvent dans la doctrine de l'Église. L'individu n'a plus qu'à abdiquer et à mettre sa raison à la poubelle. Il ne réfléchit pas. Il doit suivre et appliquer mécaniquement l'enseignement des Pères de l'Église.

Le programme idéologique ultramontain peut se résumer ainsi: rien ne doit changer. Pour conserver leurs caractéristiques nationales, face aux dangers d'américanisation et de changements sociaux inhérents au développement industriel, il faut que les

---

[55]   Cité par André Laurendeau, « Sur une polémique entre Bourassa et Tardivel », *l'Action nationale,* vol. XLII, numéro 2, février 1954, p. 257.

Canadiens français s'unissent, forment un bloc monolithique et demeurent fidèles à l'Église, qui sait par la grâce divine comment guider son troupeau vers le salut national et céleste. Cette logique postule une équation religion-nation et Mgr Laflèche est tout à fait au diapason lorsqu'il écrit:

> La nation est constituée par l'unité de langue, l'unité *de foi*, l'uniformité des mœurs, de coutumes et d'institutions. Les Canadiens français possèdent tout cela et constituent bien une nation. Chaque nation a reçu de la Providence une mission à remplir. La mission du peuple canadien-français est de constituer un foyer de catholicisme dans le Nouveau Monde[56].

En tant que fraction hégémonique de la petite bourgeoisie, le clergé définissait notre société en fonction de ses aspirations et de ses intérêts particuliers. L'Église en tant qu'institution cherchait aussi à fonder sa suprématie sociale sur la nation, en se présentant comme seule capable de réconcilier les intérêts particuliers. De cette façon, elle se substituait à l'État qui dans les sociétés libérales assure la cohésion sociale. Elle subordonnait la nation et le pouvoir civil à ses propres intérêts matériels et spirituels et elle érigeait en valeurs absolues l'immobilisme, l'attachement aux traditions, la défense du statu quo, le conservatisme social et politique. La vision du monde ultramontaine aboutissait à l'établissement d'un monolithisme idéologique qui, par son intolérance, figeait le développement des idéologies en écrasant toute velléité de dissidence: «Hors de l'Église point de salut».

À la base de l'idéologie ultramontaine, il y a une conception théologique de l'histoire, en ce sens que tout phénomène est présenté comme résultat de la divine Providence. En plus du fatalisme, découle aussi de cette position une représentation des forces oppositionnelles qui, dans cette perspective manichéenne, ne peuvent être que les suppôts de Satan. Dès lors, tout ce qui n'est pas conforme ou qui conteste l'ordre établi incarne l'esprit du mal et doit être éliminé. Cette idéologie, en raison de sa dimension absolutiste, ne peut tolérer la différence et surtout la dissidence. Que ce soient les Rouges, les francs-maçons, les Juifs, les syndicats et plus tard les communistes, tous sont définis comme les ennemis de Dieu et de l'Église. Aucun compromis n'est possible.

---

[56] Mgr Laflèche, «Quelques considérations sur les rapports de la société civile avec la religion et la famille», cité par M. Wade, *Les Canadiens français*, tome 1, p. 381.

Ce monolithisme idéologique ne sera jamais total, il ne réussira pas à endiguer complètement l'émergence de nouveaux courants idéologiques portés par le développement des forces productives, comme le syndicalisme, mais sa force sera assez grande pour intégrer les nouveaux mouvements sociaux et obliger les forces de changement à accepter le cadre de référence dominant. Pour survivre, les oppositions devront se conformer aux préceptes de l'idéologie cléricale et diluer leurs revendications. L'une des difficultés dans l'étude de cette période consiste à évaluer l'importance relative des dissidences et leurs formes d'expression, par rapport au bloc indéniablement dominant qui accepte l'hégémonie idéologique de l'Église et l'assimilation religion-nation.

Il nous semble aussi que l'ultramontanisme est une idéologie d'appréhensions, en ce sens où elle s'élabore en fonction d'expériences étrangères dont on appréhende la reproduction et non en fonction d'une analyse de la situation concrète. C'est, pour l'essentiel, une idéologie importée. Ainsi par exemple, c'est à travers la question scolaire en France (instruction obligatoire) et les revendications des libéraux italiens que sont jugés les libéraux canadiens et leurs projets de réforme. L'effet de cette procédure ou de cette tactique de l'épouvantail, qui exagère l'importance et la force de l'ennemi en se référant à des expériences étrangères — en plus de détourner l'attention des problèmes réels — renforce le monolithisme de l'idéologie dominante et sa capacité mobilisatrice. Situé sur ce terrain, l'opposant devient responsable de toutes les contestations extérieures vis-à-vis desquelles il doit constamment se justifier. On détourne de la sorte l'attention du public de ses propres projets de réforme et en déplaçant ainsi le débat, on évite une remise en question concrète de l'idéologie dominante, on empêche qu'elle soit confrontée à sa propre réalité.

Cette dimension extravertie et abstraite (coupée du réel) de l'idéologie ultramontaine ne peut être comprise qu'en la ramenant aux conditions internes, qui ont permis son développement et sa domination. L'hégémonie ultramontaine est un effet de la domination coloniale et de sa conséquence: la superposition de deux structures sociales. Le pouvoir de la classe dominante (cléricopetite-bourgeoise) au Québec, étant dépendant, subordonné à une autre structure sociale, ne pouvait s'appliquer à la totalité de la réalité sociale. Il n'était pas fondé sur la propriété des moyens de production et le contrôle du développement économique, mais sur la responsabilité déléguée par la bourgeoisie financière d'exercer le contrôle social et la gestion locale. Son lieu d'intervention privilégié se confinait à la sphère des superstructures sociales, politiques et idéologiques. Cette classe n'avait aucun contrôle sur le développement des structures économiques qui procédait d'une logique extravertie. Son idéologie n'avait pas à légitimer la domination matérielle, économique et sociale de la bourgeoisie, elle n'avait pas à se définir en fonction du développement des forces productives mais plutôt, en fonction du maintien de son statut d'intermédiaire privilégié dans la structure de dépendance. Elle ne pouvait légitimer sa fonction d'intermédiaire qu'en maintenant son hégémonie politique et idéologique. Le nationalisme, en autant qu'il était conservateur, lui permettait à la fois d'assurer son pouvoir à l'intérieur de la structure de classe dominée et de renforcer son pouvoir de négociation avec la structure de classe dominante. L'amalgame religion-nation, tout en marquant la spécificité de la structure sociale dominée, permettait aussi au clergé d'imposer sa prépondérance et de se présenter comme le défenseur authentique de la nationalité. Désormais, les intérêts du catholicisme devenaient ceux de la société canadienne-française.

L'effet de cette idéologie, par ses appels à la mission divine et spirituelle du Canada français était de masquer la réalité matérielle et la situation de dépendance économique et sociale. Coupée du pouvoir économique et des transformations inhérentes au développement du capitalisme, l'idéologie ultramontaine ne pouvait correspondre à la réalité. De son autonomie relative, ne pouvait résulter qu'un écart grandissant entre la représentation du monde et la réalité de ce monde. Impuissante à définir et à contrôler l'orientation de ce développement, elle se contentera de proposer un programme de refus: refus du matérialisme, de la richesse, de l'industrialisation et de l'urbanisation. Ce décalage entre le discours et la réalité prendra toute sa signification dans la première moitié du XXᵉ siècle, où l'idéologie dominante se développe en contradiction avec l'état des forces productives.

CHAPITRE VI

Résistance aux changements et idéologie de conservation 1896-1929

Nous ne sommes pas seulement une race civilisée, nous sommes des pionniers de la civilisation; nous ne sommes pas seulement un peuple religieux, nous sommes des messagers de l'idée religieuse. Notre mission est moins de manier des capitaux que de remuer des idées; elle consiste moins à allumer le feu des usines qu'à entretenir et à faire rayonner au loin le foyer lumineux de la religion et de la pensée. Pendant que nos rivaux revendiquent, sans doute dans des luttes courtoises, l'hégémonie de l'industrie et de la finance, nous ambitionnerons avant tout l'honneur de la doctrine et les palmes de l'apostolat[1].

Ce projet de société à perspective messianique tracé par Mgr L.-A. Paquet traduit bien le hiatus ou le décalage entre un Québec en voie d'industrialisation par l'action des intérêts étrangers et l'idéologie dominante, qui s'accroche à une volonté de continuité illusoire et aux valeurs traditionnelles, afin de s'opposer à ces perspectives d'avenir. Cette citation illustre aussi l'autonomie des idéologies par rapport aux transformations structurelles qui s'effectuent. Quelques faits économiques nous indiquent les tendances de l'époque qui, pour Jean Hamelin et Jean-Paul Montmigny, représente la deuxième phase de l'industrialisation au Québec.

Tendances économiques au début du XXe siècle

C'est une période de prospérité et de croissance économique rapide: «la valeur brute de la production monte de 74.9 pour 100

---

[1] Cité par Mason Wade, *Les Canadiens français de 1760 à nos jours*, Montréal, Cercle du Livre de France, 1966, tome 1, p. 554.

de 1900 à 1910 à un taux annuel de 5.79 p. 100 et la valeur ajoutée
monte de 81.6 p. 100 à un taux de 6.14 p. 100 par année[2]». On
assiste alors à l'essor de l'industrie des pâtes et papiers qui est
le pôle de croissance le plus dynamique de l'économie. Dans ce
secteur, le capital fixe qui était de $7.2 millions en 1901 atteint
$284.9 millions en 1929[3]. Le Québec attire les capitalistes étran-
gers par ses ressources forestières immenses, par ses ressources énergétiques, par son réseau de transport, par sa main-
d'œuvre nombreuse et à bon marché et par l'absence d'une bourgeoisie capable de résister à leur implantation.

Le fait le plus significatif de cette période est la soumission
de l'économie québécoise aux capitaux étrangers. «De 1901 à
1929, les capitaux engagés dans le secteur manufacturier passent
de $142 millions à $1,246,209,000[4]». Ce sont encore les Britanniques qui investissent le plus au Québec, mais avec la guerre, les
Américains interviennent massivement et se préparent à assumer
la succession[5]. En témoigne, l'implantation de l'Alcan, de l'International Paper Co., de la Consolidated Paper Corporation. Le
Québec apparaît nettement comme une succursale de Londres ou
de New York. Cette pénétration des capitaux étrangers est facili-
tée par l'absence de concurrence de la part d'une bourgeoisie locale qui, en l'occurrence, est incapable de prendre en charge le
développement de l'économie. Faute de capitaux, la classe dominante locale se contentera de toucher des ristournes minimes, surtout pour ses services politiques.

La guerre a aussi contribué à cet essor économique en éliminant la concurrence des pays scandinaves dans la production
forestière, en créant un vaste marché pour les produits agricoles
et en multipliant les besoins de produits ouvrés. Enfin, cette prospérité est gonflée artificiellement par de nouvelles pratiques commerciales comme la « vente à tempérament» et le crédit.

---

[2]   Jean Hamelin et Jean-Paul Montmigny, « 1896-1929: une deuxième phase
d'industrialisation». Dans Fernand Dumont et autres, *Idéologies au Canada
français, 1900-1929,* Québec, les Presses de l'Université Laval, 1974, p. 17.

[3]   En 1932, le Québec alimente 62 pour 100 des besoins du marché américain en
papier journal.

[4]   *Ibid.*, p. 21.

[5]   Alors qu'en 1900 les Britanniques possédaient 85 pour 100 des investissements
étrangers au Canada et les Américains seulement 14 pour 100, en 1930 la
proportion s'inverse à l'avantage des Américains qui contrôlent 61 p. 100
comparativement à 36 p. 100 pour les Britanniques. Voir Alfred Dubuc.
«Développement économique et politiques de développement: Canada 1900-
1940», dans *Économie québécoise,* p. 196.

La croissance soutenue de l'économie québécoise pendant cette période est attestée par l'augmentation plus rapide de la population active (99.3 pour 100) par rapport à la population totale (74.3 pour 100), ce qui s'explique par l'arrêt de l'émigration aux États-Unis et par la «prolétarisation active» des femmes. Cette industrialisation provoque aussi des transformations dans la répartition de la main-d'œuvre

Répartition de la population active selon les secteurs primaire, secondaire et tertiaire au Québec en pourcentage [6]

	1901	1911	1921	1931
primaire	48.32	46.51	42.36	38.28
(agriculture)	(38.5)	(31.2)	(28.2)	(22.4)
secondaire	25.20	22.67	21.77	21.42
tertiaire	26.48	30.75	35.86	40.30

Comme on peut le constater, le secteur primaire cède le premier rang au secteur tertiaire. Alors qu'en 1900, l'agriculture comptait pour 65 pour 100 de la production totale, ce secteur ne représente plus en 1935 que 12.4 p. 100 et n'occupe plus qu'un travailleur sur quatre. Il faut noter qu'au niveau primaire le secteur minier se développe, mais cette activité économique est centrée sur l'extraction du minerai, qui est exporté à l'état brut sans subir de transformation. Quant au secteur secondaire, en dépit des apparences (baisse en pourcentage) on remarque qu'il absorbe 100,000 travailleurs de plus. L'économie québécoise est celle d'un pays en voie d'industrialisation car le Québec est un importateur de produits manufacturés et un exportateur de produits plus ou moins finis et de matières premières. C'est l'industrie légère qui domine. La majorité des entreprises ont un chiffre d'affaires inférieur à $25,000. La grande industrie n'a pas encore remplacé la manufacture.

Cette période est particulièrement marquée par le développement des villes. La population urbaine passe de 39.6 pour 100 à 63.0 p. 100, entre 1901 et 1929[7]. Le monde rural perd, de 1891 à 1921, 172,000 personnes. Il y a donc urbanisation, si on réfère

---

[6]   Céline Saint-Pierre, *Le développement de la société québécoise saisi à travers l'analyse des orientations et des pratiques du syndicalisme catholique et des unions internationales, la définition des idéologies dominantes et la mise à jour des contradictions fondamentales (1929-1940)*, thèse, École pratique des hautes études, VIe section, 1973 p. 77.

[7]   Jean Hamelin et Jean-Paul Montmigny, *op. cit.*, p. 21.

au phénomène de la concentration de la population sur un territoire restreint. Mais au niveau des attitudes, des mentalités, c'est toujours une vision rurale du monde qui prédomine. L'urbanisation n'a pas entraîné la désuétude des valeurs traditionnelles: «entre ruraux et prolétaires une continuité des attitudes s'est maintenue[8]». Le citadin québécois francophone est un être hybride, issu d'une symbiose ville-campagne. Il n'a pas une conscience claire des mutations qui s'opèrent et de la mise en contradiction du discours dominant qu'elles impliquent, ce qui explique en partie la persistance d'une idéologie désaccordée par rapport à la réalité.

La ville par son étrangeté, étant l'espace des étrangers, renforce l'attachement aux valeurs traditionnelles, le repli sur soi et la méfiance. En raison de sa position économique dominée dans le petit commerce et en tant que travailleur peu qualifié, le Québécois francophone se sent menacé par les autres qu'il côtoie et qui le concurrencent. Ce sentiment est bien exprimé par Charles Gill lorsqu'il décrit en mai 1911, la rue Saint-Laurent:

> Le soleil se couchait; dans une poussière d'or passait la foule cosmopolite. Ce soleil au couchant, cette rue que j'avais vue il y a vingt ans toute française, cette foule composée de races hostiles à notre étoile, la diversité des langages, notre race représentée là surtout par ses prostituées de douze ans et ses jeunes ivrognes, tout cela me frappa. Nous étions demeurés près de la vitrine; j'attirai Ferland... Regardez Ferland, lui dis-je, regardez mourir le Canada français[9].

Pour le Québécois francophone, en mal d'identité et subordonné économiquement, la ville et l'usine incarnaient dans le quotidien le pouvoir des autres. À cet égard, un rapport de l'Association catholique de la jeunesse canadienne-française présente en ces termes la position économique des Québécois francophones:

> Accaparement de nos richesses naturelles par l'étranger, exploitation de notre main-d'œuvre, par le développement d'une industrie artificielle, aux quatre cinquièmes étrangère, organisation irrégulière et abusive de la production en vue du grand commerce plutôt que des besoins immédiats de la consommation, tels sont quelques-uns des défauts de notre organisation industrielle. Il faut poser la ques-

---

[8]   Fernand Dumont, *Idéologies au Canada français, 1900-1929*, Québec, Presses de l'Université Laval, 1974, p. 3.

[9]   Charles Gill, *Correspondance*, publiée par Réginald Hamel, Montréal, Éditions Parti Pris, 1969, p. 28.

tion de notre avenir industriel: devons-nous continuer à laisser l'Américain ou l'Anglais nous prendre chez nous le meilleur de notre avoir et nous réduire peu à peu au servilisme[10].

De cette brève analyse, on peut dégager les traits essentiels du développement économique du Québec durant les premières décennies du XXe siècle: 1- l'économie québécoise est intégrée à l'économie nord-américaine, elle n'est pas autonome; 2- le développement industriel s'effectue non pas en fonction des besoins du marché local, mais en fonction des richesses naturelles et de leur demande sur le marché mondial; 3- l'expansion économique se fait par l'intermédiaire d'industries à grande échelle de type monopoliste (papier, aluminium); 4- l'industrialisation n'est pas le fait du groupe ethnique majoritaire du Québec, car il y a peu de propriétaires et d'entrepreneurs canadiens-français et même les fonctions administratives sont confiées à un «management» local, qui est en grande partie de langue anglaise. «Le développement économique du Québec a été financé, dirigé et contrôlé de l'extérieur[11]».

Ces indices et tendances économiques mettent aussi en relief la nature des forces sociales en présence. La bourgeoisie industrielle et financière est composée majoritairement d'Américains et d'Anglo-Saxons et, en très faible minorité, de quelques capitalistes canadiens-français. Elle est représentée sur le plan politique par le parti libéral de Taschereau. Une autre fraction de la bourgeoisie, composée de propriétaires des moyens de production, est regroupée autour de la petite et de la moyenne entreprise. Elle se caractérise par son faible degré de concentration du capital, par son implantation dans les petites villes et par l'emploi intensif d'une force de travail peu qualifiée. Elle est très liée à la petite bourgeoisie professionnelle et elle articulera ses intérêts sur le plan politique en soutenant Duplessis. La petite bourgeoisie traditionnelle, représentée par les politiciens, continue à gérer l'appareil d'État et à servir deux maîtres: l'Église et le capital. L'Église, représentée par le clergé, joue toujours le rôle prédominant d'intermédiaire entre le peuple et les divers paliers de pouvoir. La classe ouvrière se développe au rythme de l'industrialisation. À l'origine, elle est composée d'ouvriers non qualifiés qui viennent des régions rurales, avec lesquelles ils conservent des liens étroits. Enfin il y a, bien sûr, les paysans et les travailleurs agricoles qui

---

[10]   Cité par Céline Saint-Pierre, *op. cit.*, p. 99.
[11]   *Ibid.*, p. 102.

composent encore une partie importante de la main-d'œuvre active et soutiennent fortement les élites traditionnelles. Dans cette structure sociale, l'Église exerce l'hégémonie idéologique et maintient la cohésion entre ces classes sociales, qui au lieu de s'opposer, ont plutôt tendance à collaborer ou à s'associer.

Un Québec libéral

Sur le plan politique, cette période se caractérise par le règne du parti libéral, tant sur la scène fédérale que provinciale, ce qui suppose une certaine évolution idéologique à la fois des libéraux et de la hiérarchie cléricale. On a vu précédemment que les autorités cléricales considéraient impossible, sur le plan doctrinal, d'associer libéralisme et catholicisme car, pour les évêques, cet amalgame représentait « une réconciliation irréaliste de la vérité et de l'erreur ». Les conservateurs capitalisaient alors sur les « influences indues » du clergé et les libéraux se retrouvaient immanquablement dans l'opposition, après chaque élection. Le succès des libéraux dépendait de la neutralisation de l'influence politique de l'Église. Pour y arriver, de compromis en compromis, ils abandonneront, sous la direction de Laurier, le libéralisme intégral et le radicalisme des Rouges.

Laurier fut coopté par Blake à la direction du parti libéral (1887), afin d'élargir la base électorale du parti et d'attirer le vote des Canadiens français qui depuis la Confédération soutenaient le parti conservateur. Modéré et pragmatique, Laurier voulait refaire l'unité nationale, réconcilier Anglais et Français et éviter les appels à la race et à la religion. Il se décrit lui-même ainsi : « As you know, I am not a doctrinaire, I am always ready to be practical on the tariff as well as on any other question[12] ». La stratégie politique de Laurier consistait à éviter les questions controversées et à adopter les solutions qui aliénaient le moins de gens possible.

Afin d'amadouer le clergé, pour assurer le succès électoral de son parti, il chercha à dissiper la confusion entre le libéralisme politique anglais et le libéralisme social continental. Tel fut l'objet

---

[12]   Cité par Blair Neatby, *Laurier and a Liberal Quebec*, Toronto, McClelland and Stewart 1973, p. 137.

du discours qu'il prononça le 26 juin 1877 intitulé « Le libéralisme politique » où il répondait aux thèses ultramontaines sur la nature républicaine, antireligieuse et radicale du libéralisme. Pour ce faire, il se réclame des libéraux anglais dont le but était d'apporter des réformes aux abus politiques et non de bouleverser la société. Laurier demandait aux libéraux de «prouver au monde que le catholicisme est compatible avec la jouissance de la liberté dans la plus large acception de ce mot[13]». Mais sa politique de compromis et de modération ne réussira pas à elle seule à ébranler les convictions ultramontaines du clergé québécois et à dédouaner le parti libéral auprès des autorités cléricales. Rome devra finalement intervenir (mission de Mgr Conroy) pour modérer le zèle conservateur du clergé à qui il conseillera d'être plus neutre à l'avenir dans les élections ; ce qui n'empêchera pas le clergé de continuer à défendre de voter libéral sous peine de péché mortel. L'antagonisme entre les libéraux et la hiérarchie cléricale ne sera atténué qu'après la publication de l'encyclique *Affari Vos* de Léon XIII (1897), qui enjoignait à l'Église canadienne de mettre fin à la «guerre sainte» contre les libéraux. Enfin, le bipartisme avait émoussé l'idéologie libérale de sorte que le libéralisme canadien-français n'était pas très différent du conservatisme.

Laurier évitait la question épineuse des écoles du Manitoba et préconisait la réciprocité commerciale avec les États-Unis, pour satisfaire les fermiers de l'Ouest. Il ménageait les susceptibilités loyalistes et impérialistes de l'Ontario, tout en rassurant le Canada français par ses positions autonomistes, distillant un nationalisme canadien. De plus, il ralliait protestants et catholiques et jouait sur les sentiments nationalistes et la fierté de ses compatriotes. Il réussit ainsi, à porter le parti libéral au pouvoir à l'élection de 1896 et à s'y maintenir pendant 15 ans, grâce à l'appui du Québec. «Le libéralisme avait été remis en bonne posture dans le Québec catholique mais, au cours de l'opération, il avait été en grande partie purgé de son anticléricalisme traditionnel[14]».

La suprématie libérale sur la scène provinciale commence en 1897, avec l'élection du F.-G. Marchand et se poursuit avec S.-N. Parent, Lomer Gouin et L.-A. Taschereau jusqu'en 1936. La prise du pouvoir par le parti libéral coïncide avec le démarrage de l'industrialisation au Québec. Le parti libéral défend l'entreprise pri-

---

[13] Cité par Mason Wade, *les Canadiens français de 1760 à nos jours,* Montréal, Cercle du livre de France, 1966, tome I, p. 478.

[14] *Ibid.*, p. 480.

vée et favorise la pénétration des capitaux étrangers. Taschereau répond à une critique de Camilien Houde, au sujet des capitaux étrangers, en disant (1928):

> Oui, il y a de l'argent américain dans la province et il est le bienvenu, tant que moi-même et mes collègues, nous serons ici, nous inviterons le capital étranger à venir nous aider à développer notre province[15].

Taschereau est aussi partisan du laisser-faire économique. La presse libérale appuie le gouvernement dans sa politique d'industrialisation extravertie et s'oppose à la législation sociale.

C'est aussi une période de collaboration intense entre le gouvernement fédéral et le gouvernement de la province de Québec, qui prend l'allure d'une administration locale, inféodée au pouvoir de son grand frère d'Ottawa[16]. Cette quasi-confusion des pouvoirs entre le parti libéral fédéral et le parti libéral provincial suscitera la réaction autonomiste des partis d'opposition et des nationalistes. La vie politique de cette période sera animée par trois grands courants idéologiques: l'impérialisme, le nationalisme canadien et le nationalisme canadien-français. Après la première guerre mondiale et l'éclipse de Laurier, on assistera à un reflux de l'intérêt québécois de la scène fédérale à la scène provinciale[17].

Nous privilégierons, dans l'analyse des idéologies de cette période, les leaders d'opinion en les considérant comme des révélateurs des fluctuations de l'idéologie de la petite bourgeoisie et des réactions de cette classe, aux mutations profondes qui affectent la société québécoise.

Henri Bourassa: un castor rouge

> Bourassa représente, par son propre destin, en quoi cette période apparemment étale fut aussi celle de l'angoisse. Petit-fils de Papi-

---

[15]   Cité par Mason Wade, *les Canadiens français de 1760 à nos jours*, Montréal, Cercle du livre de France, 1966, tome II, p. 230.

[16]   Le premier ministre Marchand déclare peu après son élection: «Nous arborons le drapeau à côté de notre chef qui gouverne à Ottawa. Laurier peut désormais commander à toutes les provinces, sa parole sera écoutée et ses désirs exécutés». Cité par Jean-Claude Robert, *Du Canada français au Québec libre*, Paris, Flammarion, 1975, p. 163.

[17]   Il faut toutefois souligner qu'après la Conscription de 1917 décrétée par les conservateurs, le Québec vote en bloc pour le parti libéral.

neau et ultramontain, ami de Laurier et opposé à l'empire, nationaliste et catholique : voilà bien des variables pour un seul homme[18].

Alors que Papineau était un libéral et, conséquent avec cette idéologie était aussi anticlérical, Henri Bourassa, lui, sera un monstre, un nœud de contradictions : un castor rouge, c'est-à-dire qu'il tenta de réconcilier le libéralisme et l'ultramontanisme. Tout en étant un rouge, il sera profondément religieux et suivra fidèlement les directives de l'Église et du pape. C'est un homme complexe, idéaliste et indépendant.

Il est très difficile de présenter une synthèse cohérente de sa pensée, inscrite dans une multitude de textes, portant sur des sujets variés et souvent marqués par les besoins de la polémique. De nombreux courants de pensée ont voulu le récupérer afin de profiter de son prestige. Bourassa a lui-même favorisé l'ambiguïté, en laissant courir des interprétations plus ou moins fidèles de sa pensée. Certains le considèrent comme un nationaliste radical (M.P. O'Connell), d'autres comme l'idole du mouvement nationaliste (C. Ryan) et d'autres encore comme un idéaliste, opposé à tout radicalisme, qui a mystifié ses compatriotes (R. Desrosiers).

L'affaire Riel en 1885 éveille son intérêt pour la politique. En 1887, il fait campagne pour Mercier et le Parti national. À 21 ans, il est élu maire de Montebello. Élu député en 1896, il représentera le comté de Labelle pendant 21 ans, de 1896 à 1907 et de 1925 à 1935. De 1908 à 1912, il sera député à la Législature de la province de Québec. Toute sa carrière politique sera placée sous le signe de l'indépendance et du devoir. Bourassa refuse de se soumettre à la discipline et à l'esprit de parti. Même s'il était libéral et partisan de Laurier, il refusait de se lier de trop près à ce parti. Ainsi en 1900, étant en désaccord avec Laurier sur la nature des relations entre le Canada et la Grande-Bretagne, il démissionne du parti et se fait réélire par acclamation avec un programme anti-impérialiste. En 1911, sur cette même question, il abandonne Laurier et contribue à la défaite électorale du parti libéral. Sa devise était : « Fais ce que dois ».

Cette attitude antipartisane de Bourassa s'explique par sa conception de la démocratie et son allégeance ultramontaine. D'abord, Bourassa ne croit pas à la souveraineté populaire. Le peuple ne peut être source d'autorité car :

> « Toute autorité légitime quelle que soit la forme de gouvernement, écrit-il, vient de Dieu »... Fils de famille parlementaire et libérale

---

[18]   Fernand Dumont, *op. cit.*, p. 13.

j'ai cru un temps à la démocratie et au parlementarisme. Pas à la souveraineté du peuple comme source de l'autorité. Cela, c'est une absurdité, aussi impraticable en fait que fausse en principe [19].

Pour cette raison, l'intervention cléricale dans les choses temporelles lui apparaît tout à fait justifiée. Il ne croit pas non plus à la démocratie parlementaire, parce qu'elle implique un régime de parti :

> Nos partis, écrit-il, ne sont que des troupeaux d'esclaves ignorants ou vénaux que les chefs mènent à leur guise. La discipline abrutissante des partis, et plus encore, les subsides électoraux font de la plupart des candidats et des députés des instruments dociles, les bêtes de somme des maîtres qui les achètent, les mènent à l'abreuvoir... [20]

L'esprit de parti empêche la liberté et permet la corruption. Il critique la démocratie parce que, dit-il, elle est fondée sur le droit de la majorité d'opprimer la minorité. Il s'oppose enfin au suffrage universel et en particulier au droit de vote des femmes [21].

Bourassa a des sympathies pour le régime aristocratique et il admire le régime seigneurial, étant lui-même propriétaire de l'ancienne seigneurie de la Petite Nation. Il déplore que le régime aristocratique n'ait pu se développer au pays. Contre mauvaise fortune, il faut faire bon gré, et puisque les Anglais nous ont imposé la démocratie parlementaire il faut utiliser ce système politique et atténuer ses inconvénients en formant une opinion publique alerte et avertie et en utilisant le référendum (ce qui n'est pas sans être contradictoire avec sa conception de la légitimité). C'est pour corriger le fonctionnement du parlementarisme qu'il fonde *le Devoir* en 1910.

L'État, pour Bourassa, a presque pour unique rôle de faire respecter la justice et de maintenir l'ordre. Il s'oppose à l'extension des pouvoirs étatiques parce que cela mènerait à la neutralité religieuse et remettrait en cause les droits naturels des parents. L'État doit être exclu du domaine de l'éducation. « L'État est à nos yeux un maître d'école incompétent ». En fait, l'État ne doit jouer un rôle actif que pour favoriser la colonisation. Pour le reste, Bourassa s'en remet à la bienveillance de l'Église.

---

[19]   Cité par Jean Drolet, « Henri Bourassa, une analyse de sa pensée », dans Fernand Dumont et autres, *op. cit.*, p. 224.

[20]   *Ibid.*, p. 227.

[21]   Ce droit a été reconnu par le gouvernement fédéral en 1921. Les provinces canadiennes suivront sauf le Québec qui résistera jusqu'en 1940.

Ses idées dans le domaine économique et social étaient superficielles et banales et il se contenta sur ces questions d'être le fidèle interprète de la doctrine sociale de l'Église. Chez lui, les convictions religieuses priment sur tout : « À l'Église catholique, apostolique et romaine, nous avons voué un amour sans bornes, une fidélité inviolable, une obéissance entière [22] ». Son échelle de valeur était la suivante :

> Il faut parfois rappeler — tout est bouleversé de nos jours dans la hiérarchie des devoirs — que la religion précède le patriotisme, que la préservation de la foi et des mœurs importe plus que la conservation de la langue, que le maintien des traditions nationales, des vertus familiales surtout, prime les exigences du haut enseignement ou la production des œuvres littéraires [23].

Bourassa s'oppose à la scolarisation obligatoire parce que c'est un droit inaliénable de la famille de décider en cette matière. La famille et non l'individu constitue la base de la société. Il va donc combattre le moindre changement qui pourrait diminuer le rôle de la famille et l'autorité du père. Divorce, mariage civil, mouvement féministe, travail des femmes, droit de vote, sont pour lui inacceptables.

Dans *le Devoir*, Bourassa attaque en ces termes le mouvement des suffragettes :

> La principale fonction de la femme est et restera — quoi que disent et quoi que fassent, ou ne fassent pas, les suffragettes — la maternité, la sainte et féconde maternité, qui fait véritablement la femme l'égale de l'homme... (les femmes) sont incapables de porter les plus lourdes charges sociales, inaptes à l'accomplissement des fonctions publiques [24].

Plus grave encore, le travail des femmes entraîne la promiscuité et le libertinage dans les usines. En général, les milieux nationalistes de l'époque sont antiféministes. On demandait à la femme de rester au foyer, d'avoir une nombreuse progéniture et d'inculquer à ses enfants les valeurs nationales. Ils ne pouvaient accepter l'émancipation de la femme car elle allait à l'encontre de leur stratégie nataliste : la revanche des berceaux, compensatrice de leur impuissance politique.

---

[22] *Ibid.*, p. 237.
[23] *Ibid.*, p. 223.
[24] H. Bourassa, « Le droit de voter — la lutte des sexes — laisserons-nous avilir nos femmes ». Cité par Michèle Jean, *Québécoises du XXe siècle*, Montréal, Éditions du Jour, 1974, pp. 197-201.

À l'égard du monde du travail et de l'économie, Bourassa adopte comme principe que les biens spirituels sont plus importants que les biens matériels, que les fonctions de l'intelligence et les besoins de l'âme priment sur les appétits du corps et les exigences de la vanité. Ses idées économiques sont aussi liées à son nationalisme et à sa lutte contre l'impérialisme britannique. Il fustige, à l'occasion, les trusts et les monopoles dirigés de l'étranger et fait des mises en garde contre l'invasion des capitaux américains. Il s'oppose au développement industriel pour des motifs moraux et considère le monde des affaires dominé par les Anglo-Saxons comme un instrument d'assimilation :

> Au Canada français, la passion désordonnée des affaires est le plus actif agent de la conquête anglo-saxonne et protestante ; c'est la marque la plus certaine de l'emprise du matérialisme sans foi, sans idéal, sans patrie, qui domine toute la vie sociale et politique du continent [25].

Bourassa dénonce la doctrine du libéralisme économique ainsi que les méfaits du profit, de la concurrence, des banques et du crédit. Les hommes d'affaires, les banquiers, les financiers, les industriels, lui sont antipathiques. Dans ses écrits, il condamne avec violence le capitalisme :

> Le capitalisme, c'est la concentration des richesses entre les mains de collectivités particulières, qui dominant les activités économiques, les sources du crédit privé et public, et dans une large mesure l'ordre social et politique, oppriment l'individu, la famille et l'État [26].

Ses dénonciations du socialisme sont aussi virulentes. En fait, sur le plan économique, Bourassa est à la remorque de la doctrine sociale de l'Église et se rallie au modèle corporatiste, où le capital et le travail sont présentés comme complémentaires et interdépendants, et où les rapports sociaux doivent être organisés sur la base de la collaboration des classes, de la justice et de la charité. Son idéal est le retour au régime de propriété féodale parce qu'il liait famille et propriété et fondait une hiérarchie sociale stable où régnaient l'harmonie et la bonne entente. Ce qui se rapproche le plus de cet idéal, c'est le programme du retour à la terre et de la colonisation. La pensée de Bourassa se caractérise donc par son conservatisme social.

---

[25] *Ibid.*, p. 242.
[26] Cité par Roland Parenteau, « Les idées économiques et sociales de Bourassa », *l'Action nationale*, Montréal 1954, pp. 177-178.

L'anti-impérialisme de Bourassa

À la fin du XIXe siècle, de forts courants impérialistes apparaissent en Angleterre dont la suprématie commerciale est menacée par l'Allemagne et les États-Unis. Dans la course aux colonies africaines, l'empire britannique craint aussi la concurrence de la France. Afin de préserver un empire où le soleil ne se couche jamais, les politiciens anglais modifient leur politique de libre-échange et tentent de mettre les colonies à contribution pour créer une «plus grande Bretagne», en imposant le principe d'une fédération impériale, où toutes les colonies «britanniques» se regrouperaient pour leur défense commune et adopteraient une politique étrangère et commerciale commune.

La guerre des Boers sera l'occasion de concrétiser ces projets et aura pour effet de réanimer les conflits ethniques au Canada. Le mouvement impérialiste canadien était un mouvement anti-français, dont l'objectif était de faire du Canada le pays d'une seule langue et d'une seule culture. Ajouté à l'affaire Riel et aux attaques contre les privilèges des minorités canadiennes-françaises au Manitoba et en Ontario, il favorisera l'éclosion d'une conscience collective canadienne-française personnifiée par les positions de Bourassa.

La question de l'envoi d'un contingent canadien contre les Boers mit une fois de plus en évidence les différences entre les Canadiens anglais militaristes et pro-impérialistes et les Canadiens français antimilitaristes et anti-impérialistes. *La Presse* déclarait à cette occasion:

> Nous Canadiens français, nous n'appartenons qu'à un pays... Le Canada est pour nous le monde entier. Mais les Anglais ont deux patries; celle d'ici et celle d'outre-mer[27].

Le parti libéral de Laurier adopta une solution de compromis en n'autorisant pas la formation d'un contingent officiel mais en acceptant de financer l'envoi d'un contingent de volontaires[28]. Insatisfait de cette compromission et en signe de protestation, Bourassa démissionne le 18 octobre 1899. Il demande à Laurier s'il a tenu compte de l'opinion du Québec dans sa décision et celui-ci lui fait la réplique célèbre: «Mon cher Henri, la province de Québec

---

[27]   Cité par Mason Wade, *op. cit.*, p. 522.
[28]   Le Canada expédia en Afrique du Sud 7,300 hommes et l'opération coûta $2,800,000 aux citoyens.

n'a pas d'opinion, elle n'a que des sentiments». Réélu par acclamation, Bourassa revient à la Chambre et prononce un long discours demandant à la Chambre d'affirmer que l'action du gouvernement ne créait aucun précédent pour une future participation
canadienne aux guerres de l'Empire. Il insiste pour que tout changement dans les relations entre le Canada et l'Angleterre soit sanc-
tionné par la volonté souveraine du Parlement et par le peuple
canadien. Sa proposition sera rejetée et enterrée par des manifestations de fanatisme pro-britannique.

La Ligue nationaliste est fondée en 1903 pour protester contre
l'impérialisme britannique. Son programme comportait trois points
principaux:

1 — Pour le Canada, dans ses relations avec la Grande-Bretagne,
la plus large mesure d'autonomie compatible avec le maintien
du lien colonial.
2 — Pour les provinces canadiennes, dans leurs relations avec le
pouvoir fédéral, la plus large mesure d'autonomie compatible
avec le maintien du lien fédéral.
3 — Adoption par le gouvernement fédéral et les gouvernements
provinciaux d'une politique de développement économique et
intellectuel canadienne[29].

Les nationalistes canadiens revendiquaient concrètement pour le
Canada: une politique d'immigration autonome, le droit d'être
représenté aux congrès internationaux, une procédure qui per-
mette aux tribunaux canadiens d'être des tribunaux de dernière
instance, l'autonomie commerciale, le droit pour le Canada de
signer ses propres traités commerciaux et de nommer ses propres
consuls et enfin, la non-participation du Canada aux guerres impé-
riales à l'extérieur du territoire canadien.

Cette question de la participation du Canada à la politique
impérialiste de la Grande-Bretagne revint à l'ordre du jour en 1909.
L'Angleterre sent alors sa suprématie sur les mers menacée par
l'Allemagne et veut accroître sa flotte de guerre. Laurier présente
un projet de loi créant une marine canadienne à la disposition de
la Grande-Bretagne. Ce projet mécontente les conservateurs et le
Canada anglais qui préfèrent une contribution directe en millions
de dollars. Les nationalistes canadiens-français s'y opposent aussi,
estimant qu'il s'agit encore là d'impérialisme britannique. Bourassa fonde alors *le Devoir* et attaque systématiquement le projet de
loi avec les arguments suivants: la Grande-Bretagne est seule

---

[29]   *Ibid.*, p. 559.

responsable de sa politique étrangère, elle est, par conséquent, seule tenue d'en porter le fardeau. Le Canada n'est tenu de participer à la défense de l'Empire que pour la défense de son territoire. Ces positions anti-impérialistes trouvent un large écho dans la population canadienne-française qui est fondamentalement antimilitariste et pacifiste. Laurier réussira à faire adopter son projet mais ce sera une victoire à la Pyrrhus, car aux élections de 1911 les libéraux seront battus par une alliance des conservateurs et des nationalistes. Borden suivra une politique encore plus impérialiste que Laurier[30]. À travers ces différentes péripéties de la politique canadienne, se dégagent les grandes orientations du nationalisme de Bourassa.

Le nationalisme canadien de Bourassa

Bourassa défendait une conception médiévale du nationalisme selon laquelle, sous l'égide de l'Église, les diverses nations européennes vivaient en coexistence, chacune développant sa culture et ses aptitudes particulières. Le particulier était contenu dans l'universel, car ces nations étaient unies par une foi commune fondant une moralité universelle. Elles acceptaient la direction d'un « Père commun des fidèles, infaillible directeur de la foi, indéfectible gardien de la morale[31] ». À l'époque moderne, l'Église ne pouvait plus être le facteur d'unité. L'État prenait la place du pape comme facteur d'universalité au-dessus des nations et c'est pour cette raison que Bourassa était fédéraliste. Il gardait une foi inébranlable dans les vertus du fédéralisme en dépit des démentis apportés par les faits.

Son nationalisme était fait de deux aspirations principales, la croissance normale et graduelle de la nationalité canadienne et sa conséquence ultime, l'indépendance ; et, à l'intérieur de ce cadre, le développement *simultané* et *équilibré* de deux cultures de base[32]. Pour cette raison, il sera toujours très attentif à la politique d'immigration canadienne et la critiquera, parce qu'elle tendait à briser le développement équilibré des deux peuples fondateurs, en favorisant l'arrivée d'immigrants de langue anglaise.

---

[30]   Son projet de faire un don de $35 millions à l'Angleterre sera bloqué par le Sénat à majorité libérale.

[31]   *Le Devoir*, 24 novembre 1923.

[32]   Jean Drolet, *op. cit.*, p. 233.

Il croyait que l'épanouissement de la culture canadienne-française était possible au sein de la Confédération. Cette vision idéaliste l'opposait à Jules-Paul Tardivel pour qui la Confédération avait eu des conséquences désastreuses pour les Canadiens français, dont les droits avaient été anéantis dans l'Ouest. Bourassa refuse de tirer les conséquences logiques de cet état de fait. Il s'avoue désenchanté de la Confédération mais continue à espérer et à faire comme si cette union pouvait fonctionner.

Son fédéralisme sera teinté de messianisme et de prosélytisme. Bourassa croyait à la mission civilisatrice et spirituelle du Canada français en Amérique. Ce messianisme ne pouvait se réaliser que dans le cadre du fédéralisme. Il sera donc le farouche défenseur des droits des minorités françaises de l'Ouest et de l'Ontario, car le Canada français devait avoir une dimension continentale pour répondre à sa vocation providentielle. Dans cette perspective, le rôle du Québec était de venir en aide aux minorités francophones des autres provinces.

Bourassa se définit comme Canadien avant tout. Il rêve d'un Canada où l'équilibre entre les deux peuples fondateurs serait stable. Il se fait donc le promoteur d'un nationalisme pan-canadien basé sur le respect mutuel des deux races. Dans son optique, le nationalisme canadien-français peut et doit se développer à l'intérieur d'un patriotisme plus général : « Nous considérons que le Canada tout entier est notre patrie, qu'il nous appartient au même titre qu'aux autres races [33] » :

> Le seul terrain sur lequel il soit possible de placer la solution de nos problèmes nationaux c'est celui du respect mutuel à nos sympathies de races et du devoir exclusif à la patrie commune. Il n'y a ici ni maîtres ni valets, ni vainqueurs ni vaincus ; il y a deux alliés dont l'association s'est conclue sur des bases équitables et bien définies. Nous ne demandons pas à nos voisins d'origine anglaise de nous aider à opérer un rapprochement politique vers la France ; ils n'ont pas le droit de se servir de la force brutale du nombre pour enfreindre les termes de l'alliance et nous faire assumer vis-à-vis de l'Angleterre des obligations nouvelles fussent-elles toutes volontaires et spontanées [34].

Bourassa, refusant la logique démocratique de la loi de la majorité, dénonce les sentiments pro-impérialistes et les préjugés raciaux

---

[33]   Cité par André Laurendeau « La nationalisme de Bourassa », *l'Action nationale*, vol. 43, n° 1, janvier 1954, p. 30.

[34]   *Ibid.*, p. 17.

qui les sous-tendent. Dans sa vision du monde, les rapports de force n'ont pas de place. Il veut la paix, la liberté et la grandeur du Canada avant celle de toute autre nation.

Son nationalisme canadien prend appui sur deux nationalismes culturels distinctement séparés, lesquels doivent être dissociés du politique et ne doivent pas chercher à faire la jonction avec l'État. Le rôle de ce dernier est d'être neutre, de se situer au-dessus des nations et de maintenir l'équilibre entre les parties:

> Notre nationalisme à nous est le nationalisme canadien fondé sur la dualité des races et sur les traditions particulières que cette dualité comporte. Nous travaillons au développement du patriotisme canadien, qui est à nos yeux la meilleure garantie de l'existence de deux races et du respect mutuel qu'elles se doivent. Les *nôtres*, pour nous, comme pour M. Tardivel, sont les Canadiens français, mais les Canadiens anglais ne sont pas des étrangers et nous regardons comme des alliés tous ceux d'entre eux qui nous respectent et qui veulent comme nous le maintien intégral de l'autonomie canadienne. La patrie pour nous c'est le Canada tout entier, c'est-à-dire une fédération de races distinctes et de provinces autonomes. La nation que nous voulons voir se développer c'est la nation canadienne, composée des Canadiens français et des Canadiens anglais[35].

Bourassa préconise le séparatisme culturel mais refuse, à l'inverse de Tardivel, le séparatisme politique qu'il considère outrancier et dangereux. Il déplore l'attitude chauvine des Anglais et leurs tentatives délibérées d'assimilation et de viol des droits des minorités, tentatives qui sont l'expression d'un nationalisme extrémiste. Malgré les déboires de la Confédération et les préjudices causés aux Canadiens français, il espère que les Canadiens anglais comprendront un jour la thèse des deux peuples fondateurs et de leur dépendance réciproque.

D'une part, la survivance des Canadiens français est, dans sa conception, la condition essentielle de la survivance de la nation canadienne qui doit se préserver de l'américanisation et du «melting pot». D'autre part, le nationalisme canadien est la condition de la survie du Canada français. Enfin, la survivance du Québec dépend de la lutte pour la défense des droits des minorités et de la conservation des groupes francophones disséminés à travers le Canada. Il s'oppose à l'indépendance du Québec en disant qu'un Québec indépendant ne pourrait naître et vivre que par la tolérance des cent millions et plus d'anglophones qui l'entourent. D'après

---

[35] *Ibid.*, p. 31.

cette logique numérique, on ne voit pas très bien comment la non-séparation change le rapport de forces, en quoi le lien fédéral protège plus la survie des francophones en Amérique que la création d'un Québec indépendant, si ce n'est par l'hypothétique et incertaine survie des minorités françaises en dehors du Québec[36]. En fait son argument s'applique à sa propre thèse. Une forte dose d'optimisme et d'utopisme est nécessaire pour soutenir la cohérence du nationalisme de Bourassa et sa pensée n'est pas sans contenir quelques inconsistances et contradictions.

D'abord, il ne voit pas que le développement économique commande une modification de la structure sociale. Il s'affole, sent le danger des transformations démographiques et industrielles, mais il résiste à l'évidence et préconise la colonisation comme base de la vie économique des Canadiens français. Ensuite, il ne voit pas le lien entre infrastructure économique et superstructure politique. Il lutte pour la consolidation de la Confédération mais il lutte aussi contre les intérêts financiers et industriels qui ont été les instigateurs de cette organisation politique.

Enfin une contradiction apparaît dans son nationalisme. D'une part, il fait tout en son pouvoir pour assurer l'autonomie du Canada envers la Grande-Bretagne, en développant un nationalisme canadien. Mais d'autre part, il n'admet pas que le principe qui légitime sa position serve aussi aux nationalistes canadiens-français, pour justifier leur aspiration à l'indépendance du Québec. Il se réjouit de l'indépendance de l'Irlande mais refuse catégoriquement celle du Québec. En parlant de l'indépendance du Canada, il écrit :

> C'est aussi la solution la plus conforme à l'ordre des sociétés humaines, la seule que doive rechercher un peuple digne des bénédictions de Dieu et du respect des hommes[37].

S'il faut en croire cet extrait, les Canadiens français n'étaient pas dignes des bénédictions de Dieu et pourtant ils étaient porteurs du flambeau de la civilisation et de la chrétienté. Cette incongruité montre en fait que c'est le messianisme qui est l'élément prédominant du nationalisme de Bourassa et qui justifie son option fédéraliste. Le Québec était trop restreint pour réaliser les plans de Dieu.

---

[36]   Les statistiques de 1921 montraient que la proportion des Canadiens anglais avait augmenté de 25 pour 100 par rapport à 1911 et que celle des Canadiens français ne s'était accrue que de 19 pour 100.

[37]   Cité par Jean Drolet, *op. cit.*, p. 249.

En fait, la pensée de Bourassa manifeste le complexe de l'impuissance congénitale des Canadiens français[38]. À cet égard, on peut constater une certaine filiation entre Lafontaine, Bourassa et Trudeau. Dans le cas du nationalisme de Bourassa, ses contradictions sont la conséquence de la dimension mystique de sa pensée. Cet aspect de sa pensée s'accentuera après 1929, à la suite du discours que lui fit Pie XI lors de son voyage à Rome:

> Le premier devoir d'un journaliste catholique est de défendre les causes de Dieu et de l'Église. Les autres causes, même légitimes, sont secondaires et doivent être subordonnées... À l'heure actuelle le principal obstacle à l'action de la papauté et de l'Église dans le monde, c'est la prédominance des passions de race dans tous les pays, c'est la substitution du nationalisme au catholicisme[39].

Dès lors, l'esprit religieux prime les autres aspects de sa pensée. Dans ses argumentations, l'accent se déplace, la lutte pour la langue et la culture française devient accessoire et subordonnée à la lutte pour la foi. Ses ardeurs nationalistes se refroidissent. Langue et traditions doivent surtout être conservées parce qu'elles aident à soutenir l'ordre social catholique. Si en 1912, il présentait la défense de la langue comme le premier devoir des Canadiens français, en 1935, il désavouera cette attitude, car c'est la défense de la religion qui devait être notre premier devoir. La langue gardienne de la foi est un principe erroné. Dans son esprit, l'Église était universelle et ne pouvait être la propriété d'une race en particulier. Il réagit ainsi contre le nouveau nationalisme canadien-français, inspiré par Lionel Groulx et ses tendances séparatistes.

Le nationalisme canadien-français: Lionel Groulx

Pour Henri Bourassa et Olivar Asselin, le nationalisme canadien-français devait se restreindre à sa dimension culturelle et ne devait pas avoir d'incidences politiques, ce qui explique l'acharnement consacré à la défense et à la revalorisation du français.

---

[38] Pour se moquer des séparatistes, il proposait de leur donner un parc national pour mettre leurs idées à l'épreuve, et il écrivait: « Après trois ans de ce régime, il restera peut-être des castors et des orignaux, mais il n'y aura plus de Laurentiens, parce qu'ils se seront entre-dévorés ». Voir Robert Rumilly, *Henri Bourassa*, Montréal, Éditions Chanteclerc, 1953, p. 757.

[39] *Ibid.*, p. 692.

Asselin, qui était un francophile notoire, tenta de fonder le nationalisme sur la fierté de la langue et de l'appartenance à la
culture française[40].

La France redevient pour les nationalistes du début du XXe
siècle un pôle d'attraction et d'inspiration. En ce sens, le nationalisme d'Asselin est original, car il est un des rares depuis la
rébellion de 1837-1838 à faire de l'appartenance à la culture et à la
tradition intellectuelle française l'élément constitutif primordial ·de
la nationalité. L'interdit clérical envers la fille indigne de l'Église
perd sa signification pour les nouvelles élites intellectuelles. Asselin, pour sa part, a tenté de séparer dans la pensée nationaliste
la langue de la foi, accordant la priorité à la première; ce qui le
démarque nettement de Groulx, qui dans la perspective ultramontaine associait très étroitement ces deux éléments définisseurs
de la collectivité. Le nationalisme d'Asselin est à la fois canadien
et canadien-français; il suit en cela la pensée de Bourassa et
adhère aux thèses de la dualité culturelle.

L'abbé Lionel Groulx est le premier intellectuel qui tente une
structuration de l'idéologie nationaliste et cherche consciemment
à en faire une doctrine. La nation, pour Groulx, c'est une communauté de culture, d'histoire, de religion, de territoire et de race,
animée par un vouloir-vivre collectif[41]. Chez Groulx, la religion est
le principal facteur d'homogénéité nationale. Le catholicisme est
immanent à la nation canadienne-française et la langue est la
gardienne de la foi: «Nous sommes restés catholiques parce que
nous sommes restés français[42]», dit-il.

Toute sa doctrine et son engagement reposent sur la solidarité du catholicisme et du Canada français. Il se rattache en ce sens
à la tradition ultramontaine (de Tardivel à Mgr Paquet) où le national et le religieux se confondent, ce qui le différencie d'Olivar
Asselin qui dans le Nationaliste tentait de dissocier politique et
religion et défendait une conception canadienne du nationalisme
sur le plan politique.

Groulx oppose au nationalisme «plus canadien» de Bourassa
et Asselin, un nationalisme plus québécois:

---

[40] Voir M.-A. Gagnon, la Vie orageuse d'Olivar Asselin, Montréal, Éditions
de l'Homme, 1962, p. 39.

[41] Sa conception de la nation reposant essentiellement sur l'homogénéité,
Groulx n'accepta jamais de reconnaître l'existence de classes sociales au
Canada français. Il refuse l'hétérogénéité sociale.

[42] Lionel Groulx, Notre maître le passé, tome II, p. 324.

> Dans la hiérarchie des sentiments patriotiques notre premier, notre plus haut sentiment d'amour doit donc aller, pour ce qui nous regarde, Canadiens français, à notre province de Québec, vieille terre française, issue de la Nouvelle-France, terre qui plus que toute autre portion du Canada, a été pous nous source de vie, milieu générateur par excellence[43].

Cette orientation s'explique par le fait que, durant les années vingt, l'attention de l'élite canadienne-française se détourne de la scène fédérale pour se braquer sur le Québec car les effets de la minorisation démographique et politique commencent à se faire sentir. Ce réflexe est provoqué par une baisse d'influence des Canadiens français dans l'administration publique sous le règne des conservateurs et par les échecs successifs des luttes pour la défense des minorités en dehors du Québec. Les relations entre le Québec et le reste du Canada sont à ce point détériorées à la suite de la conscription où les Canadiens français subirent par la force du nombre et des armes les politiques d'Ottawa, que le député Francœur proposa en Chambre le retrait du Québec de la Confédération. Groulx cristallisera cette prise de conscience collective.

Comme beaucoup de ses contemporains et disciples, Groulx était un idéaliste qui se cantonnait dans l'action intellectuelle éducative et refusait de s'engager dans l'action politique. Il méprisait d'ailleurs politiciens et partis politiques. Il croyait plutôt à la nécessité pour son action nationale d'une doctrine pour guider le peuple:

> L'action prend la direction que lui donne l'esprit... Vous voulez refaire un État, restaurer une nation? Faites appel aux puissances de l'esprit... Vérité cruellement évidente pour nous dont l'action collective, abandonnée si longtemps à de faux guides, s'est dépensée sans but défini en des directions anarchiques, faute d'une doctrine qui de haut eût tout coordonné[44].

Fournir une doctrine à son peuple fut la grande ambition de sa vie et pour y arriver, il se fit historien car pour lui les idées, les mouvements intellectuels étaient suffisans pour orienter le monde et guider l'action. Il choisit l'éducation de la jeunesse comme lieu d'intervention privilégié et voulut lui donner des objectifs nationalistes: « L'école, disait-il, c'est le château-fort ou le tombeau des croyances ou des nationalités[45] ».

---

[43] Lionel Groulx, « Vers l'avenir », *l'Action nationale*, vol. XVIII, octobre 1941, pp. 101-102.

[44] Lionel Groulx, *Directives*, pp. 17-18.

[45] Lionel Groulx, *La Confédération canadienne, ses origines*, Montréal, Le Devoir, 1918, pp. 158-159.

Il cherche à légitimer la nationalité canadienne-française et à découvrir dans son histoire le fil d'Ariane de son destin. Groulx voudra redresser la situation de son peuple par l'arme de l'histoire qu'il présente comme garante de l'unité, de la cohésion et de l'identité nationale. «Ce qu'il nous faut, dit-il, c'est une mystique... Point d'État français, point de peuple français, sans une mystique française[46]». Pour ce faire, il développe une vision mythique du régime français, voulant ainsi apporter au nationalisme canadien-français l'argument historique dont il avait besoin pour affirmer sa légitimité:

> J'ai apporté à notre nationalisme l'argument de l'histoire, la révélation que nous avions un passé, une culture. À ce moment-là, on voulait de l'histoire. J'ai eu l'impression de Garneau que l'on se retrouvait parce qu'on avait un passé. J'ai senti le peuple et son désir et son besoin de l'histoire[47].

Le rôle de l'historien était de révéler la grandeur du passé pour en tirer des directives et guider l'avenir. Dans son esprit, le passé doit être notre maître et déterminer le présent et l'avenir.

Ce passé qui s'enracine dans le régime français, définit l'essence de ce que nous sommes et les valeurs qu'il faut préserver. Pour Groulx, les colons français ne formaient pas un peuple de trappeurs et d'aventuriers. Ils étaient, plus que toute autre chose, un peuple de paysans. «Le nous de première référence est le nous rural[48]». Les modèles de cette société sont le défricheur, l'évangélisateur et le défenseur (culte de Dollard des Ormeaux). À cet égard, Groulx glorifie aussi le rôle protecteur de l'Église.

L'autorité civile (le politique) dans cette mystique est minimisée car c'est l'Église qui préside aux destinées de ce peuple et assure la pérennité de cette race, qui est l'élue de Dieu. André Bélanger note à ce propos:

> La race canadienne-française est déterminée chez Groulx par les impératifs de sa naissance et de sa prime enfance. Il serait permis de parler dans un sens large d'un déterminisme quasi génétique. Les notions d'«hérédités», de patrimoine, d'héritage culturel reviennent constamment sous sa plume[49].

---

[46]   Lionel Groulx, *Orientations*, Montréal, Éditions du Zodiaque, 1935, p. 266.
[47]   Cité par Jean-Pierre Gaboury, *le Nationalisme de Lionel Groulx*, Ottawa, les Éditions de l'Université d'Ottawa, 1970, p. 93.
[48]   André Bélanger, *l'Apolitisme des idéologies québécoises: le grand tournant de 1934-1936*, Québec, Presses de l'Université Laval, 1974, p. 202.
[49]   *Ibid.*, p. 219.

Cette logique aboutit à un nationalisme de conservation et le fondement principal de la doctrine de notre éveilleur de consciences, c'est le catholicisme qu'il faut préserver à tout prix. Groulx a cherché dans ses fresques historiques à démontrer le rôle bénéfique de la religion et des évêques pour le Canada français. Ceci l'amène à rejeter la séparation de l'Église et de l'État de même que le libéralisme et la démocratie, car tout pouvoir vient de Dieu:

> L'Église chargée du soin des âmes et de nos intérêts éternels, est indépendante des États et supérieure à eux dans la poursuite de sa fin et que les États de ce monde doivent subordonner à elle; car elle est la source de tout pouvoir, toute puissance lui a été donnée au ciel et sur la terre, elle est maîtresse des peuples et des rois[50].

Sa pensée politique et sociale s'inspire de la droite française, plus particulièrement des théoriciens de la contre-révolution: Joseph de Maistre, Louis de Bonald, Louis Veuillot et, dans une certaine mesure, de Charles Maurras. Il hérita aussi du dédain janséniste pour les biens matériels et subordonna les questions économiques à la morale; l'économie devant servir la culture et la foi. À cet égard, il fait le procès de la société moderne et condamne le libéralisme économique, l'industrialisation, la prolétarisation, l'urbanisation et sa conséquence, le dépeuplement des campagnes qui sont les causes de la déchéance nationale. Pour contrer ces tendances, il fallait restaurer le rigorisme moral.

Pour les élites cléricales de l'époque qui veulent enrayer les effets du progrès sur la société québécoise, le relâchement moral est le premier item au catalogue des erreurs du siècle. Ainsi, pour le journal *l'Action catholique*, il fallait prohiber l'alcool et le cinéma était une invention maléfique; par la voie du cinéma, nous nous enfonçons dans la pourriture et la barbarie. Le cinéma déforme les intelligences, déprave les cœurs, pousse dans la voie de la luxure. Il accroît la criminalité et la prostitution. Les danses, surtout le fox-trot et le tango, constituaient un autre méfait du matérialisme américain. Les salles de danse sont le vestibule du libertinage et des écoles de débauches: «(là), ils dansent, trottent en des costumes bas par le haut et hauts par le bas, spectacle de chair nue comme à l'étal du boucher[51]». Même les dimanches sont pervertis par la civilisation industrielle car ils sont consacrés au jeu, aux

---

[50]   Cité par Jean Pierre Gaboury, *op. cit.*, p. 137.
[51]   Voir R. A. Jones «L'Action catholique» dans Fernand Dumont et autres, *Idéologies au Canada français: 1900-1929*, Québec, Presses de l'Université Laval, 1973, p. 330.

promenades et aux divertissements bruyants qui sont à cent lieues de la sanctification et du repos dominical. Cette crise des mœurs, pour l'idéologie traditionnelle, provient de la vie moderne matérialiste qui est le mal absolu. Ce sont les étrangers (les Anglais et les Juifs) qui sont responsables de cette décadence morale qui mine la nation et réduit le Canadien français à la servilité : « Chez nous le malaise économique n'affecte pas seulement le social, chacun le sait, il rebondit dans le national[52] ». Le clergé et les nationalistes ont une attitude ambivalente envers les capitalistes étrangers. Ils les tolèrent parce qu'ils créent des emplois et freinent l'émigration. Par contre, ils les dénoncent comme véhicule de valeurs étrangères qui menacent la personnalité même de la collectivité[53]. Groulx propose comme remède un nationalisme économique intégral axé sur la possession de trois sources capitales de richesse :

> Un patrimoine national, je veux dire un sol et un sous-sol fructifiant principalement pour les nationaux. Un travail dirigé principalement par les nationaux et fructifiant principalement pour eux. Le fruit de ce travail, c'est-à-dire le salaire, l'épargne restant principalement aux mains des nationaux et fructifiant pour eux[54].

Ni le capitalisme, ni le socialisme ne rencontrent les aspirations de Lionel Groulx. Il préfère une société agricole et artisanale fondée sur le petit commerce et la petite production et constituée sur la base de corporations professionnelles. Pour éviter que l'industrialisation n'entraîne la dégénérescence de la civilisation canadienne-française, il faut la contrôler et la mettre à notre mesure, c'est-à-dire limiter la grande industrie et favoriser la petite entreprise familiale, la seule qui soit accessible aux Canadiens français dont le capital est faible.

Sur le plan constitutionnel, Groulx, en dépit d'un flirt temporaire dans les années vingt avec le rêve d'un État français indépendant (la Laurentie) reste fidèle au dogme de la pensée nationaliste traditionnelle : l'appartenance du Québec à la Confédération. Pour Groulx, la Confédération canadienne équivaut à la « résurrection du Canada français » parce qu'elle a ressuscité le Québec comme entité politique :

---

[52]   Lionel Groulx, *Directions*, Montréal, Éditions du Zodiaque, 1937, p. 61.
[53]   Voir Yves Roby, *les Québécois et les investissements américains (1918-1929)*, Québec, les Presses de l'Université Laval, 1976, p. 45.
[54]   Lionel Groulx, *op. cit.*, p. 56.

Toute sa pensée gravite autour de l'autonomie consentie au Québec depuis la dissolution de l'Union... «la Confédération, c'est nous qui l'avons voulue, nous qui l'avons exigée»... sa légitimité ne fait aucun doute[55].

Influencé par l'esprit de l'époque, il prévoit, dans *Notre avenir politique*, l'effondrement de la Confédération mais il ne veut pas pousser à la roue. Il estime plutôt que le Québec doit défendre avec acharnement *son autonomie provinciale* tant sur le plan économique que politique. Il s'en prend aux politiciens qui s'acharnent plus à défendre les intérêts de leur parti que les intérêts de la nation. À son avis, les partis anémient la nation et le gouvernement Taschereau est le cheval de Troie de l'industrialisation en ouvrant, par son laisser-faire, le Québec à la pénétration des capitaux étrangers. À cet égard, la crise économique de 1921 accentue l'angoisse des nationalistes à l'égard de la pénétration des capitaux américains.

Enfin, Groulx développera la mystique du héros: «Rien de grand ne s'accomplit en histoire à moins que quelqu'un de grand ne s'en mêle[56]». Le bonheur de la Nouvelle-France a été d'être gouvernée par des évêques. Nos ancêtres étaient des héros. La Conquête et la domination anglaise, en introduisant le libéralisme, le mercantilisme et l'individualisme, sont les causes de la déchéance des Canadiens français. Ce qu'il nous faut maintenant c'est une doctrine et un chef qui refera l'unanimité. Groulx attend donc la venue d'un sauveur que nous enverra la divine Providence. Messie, sauveur, salut, rédemption, résurrection reviennent souvent dans le vocabulaire de Groulx et manifestent sa conception religieuse du chef: «Que nous vienne un rassembleur d'esprits et de volontés, qui au-dessus de toutes nos désunions, nous fera nous retrouver[57]». Groulx voit donc la nation comme une famille élargie et le chef est envisagé comme un père de famille, comme un libérateur qui saura recréer une communion doctrinale et donner un sens à la collectivité altérée par l'adversaire: l'Anglais et la Réforme protestante.

Le messianisme constitue aussi une composante essentielle de son nationalisme. La mission providentielle des Canadiens fran-

---

[55] André Bélanger, *op. cit.*, p. 250.

[56] Lionel Groulx, *Histoire du Canada français depuis la découverte*, Montréal, Fides, 1960, tome 1, p. 61.

[57] Cité par André Bélanger «Lionel Groulx et le culte du chef», *le Jour*, 30 janvier, 1975, p. 9.

çais consistait à développer l'agriculture, à représenter les valeurs de l'esprit en Amérique et à propager la foi catholique. Ce peuple élu doit devenir le missionnaire du Christ. Le messianisme semble bien être le refuge des cultures menacées et concrétise dans l'illusion leur espoir de libération. Le Canada français malgré ses déboires ne doit jamais désespérer, car Dieu est son protecteur et le sauvera.

L'apport principal de Groulx a été de hausser dans la conscience collective la province de Québec à un statut de grandeur nationale: l'État national des Canadiens français.

Le nationalisme des années vingt, comme celui de la décennie suivante, que nous présenterons dans le prochain chapitre, est l'expression de la défense de soi contre le mouvement d'industrialisation capitaliste, dirigé de l'extérieur. La question nationale ne se limitait plus à la défense du français et de la religion mais devenait aussi une question économique.

Le mouvement ouvrier : socialisme et syndicalisme

L'intelligentsia canadienne-française s'accrochait désespérément aux valeurs traditionnelles d'une société rurale fondée sur la famille, la paroisse et le curé, modèle où il n'y avait généralement pas de place pour l'usine, le salariat, la ville cosmopolite et la réalité ouvrière. Mais cette oblitération du monde réel dans l'idéologie dominante n'a pas empêché le développement d'une conscience sociale critique plus au diapason du monde industriel et de ses mutations structurelles. On assiste donc, au début du siècle, à l'émergence d'une conscience ouvrière authentique qui ne réussira pas toutefois à briser l'emprise idéologique de la petite bourgeoisie et restera marginale. Il nous faut souligner ces premières manifestations de classe des travailleurs québécois car elles représentent les premiers jalons de la tradition socialiste au Québec.

Un mouvement socialiste existait à Montréal depuis les années 1890. Son apparition s'explique d'abord par les conditions de vie déplorables des travailleurs, par l'implantation des syndicats internationaux et par l'arrivée massive d'immigrants d'Europe centrale. C'est sous l'influence du parti socialiste américain que les premières cellules socialistes apparaissent au Canada. Ainsi vers

1894 ou 1895, il y a fondation à Montréal d'une cellule du « Socialist Labour Party of the United States » animée par R.J. Kerrigan et W. Darlington. La première organisation politique des travailleurs sera fondée le 17 mars 1899 par J.-A. Rodier qui avait déjà une longue expérience dans le mouvement syndical. Le Parti ouvrier a été formé parce que les vieux partis ne réalisaient pas les réformes sociales promises et s'identifiaient à la classe capitaliste. « En un mot, s'écrie un orateur, si l'ouvrier veut améliorer son sort, il lui faut s'emparer des pouvoirs publics et gouverner lui-même [58] ».

Les principaux thèmes du programme électoral du Parti ouvrier étaient les suivants: éducation gratuite et obligatoire, assurance d'État contre la maladie et la vieillesse, nationalisation de toutes les industries et services publics donnant lieu à un monopole, le suffrage universel, l'élection des juges par le peuple, l'abolition du Sénat et du conseil législatif et enfin l'impôt progressif sur le revenu. La classe ouvrière contestait aussi à l'époque le principe de la qualification foncière, qui empêchait les candidatures ouvrières aux élections municipales et servait à préserver les intérêts de la bourgeoisie. Selon Rodier l'éducation gratuite et obligatoire devait conduire à l'émancipation de la classe ouvrière car, disait-il, la classe dirigeante « a grand intérêt à nous tenir dans l'ignorance, leur pouvoir sur nous ne dépend que de cela et le jour où nous serons suffisamment instruits, leur règne sera terminé et le nôtre commencera [59] ». On s'élevait aussi contre l'ingérence religieuse dans le choix des manuels scolaires. Le parti soutient enfin le projet de création d'un ministère de l'Instruction publique.

Les premières expériences électorales de ce parti furent décevantes. Aux élections de novembre 1900, le Parti ouvrier présenta Roberge dans le comté Sainte-Marie où il y avait la plus grande concentration ouvrière du Canada. Mais le candidat du P.O. devait affronter le ministre des Travaux publics Israël Tarte qui recueillit 3,188 votes contre 184 pour Roberge. Toutefois en 1906, le candidat ouvrier Verville sera élu avec plus de 1,000 votes de majorité. À la Chambre, il se rangea du côté des libéraux et Rodier l'accusa d'être le « valet du vieux parti libéral », ce qui en

---

[58]   *La Presse*, 26 octobre 1898, p. 5.

[59]   Cité par Jacques Rouillard, « L'Action politique ouvrière », dans Fernand Dumont et autres, *Idéologies au Canada français, 1900-1929*, Québec, Presses de l'Université Laval, 1974, p. 290.

désillusionna plusieurs sur la possibilité d'apporter des réformes à l'intérieur du système parlementaire. Ce parti persista jusqu'en 1911. 600 membres payaient régulièrement leur cotisation.

À partir de 1906, le mouvement socialiste représenté par Gustave Franck[60] et Albert Saint-Martin parvint à exercer une certaine influence à l'intérieur du Parti ouvrier. Ils insistaient sur la nationalisation de toutes les industries et estimaient que le système capitaliste devait être complètement aboli et les moyens de production remis aux travailleurs. De son côté, le Parti ouvrier, moins radical, limitait la portée des nationalisations aux entreprises d'utilité publique et croyait que le travail devait s'unir au capital honnête pour combattre les monopolisateurs[61]. Ceux qui appartenaient à la tendance socialiste furent exclus du parti.

Albert Saint-Martin devint le chef de file des socialistes montréalais. Il organisa plusieurs manifestations ouvrières et diffusa la pensée socialiste auprès des Canadiens français. En octobre 1904, une délégation ouvrière française en route pour Saint-Louis fit un séjour au Québec. Lors d'une assemblée à Montréal, les délégués exposèrent les principes du socialisme et à la fin de l'assemblée, ils entonnèrent l'Internationale avec les 300 ouvriers présents. Le 1er mai 1906, Saint-Martin organisa un défilé socialiste qui regroupa 600 personnes. Leur marche était scandée par divers slogans: «À bas la calotte», «Vive l'anarchie», «Travailleurs du monde unissez-vous». «Ce drapeau, clamait Saint-Martin, brisera les fers de l'opprimé et anéantira les tyrans[62]».

L'année suivante, les autorités municipales voulurent empêcher le défilé. Mgr Bruchési défendit aux catholiques d'y participer. Les étudiants de l'université Laval s'opposaient à cette manifestation parce que, disaient-ils:

> une manifestation socialiste révolutionnaire est en elle-même une insulte grave à l'autorité établie tant civile que religieuse et une cause tendant à la discréditer auprès des classes ouvrières et à inspirer à celles-ci des sentiments hostiles à son égard[63].

La police montée dispersa la manifestation et arrêta les militants pour avoir distribué de la littérature. Il faut aussi souligner l'exis-

---

[60]   G. Franck publia aussi le premier hebdomadaire ouvrier, *le Monde ouvrier* (1916).

[61]   Voir Jacques Rouillard, *op. cit.*, p. 303.

[62]   *Ibid.*, pp. 295-296.

[63]   *Ibid.*, p. 305.

tence d'un journal socialiste, le *Cotton's Weekly* qui atteignait en 1912, 1,200 lecteurs au Québec.

L'action politique du mouvement ouvrier de l'époque s'inspirait beaucoup du travaillisme anglais. Son action se concentrait surtout sur l'éducation des travailleurs par la propagande. Les querelles entre factions, l'utilisation de l'anglais dans la propagande expliquent en partie l'influence limitée du mouvement socialiste au Québec. Enfin, la lutte que le clergé a menée contre ce mouvement en a considérablement réduit la portée: «L'Église qui sentait bien que la montée du mouvement ouvrier était un phénomène irréversible chercha moins... à l'arrêter qu'à l'endiguer, ou mieux encore à l'orienter[64]».

Le syndicalisme catholique

En 1911, il y avait au Québec 276 unions locales regroupant 15,000 ouvriers. Après la guerre, le nombre d'ouvriers syndiqués passa à 43,514 et en 1931 le mouvement syndical regroupait 11.9 pour 100 de la main-d'œuvre active. Tout au long de cette période, les unions internationales furent très actives et intensifièrent leurs efforts de recrutement chez les Canadiens français. Ces unions étaient, à l'occasion, dirigées par des leaders socialistes et démontraient une certaine combativité en préconisant la négociation collective, la convention collective et si nécessaire la grève pour obtenir des augmentations de salaires ou des réductions d'heures de travail. Elles étaient pourtant loin d'être révolutionnaires.

La montée de cette nouvelle force sociale, non seulement au Québec mais dans tous les pays industrialisés, inquiétait vivement les autorités cléricales qui voyaient là une menace à leur suprématie sociale. Le syndicalisme catholique naîtra avant tout, pour faire opposition à l'influence croissante des syndicats neutres affiliés aux centrales américaines:

> La CTCC avait une perspective largement négative, antisocialiste, anticommuniste, anti-internationale, anti-américaine, anti-anglaise, antiprotestante et anti-capital étranger. Positivement, la CTCC sup-

---

[64]   *Ibid.*, p. 309.

portait les courants nationalistes de la période : corporatisme, retour à la terre, autonomie provinciale[65].

L'Église invitait les ouvriers catholiques à fuir ces unions où leur foi était menacée parce qu'on y encourageait la lutte des classes plutôt que le respect de l'ordre établi, du droit de propriété et la charité chrétienne. Comme on le constatera par la suite, l'idéologie de la Confédération des travailleurs catholiques du Canada, fondée à Hull en 1921[66], est un sous-produit de la pensée sociale traditionnelle dominant la société québécoise de l'époque, c'est-à-dire modelée par les valeurs clérico-nationalistes. Tout en servant d'instrument aux travailleurs dans leurs luttes contre le capitalisme industriel, le syndicalisme catholique fut surtout un instrument créé par une force extérieure à la classe ouvrière, dont le contrôle du développement de la société était remis en cause par l'industrialisation.

Cette nouvelle attitude de l'Église du Québec envers le syndicalisme s'inspire de la doctrine sociale de l'Église tracée par diverses encycliques (celles de Léon XIII, Pie X, Benoit XV et Pie XI), qui définissent la position de l'Église envers les rapports patrons-ouvriers et légitiment le syndicalisme afin d'enrayer les progrès du socialisme. Cette doctrine sociale de l'Église peut se résumer à quatre propositions : 1 — elle reconnaît le droit des ouvriers de se syndiquer ; 2 — à condition que ces syndicats soient régis par la foi et la morale chrétienne ; 3 — elle demande aux ouvriers de créer des syndicats catholiques et de combattre les syndicats neutres, le socialisme et le communisme ; 4 — les rapports sociaux doivent être organisés sur la base de la collaboration des classes, de la charité et de la justice. Dans cette perspective, le capital et le travail sont complémentaires et doivent coexister en harmonie, c'est du moins ce que prescrit Léon XIII dans *Rerum Novarum* :

> L'erreur capitale est de croire que les deux classes sont ennemies-nées l'un de l'autre comme si la nature avait armé les pauvres et les riches, pour qu'ils se combattent mutuellement dans un duel obstiné. Dans la société, les deux classes sont destinées par la nature à s'unir harmonieusement et à se tenir mutuellement dans un parfait équilibre[67].

---

[65]   Samuel H. Barnes, « The Evolution of Christian Trade Unionism in Québec », *Relations industrielles*, vol. XIII, n° 4, oct. 1958, p. 571.

[66]   Elle regroupait environ 26,000 ouvriers. Voir Louis Maheu, « Problème social et naissance du syndicalisme catholique », Fernand Harvey, *Aspects historiques du mouvement ouvrier au Québec*, Montréal, Boréal Express, 1973, pp. 114-146.

[67]   Cité par Céline Saint-Pierre, *op. cit.*, p. 242.

Toutes les questions sociales doivent être résolues d'après les règles de la morale et de la religion. Pie X écrit en ce sens dans
Singulari quodam (24 septembre 1912):

> Ces mêmes syndicats devront s'abstenir de toute théorie et de tout
> acte ne concordant pas avec les enseignements et les ordres de
> l'Église ou de l'autorité religieuse compétente[68].

L'Église québécoise reprendra intégralement cette philosophie
sociale. Ainsi, on peut lire dans la constitution de la CTCC:

> La CTCC réprouve en principe et en pratique la théorie de ceux
> qui prétendent que le capital, les capitalistes et les employeurs sont
> des ennemis-nés du travail, des travailleurs et des salariés. Elle pré-
> tend au contraire qu'employeurs et employés doivent vivre en s'ac-
> cordant, en s'aidant et en s'aimant[69].

Trois critères sont requis pour être membre de la CTCC: être
salarié, être de religion catholique, être de nationalité canadienne.
En plus de se définir comme catholique, cette centrale se définit
comme nationale:

> Une des raisons de son existence, c'est que la plupart des ouvriers
> canadiens sont opposés à la domination du travail syndiqué cana-
> dien par le travail syndiqué américain. La CTCC croit que c'est un
> non-sens, une faute économique, une abdication nationale et un
> danger politique que d'avoir au Canada des syndicats relevant d'un
> centre étranger qui n'a ni nos lois, ni nos coutumes, ni notre menta-
> lité, ni les mêmes problèmes que nous[70].

Les travailleurs québécois doivent s'organiser selon «le génie propre à leur race» et ne pas se laisser séduire par une fausse fraternité que proposent les unions internationales. Ce que les travailleurs québécois doivent combattre, ce n'est pas le système économique capitaliste, mais plutôt la présence des étrangers dans
toutes ses manifestations.

   Sa conception de la démocratie industrielle se base sur la recherche de la paix industrielle, ce qui implique le rejet de la lutte
des classes et de la grève comme moyens pour les ouvriers de

---

[68] *Ibid.*, p. 245. Dans cette structure syndicale, l'aumônier du syndicat est
l'aiguillon de la conformité à la doctrine sociale de l'Église, ce qui lui confère
un pouvoir énorme; il peut même suspendre l'exécution de mesures votées par
le congrès.

[69] Cité par Louis-Marie Tremblay, *le syndicalisme québécois: Idéologies de la
CSN et de la FTQ, 1940-1970.* Montréal, Presses de l'Université de Montréal,
1972, p. 25.

[70] *Ibid.*, p. 26.

défendre leurs intérêts, leur préférant la collaboration du capital et du travail, l'arbitrage et la conciliation[71]. L'Église prêchait l'exemple et s'entendait avec les patrons pour expulser les ouvriers liés à des unions internationales (grèves à Thetford Mines et à Lauzon), afin de favoriser la bonne entente entre les classes sociales. L'abbé Hébert rassurait en ces termes le patronat sur les intentions du syndicalisme catholique:

> Le syndicat fondé sur les principes de la morale catholique n'offre aucun danger, car en préconisant la conciliation et l'arbitrage comme moyen normal pour le règlement des difficultés et la solution des conflits, il réduit au minimum les risques du patron et donne à son industrie un caractère de permanence et de stabilité, gage de prospérité[72].

De cette façon l'ouvrier aura un salaire raisonnable et le patron le profit qui lui est dû, le syndicat devenant le partenaire du patronat.

La CTCC prône aussi une certaine forme d'économie dirigée où l'État surveille et arbitre les rapports économiques. Elle voit l'État comme un appareil juridique qui assure la défense des intérêts de tous les citoyens pris isolément, en dehors de leur appartenance de classe. Si elle croit nécessaire que l'État légifère sur le plan social, elle s'oppose cependant aux nationalisations. Elle ne reconnaît pas la nécessité d'une organisation politique autonome pour les travailleurs et se réfugie dans un apolitisme apparent. Dans l'ensemble, la CTCC préconise un syndicalisme d'intégration au système politique et économique existant. Sa mission est de défendre les valeurs traditionnelles prônées par l'élite canadienne-française contre ses adversaires, qui sont l'industrialisation et le syndicalisme neutre.

Le syndicalisme catholique n'est pas le produit de membres conscients de la classe ouvrière québécoise mais émane d'une fraction de la petite bourgeoisie (clergé et intellectuels) soucieuse d'assumer la direction idéologique de la classe ouvrière en formation[73]. Ceci explique que son principe d'action ne soit pas la défense «de» mais la défense «contre», contre une autre forme d'organisation syndicale: les unions internationales, neutres et ma-

---

[71]   De 1915 à 1936, le Québec connut plus de 500 grèves dont seulement neuf furent faites par des syndicats catholiques.

[72]   E. Hébert, (abbé), *le Problème social et sa solution*, École sociale populaire, 1919, p. 9.

[73]   La plupart des textes de la CTCC sont produits par des membres du clergé québécois.

térialistes. L'adversaire réel, la bourgeoisie, est absent de son discours. Par le syndicalisme confessionnel, il s'agissait de détruire dans le cerveau de l'ouvrier l'idée de la révolution et d'affirmer sa loyauté à l'ordre établi[74]. Il véhicule une idéologie de statu quo de type pré-capitaliste où la CTCC reconnaît le fonctionnement de classe de la société mais en le justifiant comme «naturel» ou «sacré». L'idéologie syndicale catholique a donc une fonction intégratrice qui occulte la contradiction principale du mode de production capitaliste: le rapport capital-travail.

La doctrine sociale de l'Église à laquelle se rattache le syndicalisme catholique est une mystification car sa représentation du monde est l'inverse de la réalité. Dans cette vision, le monde à l'envers est présenté comme réalité et vérité. C'est l'aliénation idéologique poussée à l'extrême.

Conclusion

L'articulation des contradictions de la société capitaliste est complexe au Québec, car à la contradiction capital-travail, qui est fondamentale, se superposent d'autres contradictions entre les diverses instances de la totalité sociale: contradictions entre l'idéologico-politique et l'économique, provoquant la distorsion des superstructures par rapport aux structures. Cette distorsion résulte de la situation coloniale et du caractère dépendant de l'économie québécoise. Ainsi, la classe dominante se rattache beaucoup plus à un modèle de société pré-capitaliste alors que les forces économiques dominantes, étrangères pour la plupart, s'engagent dans la phase monopoliste du capitalisme. Cette déformation de la structure sociale est rendue possible par l'existence d'une double structure de classes et d'un double appareil politique.

Ce qui marque la spécificité idéologique de la société québécoise durant les premières décennies du XXe siècle, c'est que la lutte pour le contrôle et l'orientation du développement économique ne met pas en présence un modèle capitaliste et un projet de dépassement de type socialiste, visant à mettre l'industrialisation

---

[74] Voir à ce sujet le discours de l'abbé Boileau, aumônier général de la CTCC pour la région de Montréal dans, Procès-verbal, Congrès de la CTCC, Sherbrooke, 1926, p. 9.

au service de la classe ouvrière, comme ce fut le cas dans la plupart des sociétés industrielles. Il y a plutôt opposition entre un processus d'industrialisation capitaliste et une idéologie dominante, produite et diffusée par l'Église et ses idéologues laïcs, qui se réfèrent à un modèle de société traditionnelle fondée sur l'agriculture et rejetant au niveau du discours, pas toujours au niveau des politiques, les conséquences du développement capitaliste. C'est donc le caractère attardé de l'idéologie dominante, sous-développée par rapport aux transformations structurelles qui marque la spécificité du développement des idéologies au Québec.

On peut encore ici dégager un autre niveau de contradiction non antagonique entre l'idéologie dominante et le rôle effectif de l'État. D'un côté, on minimisait le rôle de l'État, lui substituant la toute-puissance de l'Église, alors que de l'autre côté les capitalistes s'en servaient allégrement pour se faciliter la tâche et obtenir à bon compte main-d'œuvre et richesses naturelles. L'absence d'une bourgeoisie autochtone favorisait cette autonomie relative de l'appareil d'État et son asservissement par des intérêts économiques étrangers dont la rationalité était, sur le plan objectif, en contradiction avec l'idéologie défendue par la classe dominante locale. Celle-ci se réfère à un modèle de société pré-capitaliste, comme moyen d'affirmation et de défense contre l'introduction d'une société industrielle mise en place par des forces extérieures à la société québécoise.

C'est dans cette particularité de l'articulation des contradictions que s'enracine la dominance du corporatisme et du nationalisme; le premier préconisé par l'Église comme fondement de l'orientation du syndicalisme et des associations patronales, le second porté par la petite bourgeoisie qui polarise ainsi la prise de conscience et l'action autour de l'ethnie, de la religion et de la lutte pour la survivance. L'effet de ces deux orientations idéologiques — que nous approfondirons dans le prochain chapitre — est de masquer les rapports de classes liés à la contradiction fondamentale entre le capital et le travail et d'entraver de la sorte le développement d'une conscience de classe.

Il faut remarquer que l'anticapitalisme inhérent au corporatisme ne s'attaque pas au système économique capitaliste proprement dit, mais plutôt au fait qu'il est introduit par des forces extérieures à la société québécoise qui menacent la position hégémonique de l'élite québécoise. C'est en tant que forme de résistance à l'impérialisme américain que l'anticapitalisme prend un sens au Canada français. Ainsi, au nationalisme se greffe le corporatisme. Les deux font appel à la réduction des antagonismes de classes entre la bourgeoisie et le prolétariat canadien-français et au front uni contre les intérêts économiques étrangers. Ces orientations prendront toute leur signification après la crise économique de 1929.

CHAPITRE VII

1929-1945
La pensée économique
de la petite bourgeoisie

La crise et l'économie québécoise

Cette période se caractérise par de fortes tensions sociales résultant des transformations structurelles internes et de la situation économique externe. Les principaux phénomènes qui provoquent ces tensions sociales sont la crise de 1929, la dépression, le chômage, la pénétration intensive du capital américain qui profite de la crise pour renverser la suprématie du capital britannique sur le Québec[1], concentrer les capitaux et faire passer le Québec de la manufacture à la grande industrie. Le Québec entre donc dans la phase monopoliste du capitalisme.

Les causes générales de la crise à l'échelle mondiale sont l'intensité de la concurrence, l'extension exagérée du crédit et l'abus de la spéculation. Elle se traduit au Canada par le fléchissement des exportations, la baisse du revenu national, la réduction de la consommation et l'insuffisance des capitaux pour maintenir le rythme de croissance. L'économie canadienne dépendait de quelques secteurs d'exportation comme le blé, la farine, la pulpe, le papier et les minerais. Le Canada était donc très vulnérable aux mouvements cycliques des États-Unis et de la Grande-Bretagne qui ont entraîné une chute dans les investissements, une baisse de l'emploi dans les manufactures et un fléchissement du prix des produits d'exportation. De juillet 1929 à janvier 1931,

---

[1] De 1929 à 1945 la part des capitaux américains investis au Canada augmente relativement à celle des Britanniques. En 1939, le capital britannique représente 36 pour 100 du capital étranger investi au Canada, le capital américain 60 pour 100.

l'indice des prix des exportations passe de 101.9 à 52.4[2]. Cette chute des prix entraîne une baisse importante de l'activité industrielle. La valeur brute de la production diminue de 12.5 pour 100. « De 1929 à 1930 seulement, le pourcentage du chômage chez les ouvriers syndiqués passe de 7.7 à 14 pour 100. En 1931, il est de 19.3 p. 100 et en 1932 il atteint 26.4 p. 100. L'activité commerciale ralentit de même que celle des manufactures[3]. Les travailleurs canadiens-français, prolétarisés seulement depuis une génération, peu ou pas qualifiés, seront les premiers à ressentir les effets de la crise et à vivre l'humiliation de la misère et de la dépendance.

Dans la vie économique du Québec, les Canadiens français occupent une position dépendante et subordonnée. Dans tous les secteurs économiques importants, les Britanniques (origine ethnique) sont sur-représentés par rapport à leur importance numérique dans la population active ; c'est le cas notamment dans le commerce et l'industrie manufacturière. Les Québécois francophones sont majoritaires dans l'abattage du bois, dans la construction et dans les mines, mais ils sont exclus de la grande entreprise.

Sur 22,108 entreprises, 47 pour 100 sont anglophones, 40 p. 100 francophones et 13 p. 100 appartiennent à des allophones. Cependant, les entreprises anglophones représentent 86.6 p. 100 de la puissance financière alors que les entreprises canadiennes-françaises n'en représentent que 12 p. 100. Ce sont l'entreprise de type familial et le petit commerce qui dominent[4]. Dans le domaine bancaire, les deux seules banques canadiennes-françaises ne détiennent que 6 pour 100 de l'actif global des banques canadiennes et ne font que 7.5 p. 100 des bénéfices[5]. Ainsi, comparés aux autres ethnies, les Canadiens français se classent bons derniers dans la catégorie des propriétaires des moyens de production. Dans le secteur des services, les Britanniques sont, même là, sur-représentés. En 1931, 43.6 pour 100 des commis de bureau sont britanniques alors qu'on ne retrouve chez les collets blancs

---

[2] Indice 100 : 1926.

[3] R. Bilodeau, R. Comeau et autres, *Histoire des Canadas,* Montréal, H.M.H., 1971, p. 548. Il faut souligner que 11.9 pour 100 des salariés sont syndiqués en 1931.

[4] Voir Céline Saint-Pierre, *le Développement de la société québécoise saisi à travers les idéologies et les pratiques syndicales, 1929-1940,* thèse, École pratique des hautes études, 1973, p. 114.

[5] *Ibid.,* p. 109.

que 49 p. 100 de Canadiens français qui pourtant représentent 75 p. 100 de la population. Les Canadiens français sont aussi sous-représentés parmi les travailleurs qualifiés avec 73.1 p. 100 du total alors que chez les bûcherons et les manœuvres, ils sont sur-re-présentés.

Everett Hughes dans sa monographie sur Drummondville démontre concrètement comment la division des classes s'accompagnait d'une division ethnique. Dans une ville où la population était à 91 pour 100 francophone, l'usine textile la plus impor-tante de l'endroit n'avait qu'un seul de ses 2,300 employés cana-diens-français au-dessus du rang de contremaître (c'était le méde-cin). Hughes décrit ainsi la division sociale du travail entre les Canadiens français et les Canadiens anglais:

> Les Canadiens français constituent une forte majorité dans l'ensem-ble des employés de l'industrie. C'est dans les rangs des ouvriers qu'on les retrouve en plus grand nombre, leurs rangs s'éclaircis-sent à mesure que l'on monte des ateliers vers les bureaux pour se dégarnir tout à fait si l'on s'élève dans l'échelle hiérarchique[6].

On retrouve aussi une majorité de Canadiens français dans le petit commerce, les professions libérales et les services publics. Les Anglais qui sont en très faible minorité dans la population dirigent les usines et occupent les fonctions exigeant de hautes études techniques. «Cette situation règne d'un bout à l'autre de la province de Québec[7]». En raison de la précarité de leur situation économique, les travailleurs canadiens-français seront les plus durement touchés par la Dépression et la lutte des classes se traduira par un conflit anglais-français.

Le marasme économique, la misère et le mécontentement des travailleurs amènent une série de réformes sociales et forcent les gouvernements à intervenir. Le gouvernement central met à la disposition des provinces et des municipalités une somme de vingt millions de dollars pour secourir les chômeurs. À Montréal en 1932, 100,000 personnes vivent du secours direct. Le fédéral institue aussi les pensions de vieillesse. Le gouvernement du Québec adopte la Loi de l'aide aux chômeurs en 1930, la Loi des accidents du travail en 1931; il crée un ministère du Travail la même année et met en œuvre toute une série de mesures so-

---

[6] E. C. Hughes, *Rencontre de deux mondes, la crise d'industrialisation du Canada français*, Montréal, les Éditions du Boréal Express, 1972, pp. 88-89 et 93.

[7] *Ibid.*, p. 98.

ciales pour atténuer les contradictions entre le capital et le travail: pensions de vieillesse, assistance aux aveugles, assistance aux mères nécessiteuses, assurance-chômage, etc. Mais ces palliatifs étaient loin de satisfaire les revendications des travailleurs syndiqués. En 1937, il y eut deux grèves retentissantes, la première à Sorel contre la «clique à Simard» où les travailleurs réclamaient le droit à la négociation collective et s'opposaient au capitalisme. Le curé de Saint-Pierre de Sorel déclara à cette occasion que «le capitalisme est irréformable». La deuxième toucha l'industrie textile où les ouvriers réclamaient un contrat collectif, une réduction des heures de travail et des salaires plus élevés.

Sur le plan politique, la crise va donner un regain de vie à l'opposition au régime Taschereau. En 1934, Paul Gouin fonde l'Action libérale nationale qui propose un programme réformiste et nationaliste, prônant la libération économique et sociale des Canadiens français, une politique ouvrière axée sur les assurances sociales, les contrats collectifs, la lutte contre les trusts, ces «puissances d'argent», une restauration de l'agriculture. Par la suite, le parti de Gouin s'alliera au parti conservateur dirigé par Maurice Duplessis qui se fera élire en accusant le gouvernement Taschereau de corruption et de népotisme[8]. Pendant la campagne électorale de 1936, l'Union nationale se présenta comme le défenseur du chômeur, du petit, de la petite entreprise privée canadienne-française en lutte contre les trusts. Ce fut une belle fumée bleue, car une fois au pouvoir Duplessis élimina Gouin, eut un trou de mémoire en laissant aux compagnies américaines le contrôle de l'exploitation des ressources naturelles et oublia de nationaliser l'électricité[9].

Avant cette élection, de nouveaux mouvements sont apparus et les journaux de l'opposition se sont radicalisés. *La Relève* prônait une révolution spirituelle, personnaliste, *La Nation* préconisait le séparatisme. Le corporatisme dans sa version italienne était présenté comme le système socio-économique capable de

---

[8] Entre 1930 et 1935, le gouvernement Taschereau avait vendu 8 millions de cordes de bois aux grandes compagnies de papier pour la somme de $9,876,000. Or l'administration et l'entretien par l'État des forêts coûtaient $9,748.000. Cela veut dire que le Québec, en 5 ans n'a retiré que $86,000 de ses forêts ou un cent et quart par corde de bois.

[9] Ce sera le gouvernement Godbout qui créera l'Hydro-Québec en nationalisant la Montreal Light, Heat and Power (1944).

mettre fin à l'anarchie du laisser-faire. Une pléïade de nouveaux journaux faisaient aussi leur apparition: *La Province, l'Ordre Nouveau, Relations, l'Ère nouvelle, l'Unité nationale.* Toute cette agitation sociale, politique, et idéologique conduira Maurice Duplessis et l'Union nationale au pouvoir.

Les angoisses de la petite bourgeoisie

L'élite canadienne-française se sent étrangère et menacée par les transformations socio-économiques imposées par l'introduction du capitalisme monopoliste. En effet, l'industrialisation et l'urbanisation, entraînant l'exode rural, frappent la petite bourgeoisie des campagnes qui voit son assise économique s'effriter progressivement. Moins il y a d'agriculteurs, moins il y a de possibilités pour le marchand, le médecin et le notaire de faire des affaires.

À la ville, la petite propriété industrielle et commerciale est menacée de disparition par la tendance à la concentration des capitaux. Les compagnies de transport, de textile, de pulpe et papier, les maisons de finances, les tanneries, les fabriques de chaussures passent aux mains d'étrangers. La classe dominante prend conscience de sa faiblesse économique et s'en prend au gouvernement libéral de Taschereau qui facilite la main-mise américaine sur l'économie québécoise.

Le commerçant ou l'industriel canadien-français doit affronter la concurrence des capitalistes étrangers alors qu'il n'est pas équipé pour y faire face et lutter à armes égales. Le petit commerçant du coin qui voit se développer les «chaînes» d'alimentation, le marchand de gros qui se fait retirer le commerce des boissons alcooliques, le petit industriel qui n'obtient pas les contrats de l'État et doit en rester à la production artisanale, le professionnel dont la carrière est bloquée parce qu'il n'est pas libéral, toute cette petite bourgeoisie en quête de revenus et de profits se tourne vers l'opposition qu'incarne l'Union nationale. Ses grandes orientations idéologiques refléteront son désarroi devant cette situation économique dont elle ne contrôle pas l'évolution. Elle rejettera le phénomène de l'industrialisation, s'opposera à la domination des monopoles étrangers et préconisera un nationalisme économique axé sur «l'Achat chez nous» et le coopératisme. Son nationalisme traduit les anxiétés d'une classe menacée et incapable de surmonter les nouvelles orientations imposées par le développement du capitalisme. Son idéologie se définit surtout par le refus, elle demeure au niveau de la critique et de la négation. Son intervention se situera principalement au niveau politique.

Traditionnellement hostile à l'État, elle veut que l'État intervienne et la sauve de la ruine et de la prolétarisation. Elle attend de l'État qu'il lui passe des commandes avantageuses, qu'il arbitre ses conflits avec le grand capital et limite les pouvoirs des monopoles. Elle réclame un nationalisme économique et s'attaque à la dictature des monopoles. Concrètement, elle demandait la nationalisation des ressources hydro-électriques parce que le trust de l'électricité empêchait le développement de la petite industrie. Elle propose un « ordre nouveau », une troisième voie entre le capitalisme et le communisme : le corporatisme. Ses attaques contre le grand capital et la haute finance étrangère ne visent pas à remettre en cause le capitalisme, mais visent plutôt à assurer une part du gâteau à la petite bourgeoisie canadienne-française. L'anticommunisme sera aussi une autre constante de l'idéologie nationaliste véhiculée par la petite bourgeoisie ; en revanche, elle applaudira les exploits fascistes de Franco et de Mussolini et sera rassurée par la loi du cadenas (24 mai 1937) qui, interdisant la propagande communiste, limitait gravement la liberté d'expression.

La petite bourgeoisie réduit dans sa vision du monde les intérêts de la nation à ses intérêts de classe. Elle accuse les capitalistes étrangers d'asservir la nation. Étranger et exploitation sont synonymes pour elle. « Notre émancipation », dans son idéologie, viendra de l'État corporatiste : « L'État, représentant les intérêts de la collectivité — sera forcé de jouer un rôle de plus en plus prépondérant dans la direction de l'économie nationale[10] ». Au lieu de servir les monopoles étrangers, il devra soutenir et favoriser les hommes d'affaires canadiens-français. « Le salut de la nation » réside dans la création d'une classe de capitalistes canadiens-français, qui en s'opposant aux capitalistes étrangers pourront réaliser « notre émancipation économique ».

Sur le plan économique, l'idéologie dominante au Canada français est confrontée à deux problèmes : l'infériorité économique des Canadiens français et la crise de l'économie capitaliste.

---

[10]   *La Nation*, 5 août 1937.

Comme solutions au premier problème, elle propose l'agriculturisme, l'amélioration du système d'enseignement pour former une élite économique compétente, l'achat chez nous et le coopératisme. Pour pallier les carences du capitalisme et le réformer, elle s'oriente vers le corporatisme. Cette période marque donc l'éveil de l'intérêt des Canadiens français pour les questions économiques[11]. Désormais, la suprématie sociale de l'Église n'est plus suffisante pour assurer la survie de la nation: celle-ci dépend aussi de la formation d'une bourgeoisie nationale capable de contrôler le développement économique.

Le capitalisme

À l'exception d'Henri Bourassa et du groupe de *La Relève*, le nationalisme des années 20 et 30 se replie sur l'État du Québec. La principale préoccupation de l'*Action française*, de l'*Action nationale*, des membres de Jeune-Canada, des Jeunesses patriotes, de l'Action libérale nationale et de *La Nation*, était l'autonomie provinciale et l'État national des Canadiens français. Les nationalistes visaient la création d'un État catholique et français sur les rives du Saint-Laurent. Certains allaient même jusqu'à réclamer la séparation du Québec. Dans leur esprit, la société canadienne-française de l'avenir ne devait pas être dominée par les Canadiens anglais et les étrangers. Comment cela était-il possible alors que «les fils de la race étaient asservis aux capitalistes métèques»? La situation économique des Canadiens français est ainsi exposée par Joseph Bruchard:

> La prochaine génération ne trouvera plus naturel sous prétexte que «ça toujours été de même» que l'apparence extérieure soit anglaise dans les rues et les routes de chez nous, que tout ce qui est riche parle anglais, et français ce qui est pauvre...` que les grandes industries et maisons d'affaires soient anglaises, et françaises, ou plutôt bilingues, les petites boutiques vouées aux petites affaires ou à la ruine; que la grande exploitation de nos forêts, de nos mines, de nos pêcheries, de nos chutes d'eau etc. fournisse aux étrangers les profits et les positions influentes et à nos gens les besognes viles et les salaires de rien[12].

---

[11]   Cet éveil avait été amorcé par Errol Bouchette qui avait publié en 1910. *L'indépendance économique du Canada français*.

[12]   Joseph Bruchard (pseudonyme d'Alexandre Dugré) «Le Canada français et les étrangers», *l'Action française*, vol. VIII, n° 4, octobre 1922, p. 201.

Ce diagnostic exprime le cri de détresse d'une petite bourgeoisie qui sent peser sur son avenir les menaces de l'élimination par les monopoles étrangers et qui veut se servir du nationalisme et de l'État pour se substituer à la bourgeoisie étrangère. En plus de ses insuffisances structurelles qui font obstacle à sa volonté hégémonique, elle se sent dépourvue des connaissances économiques nécessaires à la réalisation de son projet de classe, présenté comme projet de la collectivité. Elle exhortera les jeunes à s'orienter vers les études économique, financière, commerciale et administrative. Afin d'éduquer cette élite, Édouard Montpetit avait fondé en 1907 les Hautes Études commerciales.

Ces nationalistes dénoncent la dictature économique des monopoles, mais refusent en même temps de reconnaître l'existence des différences de classes. À travers le monopole, ce n'est pas la classe et le mode de production capitaliste qui sont visés mais l'autre nation. On veut éliminer les monopoles, non pour mettre fin à la classe qui les crée et en profite, mais pour substituer à cette classe étrangère, une classe autochtone. L'anticapitalisme de la petite bourgeoisie canadienne-française exprime en réalité la volonté frustrée de l'élite de devenir une bourgeoisie nationale; pour masquer ses aspirations, elle substitue la division et la lutte entre les nations à la division et à la lutte entre les classes. Le thème dominant du discours nationaliste sur l'économie soutient que les Canadiens français doivent remplacer les étrangers en tant que maîtres de l'industrie et du commerce. Il ne s'agissait pas de changer le capitalisme, mais de changer de capitalistes. Cette perspective était d'ailleurs en conformité avec la doctrine sociale de l'Église.

Ainsi, dans l'encyclique *Quadragesimo Anno,* la crise est expliquée par l'accaparement excessif des richesses par une petite minorité: «Il faut donc tout mettre en œuvre afin que dans l'avenir du moins, la part des biens qui s'accumule aux mains des capitalistes soit réduite à une plus équitable mesure[13]». Ce n'est pas le système capitaliste qui est mauvais mais les capitalistes qui en ont abusé. L'Église ne condamne pas le système en soi car elle reconnaît que son fondement, le droit de propriété, est un droit naturel: «Tous les théologiens ont unanimement soutenu que c'est de la nature et donc du Créateur que les hommes ont reçu le droit de propriété privée...[14]». Elle prêche

---

[13]   Cité par Céline Saint-Pierre, *op. cit.,* p. 247.
[14]   *Ibid.,* p. 247.

l'humanisation du capitalisme par l'amour, la charité chrétienne et la collaboration entre les classes.

La hiérarchie cléricale, obsédée par sa hantise du communisme, recommandait le système capitaliste. Le cardinal Villeneuve, dans une causerie prononcée en 1936 dans le cadre des Semaines sociales déclarait qu'il fallait réformer le capitalisme mais ne pas le confondre avec ses abus. En soi, ce régime n'était pas illégitime: «C'est la doctrine du capitalisme raisonnable et généreux, juste et charitable qui peut remettre seule le monde sur son pivot[15]». Un journal comme *La Croix* est conscient de l'exploitation capitaliste: les étrangers pillent nos richesses naturelles. Mais l'analyse s'arrête là:

> Depuis quelque temps, des capitalistes des États-Unis et d'Angleterre sont venus s'emparer d'une partie de nos forêts, qu'ils tournent sommairement en pulpe et qu'ils apportent ainsi à l'état brut dans leurs pays où cette pâte est définitivement manufacturée en papier. Nous alimentons ainsi les usines américaines et anglaises alors que nous pourrions par des lois sages, obliger ces capitalistes à construire ici même au Canada leurs moulins à papier ce qui procurerait à nos ouvriers un travail rémunérateur[16].

Ce n'était pas la propriété privée, ni même étrangère dans ce cas, des moyens de production ou encore l'exploitation des travailleurs qui étaient critiquées, mais seulement certains de leurs effets. Pour les nationalistes «antitrustards», il s'agissait principalement d'accroître la part du Canada français dans la répartition du gâteau capitaliste. La critique s'en prend rarement au fondement (la propriété privée), elle se cantonne au niveau des effets immédiats et des affirmations manichéennes.

Ainsi, les nationalistes critiquaient l'anarchie et le désordre social inhérents au système du laisser-faire et rendus manifestes par la crise et la dépression. Cependant, règle générale, ce qu'on critique dans le capitalisme ce n'est pas l'exploitation des travailleurs mais la décadence morale qu'elle entraîne. Le capitalisme est inhumain, irresponsable, égoïste, cupide. Il engendre le matérialisme et la soif de l'argent «cet excrément du démon». On demande aux Canadiens français de se prémunir contre l'esprit de luxe et de jouissance qui minent les fondements de la paix sociale.

---

[15] *Comptes-rendus des Semaines sociales du Canada,* vol. 14 ,«L'organisation professionnelle», Montréal, École sociale populaire, 1936, p. 335.

[16] Cité dans F. Dumont et autres, *Idéologies au Canada français 1900-1929,* Québec, Presses de l'Université Laval, 1974, p. 67.

Le monde des affaires est perçu comme une nef de sor-
ciers conduite par des éléments étrangers, dont le but est de détruire la société canadienne-française. À l'instar du politique, l'économie dans la pensée de l'intelligentsia ne peut constituer une
fin en soi, car elle doit être subordonnée à certaines valeurs
supérieures. Lionel Groulx exprime bien cette orientation:

> Nous l'avons dit au début: un programme d'action économique
> se rattache étroitement à des problèmes d'ordre moral. N'étant
> pas une fin, l'action économique ne saurait absorber toutes les
> activités d'un peuple, ni prendre la première place dans ses pen-
> sées[17].

Groulx concluait qu'en dernière instance, l'économie devait servir
la foi.

Le Programme de restauration sociale fondé sur le corporatisme apparaîtra alors comme une solution plausible aux effets
néfastes du capitalisme. Ce projet servira de toile de fond à l'éla-
boration de solutions à plus court terme, par lesquelles on tentera de pallier les effets de la crise du capitalisme. On demandait
à l'État d'intervenir pour mettre fin à la dictature économique
des monopoles et pour suspendre l'immigration. L'État devait
aussi soutenir l'agriculture, encourager les industries locales et se
donner une politique ouvrière réglementant les heures de travail,
les salaires, l'assurance sociale, etc. Parmi nos théoriciens de la
réforme sociale, certains insistent plus sur l'agriculturisme, d'autres mettent leurs espoirs dans le coopératisme proposé comme
antidote au capitalisme qu'il s'agit de concurrencer; d'autres
encore, préconisent un soutien à nos hommes d'affaires par une
politique d'«Achat chez nous».

Il y a dans l'idéologie nationaliste exprimée par ce programme, à la fois, une volonté de maintenir la vocation agricole
du Québec et la volonté de participer à l'industrialisation. L'Église, en soutenant ce projet, cherche à maintenir la prépondérance
du pouvoir religieux dans la société canadienne-française. La
petite bourgeoisie pour sa part espère maintenir son pouvoir politique, maintien qui nécessite le contrôle par l'État du développement économique, pour favoriser en dernière instance son insertion dans l'accumulation du capital.

---

[17]   Lionel Groulx, *Directives*, Montréal, Éditions du Zodiaque 1937, pp. 24-25.

L'agriculturisme

Dans la pensée économique de l'époque, l'idéologie agri-culturiste occupe une place plus importante que le corporatisme. La vocation agricole du Québec est encore la principale domi-nante de la pensée économique canadienne-française. Personne ne conteste vraiment cette perspective d'avenir économique, les plus audacieux se contentant d'en relativiser l'importance et d'in-sister sur la nécessité d'un développement industriel en symbiose avec l'agriculture.

Olivar Asselin, Édouard Montpetit et Esdras Minville préco-nisèrent avant tout un nationalisme économique axé sur le contrôle des richesses naturelles, sur la pratique de la solidarité écono-mique, sur l'accumulation du capital canadien-français de façon privée (sur une base familiale) et coopérative, sur la moderni-sation de l'enseignement économique et des techniques de gestion et sur l'appui à l'agriculture. Ainsi, Olivar Asselin considérait que l'agriculture était « la plus essentielle et la plus vitale de toutes nos industries[18] ». On la considérait comme la grande force économique des Canadiens français. Les progrès de l'industrialisa-tion devaient être fonction de la croissance dans la production agricole :

> La pensée nationaliste d'alors considéra, en somme, que c'est peine perdue que de vouloir attaquer le colosse à la tête et de le combattre sur le terrain de sa force : l'abondance des capitaux et le *know how* technique déjà le plus avancé du monde. Elle songera à un mode de reconstruction de toute une société par sa base : agri-culture, artisanat, petite et moyenne industrie régionale, prise de contrôle du pouvoir d'achat intérieur par l'action coopérative...[19]

Cette pensée économique se caractérise enfin, par la prise de conscience que le développement économique doit se faire au bénéfice des Canadiens français et, plus particulièrement, de la petite et moyenne bourgeoisie et qu'il faut éviter le sur-déve-loppement industriel dont la conséquence serait d'accroître notre dépendance envers le capitalisme américain et canadien-anglais. Il s'agit en fait d'un projet de ruralisation de l'industrialisation.

---

[18] Voir *La Rente,* 1er juillet 1920 : On pourrait sur ce sujet multiplier à l'infini les citations d'hommes d'affaires, de politiciens et de journalistes.

[19] François-Albert Angers, « L'industrialisation et la pensée nationaliste tradi-tionnelle » dans *Économie québécoise,* Montréal, Presses de l'Université du Québec, 1969, p. 424.

Devant l'ampleur du chômage et des tensions sociales qu'il suscite, le thème du retour à la terre reprend de la vigueur et aura une certaine efficacité puisque, de 1931 à 1941, le nombre des fermes occupées augmente de 13.9 pour 100. Les idéologues insistent pour que la population urbaine se libère de l'attrait factice des villes et comprenne le bonheur et le bien-être qu'on trouve à la campagne (en défrichant des terres impropres à la culture).

Pour enrayer l'exode rural dû au caractère peu rémunérateur du travail de la terre et freiner les effets de l'industrialisation, on demande à l'État d'encourager et de soutenir financièrement la colonisation, en conjonction avec une politique d'exploitation des forêts, qui donne aux cultivateurs les revenus nécessaires pour survivre pendant les premières années de mise en marche de leur ferme. Tels seront les objectifs du plan Vautrin pour la colonisation de l'Abitibi, qui s'avérera être un échec monumental. L'irréalisme de la politique agriculturiste deviendra flagrante à la fin des années 30 alors que le Québec, avec la guerre, entre définitivement dans l'ère industrielle. Ainsi s'effritait un des rêves chers aux nationalistes traditionnels.

Le coopératisme ou l'idéologie originelle du mouvement Desjardins

Le manque de capitaux et de sources de crédit était l'une des causes majeures de l'infériorité économique des Canadiens français et de la faiblesse chronique de notre petite bourgeoisie nationale qui sur ce plan, n'était pas en mesure de concurrencer les capitalistes étrangers et de résister aux tendances à la concentration et à la monopolisation. Certains théoriciens sociaux se tournèrent vers l'État, qui en tant qu'instrument de la collectivité, devait la servir; d'autres, pour réaliser le redressement économique de la petite bourgeoisie, lancèrent directement un appel à la collectivité pour qu'elle soutienne financièrement ses entrepreneurs nationaux. Puisque la thésaurisation et l'accumulation du capital étaient insuffisantes sur une base individuelle ou familiale, il s'agissait alors de créer une force économique véritable en réunissant les petits épargnants. Le coopératisme fut donc une tentative à l'intérieur du système capitaliste, de réaliser l'émancipation économique des Canadiens français et de favoriser la naissance d'une bourgeoisie nationale.

À l'origine, l'idéologie du mouvement Desjardins était fondée sur une critique morale du capitalisme. Pour les fondateurs du mouvement, il s'agissait de combattre l'exploitation des usuriers, de protéger les pauvres contre les prêteurs sans scrupule. Le système économique existant était déficient parce qu'il ne mettait aucune source de crédit à la portée des agriculteurs et des ouvriers; ce qui entraînait la misère, paralysait les progrès de l'agriculture et de la colonisation et aliénait la collectivité dans une dépendance économique sans issue.

Dans l'esprit d'Alphonse Desjardins, les caisses populaires devaient protéger le peuple contre la rapacité humaine. Il veut ainsi créer un instrument capable d'enrayer la désorganisation économique des classes populaires en développant l'habitude de l'épargne, en faisant sortir les bas de laine et en mettant leur contenu au service de la collectivité. Ainsi seraient créés une source de crédit et un pouvoir d'emprunt.

Ce projet est profondément marqué par les autres composantes de l'idéologie dominante. La coopérative sera surtout présentée comme une institution rurale, au service de l'agriculture et du petit commerce. Les caisses devaient être pour nos groupements agricoles, le germe d'une évolution, le point de départ du retour décisif et continu à la terre et de l'éloignement des séductions trompeuses de la ville! Les caisses étaient donc conçues comme un levier de relèvement non seulement matériel, mais surtout intellectuel et moral. Rosario Tremblay écrit à ce sujet:

> Il convient d'affirmer que la vie économique est un moyen en vue d'atteindre une fin d'ordre supérieur. Il serait faux et contraire à la doctrine sociale de l'Église de concevoir l'économique comme une fin en soi... Le Canadien français catholique utilisera donc les forces économiques selon les lois divines et morales afin qu'elles demeurent toujours un moyen au service de la personne humaine[20].

La détermination en dernière instance est la religion, à laquelle sont subordonnées la politique et l'économie. Dès ses débuts, le mouvement coopératif fut placé sous la tutelle cléricale. Ses dirigeants prirent bien soin de le mettre sous le haut patronage de l'enseignement social de Léon XIII et de s'assurer l'appui du

---

[20]   Cité par Gaston Turcotte, *De l'idéologie des Caisses populaires Desjardins*, (thèse), Québec, Université Laval, 1971, pp. 108-109.

clergé, en plaçant cette institution à l'ombre du clocher et pratiquement dans le sous-sol des églises, ce qui illustre concrètement la hiérarchie des valeurs de cette entreprise.

L'épargne et le crédit dans le cadre du coopératisme procèdent de la charité chrétienne et possèdent une fécondité morale car l'intérêt personnel des individus est purifié, ennobli et humanisé en étant orienté vers le service à la collectivité. On accordera à l'éducation une place privilégiée dans cette idéologie qui tente d'adapter les valeurs capitalistes aux valeurs religieuses et traditionnelles. En entraînant les membres et surtout les jeunes à l'épargne, au sacrifice, en les socialisant à la coopération, on espère ainsi rencontrer les exigences de la morale chrétienne et de la doctrine sociale de l'Église.

Le mouvement coopératif se fixe aussi des fins nationales. L'entreprise a une mission à remplir dans l'économie canadienne-française. Elle favorisera la survie de la nation en fournissant des capitaux et une élite administrative et financière. Les caisses populaires affermiront la confiance des Canadiens français en eux-mêmes, en apportant à la nation les instruments de libération qui lui manquaient et qui pourront demain lui assurer la maîtrise de ses destinées. En somme, l'idéologie coopérative exprime la vision économique de la petite bourgeoisie, axée sur le maintien et le développement du petit commerce et de la petite industrie liés à l'agriculture, laissant ainsi la sphère de la production et de la grande industrie aux mains des capitalistes étrangers.

Le corporatisme social

Devant la fin d'un monde et la déchéance d'un régime érigés sur les faux principes du libéralisme économique, afin de lutter contre le communisme, pour corriger la situation et restaurer l'ordre, les penseurs nationalistes se lancent à la recherche d'une doctrine. C'est dans cette perspective que *l'Action nationale* lance son enquête sur le corporatisme et conclut le texte de présentation par la phrase suivante: «Le corporatisme, notre espoir et notre salut[21]». La revue dresse un constat d'échec et de désordre. Rien ne va plus, il y a crise, chômage, inégalité dans la

---

[21]   *L'Action nationale*, vol XI, no. 1, p. 25.

distribution des richesses. Des milliers de chômeurs hantent les rues et leur oisiveté représente une menace pour l'ordre établi. Pour l'élite traditionnelle paniquée et impuissante, il faut à tout prix enrayer tout changement social et éviter les conflits qui se profilent à l'horizon européen. Dans ce contexte, l'ennemi principal n'est pas le fascisme mais bien le communisme. Les Franco, Salazar, Mussolini auront bonne réputation au Québec surtout dans le clergé qui soutient avec beaucoup de ferveur le corporatisme.

« Les classes sont un phénomène naturel, il est par conséquent absurde de vouloir les abolir[22] », écrit Victor Barbeau, qui après cette profession de foi, proclame son indignation et sa révolte devant l'injustice sociale, parce que sa conséquence est le désordre social et la lutte des classes. Il s'en prend alors à la théorie libérale du non-interventionnisme étatique qui a inspiré en contrepartie, l'idée d'un gouvernement fort soit de type « Welfare State », soit de type communiste. Dans son esprit, le libéralisme est l'antichambre du bolchévisme et ce sont là deux hérésies, deux aberrations.

Il faut trouver une troisième voie, une doctrine qui organise l'activité économique sans porter atteinte à l'entreprise privée et qui remplacera la lutte des classes inhérente au capitalisme par la collaboration des classes.

La doctrine corporatiste a été propagée au Canada français par les écrits pontificaux et en particulier par les encycliques *Rerum Novarum* (de Léon XIII) et *Quadragesimo Anno* (de Pie XI) qui, reconnaissant la légitimité de la propriété privée, définissaient en ces termes le rôle de l'État:

> Quant à son rôle, l'État se doit non seulement d'être le gardien de l'ordre et du droit, mais il doit travailler énergiquement à ce que, par l'ensemble des lois et des institutions, la constitution et l'administration de la société fassent fleurir naturellement la propriété tant publique que privée... Il appartient aux gouvernants de protéger la communauté et les membres qui la composent; dans la protection des droits privés, ils doivent se préoccuper d'une manière spéciale des faibles et des indigents... que l'État entoure de soins et d'une sollicitude particulière les travailleurs qui appartiennent à la classe des pauvres[23].

---

[22] *Ibid.*, p. 27.
[23] Cité par Céline Saint-Pierre, *op. cit.*, pp. 248-249.

La société se protégera des conflits et de la violence en se re-
constituant sur la base des corps professionnels et non sur les
classes, qui s'affrontent constamment. Il ne faut pas grouper les
hommes selon la position qu'ils occupent sur le marché du travail,
mais selon la branche de l'activité sociale à laquelle ils appartiennent.

Au Québec, l'École sociale populaire, s'inspirant de la doctrine sociale de l'Église, sera la principale propagandiste du projet
corporatiste qu'elle faisait remonter à la société féodale où les
individus, par les corporations, étaient liés organiquement dans un
tout social bien ordonné. Elle se démarquait ainsi nettement du
libéralisme et de l'individualisme.

Nos théoriciens sociaux ont aussi puisé leurs principes de
l'organisation corporative dans le puits du thomisme. Le Père
Desrosiers décrivait en ces termes les fondements de la doctrine
corporative:

> L'homme a besoin de la société, la société a besoin d'un chef
> qui impose à chacun le respect du droit des autres. Mais ce chef
> ne peut gouverner directement les individus. La société civile
> n'est pas la somme des individus mais la synthèse d'organes
> différenciés. L'erreur du libéralisme c'est d'avoir fait disparaître
> ces organes de la société civile. Les économistes libéraux ont obtenu
> que les gouvernements n'interviennent pas trop et ont fait abolir
> les corporations médiévales livrant ainsi l'industrie et le commerce
> à l'anarchie de la libre concurrence absolue, c'est-à-dire à la loi
> du plus fort, du plus égoïste; on a abandonné la main-d'œuvre —
> toute la classe des salariés — à la loi de l'offre et de la demande[24].

Le syndicalisme et l'intervention directe de l'État en furent les
conséquences et leurs effets furent désastreux pour l'ordre social,
car ils ont amplifié la désorganisation sociale sans corriger les
malaises.

Dans la société comme dans l'organisme humain chaque
membre doit remplir ses fonctions propres et l'influence de la tête
ne peut se faire sentir directement, elle doit être médiatisée par
la corporation:

> Dans chaque profession, comme dans chaque famille, chaque com-
> munauté et chaque localité, il faut une autorité immédiate, qui
> sous la surveillance de l'autorité suprême, fasse des lois pour
> cette profession et voie à leur application[25].

---

[24] Père J.-B. Desrosiers «Principes et description de l'organisation corporative», *Action nationale*, vol. XI, janvier 1938, p. 145.

[25] *Ibid.*, p. 146.

Dans ce modèle, l'unité première de la société n'est plus l'individu mais le groupe: la famille et la corporation:

> L'Église, se basant sur ce principe de la véritable philosophie sociale, que l'homme a besoin de multiples sociétés pour vivre convenablement demande aujourd'hui comme autrefois, qu'on fonde des sociétés professionnelles, c'est-à-dire qu'on groupe ensemble tous les travailleurs, ouvriers et patrons d'une même profession[26].

Tous les hommes ont quelque chose en commun, ils sont frères et doivent s'aimer mutuellement. Il ne peut donc y avoir d'intérêts irréconciliables entre employeurs et employés. Les classes doivent collaborer dans un climat de charité chrétienne.

Esdras Minville entérine lui aussi cette conception d'un ordre nouveau où l'État est présenté comme l'arbitre impartial qui maintient la solidarité organique des diverses corporations[27]. Ce système, à son avis, pallie les lacunes du capitalisme où l'organisation de la production est anarchique et entraîne la concentration des richesses. Il permet la collaboration des classes, la participation des ouvriers aux profits et le maintien de l'harmonie entre les membres d'une même profession. Il fournit un modèle social qui peut combattre efficacement le communisme, qui est une philosophie matérialiste injuste parce qu'elle viole le droit de propriété et néfaste parce qu'antireligieuse, antifamiliale et antisociale. Mais si l'État est indispensable au maintien du régime corporatif, il ne doit pas se substituer à l'entreprise privée. « Notre corporatisme est exclusivement social ». Sa fonction principale est de rétablir l'ordre dans la société perturbée par le libéralisme économique. Mais en définitive, comme le reconnaît avec satisfaction Roger Duhamel, le corporatisme a servi le capitalisme en détournant le mouvement ouvrier des véritables contradictions:

> On ne saurait nier que le corporatisme a sauvé de la débâcle la propriété privée, fondée en droit naturel; en consolidant le capitalisme, il a préservé de la ruine la notion du profit, assise psychologique du labeur humain. Il a également provoqué la renaissance de l'esprit public en atténuant les conflits sociaux par la suppression réelle des grèves et des lock-out[28].

---

[26] *Ibid.*, p. 147.
[27] Esdras Minville, «Libéralisme, communisme, corporatisme», *L'Actualité économique,* décembre 1936, p. 160.
[28] Roger Duhamel «L'ordre corporatif sous le signe du fascio», *La Relève,* vol. 1, n° 8, 1935, p. 202.

Les corporatistes, en raison de leur phobie du matérialisme condamnaient le marxisme et toutes les réformes socialistes, parce qu'elles entraînaient la perte de la propriété privée, comme si la défense de la propriété était le symbole de l'antimatérialisme.

Par le corporatisme, on cherchait à s'opposer à l'État centralisateur et à l'effritement de la société rurale commandé par le développement économique dirigé de l'extérieur. Le corporatisme s'explique jusqu'à un certain point comme la réaction de la petite bourgeoisie à la crise économique et à la menace des politiques fédérales dans le domaine économique et social, qui bafouaient la traditionnelle autonomie provinciale. En raison de la dimension anti-étatiste de l'idéologie dominante, il était impossible de préconiser un renforcement de la puissance de l'État pour solutionner les problèmes économiques. Le corporatisme fut donc adapté et adopté comme solution intermédiaire au niveau du discours. Mais en tant qu'idéologie, à cause de son manque de précision et de son caractère utopiste, la doctrine corporative eut moins de conséquences pratiques qu'en Europe. Elle fut peu institutionnalisée. Elle a surtout servi à cautionner les attitudes politiques autoritaires, à désamorcer l'action syndicale et le développement d'une conscience de classe et à accorder un peu de répit au système capitaliste, pour lui permettre de survivre à la crise.

Le corporatisme s'articulait au nationalisme de conservation car disait-on, la corporation opérait la jonction entre le social et le national en étant un facteur d'unité. Par la négation de la contradiction entre le capital et le travail et celle de la lutte des classes, et par l'affirmation de l'homogénéité de la nation, la doctrine corporatiste protégeait la petite entreprise familiale canadienne-française dont la survie dépendait souvent du maintien des bas niveaux des salaires et de l'anémie du mouvement syndical. Par ce nouvel ordre économique, on voulait aussi mobiliser la nation contre les entreprises étrangères (industries et syndicats) et donner ainsi à la petite bourgeoisie le contrôle du développement économique.

Antisémitisme, anticommunisme et fascisme

Comme on l'a vu précédemment, le Québec des années 30 est sensible aussi bien aux mouvements économiques, qu'aux mouvements idéologiques qui agitent l'Europe. La révolution bolchévique, la montée du fascisme italien et du nazisme, le front populaire en France, la guerre civile espagnole suscitent des débats de doctrine et cristallisent, le plus souvent vers la droite, les idéologies politiques. Ces nouvelles réalités seront incorporées à l'idéologie traditionnelle qui présentera trois épouvantails à la population: le Juif, le franc-maçon et le «bolchéviste» supposément unis dans un vaste complot, tramé pour ruiner les bases temporelles de l'Église. L'imagerie cléricale les présentait comme des fomenteurs de révolutions et des fils de Satan et cherchait de la sorte à créer une peur psychologique devant tout projet de changement.

La xénophobie canadienne-française contrairement à ce que veulent faire croire certains bien-pensants, n'est pas un atavisme culturel, elle ne fait pas partie intégrante de notre mentalité; ce sentiment était absent des attitudes des Patriotes envers les Juifs et les Irlandais avant 1840; ce réflexe idéologique doit être situé dans le contexte socio-économique de l'époque et compris comme un effet pervers du colonialisme. L'antisémitisme se développera au Canada français en tant que réaction à la structure de pouvoir et à la structure de classes où le Canadien français est dominé. Il se sent menacé de disparaître et cherche à s'affirmer non pas en s'attaquant aux causes réelles de sa situation, mais en s'attaquant aux autres collectivités plus faibles que la sienne. Il exècre les autres pour compenser son sentiment d'infériorité. Cette réaction est aussi renforcée par des intérêts matériels bien sentis. Les Juifs menacent l'assise économique de la petite bourgeoisie urbaine car leurs moyens de promotion sociale sont les mêmes que ceux des Canadiens français: le petit commerce et les professions libérales. L'antisémitisme, dans cette perspective, est une arme utilisée par la petite bourgeoisie dans la lutte économique.

Pour soutenir le processus d'industrialisation, la politique d'immigration canadienne dépose au Québec de fort contingents d'immigrants dont la venue risque de briser l'équilibre linguistique. Pour leur part, les Juifs passent de 2,703 en 1891 à 60,087 en 1931 et se concentrent principalement à Montréal. Ainsi, face aux transformations structurelles de son économie impulsées de l'extérieur, le Canada français doit subir des mutations forcées. Sa structure sociale villageoise traditionnelle ne le protège plus. Il sent confusément que le monde de la ville et de l'usine lui est étranger. Il ne s'y sent pas chez lui et la crainte de la ville se transforme rapidement en xénophobie.

Le Juif deviendra alors le bouc émissaire, le responsable de tous nos malheurs et l'antisémitisme donnera une cohérence factice à l'idéologie dominante, qui encore une fois est complètement déphasée par rapport à la situation objective. Le Journal *La Croix* écrit au sujet des Juifs:

> Ce peuple rejeté de Dieu est le fléau de l'humanité. Il est le bras droit de Satan sur terre... Il est pervers, astucieux, intrigant... Le Juif est toujours Juif qu'il vive en Allemagne, en Angleterre, en France ou au Canada. Il ne s'assimile pas, il ne change pas... Ils envahissent tout: la finance, le commerce, les positions lucratives... Ils s'enrichissent à nos dépens... Eh bien! armé de la Croix, nous allons essayer de leur barrer le chemin. Nous prions d'abord nos compatriotes de n'avoir aucune relation avec les Juifs, de ne pas leur vendre, ni leur louer leurs maisons, de n'acheter rien d'eux. Il faut les boycotter, il faut les obliger à s'en aller[29].

L'enseignement religieux accréditait ces thèses en faisant des Juifs les responsables de la mort du Christ. Les nationalistes reprochaient aussi aux Juifs de ne pas s'assimiler, mais en même temps ils ne voulaient pas qu'ils se francisent pour des raisons commerciales. Ainsi Gratien Gélinas dans un petit article exprime l'horreur qu'il éprouve à l'idée que le Juif puisse apprendre «la langue de Dollard des Ormeaux» pour séduire les Canadiens français[30]. De même *Le Devoir* en 1934 reproche aux Juifs de France de porter des noms français[31].

On les tient responsables de la première guerre mondiale et aussi de la seconde, de la révolution russe, du modernisme, du matérialisme, du libéralisme, du communisme et de l'émigration des Canadiens français. Selon *l'Action catholique,* il n'y a «pas de race qui sache s'immiscer avec plus d'habileté dans la vie économique d'un peuple, et y accaparer une partie considérable de sa vitalité et de sa richesse[32]». Les Juifs veulent dominer le monde et détruire la société chrétienne:

> Ce que nous reprochons aux Juifs n'est pas le sang qui coule dans leurs veines, ni la courbe de leur nez, (c'est plutôt) la haine violente qui, en général les anime, le mépris profond qu'ils professent contre tout ce qui est chrétien. Les Juifs... comme race, sont nos ennemis nés. Leur but est l'effacement du nom chrétien, fallait-il pour y atteindre verser des flots de sang[33].

---

[29]   Cité dans Fernand Dumont et autres, *op. cit.,* p. 71.
[30]   Voir «Du patriotisme ça», *L'Action nationale,* vol. 5, mai 1935.
[31]   Voir «Le grincheux», *Le Devoir,* 30 novembre 1934.
[32]   Voir F. Dumont, *op. cit.,* p. 335.
[33]   *Ibid.,* p. 336.

Le Juif est présenté comme un conspirateur permanent, à l'origine de la plupart des mouvements révolutionnaires[34]. Ils collaborent avec les francs-maçons à la subversion universelle: «La révolution bolchéviste est l'œuvre des Juifs». Dostaler O'Leary, leader du mouvement séparatiste Jeune-Canada, exprime clairement le rapport entre antisémitisme et anticommunisme lorsqu'il définit le communisme: «ce monstre à face asiatique, extrait par un Juif immonde et rachitique des théories de 89[35]». Même un journal comme *Le Devoir* participe à ce concert d'antisémitisme[36]. Dans la hiérarchie des adversaires de la nation, les Juifs viennent en deuxième place après les monopoles. On reproche aux Juifs de s'être approprié un nombre croissant de professions libérales, de menacer le petit commerce par des pratiques déloyales (ouverture le dimanche), de menacer la religion catholique et d'être antinationalistes. Il ne faut pas toutefois noircir le tableau outre-mesure, car on retrouve aussi dans les journaux de l'époque comme *le Jour, le Canada* et *l'Autorité* des dénonciations de l'antisémitisme. Des hommes comme Henri Bourassa, Olivar Asselin, André Laurendeau et le groupe de *La Relève* s'opposeront aussi à cette tendance du nationalisme canadien-français. En définitive, pour beaucoup, la méfiance et l'ostracisme qu'ils manifestaient envers la communauté juive, s'accompagnaient d'une envie et même d'une admiration refoulée pour ce peuple qui avait sû par sa solidarité, survivre et prospérer. Mis à part Adrien Arcand et son Parti national-social-chrétien, l'antisémitisme au Canada français dans les années 30 était virulent mais non violent. Enfin, il faut dégonfler certains mythes qui attribuent aux nationalistes canadiens-français le monopole de l'antisémitisme au Canada et qui cherchent ainsi à prouver la nature antidémocratique de la société québécoise. Une étude récente démontre qu'au Canada anglais les antisémites étaient encore plus nombreux et mieux organisés que ceux du Québec et que les milieux libéraux outre-Outaouais ont été très complaisants à leur égard[37].

Dans la panoplie des peurs des Canadiens français, il faut aussi inscrire l'anticommunisme distillé par l'élite cléricale et petite-bourgeoise. Au nom d'une vision manichéenne du monde,

---

[34] *Ibid.*, p. 336.

[35] Dostaler O'Leary, *Séparatisme doctrine constructive*, Montréal, Les Éditions des Jeunesses Patriotiques, 1937, p. 210.

[36] Voir les éditoriaux de Georges Pelletier.

[37] Voir Lita Rose Betcherman *The Swastika and the Maple Leaf*, Toronto, Fitzhenry and Whiteside 1975, p. 45.

l'Église se présentait comme le rempart de la civilisation contre les socialistes qui voulaient instaurer un régime basé sur la barbarie, l'anarchie et la destruction. Mgr Paquet signa plusieurs éditoriaux dans l'*Action catholique*[38] où il présentait le communisme comme un système fondé sur l'assassinat, le terrorisme, le vol, le pillage, qui visait à détruire l'univers entier:

> Tous les socialistes réclament la suppression du patronat, disait-il, mais toutes les autorités légitimes sont solidaires. L'on ne saurait attenter aux droits du patronat sans ébranler ceux de tous les pouvoirs constitués des pères de famille, des chefs de l'Église, des gouvernements civils ou des commandants militaires... Les socialistes... visent toutes les institutions et toutes les organisations qui participent en quelque manière à la souveraineté politique ou religieuse[39].

Le seul moyen d'enrayer le développement du bolchévisme, concluait Mgr Paquet, était de restaurer la société d'après les principes chrétiens et sur la base de l'union de l'Église et de l'État. On retrouve aussi ces évocations hystériques de la menace communiste dans les pamphlets de l'École sociale populaire[40], ainsi que dans la plupart des journaux nationalistes.

Selon le *Manuel antibolchévique,* être communiste c'était être contre la propriété privée, contre la famille et contre la religion. On visait de la sorte à discréditer la C.C.F. auprès des travailleurs québécois. On entretenait ainsi une psychose où tout ce qui n'était pas conforme à l'ordre établi était identifié comme bolchévique. De cette façon, on ostracisait tous ceux qui sur une base réformiste aspiraient à une plus grande justice sociale et osaient critiquer l'autorité établie. Cette attitude visait plus à museler l'opposition qu'à enrayer un véritable mouvement communiste, car même si elle était très active, la section québécoise du mouvement communiste canadien ne regroupait qu'une trentaine de militants canadiens-français. Duplessis utilisa à fond cette tactique afin de discréditer auprès des masses les intellectuels, les syndicalistes et les libéraux réformistes, qui luttaient pour le progrès social et la démocratie. Le spectre du communisme était agité chaque fois qu'il y avait une grève. Par son anticom-

---

[38]   21 janvier, 24 janvier, 29 janvier, 31 janvier, 7 février 1920.

[39]   « Le bolchévisme », *Action catholique,* 31 janvier 1920.

[40]   « De mars 1931 à août 1936, vingt-cinq numéros sur cinquante-six, consacrés aux questions économiques et sociales sont dans leur totalité absorbés par l'anticommunisme », André-J. Bélanger, *L'apolitisme des idéologies québécoises: le grand tournant 1934-1936.* Québec, Presses de l'Université Laval, 1974, p. 308.

munisme virulent, Duplessis tentait de dissimuler son alliance avec les milieux d'affaires anglo-canadiens et avec les «trusts» américains, à qui il offrait une main-d'œuvre docile et à bon marché.

L'antisémitisme et l'anticommunisme, distillés par les élites cléricales, intellectuelles et politiques, constituaient un terreau propice au développement d'un mouvement fasciste au Québec. D'ailleurs, les nationalistes ne cachaient pas leur sympathie pour les régimes autoritaires. Groulx n'écrivait-il pas dans l'*Action nationale*: «Heureux peuples qui se sont trouvés des dictateurs[41]». De même, Paul Bouchard dans *La Nation* vantait les mérites du modèle italien et justifiait son adoption dans un Québec indépendant. Ce climat intellectuel et le contexte économique favorisaient l'émergence de groupes et de revues d'obédience fasciste comme la Fédération des clubs ouvriers, l'Ordre patriotique des Goglus, *le Miroir, le Chameau, le Goglu*[42], *le Patriote* et *le Fasciste canadien*. En 1934, Arcand, inspiré par l'expérience hitlérienne, fonde le Parti national-social-chrétien et se fait le propagandiste du nazisme. Son parti comptait en 1937 environ sept cents membres; il atteindra en 1938-1939 quatre mille membres. Il adopte les symboles et les méthodes d'organisation de son grand frère allemand: salut fasciste, port de la chemise bleue, entraînement paramilitaire, propagande haineuse anti-juive, etc. Son emblème était une croix gammée entourée de feuilles d'érable. La propagande de ce parti fasciste s'attaquait à la démocratie, à la liberté de parole, au principe électif, aux institutions parlementaires; elle exaltait les sentiments raciaux, exigeait la suppression des syndicats et préconisait la violence.

Cet extrémisme réduira son influence auprès des masses qui préféraient suivre les nationalistes traditionnels «plus pondérés». L'entrée en guerre contre l'Allemagne mettra fin aux espoirs des fascistes canadiens, car le gouvernement fédéral démantela leur organisation en internant les principaux leaders.

---

[41] J.-J. Brassier (pseudonyme de Lionel Groulx), «Pour qu'on vive», *L'Action nationale*, janvier 1934.

[42] Ces trois revues étaient éditées par Adrien Arcand et soutenues financièrement par les conservateurs.

La guerre et la crise de la conscription

Comme celle de 1917, la crise de la conscription (1942) sera une autre illustration des difficultés qu'éprouvent les Canadiens anglais et les Canadiens français à vivre ensemble dans le cadre du fédéralisme. Les antagonismes de cette période donneront plus de poids aux thèses autonomistes et même séparatistes.

L'invasion de l'Éthiopie par l'armée italienne, la réoccupation allemande des pays rhénans, l'Anschluss avec l'Autriche, les accords de Munich, l'occupation de la Tchécoslovaquie, ce cortège de crises européennes avait créé une psychose de guerre. Dès l'hiver 1937, le budget de la défense canadienne passait de $20 à $34 millions. On sentait la guerre prochaine et les libéraux au pouvoir depuis 1935, harcelés par les nationalistes, affirmaient que le Canada n'allait pas participer à des guerres à l'extérieur du pays.

Mais après l'invasion de la Pologne, lorsque l'Angleterre déclara la guerre, le Canada la suivit docilement et spontanément. Les promesses des politiciens ne tiennent pas longtemps lorsque la solidarité britannique de la majorité veut s'imposer. Il ne leur reste plus alors qu'à prêcher l'unité nationale après s'être trahis.

Les Canadiens français demeuraient perplexes et indécis face à la guerre. Ils se rappelaient la conscription de 17 et cela, ils désiraient à tout prix l'éviter. Au contraire, la majorité canadienne-anglaise voulait affirmer son loyalisme envers la métropole par un engagement total du Canada dans la guerre de sorte que, jusqu'à l'entrée en guerre des États-Unis, le Canada fut le seul pays d'Amérique à participer à la guerre européenne.

Les mesures de guerre entraînaient l'invasion du fédéral dans les domaines réservés aux provinces. Duplessis décide à son tour d'aller en guerre pour défendre l'autonomie provinciale. Il déclenche des élections provinciales. Les libéraux fédéraux, conséquents avec leur projet centralisateur vinrent prêter main forte à Adélard Godbout et lui permirent de battre l'Union nationale. En contre-partie, ils s'assuraient la servilité du gouvernement du Québec, qui accepta sans gémir une modification du partage fiscal au profit du fédéral. Les promesses non conscriptionnistes d'Ernest Lapointe et d'Adélard Godbout ne seront qu'un rempart de paille devant la raison du loyalisme et la logique du jeu politique fédéral où la loi du nombre s'impose toujours.

Jusque-là, le gouvernement fédéral s'était contenté de l'engagement volontaire, qui suffisait amplement à alimenter la machine de guerre. En effet, le chômage malgré la reprise économique, n'est pas encore résorbé et pour beaucoup de sans-travail, l'engagement volontaire est une solution (macabre) à leurs problèmes matériels. Après le tribut de la sueur, le travailleur donnait le tribut du sang.

Le gouvernement King profita de la chute de la France qui avait ébranlé les Canadiens français, pour faire avancer d'un cran sa politique de guerre et faire voter la mobilisation générale. Camilien Houde, après plusieurs pirouettes politiques, prêche alors la désobéissance. Le maire de Montréal dénonçait l'enregistrement obligatoire et la conscription ce qui lui valut de passer quatre ans dans un camp de concentration. L'Église, pour sa part, par la voix du cardinal Villeneuve, prêchait l'obéissance aux lois et à l'autorité civile. Il était ainsi fidèle à la tradition britannisante de la hiérarchie cléricale.

Mais cette nouvelle phase dans l'escalade de la mobilisation des ressources matérielles et humaines ne satisfaisait pas les fauteurs de guerre canadiens. Sous les pressions des milieux d'affaires (les Deux Cents de Toronto) et des sentiments «British», le gouvernement King annonce le 22 janvier 1942 la tenue d'un plébiscite sur la conscription demandant au peuple de le libérer de sa promesse. «Conscription if necessary but not necessarily conscription», tel est son nouveau slogan.

Les nationalistes canadiens-français, par la voix de Maxime Raymond, s'opposent au principe même d'un plébiscite qui demande à la majorité d'effacer une promesse faite à la minorité. Ils opposent à la conscription si nécessaire, la séparation si nécessaire. Pour organiser leur opposition et canaliser les révoltes spontanées, ils fondent la Ligue pour la défense du Canada qui fut animée par Georges Pelletier et André Laurendeau. La ligue revendiquait le droit pour tout citoyen libre de répondre au plébiscite selon son jugement et sa conscience, sans se faire taxer pour cela d'antipatriotisme ou de lâcheté. Son but était de mobiliser les Canadiens pour qu'ils s'opposent à la conscription en votant NON. S'inspirant de Bourassa, elle demandait aux Canadiens de mettre la patrie au-dessus de l'esprit de race.

Malgré ses faibles moyens et les tracasseries dont elle fut l'objet, la ligue réussit par une propagande efficace à galvaniser les sentiments populaires. Les résultats du plébiscite furent éloquents: le Québec francophone votait NON dans une proportion de 85 pour

100. Deux unanimités se faisaient face. Les Canadiens français exprimaient ainsi leur résistance et leur non-confiance envers leurs élites traditionnelles. Mais la majorité «canadienne» était favorable à la conscription pour service outre-mer. Ainsi fut-il fait. Dès lors, la résistance prit la forme de la désertion. Le Québec était un pays occupé. Puisque le terrain de la lutte se déplaçait, les anticonscriptionnistes fondèrent le Bloc populaire canadien en septembre 1942, afin de canaliser sur le plan politique la mobilisation populaire soulevée par la ligue.

Le Bloc populaire hérite des idées réformistes de l'Action libérale nationale et les enrobe d'une philosophie personnaliste. Né de la guerre et de la crise de la conscription, ce tiers parti veut faire échec à la dictature économique des trusts et restaurer l'autonomie provinciale. Il accuse tous les gouvernements précédents d'avoir défendu l'autonomie provinciale pour faire du Québec le paradis des trusts, le royaume des bas salaires et la terre des taudis. Son programme présente un amalgame de thèmes traditionnels et de projets modernisateurs[43].

Ainsi, la famille est définie comme la pierre angulaire de la société et le Bloc veut développer un système d'aide à la famille en faisant disparaître les taudis, en haussant les salaires de sorte que la mère ne sera pas arrachée à son foyer pour travailler à l'usine. Sur le plan social, le Bloc propose un plan d'assurance-maladie tout en s'opposant à la médecine d'État. Il revendique la souveraineté absolue des provinces dans la législation ouvrière et sociale. De même sur le plan fiscal, il exige le rapatriement des pouvoirs fiscaux des provinces extorqués par le fédéral durant la guerre. Dans le domaine économique, le Bloc soutient la politique agriculturiste de même que le système coopératif qu'il prévoit étendre cependant aux domaines du logement, de la construction, de l'alimentation, des transports, etc. Il s'attaque aux trusts qui accaparent les richesses naturelles, exploitent le consommateur, accumulent des profits scandaleux et spéculent sur les choses nécessaires à la vie. Pour pallier ces abus, «Les congressistes sont d'opinion qu'il doit y avoir nationalisation dans les cas extrêmes et dans les autres, contrôle ou concurrence de l'État[44]». Il est à noter que le terme État du Québec revient fréquemment dans le vocabulaire du Bloc. Quant au rôle de cet

---

[43]   Voir Jean-Louis Roy, *Les programmes électoraux du Québec,* Montréal, Leméac, 1971, tome II, 1931-1966, pp. 322-327.

[44]   *Ibid.,* p. 327.

État, le Bloc professe «une doctrine qui tient le milieu entre l'État capitaliste esclave du trust de l'argent et de l'État socialiste, esclave de la bureaucratie[45]». Enfin, il se définit comme un parti procanadien à Ottawa et procanadien-français à Québec.

Miné par les dissensions internes et trop identifié à la guerre et à la crise de la conscription, le Bloc ne put réussir à briser la partisannerie traditionnelle des Québécois qui, une fois la prospérité revenue, retournèrent au bercail des vieux partis. Toute cette agitation avait suscité un accroissement de la volonté autonomiste et ce fut finalement Maurice Duplessis qui encore une fois, tira les marrons du feu.

Conclusion

Si durant cette période, la pensée sociale et politique au Canada français demeure monolithique et conservatrice, elle n'est pas pour autant statique. L'idéologie dominante tente de s'adapter aux transformations qui marquent la société québécoise, mais elle le fait sur la base des prémisses traditionnelles. La volonté de continuité modèle les nouvelles orientations qui sont en réalité des réponses à des pressions extérieures. Le trait marquant de cette mutation est la prise de conscience que l'Église ne peut plus, à elle seule, être le rempart de la nation et que pour survivre, les Canadiens français se doivent d'améliorer leur situation économique et surtout de contrôler le développement de l'économie québécoise. Mais cette rénovation idéologique est limitée par les intérêts de la classe qui l'articule. Par l'émancipation économique, on n'entend pas la fin de l'exploitation et l'appropriation collective des moyens de production, il s'agit plutôt de mobiliser les ressources de la collectivité, de freiner l'emprise des intérêts étrangers et de favoriser l'éclosion d'une bourgeoisie nationale, qui au nom de la nation exploitera à son propre compte la classe ouvrière. Dans cette perspective, les préoccupations spécifiques à la classe ouvrière, qui est la force de la nation, sont escamotées. Le mouvement ouvrier est embrigadé par des principes et des pratiques qui sont étrangers à sa raison d'être et à ses intérêts. La mobilisation de la nation contre les ennemis de l'extérieur occultait la réalité des antagonismes internes.

---

[45] *Ibid.*, p. 327.

L'épicentre de cette idéologie est encore le nationalisme de survivance qui consistait à défendre des droits acquis, à préserver la religion catholique et la langue française. La greffe de nouvelles orientations visait à renforcer la conception traditionnelle de la société québécoise. Survivre en tant que collectivité impliquait avant tout pour l'élite, sa propre survie en tant que classe dominante. Il s'agissait pour cette classe de résister aux forces de changement en s'appuyant sur la persistance des valeurs traditionnelles de sacrifice, de résignation et d'obéissance à l'autorité. L'idéal proposé se réduisait à une société organique dirigée par l'Église et la petite bourgeoisie, fondée sur la suprématie des valeurs spirituelles, sur la primauté de l'agriculture et de la petite production, la permanence des traditions, la paix sociale par la collaboration des classes, les relations de type familial, le repli sur soi; le refus de la richesse matérielle, de l'industrialisation, de l'urbanisation; la peur des autres, des Anglais, des Juifs et de tout ce qui est nouveau. Les principaux leitmotive de cette idéologie sont: l'essentiel c'est le ciel, nous sommes pauvres, nous sommes catholiques et français, l'Anglais exerce sur nous un pouvoir économique écrasant et est responsable de notre subordination et de notre déchéance nationale. Ce nationalisme est essentiellement négatif, tourné vers le passé. Son seul projet est de conserver l'ordre établi, c'est-à-dire la position privilégiée de l'élite clérico-petite-bourgeoise.

CHAPITRE VIII

Après 1945 — De la tradition au rattrapage de la modernité

Le Québec dans la phase monopoliste du capitalisme

Le Québec de l'après-guerre persiste à se présenter comme une société monolithique, traditionnelle, cléricale et ruraliste, alors que l'environnement matériel se transforme rapidement sous la pression de forces extérieures. La classe qui exerce le contrôle politique et idéologique s'accroche désespérément aux valeurs du passé et se joue une comédie tragique dans son impuissance à reconnaître ses propres intérêts de classe. Elle travaille inconsciemment à sa propre disparition en tant que fraction hégémonique, en s'enfouissant dans l'illusion du pouvoir de son roi-chef: Maurice Duplessis, qui au nom d'un laisser-faire économique archaïque et d'un autonomisme stérile, retarde la modernisation de l'État et de la société québécoise.

La crise et la guerre avaient favorisé l'immixtion grandissante du gouvernement fédéral dans les domaines «réservés» aux provinces. Le pouvoir de dépenser, les pouvoirs résiduaires et la clause de l'intérêt général cautionnaient sur le plan constitutionnel l'invasion du fédéral, qui institue en 1927 les pensions de vieillesse, l'assurance-chômage en 1941, les allocations familiales en 1944 et accapare les pouvoirs de taxation. Cette conception centralisatrice du fédéralisme fut entérinée par la commission Rowell-Sirois (1937), chargée d'enquêter sur les relations fédérales-provinciales. Enfin, les impératifs de guerre et la servilité du gouvernement d'Adélard Godbout facilitèrent le développement de l'appareil d'État fédéral indispensable pour atténuer les contradictions du capitalisme et lui permettre de survivre. À la faveur de la reprise économique, non compromis par la politique du temps de guerre et paré de l'auréole nationaliste pour sa défense de l'autonomie provinciale, Duplessis revient au pouvoir le 8 août 1944. La conception duplessiste de l'autonomie provinciale servira d'écran de fumée masquant aux yeux des Canadiens français les problèmes du sous-développement économique et social, entraînés par les déformations structurelles propres aux sociétés dépendantes.

Le développement économique du Québec des années 50 se caractérise par le retour de la prospérité économique et par l'intensification du processus de monopolisation. L'indice du salaire moyen passe de 69.3 en 1945 à 127.7 en 1952 et atteint 168.9 en 1959. Les salaires augmentent plus rapidement que le coût de la vie. Même si les salaires sont toujours plus faibles au Québec et le taux de chômage plus élevé que dans le reste du Canada, on constate une amélioration relative du niveau de vie, comparativement à la période antérieure. Le Québec entre dans l'ère de la société de consommation. On assiste aussi à une forte concentration des capitaux dans les secteurs industriels et financiers. L'étude de Porter révèle à cet égard, que l'économie canadienne et a fortiori québécoise est extrêmement concentrée et contrôlée par une très petite minorité: en 1956, 54 grandes corporations contrôlaient 44 pour 100 de l'économie canadienne[1]. Les capitaux américains se ruent sur les ressources naturelles québécoises et en particulier, sur les richesses en minerai de fer de l'Ungava, car les réserves de fer du Mesabi Range américain sont épuisées[2]. De 1953 à 1961, l'investissement total américain au Québec passe de $2,305 millions à $4,320 millions, ce qui représente 74 pour 100 du capital d'investissement direct. Claude Saint-Onge décrit ainsi le résultat de l'impérialisme américain:

> On constate qu'en 1961, 42% de l'industrie manufacturière est aux mains de l'étranger. Quant aux francophones, leurs entreprises ne produisent que 15% de la valeur ajoutée du secteur manufacturier. Les étrangers, au premier chef, les États-Unis, dominent dans les secteurs névralgiques: fer et acier 59%, produits chimiques et médicaments 77%, instruments de précision 72%, machines 65%, matériel de transport 80%, pétrole et houille 100%; et dans d'autres industries: tabac 68%, caoutchouc 55%, métaux non ferreux 85%. Quant aux francophones, on les retrouve dans les industries traditionnelles. Ils dominent dans le seul secteur du bois 84%... le cuir 49% et le meuble 39%[3].

---

[1]   John Porter. *The Vertical Mosaïc*, Toronto, University of Toronto Press, 1965, p. 234.

[2]   C'est la conclusion du rapport Paley en 1952.

[3]   Claude Saint-Onge, *L'impérialisme U.S. au Québec*, Paris, thèse de doctorat 3ᵉ cycle, Université de Paris VIII, 1973, pp. 145-147.

On estime généralement que la part des Québécois francophones dans la propriété des moyens de production oscille entre 10 et 15 pour 100. Ainsi, façonnée par des intérêts étrangers favorisés par la complaisance et la vénalité des élites politiques, l'économie québécoise présente certaines anomalies structurelles, comme la faiblesse du secteur secondaire typique de l'extraversion et de la dépendance économique. L'économie québécoise se spécialise dans l'extraction des matières premières, exportées sans être transformées et dans le développement du secteur tertiaire, comme l'indique la répartition de la main-d'œuvre active[4] :

	1941	1961
primaire	26.5	11.4
secondaire	35.0	34.5
tertiaire	38.4	51.1

On assiste donc à une diminution rapide de la main-d'œuvre dans le secteur primaire due à une augmentation de la productivité accompagnée d'une faible croissance de la demande. La main-d'œuvre agricole passe de 21.7 pour 100 à 7.6 pour 100 de la main-d'œuvre totale. Le secteur secondaire demeure stable. Cependant, il faut souligner des déplacements significatifs occasionnés par la pénétration des capitaux américains dans les secteurs industriels liés à des richesses naturelles (pâtes et papier, fer, acier, aluminium), qui se développent rapidement. Parallèlement, il y a un déclin des industries légères (aliments et boisson, tabac, caoutchouc, cuir, textiles et vêtements), provoqué par la tendance à la concentration et par la concurrence étrangère. Le déclin relatif de ce secteur entraîne l'éviction progressive des capitalistes canadiens-français des secteurs manufacturier, commercial et financier. Ils ne peuvent résister à la concurrence acharnée que leur livrent les monopoles anglo-canadiens et américains, soutenus par l'État fédéral. Ils se verront réduits à un rôle de sous-traitance ou au plus, d'alliés secondaires.

Le portrait de la situation économique des Québécois francophones comparé à celui des anglophones a été brossé dans le troisième livre de la Commission royale d'enquête sur le bilinguisme et le biculturalisme. Cette étude a montré, que sur le plan du revenu et de l'occupation, le Québécois francophone se retrouve toujours au bas de l'échelle et que la minorité anglophone

---

[4]   Mario Dumais, « L'évolution économique du Québec », dans *Économie québécoise*, Montréal, Presses de l'Université du Québec, 1969, p. 222.

occupe au Québec une position encore plus privilégiée que dans le reste du Canada. Ainsi l'écart au niveau du revenu entre le Canadien anglais du Québec et celui du Canada est de 30 pour 100[5].

Au Québec, le revenu moyen du francophone est de 35 pour 100 inférieur à celui du Canadien anglais et dans l'échelle des salaires, le Canadien français vient au 12e rang au Canada, précédant de justesse les Italiens et les Indiens. Au chapitre de l'occupation, la Commission confirme la sous-représentation des Canadiens français dans les secteurs influents et rentables. Au Québec, le tiers des administrateurs de l'entreprise manufacturière sont des anglophones et 80 pour 100 des plus hauts postes leur sont attribués, alors qu'ils ne constituent que 7 pour 100 de la main-d'œuvre. À Montréal, les Canadiens français n'occupent que 17 p. 100 des postes administratifs. Ainsi les trois quarts des postes qui commandent un traitement supérieur à $15,000 sont confiés à des administrateurs qui viennent des milieux anglophones. Les francophones dans les entreprises se retrouvent donc dans les emplois subalternes. Le rapport constate aussi que les entreprises étrangères et les entreprises canadiennes-anglaises sont respectivement sept fois et quatre fois plus nombreuses que les entreprises canadiennes-françaises, qui sont généralement de petite taille. Seulement 26 des 165 entreprises ayant une production annuelle d'une valeur supérieur à $10,000,000. sont possédées par des Canadiens français. L'étude établit que:

> Pour l'ensemble de l'industrie manufacturière... le travailleur produit $12,200. dans un établissement étranger, $8,400. dans un établissement canadien-anglais et $6,500. dans un établissement canadien-français. En ce qui concerne le marché, les entreprises canadiennes-françaises desservent surtout une clientèle locale: en 1961 elles ne contribuaient qu'à 4.5% des exportations de la province, tandis que les entreprises étrangères y participaient dans une proportion de 51.5%...[6]

Ainsi les Québécois francophones sont sous-représentés dans les fonctions de responsabilités et de pouvoir et sont sur-représentés dans les secteurs agricoles, primaires et non spécialisés. De plus, l'étude constate que leur situation générale s'est même

---

[5]   Lysiane Gagnon, « Les conclusions du rapport B.B. » dans *Économie québécoise*, Montréal, les Presses de l'Université du Québec 1969, p. 235. Ces conclusions sont encore valables pour les années 70, voir *La Presse*, 30 avril 1977, p. 8.

[6]   *Ibid.*, p. 244.

détériorée entre 1930 et 1961, en particulier dans la catégorie dite professionnelle et financière, ce qui démontre le processus de prolétarisation de la petite bourgeoisie.

Ainsi après 1945, les Canadiens français ont gravi l'échelon des emplois industriels dans la structure des occupations; mais cette modernisation ne leur a pas donné accès aux postes de commande de l'économie. Au contraire, l'accroissement de leur importance numérique dans les secteurs modernes de l'économie s'accompagne d'un déclin de leurs représentants dans les catégories occupationnelles, dites professionnelles et financières, ce décalage s'étant accru en 1961 par rapport à 1941[7].

La modernisation de l'économie québécoise n'a donc pas modifié substantiellement la disparité économique entre le Québec, l'Ontario et l'ensemble du Canada. Le revenu per capita au Québec est resté depuis 1926 équivalent à 73 pour 100 de celui de l'Ontario où le secteur industriel est toujours plus développé, plus productif et les salaires plus élevés. On ne peut même pas parler de rattrapage. On a tout juste réussi à maintenir le niveau d'inégalité.

Le Québec présente donc toutes les caractéristiques d'une société dépendante et dominée. Cet état de dépendance se traduit empiriquement par la domination des monopoles étrangers, par l'exportation de produits de base, par l'importation de capitaux et de produits finis, par la non-diversification des échanges avec l'extérieur, canalisés vers les États-Unis. Cependant le Québec est aussi une formation sociale intégrée à une société capitaliste avancée, ce qui marque sa spécificité par rapport aux pays du Tiers Monde. Le processus de concentration y est très élevé (en particulier dans le secteur bancaire), il y a domination du capital financier et dissolution quasi totale des modes de production pré-capitalistes. Enfin, le Québec offre une dernière particularité: c'est une formation sociale avec un État tronqué qui, ne disposant que de faibles pouvoirs aux niveaux fiscal et monétaire, est incapable d'influencer l'orientation des investissements et de l'emploi.

La structure de classe québécoise au stade du capitalisme monopoliste est donc dominée principalement par l'impérialisme américain et son alliée intérieure la bourgeoisie canadienne, qui est

---

[7]   Voir à ce sujet John Porter, *op. cit.,* pp. 83-89, 93-94, et aussi le *Rapport de la commission royale d'enquête sur le bilinguisme et le biculturalisme,* tome III.

réfugiée dans le secteur bancaire et dispose de l'État fédéral pour promouvoir ses intérêts conjoints avec les firmes américaines[8]. À cette classe dominante extérieure se greffent quelques éléments canadiens-français qui ne constituent ni une classe distincte, ni une fraction de classe autonome. Porter évalue son importance numérique à 6.7 pour 100 de l'élite économique canadienne, soit 51 individus[9]. Il n'y a donc pas à proprement parler de bourgeoisie nationale au Québec, ce qui n'implique nullement l'absence d'une classe dominante, comme le soutiennent certaines analyses qui utilisent la dichotomie nation bourgeoise/ nation prolétaire. C'est la petite bourgeoisie qui au Québec exercera cette domination, en servant principalement de relais politique aux intérêts américains et canadiens. En ce sens, les modifications des rapports de force entre les fractions de cette classe rendent compte de la conjoncture politique de cette période et des changements idéologiques qui vont s'opérer. Dans l'ensemble, cette classe se compose de professionnels, de propriétaires de petites entreprises commerciales et industrielles, qui tentent de résister aux conséquences sociales de la concentration et de la monopolisation et enfin d'agriculteurs. Ce sera principalement la fraction provinciale-rurale de cette classe qui soutiendra l'Union nationale, qui par sa politique anti-ouvrière, son autonomisme de façade et son favoritisme permettait à cette élite locale de survivre momentanément aux tendances à la prolétarisation. Les contrats gouvernementaux et le patronage renflouaient la petite bourgeoisie en concurrence inégale avec les monopoles, dont le développement était favorisé par le gouvernement fédéral et aussi, paradoxalement, par l'Union nationale qui soutenait les intérêts américains contre les intérêts canadiens-anglais.

Mais progressivement, cette fraction rurale perdra son hégémonie idéologique et politique aux mains de la fraction urbaine composée en grande partie de professionnels libéraux et de technocrates, qui verront dans la vente de leurs services à l'État une façon d'échapper à la prolétarisation et d'éviter le blocage dans leur progression vers des postes de responsabilités. La montée au pouvoir de cette fraction sera aussi soutenue par certains éléments de la bourgeoisie industrielle qui ont intérêt au renforcement de l'appareil d'État québécois.

---

[8]   Les affrontements opposant l'État fédéral et la grande bourgeoisie canadienne aux monopoles américains demeurent pour cette période des contradictions secondaires.

[9]   John Porter, *The Vertical Mosaïc,* Toronto, University of Toronto Press, 1965.

Avec la Révolution tranquille, cette absence relative des Québécois francophones des centres de décisions économiques sera compensée par l'action gouvernementale. L'État, en devenant facteur de croissance économique, facilitera l'entrée des francophones dans l'élite du pouvoir économique.

Ce renversement d'hégémonie, concrétisé politiquement par la Révolution tranquille résultera de l'appui de nouvelles couches sociales développées par la modification de la structure économique, qui fait émerger une classe ouvrière plus qualifiée et «tertiarisée». Sous les effets combinés de la modernisation de l'infrastructure économique et de la combativité syndicale, cette classe, tout en étant sur-exploitée, voit son niveau de vie augmenter et accède à la société de consommation qui se manifeste par la croissance des ventes de voitures, de télévisions et de maisons unifamiliales. Ces transformations de la vie matérielle agissent sur les mentalités, provoquent une prise de conscience des retards accumulés et stimulent les espoirs de mobilité sociale. Les mutations idéologiques de la société québécoise de l'après-guerre s'enracinent dans cette modification de la structure sociale.

L'idéologie de Maurice Duplessis

Pourquoi analyser l'idéologie de Maurice Duplessis? Ce n'est certes pas parce qu'elle est la plus globale, ni la plus sophistiquée ou encore la mieux articulée. C'est principalement parce que l'homme a joué un rôle privilégié dans le développement de la société québécoise. Considéré par les uns comme le sauveur de la race, ses adversaires le tiennent responsable de l'obscurantisme et du sous-développement de la société québécoise. Si nous lui donnons un traitement privilégié, c'est aussi parce qu'il a été l'interprète le plus fidèle de l'idéologie dominante[10]. À cet égard, on peut dire que Duplessis représente l'archétype du Québec traditionnel et rural. Il illustre la peur du changement social, du processus d'industrialisation et d'urbanisation qu'ont les élites traditionnelles à la fois complices et victimes de la main-mise étrangère sur les richesses naturelles du Québec.

---

[10]   Dans cette section, nous nous inspirons de l'analyse de Richard Desrosiers, *L'Idéologie de Maurice Duplessis,* thèse de M.A., Université de Montréal, 1969.

Son nationalisme

Duplessis s'est fait le champion de l'autonomie provinciale et ce thème colore toutes les autres dimensions de sa pensée. Dans sa définition de la nation, il donne la première place aux valeurs religieuses et spirituelles: «La force de la province réside dans la profondeur de ses sentiments religieux... (elle) doit être la forteresse de la civilisation chrétienne au Canada et même sur tout le continent américain[11]». Comme pour les nationalistes traditionnels, la langue, les traditions françaises et surtout la foi catholique sont pour lui les trois composantes essentielles de la nation: «Nos traditions religieuses et nationales sont essentielles. Qu'elles inspirent nos activités parce qu'elles sont les meilleures garanties de progrès et de survivance nationale[12]».

Sur les questions constitutionnelles, Duplessis ne s'oppose aucunement au fédéralisme et à la Constitution de 1867 parce qu'il privilégie avant tout la stabilité et l'ordre: «Une stabilité véritable ne saurait exister sur la destruction de la Confédération... Seul le fédéralisme peut garantir l'harmonie nationale et faire du Canada une nation grande et forte[13]». Ce n'est donc pas la Constitution qui est responsable des problèmes constitutionnels mais les centralisateurs d'Ottawa qui ne la respectent pas:

> Nous voulons le respect de la constitution, dit-il, mais la conférence intergouvernementale (de 1946) a montré la mauvaise foi d'Ottawa qui veut tout centraliser: la taxation, les pensions, l'assurance-santé et même l'éducation... Les centralisateurs et les assimilateurs ne veulent qu'un parlement, qu'une langue et qu'une religion, ils veulent faire disparaître nos traditions et nos mentalités[14].

Duplessis adhère donc à la théorie du pacte entre les deux nations et se réfère à l'esprit des Pères de la Confédération pour légitimer la défense de l'autonomie provinciale. «L'autonomie, c'est la sauvegarde des libertés et prérogatives provinciales, c'est le droit d'être maître chez soi, et le droit de légiférer de la manière qui nous convient et le pouvoir d'appliquer ces lois... c'est le respect des droits que nous avons conquis et que la constitution nous a reconnus[15]». En dernière analyse, pour Duplessis, l'autonomie c'est le droit de maintenir l'ordre social existant dans la province,

---

[11]   *Le Devoir*, 22 novembre 1946 et 3 janvier 1950.
[12]   *Le Devoir*, 2 janvier 1951.
[13]   *Le Devoir*, 3 janvier 1946 et 4 octobre 1955.
[14]   *Le Devoir*, 17 octobre 1946 et 4 janvier 1946.
[15]   *Le Devoir*, 19 septembre 1949.

c'est le droit de résister aux changements et de préserver les privilèges des communautés religieuses dans les domaines scolaire et hospitalier. Il faut aussi noter que ses attaques contre les politiques sociales fédérales servaient les intérêts des monopoles américains, qui non seulement pouvaient exploiter une main-d'œuvre à bon marché mais étaient aussi exemptés d'assumer les coûts sociaux. Si Duplessis s'opposait à l'impôt fédéral et à l'ingérence du gouvernement central dans la législation sociale, cela ne voulait pas dire qu'il était disposé à récupérer ces pouvoirs fiscaux pour développer les services sociaux sur une base provinciale car, selon sa «philosophie», le gouvernement dans le domaine social ne devait pas se substituer à la charité et à l'entreprise privée. L'autonomie pour Duplessis signifie donc la conservation et non pas l'innovation. Pour renforcer ses thèses contre l'idéologie centralisatrice d'Ottawa, il institue en 1953, la commission Tremblay chargée d'enquêter sur les problèmes constitutionnels et de cautionner le refus québécois des ententes fédérales-provinciales.

Les questions fiscales lui serviront de cheval de bataille et lui permettront de galvaniser l'opinion publique. Depuis 1942, le fédéral occupait la totalité du champ des impôts directs. Duplessis refuse de renouveler ces ententes fiscales qui portaient atteinte à l'esprit de la constitution:

> Que les provinces deviennent les remorques d'un pouvoir qu'elles ont créé serait à l'encontre de la lettre et de l'esprit de la confédération... Il n'existe pas de gouvernement responsable qui se borne à administrer l'argent provenant des taxes imposées et perçues par un autre gouvernement[16].

Il crée donc en 1954 l'impôt provincial et fait porter l'odieux de la double taxation au gouvernement fédéral.

En fait, la lutte pour l'autonomie provinciale apparaît comme une lutte pour le statu quo fédératif, à une époque où le gouvernement fédéral voulait «parfaire» la confédération dans le sens de la centralisation. Il faut souligner le fait que Duplessis ne sera jamais séparatiste.

Son autonomisme répondait aussi à des nécessités pragmatiques électorales, car en jouant sur la fibre nationaliste et en s'attaquant aux centralisateurs d'Ottawa (i.e. les libéraux), il discréditait le parti libéral provincial qui avait aliéné les droits constitutionnels de la province.

---

[16] *Le Devoir*, 27 janvier 1947 et 27 janvier 1955.

Le contenu positif de son autonomisme est très faible. Duplessis n'a jamais pensé que le Québec pouvait affirmer la maîtrise de sa vie économique, politique et culturelle. C'est son conservatisme social et son attitude négative défensive qui caractérisent sa lutte pour l'autonomie provinciale. Soulignons, à cet égard, que Duplessis employait toujours le terme «province» et non celui d'État pour décrire le Québec.

Ses idées politiques

Le thème dominant sa pensée est le respect de l'ordre, de la loi, de l'autorité établie :

> Le problème, dit-il, n'est pas de réformer mais de rétablir l'ordre. Les inventions modernes n'ont pas changé un seul grand principe. Le soleil se lève toujours à l'Est ; la Tradition et la Morale restent les mêmes[17].

S'appuyant sur une conception quasi médiévale du pouvoir politique, Duplessis ne rate jamais une occasion de rappeler aux Canadiens français qu'il leur faut rester fidèles à nos traditions de labeur et de respect de l'autorité légitimement constituée :

> Nous sommes à un tournant de notre histoire et nous avons à faire face à des troubles sur le front industriel et religieux. On veut détruire la religion en s'attaquant à l'autorité légitimement constituée. Les deux autorités civile et religieuse doivent être également respectées parce qu'elles viennent de Dieu... Il ne peut y avoir d'ordre nouveau. L'ordre nouveau est un leurre. Les vérités éternelles ne changent pas. Ne vous laissez pas atteindre par la tuberculose et le cancer de la pensée... la province a besoin de stabilité économique, sociale et nationale[18].

En plus des raisons morales et religieuses qui devaient inciter les Canadiens français à la soumission et à la pauvreté, Duplessis soutenait que cette stabilité politique et sociale était nécessaire pour attirer les investissements étrangers.

Parmi les théories nouvelles à condamner, il y a évidemment le socialisme et le communisme qui sont associés dans sa rhétorique à l'athéisme, à l'anticléricalisme et à la centralisation fédéraliste :

---

[17]   *Le Devoir*, 9 juin 1949.
[18]   *Le Devoir*, 14 juillet 1949, 19 août 1949, 21 juin 1948.

L'anti-communisme de Duplessis découle de ses conceptions de l'ordre et de l'autorité. Dans un monde statique, les structures sociales demeurent immuables, chacun doit respecter la place que la Providence lui a donnée. Le bonheur vient du respect de l'ordre et la prospérité de l'immobilité sociale. L'évocation de la menace communiste sert à combattre toute idée de changement et à tuer dans l'œuf toute revendication[19].

En agitant le spectre du communisme, le «chef» cherchait à discréditer les intellectuels réformistes et les syndicalistes qui luttaient pour des réformes sociales; Duplessis disait même du *Devoir* qu'il était «bolchéviste»[20].

Duplessis rejette aussi l'étatisme en tant que théorie nouvelle. L'État doit intervenir le moins possible. R. Desrosiers résume en ces termes cette conception du rôle de l'État:

Le paternalisme d'État conduit au désœuvrement, détruit l'initiative personnelle, seule source de progrès, et mène droit au désordre en suscitant les appétits irréalistes. L'unique rôle attribué à l'État est de réprimer les abus et de veiller à l'ordre public et à la paix sociale[21].

Pour Duplessis, l'initiative individuelle et la divine Providence doivent être les deux principaux régulateurs sociaux:

«Aide-toi et le ciel t'aidera...» C'est lorsque chacun accomplit son devoir que les droits de tous sont complètement garantis. En toute évidence, le paternalisme d'État paralyse infailliblement et fatalement les initiatives fécondes et nécessaires, et conduit, en définitive, à la ruine des individus et des peuples[22].

En plus d'être inefficace, le paternalisme d'État est ruineux parce qu'il entraîne toujours l'augmentation des taxes. L'État n'est donc pas considéré comme un agent de la croissance économique mais comme un instrument de défense et de préservation de l'ordre existant.

Sa pensée économique

Dans cette même perspective, Duplessis se fait aussi le défenseur inconditionnel de l'entreprise privée, car elle est pour lui source de toute prospérité:

---

[19] Richard Desrosiers, *op. cit.*, p. 43.
[20] *Le Devoir*, 14 janvier 1954.
[21] Richard Desrosiers, *op. cit.*, p. 52.
[22] *Le Devoir*, 2 janvier 1952.

> « C'est le système par excellence, celui de la logique, de la justice,
> du progrès, de la prospérité, celui de qui découlent la bonne admi-
> nistration, les saines initiatives et les réalisations humanitaires
> ...c'est le seul conforme à la dignité humaine, à la vérité profonde
> et au progrès durable[23].

Selon Duplessis, c'est l'entreprise privée qui procure à la province
les millions nécessaires pour répondre aux besoins de la population. Dans sa logique ce sont les capitalistes qui font vivre les
ouvriers. Duplessis ne propose donc aucune politique économique
structurée, sinon celle de tout abandonner à l'entreprise privée,
seule capable d'amener le développement industriel du Québec.
Il n'est évidemment pas question de conférer à l'État un rôle
positif dans la vie économique. À cet égard, on peut lire ce qui
suit dans le discours du Trône de 1948 :

> Nous sommes d'opinion que le paternalisme d'État est l'ennemi
> du progrès véritable. Nous croyons que la province de Québec
> sera développée plus rationnellement et plus rapidement par l'ini-
> tiative privée bien comprise, c'est-à-dire saine et juste... [24]

Le rôle du gouvernement n'était pas de contrôler l'économie
mais plutôt de soutenir et de coopérer avec les entreprises privées.
Duplessis à cet égard, continue la politique d'aliénation de nos
richesses naturelles aux capitalistes américains, initiée auparavant par le gouvernement Taschereau. Cette politique consistait
à concéder des « fiefs industriels » aux compagnies américaines
qui y exerçaient une entière souveraineté.

H. E. Quinn relève un paradoxe dans la philosophie économique de Duplessis et de l'Union nationale. En effet, même
si Duplessis affichait ouvertement son catholicisme et les liens pri-
vilégiés entre son parti, le clergé et la divine Providence, il ne
semble pas avoir été influencé par les propositions de réformes
du capitalisme, préconisées par les encycliques pontificales. Il n'en
a retenu que les critiques du socialisme et s'est empressé d'oublier les critiques du libéralisme économique[25].

Les législations de l'Union nationale privilégiaient essentiellement les capitalistes et les cultivateurs. Duplessis accordait
une attention spéciale aux problèmes de l'agriculture. Fervent
partisan du retour à la terre, il considérait l'agriculture comme

---

[23]   Le Devoir, 18 octobre 1950.
[24]   Cité par Herbert F. Quinn, *The Union Nationale : A Study in Quebec Nationalism* Toronto, University of Toronto Press, 1963, p. 81.
[25]   *Ibid.*, p. 76.

l'élément fondamental pour la préservation de la nationalité. À ce titre, il s'inscrit dans la tradition agriculturiste:

> L'agriculture est véritablement le point d'appui dont parle Archimède pour soulever le monde. L'agriculture, c'est l'industrie basique, c'est la pierre angulaire du progrès, de la stabilité et de la sécurité. Les peuples forts sont ceux chez lesquels l'agriculture occupe une place de choix[26].

Cet éloge du monde rural répondait à des exigences électorales car l'Union nationale trouvait l'essentiel de son soutien politique dans les milieux ruraux, qui en raison de l'archaïsme de la carte électorale jouissaient d'une sur-représentation, par rapport à leur importance relative dans la population totale. Les plus grandes réalisations de l'Union nationale en ce domaine seront l'électrification des campagnes et le crédit agricole.

Duplessis se dit aussi favorable au développement des ressources naturelles. Cependant, la seule façon pour lui de mettre ces richesses en valeur résidait dans une politique de concessions aux investisseurs américains. Il exprimait ainsi sa politique de porte ouverte: «Nous avons les ressources, vous avez l'argent... travaillons ensemble[27]». Les Américains dans leur grande magnanimité veulent nous aider à développer nos ressources, en plus ils donnent à la province des millions en impôts (sans compter ce qui revient à la caisse de l'Union nationale), enfin, ils fournissent du travail à la population. L'État n'a donc pas besoin d'élaborer une politique dynamique; il doit laisser faire et assurer l'ordre et la paix pour que ce développement «si bénéfique» sur lequel nous n'avons aucun contrôle se continue. Duplessis concède donc de grands territoires de la Couronne, riches en forêts, en mines et en cours d'eau, à des prix très avantageux pour les investisseurs; il permit à l'«Iron Ore, Company of Canada» de ne payer qu'un cent la tonne de minerai de fer extraite du Nouveau-Québec, alors que pour le même minerai Terre-Neuve exigeait $0.35. Il maintient les royautés à un taux minimal, permet des commutations de taxes aux entreprises étrangères et s'oppose même à un projet de sidérurgie pour ne pas concurrencer les intérêts des financiers américains «qui, dit-il, possèdent aux États-Unis de vastes usines qui ont coûté des millions». Dans la division internationale du travail, il estime que le rôle du Québec est de fournir aux étrangers du «cheap

---

26   *Le Devoir*, 29 juin 1950.
27   *Le Devoir*, 20 juillet 1953.

labor» paisible et soumis avec en prime, les ressources naturelles et énergétiques, refusant pour le Québec la possibilité d'un développement autodynamique et autocentré. En fait, l'approche duplessiste des réalités économiques est simpliste et démagogique. Il ne comprend pas la complexité du monde industriel dans sa phase monopoliste et voit toujours le salut par l'agriculture. Cette mentalité de colonisé et l'aliénation des richesses de la collectivité aux intérêts étrangers lui valurent le titre glorieux de roi-nègre.

Sa pensée sociale

À la base de ses interventions sur les questions sociales, on retrouve toujours les mêmes arguments d'ordre, de sécurité et de déterminisme providentiel. Il aborde les questions ouvrières sur la base du principe, qu'il faut travailler à la sueur de son front pour gagner sa vie et qu'il est absurde de vouloir réduire les heures de travail, tout en demandant des augmentations de salaires: «La grande loi du travail est d'inspiration divine et la sentence portée contre le premier homme est toujours en force: tu travailleras à la sueur de ton front[28]». Fidèle sur ce point à la doctrine sociale de l'Église, Duplessis conçoit les relations de travail sur la base de la charité chrétienne: la bonne entente doit régner entre les patrons et les employés, «le capital et le travail doivent se donner la main[29]», et collaborer.

Duplessis appuie alors la formation de syndicats qui ont «des chefs honnêtes», sont «respectueux des lois» et «purgés de leurs éléments communistes». Les ouvriers doivent revendiquer dans l'ordre et avec courtoisie. Le recours à la grève ne doit venir qu'en toute dernière extrémité car les grèves «nuisent à l'intérêt public» et sont «l'une des causes du chômage». Son argumentation sur le syndicalisme est bien exprimée dans une déclaration faite lors de la grève de l'amiante:

> La grève actuelle est fondamentalement illégale parce que les chefs grévistes ont refusé d'avoir recours à l'arbitrage... Le mépris des lois engendre l'anarchie et le désordre. Le mépris des lois civiles engendre le mépris de toutes les autres lois... Si les lois sont impunément violées, c'est le désastre au point de vue ouvrier, économique et national[30].

---

[28] *Le Devoir*, 3 janvier 1949.
[29] *Le Devoir*, 12 juin 1952.
[30] *Le Devoir*, 28 mars 1949.

Fondamentalement, Duplessis nie la valeur réelle du syndicalisme et du droit de grève. Les syndicats n'ont qu'un rôle négatif, empêcher les abus des patrons et non pas améliorer le sort des travailleurs qui est fixé par la divine Providence. Duplessis demande donc aux patrons d'être modérés dans leurs profits et aux ouvriers d'être modérés dans leurs demandes salariales. Pour lui, il n'y a pas de problèmes sociaux mais seulement quelques agitateurs communistes qui veulent détruire la nation. La compréhension paternelle et la bonne entente entre le capital et le travail demeurent les seuls gages de progrès et la paix industrielle est la condition de la prospérité du Québec.

Duplessis utilisa tous les moyens pour s'opposer à l'irruption de la classe ouvrière, actualisée par la radicalisation du syndicalisme catholique. Ainsi par les lois 19 et 20, le gouvernement se donnait le pouvoir de modifier arbitrairement les conventions collectives conclues librement entre l'employeur et le syndicat, annulant ainsi les gains de salaires obtenus par la négociation collective. Il s'arrogeait aussi le pouvoir de fixer les salaires dans une région ou un secteur industriel, afin de maintenir les salaires au plus bas niveau possible. En 1949, le gouvernement présenta le «Bill 5» à l'Assemblée législative, dont une des clauses visait à décertifier tout syndicat qui tolérait dans son organisation la présence de communistes ou de sympathisants communistes, c'est-à-dire en fait, tous les militants syndicaux qui critiquaient le gouvernement. Enfin si cette répression législative était insuffisante, l'État devait selon Duplessis, protéger les patrons et imposer l'ordre par la répression policière en envoyant la police provinciale briser les grèves (Asbestos 1949, Louiseville 1952 et Murdochville 1956). Le gouvernement unioniste soutenait donc systématiquement le patronat dans les conflits ouvriers.

Les mêmes convictions conservatrices inspirent les positions de Duplessis sur les politiques de bien-être et de sécurité sociale. Voici quelques raisonnements clairvoyants du premier ministre: «Il ne peut y avoir de sécurité sociale sans stabilité et il ne peut y avoir de stabilité si le voisin est appelé à payer tout le temps et sans compensations[31]». Le rôle de l'État dans le domaine de la santé doit se limiter à construire des hôpitaux et des sanatoriums, car les hôpitaux constituent en eux-mêmes une assurance-santé et de toutes façons: «Le meilleur genre d'assurance, c'est

---

[31] *Le Devoir,* 5 décembre 1950.

la santé elle-même[32]». Enfin, le système d'hospitalisation de la province tout comme son système d'éducation est le meilleur du monde car nos hôpitaux sont gérés par des congrégations religieuses.

L'argument majeur utilisé par le «chef» pour s'opposer à l'intervention de l'État dans les affaires sociales réside dans la valorisation de la responsabilité individuelle: «Pour établir une véritable politique sociale, c'est-à-dire qui ne fasse pas appel aux appétits, il faut d'abord que la population s'aide elle-même[33]». Duplessis s'oppose à l'assurance-santé obligatoire, car il estime que la solution des problèmes doit être laissée à l'individu et que la base de la sécurité sociale doit être l'entreprise privée. Il repousse ainsi le projet fédéral d'assurance-santé au nom de l'autonomie provinciale et de nos traditions ancestrales, justifiant de ce fait la persistance de l'exploitation de la maladie par les compagnies d'assurances privées. La pierre angulaire de sa philosophie sociale est la responsabilité personnelle. Elle se caractérise avant tout par une absence de politique.

La même approche prévaudra en ce qui concerne l'éducation. Aucun changement n'est nécessaire car notre système d'éducation est «aussi bon sinon meilleur que dans le reste du pays[34]». Les droits des parents en matière d'éducation sont inaliénables, de sorte qu'il leur appartient de remplir leur devoir et d'assumer les coûts de l'éducation de leurs enfants. En vertu de ce principe, la gratuité scolaire au secondaire était inconcevable.

Pour Duplessis, l'éducation devait contribuer au maintien de l'ordre. L'école était un appareil idéologique chargé de diffuser les valeurs dominantes et de socialiser la jeunesse à l'ordre sociopolitique régnant: «Je considère comme un des attributs fondamentaux d'un bon professeur le respect des lois et de l'autorité. Nous verrons à ce que les salaires et pensions ne soient payés qu'aux bons professeurs. Les professeurs n'ont pas le droit de faire la grève ni en vertu des lois humaines, ni en vertu du droit naturel[35]». Si l'État ne devait pas intervenir dans l'éducation et laisser au clergé entière souveraineté, le «chef» par contre se

---

[32]   *Ibid.*, 25 octobre 1955.
[33]   *Ibid.*, 25 janvier 1951.
[34]   *Le Devoir*, 29 août 1946. À cette époque, le Québec occupait le dernier rang parmi les provinces du Canada pour la fréquentation scolaire entre les âges de 15 à 19 ans. Ce système scolaire déficient préparait des générations de manœuvres et de chômeurs.
[35]   *Le Devoir*, 12 novembre 1948.

réservait le droit de purger personnellement les universités des indésirables qui critiquaient son administration et d'exercer un contrôle politique sur l'enseignement.

Duplessis favorisait aussi la confessionnalité de l'éducation: «Aucun système d'éducation ne peut être bon sans religion[36]». «Une école sans Dieu serait comme un univers sans soleil, un corps sans âme, un aigle sans ailes. Soyons donc heureux que notre enseignement soit demeuré sur une base religieuse dans notre province. L'école, c'est une forteresse qui dans un monde qui nous porte à l'oublier nous rappelle la primauté du spirituel[37]».

Dans le domaine de l'éducation, Duplessis jouait aussi la carte autonomiste. L'éducation était de compétence exclusivement provinciale. Il dénonçait les tendances centralisatrices du fédéral qui tentait de financer l'enseignement universitaire. Le refus des octrois fédéraux entrava sérieusement la croissance et la modernisation des universités québécoises. Se contentant de cette rigidité de principe, Duplessis ne proposait rien de positif pour pallier le sous-développement de l'éducation au Québec. L'action du gouvernement se limitait à construire des écoles, à financer les commissions scolaires déficitaires et à donner des bourses aux étudiants méritants. Aucune politique d'ensemble n'était avancée pour adapter la scolarisation aux réalités d'une société industrialisée. La répétition traçait la voie de notre évolution.

Présentée sous la forme d'un discours autoritaire, dogmatique et simplificateur, l'idéologie de Duplessis se résume à quelques thèses. À la base, il y a des principes éternels et immuables d'ordre et de stabilité dictés par la divine Providence qui fixe à chacun sa place dans la société. Dès lors, une hiérarchie sociale est nécessaire et la lutte des classes ne saurait exister dans une société chrétienne où chacun travaille dans la sphère où l'a placé la volonté de Dieu. Il ne peut donc y avoir ni problèmes ouvriers, ni problèmes sociaux car la bonne entente et le paternalisme inspirent les relations de travail. Les syndicats n'ont aucune raison d'être si ce n'est de dénoncer les abus. Pas question de grèves. L'État pour sa part ne doit jouer aucun rôle social et économique. C'est l'individu qui est responsable de solutionner ses problèmes de bien-être, de sécurité sociale et d'éducation. D'ailleurs, en ce domaine les institutions privées et

---

[36]   *Le Devoir*, 26 août 1946.
[37]   *Ibid.*, 11 septembre 1950.

religieuses font du bon travail. Le gouvernement fédéral doit se tenir à l'écart de ces domaines car l'autonomie provinciale est souveraine.

L'effritement du monolithisme idéologique

Même si le Québec de l'après-guerre est encore dominé par l'idéologie traditionnelle, il sera aussi marqué par l'effritement progressif du monolithisme idéologique et l'émergence d'un pluralisme idéologique qui aboutira à la Révolution tranquille. Cette volonté de modernisation sera portée par trois mouvements d'opposition à l'Union nationale. Les nationalistes radicaux de l'Action libérale nationale, du Bloc populaire et de l'*Action nationale* s'opposaient au conservatisme économique de l'Union nationale tout en soutenant sa politique autonomiste. *Le Devoir,* entre autres, dénonçait les fraudes électorales, la dilapidation des fonds publics par le patronage et les accrocs à la procédure parlementaire. Le mouvement syndical se radicalisait et critiquait la législation sociale et la politique ouvrière du régime Duplessis. Enfin, certains secteurs de l'Église commencèrent à retirer leur appui à l'Union nationale. La faculté des sciences sociales de l'université Laval, dirigée par le père Lévesque et la revue *Relation* étaient les deux principales sources de l'opposition cléricale au régime Duplessis. S'inspirant du renouveau de la pensée sociale catholique européenne de l'après-guerre, ils exigent la démocratisation des institutions et une politique sociale plus ouverte aux revendications de la classe ouvrière. L'attitude de Mgr Charbonneau et du bas-clergé lors de la grève de l'amiante traduisait cette nouvelle orientation.

Avec la guerre, notre élite sera obligée de réfléchir, de se poser des questions, de comparer notre société avec l'organisation des autres sociétés car l'écart était absolu entre la réalité et notre vision du monde. Plus tard, l'ère de la télévision amplifiera cette prise de conscience en élargissant les cadres culturels québécois et en oxygénant les schèmes de réflexion. Le caractère irréversible de l'industrialisation, la relance économique, les progrès technologiques, les transformations de la structure sociale (achèvement de la prolétarisation) et du mode de vie rendaient désuète la représentation proposée de la société globale. Toute une génération se donnera comme objectif de moderniser notre société, et pour ce faire, elle s'inspirera des expériences des autres sociétés. Il s'agissait de rattraper le temps perdu, d'adapter les superstructures aux réalités du monde industriel et d'implanter au Québec la démocratie libérale.

Cependant, ces premiers pas sont chancelants et souvent incohérents; si on s'entend généralement sur ce qu'on ne veut plus, il n'en va pas toujours de même en ce qui concerne les objectifs positifs qu'on veut donner à cette société. Mais un fait demeure, l'homogénéité de la classe dominante commence à s'effriter et un processus de diversification idéologique est en branle. L'idéologie dominante traditionnelle est contestée par une minorité d'intellectuels, de syndicalistes, de journalistes, d'artistes et d'étudiants. La vieille idéologie de conservation est battue en brèche de toutes parts et le Québec est en situation de crise idéologique[38].

Cette érosion du monolithisme idéologique commence à se manifester à la fin des années 40. 1948 est une date importante dans le dégel québécois car elle voit paraître le *Refus global* qui exprime la révolte des poètes, des artistes qui veulent faire sauter le poids des contraintes et du conformisme de cette société close et sclérosée. Ce texte est animé par une recherche de la liberté, une affirmation du droit à la dissidence, à l'originalité, à la création. Il exprime une révolte, un refus et une critique de la tradition et du conservatisme.

La radicalisation du mouvement syndical et la grève de l'amiante en 1949 portent la contestation intellectuelle sur le plan social et économique et constituent un tournant de la pensée sociale au Québec, car c'est dans ce combat syndical que commenceront à se regrouper les premières forces de la gauche québécoise.

Pendant la guerre, le syndicalisme catholique connut une phase de déclin; la proportion de syndiqués québécois appartenant aux syndicats catholiques passait de 74 pour 100 qu'elle était en 1935 à 28 pour 100 en 1943[39]. Le déclin dans le recrutement syndical affecte aussi les syndicats neutres et cette tendance générale du mouvement syndical est due à la période de guerre où le travail d'organisation syndicale était pratiquement impossible.

---

[38]   M. Rioux, A. Dubuc, M. Van Schendel, « Perspectives d'avenir pour la gauche », *Socialisme : 66*, no. 9/10, p. 7.

[39]   Voir H.F. Quinn, *op. cit.*, p. 88

En plus de cette baisse dans les effectifs, trois autres
facteurs poussèrent la C.T.C.C. à se redéfinir idéologiquement
et à se radicaliser : 1- l'évolution de la structure économique
vers la grande entreprise, 2- la réorientation de la pensée sociale qui abandonne la perspective corporatiste et 3- le renouveau du
leadership syndical avec l'arrivée de Gérard Picard à la présidence
et de Jean Marchand, au poste de secrétaire général. Enfin la guerre, à cause des impératifs de production et de la rareté relative de
la main-d'œuvre, avait accru le pouvoir de marchandage syndical,
ce qui favorisa la poursuite d'objectifs économico-professionnels.
Le mouvement syndical cherche alors à s'affranchir des pouvoirs
cléricaux, politiques et patronaux ; il devient plus militant et
agressif.

Durant cette période, la C.T.C.C. demeure fidèle à l'idéologie
du nationalisme autonomiste, elle continue à puiser ses valeurs
humanistes et spirituelles dans l'encyclique *Quadragesimo anno :*
rejet du communisme, critique du capitalisme, objectif de cogestion
et de participation des travailleurs aux bénéfices. Mais progressivement les valeurs cléricales, morales et globales, seront supplan-
tées par la volonté d'améliorer le statut économique de la classe
ouvrière. À cet égard, la grève de l'amiante dissipe les illusions
de plusieurs et met fin à l'esprit bon-ententiste de collaboration
entre le patron et les ouvriers. Désormais le patron n'est plus
perçu comme un père mais plutôt comme un adversaire qui
exploite les travailleurs et exerce une dictature dans l'entreprise.
On dénonce aussi la collusion entre l'État et les patrons et on
tente timidement la première expérience d'éducation politique des
travailleurs. On amorce aussi à la C.T.C.C. le processus de déconfessionnalisation. Louis-Marie Tremblay résume ainsi cette
mutation du syndicalisme catholique pendant les années 50 :

> La C.T.C.C. se définit alors premièrement comme un mouvement
> syndical et secondairement comme un mouvement socio-national.
> Les préoccupations d'ordre économique ou syndical l'emportent
> sur les préoccupations socio-culturelles. C'est le patronat et non
> plus l'industrialisation qui est identifié comme adversaire princi-
> pal... La C.T.C.C. cesse alors d'être un porteur de flambeau et
> s'oriente résolument vers la revendication syndicale dans le but de
> promouvoir et de défendre les intérêts professionnels des tra-
> vailleurs[40].

---

[40]   Louis-Marie Tremblay, *Le syndicalisme québécois : idéologies de la CSN et
de la F.T.Q. 1940-1970*, Montreal, Presses de l'Université de Montréal, 1972,
pp. 36-37.

Durant cette période, le mouvement syndical fut la principale force d'opposition au régime duplessiste. L'organisation la plus avancée de ce point de vue était la Fédération des unions industrielles du Québec, affiliée au C.I.O. qui préconisait un syndicalisme militant, engagé politiquement et cherchant à rejoindre les travailleurs non organisés. Elle identifiait le gouvernement unioniste comme un de ses adversaires et l'accusait d'être rétrograde, antidémocratique et antisyndical. En contrepartie, elle soutenait la C.C.F., la reconnaissant comme l'arme politique des travailleurs organisés. La fusion de l'A.F.L. et du C.I.O. en 1955 provoqua au Québec la fusion de la F.U.I.Q. avec la Fédération provinciale des travailleurs du Québec qui pratiquait un syndicalisme de métier et une politique de collaboration avec Duplessis. La création de la F.T.Q. en 1957 entraîna la mise en veilleuse des engagements idéologiques à long terme et de l'idée de solidarité syndicale pratiquée par la C.T.C.C. et la F.U.I.Q. à l'occasion des grèves d'Asbestos, de Louiseville, de Murdochville et des lois 19 et 20. Les syndicats internationaux revenaient ainsi au modèle affairiste du syndicalisme américain, délaissant pour un temps le radicalisme et l'action politique.

L'idéologie citélibriste

La fondation de la revue *Cité Libre* permettra d'articuler sur le plan intellectuel ce phénomène de désintégration de notre monolithisme idéologique et le projet de rattrapage qui lui était sous-jacent. Toutefois cette rupture avec l'idéologie dominante ne sera pas radicale. Tous les ponts ne sont pas coupés, de sorte qu'on retrouve certains éléments de continuité entre la thématique des intellectuels progressistes de l'après-guerre et celle de l'idéologie dominante. La religion sert de trait d'union.

En effet l'équipe de *Cité Libre* considère la religion comme une valeur fondamentale: «Nos pages ont reflété avec constance des préoccupations religieuses ou culturelles plus aiguës que nos soucis politiques[41]». Ce caractère religieux de la revue s'explique par l'origine de ses rédacteurs qui, pour la plupart, sont issus des mouvements d'action catholique. Il n'est donc pas question

---

[41]   Gérard Pelletier, «Sur les gaietés de l'opposition», *Cité Libre*, 1960, no. 24, p. 7.

pour eux de contester l'autorité de l'Église en matière spirituelle, ni son autorité sur les questions mixtes où les intérêts
spirituels sont en jeu.

Cependant même si elle se définit comme catholique, la
revue veut critiquer certaines particularités du catholicisme
canadien-français. Elle s'en prend aux relations traditionnelles
entre le pouvoir spirituel et temporel au Québec; elle s'attaque
au cléricalisme, tout en insistant sur le caractère constructif de
ses critiques.

Si la revue affirme sa soumission à l'Église en matière de
dogme et de morale, elle veut aussi être lucide et active dans
l'Église afin de régénérer le catholicisme. Elle combat le dogmatisme, l'intolérance, le «Crois ou meurs». Elle reproche à la
religion d'être réduite à une soumission aveugle et d'être désin-
carnée par rapport à la vie quotidienne des fidèles. La religion
est devenue un règlement de caserne, une routine rituelle. Il
s'agit donc de moderniser la pratique religieuse, de la décaper de
sa morbidité et de son conservatisme social. L'essentiel n'était
plus uniquement le ciel.

Dans l'Église, *Cité Libre* réclame le droit à l'interrogation.
Les laïcs doivent participer à la recherche de la vérité. Pour
que les fidèles participent à la vie intérieure de l'Église il
faut faire disparaître l'intolérance, lever les interdits et permettre
la liberté de discussion et de réflexion. C'est en ce sens que la
revue parle de laïcisme, dans le sens d'une revalorisation du rôle
des laïcs dans l'Église. Le laïcisme pour *Cité Libre* n'est pas
l'État laïc, c'est plutôt le pluralisme religieux. L'État doit respecter la liberté religieuse de tous et ses lois ne doivent pas être
préjudiciables envers ceux qui ne sont pas catholiques. Elle
refuse la religion comme puissance temporelle car les influences
cléricales sur la scène politique empêchent l'avènement de la démocratie et ne favorisent pas la liberté individuelle. Il s'agit de
faire triompher les principes de liberté et de respect de la personne
humaine, de faire échec à l'intolérance et de favoriser le pluralisme religieux.

C'est le thème de la liberté qui donne le ton à la revue et
cimente les autres composantes de l'idéologie citélibriste. La liberté individuelle est le prisme à travers lequel la revue perçoit et
critique l'idéologie dominante. Elle critique la société canadienne-
française et le duplessisme parce qu'ils sont fondés sur l'autoritarisme, le conformisme, la soumission, le dogmatisme et le

conservatisme. Elle s'insurge contre un ensemble de cadres, d'institutions, de structures et de comportements rigides, dépersonnalisants, à l'intérieur desquels l'individu est étouffé par le collectif. S'inspirant du personnalisme de Mounier et de la revue *Esprit,* la revue réclame une liberté individuelle, une autonomie de la personne face à son milieu.

Pour ce faire, il fallait instaurer la liberté dans la cité et mettre le Québec à l'heure des démocraties libérales modernes. Aussi le mot d'ordre de la revue est-il: «Démocratie d'abord». Il s'agit de revaloriser la démocratie politique au Québec et de faire respecter les libertés fondamentales. Pourquoi? Parce que les Canadiens français sont antidémocratiques. Ils ont sauté une étape, ils sont arrivés à la démocratie établie sans être passés par la démocratie combattante. Tel est le point de vue de Pierre Elliott-Trudeau:

> L'immoralisme électoral et civique des Canadiens français, leur penchant pour l'autoritarisme, les thèses antidémocratiques qu'ils apprennent au collège, les structures non adultes où ils se débattent à l'université, le peu de place qu'ils occupent comme laïcs dans l'Église québécoise, les cadres sociaux étroits où ils vivent dans les campagnes, les positions subalternes qu'ils occupent dans les structures autoritaires du capitalisme, leur crainte de recourir à l'État qui pourtant seul pourrait donner à la collectivité les moyens de sortir de son marasme, le peu de cas qu'ils font des atteintes à la liberté de parole, de presse, d'association, tout cela constitue autant de caractéristiques d'un peuple qui n'a pas encore appris à se gouverner lui-même, d'un peuple où la démocratie ne peut pas être prise pour acquise[42].

Devant cet état de fait, la tâche la plus urgente pour les forces progressistes du Québec est de travailler à l'instauration d'une démocratie politique dans le cadre du fédéralisme canadien, car laissés à eux-mêmes et soumis à leur atavisme culturel, les Canadiens français sont incapables de vivre démocratiquement. Cette analyse fédéraliste sans perspective historique et dialectique fait abstraction du phénomène de la domination coloniale et reflète l'état d'esprit du colonisé, qui se nie dans la valorisation de son oppresseur.

Il s'agit donc avant tout pour les citélibristes de corriger les déficiences de la démocratie parlementaire traditionnelle afin que les citoyens participent effectivement à la vie de l'État et qu'ainsi,

---

[42]   P.-E. Trudeau, «Un manifeste démocratique», *Cité Libre,* 1958, n° 22, p. 18.

les décisions politiques reflètent la volonté de la population. La démocratie parlementaire et formelle n'est pas mauvaise en soi, ce sont les mécanismes qu'il faut moderniser et les mœurs politiques qu'il faut assainir. Pour réaliser ces réformes, il faut changer les mentalités et faire l'éducation politique des Québécois. La démocratie sociale sera un prolongement de la démocratie politique.

L'État

L'idéologie dominante au Québec a toujours été méfiante à l'égard du rôle que l'État devait jouer dans la société. Les élites traditionnelles, pour protéger l'hégémonie de l'Église, cherchaient à restreindre le plus possible les interventions de l'État dont les fonctions essentielles étaient de maintenir l'ordre et de distribuer les honneurs et les faveurs. *Cité Libre* s'opposa à cette conception, posant comme préliminaire à la revalorisation du rôle de l'État l'assainissement et la démocratisation du processus politique.

La revue adopte une attitude néo-libérale envers l'interventionnisme étatique. Elle attribue à l'État la fonction d'assurer la protection et la défense des citoyens non seulement sur le plan juridique, mais aussi sur les plans social et économique, de sorte qu'ils puissent profiter des progrès technologiques et de la prospérité. L'État a donc un rôle social à jouer. Il doit réduire les inégalités sociales en élaborant des politiques de sécurité et de bien-être social. Il doit prendre en charge l'éducation et la santé car dans ces domaines, l'entreprise privée est inapte à assurer un service efficace et accessible à tous.

Poussés inconsciemment par les impératifs du capitalisme de monopole, les citélibristes estiment nécessaire que l'État intervienne aussi dans l'économie. Certes l'État ne doit pas remplacer l'entreprise privée dans tous les secteurs car « le capitalisme n'a pas que des torts ». L'État doit plutôt intervenir dans les secteurs où l'entreprise privée se montre incompétente. Il a un rôle de soutien et est responsable du développement harmonieux de l'économie :

> Entre l'action minima de l'État libéral et l'appropriation massive de l'État totalitaire, *Cité Libre* propose l'État vigilant qui n'hésitera pas à intervenir quand des situations chaotiques menacent de quelque façon la liberté personnelle[43].

---

[43]   André Carrier, *L'idéologie politique de Cité Libre* (thèse), Montréal, Université de Montréal, 1967, p. 129.

Pour ce faire, l'État doit moderniser ses instruments de prévision économique et régulariser par ses politiques, le jeu économique. Sans être dirigiste, l'État vigilant et régulateur assume les coûts sociaux du développement capitaliste en cherchant par ses interventions à atténuer les contradictions, par la réduction des disparités entre les personnes et entre les groupes. *Cité Libre* est donc favorable à une planification indicative: planification dans les politiques sociales, dans les politiques des différents ministères, planification dans l'action des provinces et de l'État central. L'État, par ses politiques d'aménagement du territoire, ses politiques d'investissements et d'achats doit fixer des priorités de progrès social au développement économique.

Cependant pour *Cité Libre,* le développement des fonctions de l'État québécois doit se faire dans le cadre du fédéralisme. L'intervention étatique proposée par *Cité Libre* est à la fois limitée par les règles de l'économie capitaliste et par le partage constitutionnel des compétences. Une planification globale est donc impossible et non souhaitable pour l'État québécois. *Cité Libre* opte donc pour l'État vigilant du néo-libéralisme qui exerce un rôle de suppléance et de régulation, en intervenant au niveau des politiques sociales pour répartir plus équitablement les effets de la prospérité, assumant de ce fait les charges non rentables de l'économie capitaliste.

La pensée économique et sociale

Sur ces questions, la revue répudie toutes les formes de globalisme et donc refuse de considérer le capitalisme comme un système, de le condamner en bloc et de lui opposer le socialisme. Dans son optique, il s'agit de considérer chaque problème dans son ordre particulier et d'essayer d'apporter des solutions qui alors ne peuvent qu'être partielles. Partant de cette approche marginaliste dite «fonctionnelle», *Cité Libre* ne peut être socialiste et révolutionnaire. Pour cette revue, les changements se feront graduellement, pas à pas, par des réformes partielles. Le socialisme ne peut donc pas être une solution aux faiblesses économiques du Québec[44]. Capitalisme et socialisme sont transcendés par un problème plus important: celui de la société

---

[44]   Voir P. Charbonneau, «Défense et illustration de la gauche», *Cité Libre,* 1958, n° 18, p. 37.

industrielle: «Notre tâche immédiate consiste beaucoup plus à transformer la petite industrie québécoise de type familial et paternaliste pour l'intégrer ensuite à l'ensemble de l'économie capitaliste de tous les pays[45]». Le Québec doit avant tout moderniser son économie et maîtriser le capitalisme. Il doit résoudre les problèmes causés par l'industrialisation: chômage, automation, pollution, inflation, disparités régionales, etc. Les citélibristes croient la justice sociale réalisable à l'intérieur du système capitaliste, pourvu qu'on adopte une politique fonctionnelle, un «Welfare State». Le régime d'économie mixte est le plus apte à résoudre les problèmes sociaux posés par l'industrialisation au Québec. L'État et l'entreprise privée doivent collaborer pour assurer le bien-être des citoyens. Dans ce régime:

> L'État assume la responsabilité de protéger le citoyen de l'inflation, du chômage et de la maladie... l'industrie doit conserver la marge nécessaire qui lui permette de fonctionner avec un minimum de restriction[46].

Il s'agit donc d'élargir les fonctions sociales de l'État dans le cadre de l'économie capitaliste. Dans cette perspective, des réformes comme les nationalisations sont acceptables. Toutefois, en raison de notre voisinage avec les États-Unis, il serait inconsidéré, disent les citélibristes, de réclamer la propriété collective des moyens de production et la suppression de la concurrence. Ce qui importe, c'est de s'attaquer directement aux problèmes posés par le développement de la technologie et de l'industrie, en travaillant à des réformes qui concrétiseront le respect de la personne humaine et la justice sociale.

Pour *Cité Libre,* les syndicats sont les seules forces progressistes en mesure, par leurs revendications, d'amener un changement social dans la province. Même si au début des années 50 le syndicalisme avait réussi à s'implanter dans de nombreuses entreprises, les syndicats étaient tout de même obligés de lutter pour leur existence, étant constamment menacés par les interventions du pouvoir politique. À cet égard, *Cité Libre* s'opposera à l'idéologie dominante en dénonçant les interventions gouvernementales dans les conflits ouvriers et en réclamant la libération du syndicalisme québécois de la tutelle cléricale. La revue critique les législations sociales du régime duplessiste et s'en prend tout particulièrement aux projets de loi 19 et 20, qui entravaient

---

[45]   *Ibid.,* p. 39.

[46]   G.J. Wisley, «La planification dans une société libre», *Cité Libre,* 1963, n°. 53, p. 8.

le développement du syndicalisme en restreignant la liberté d'association. La revue dénonce aussi la collusion du pouvoir politique et du capital, qui s'unissent pour entraver les revendications ouvrières. Tout en reconnaissant le rôle bénéfique du syndicalisme catholique dans le passé, les citélibristes pensent que la tutelle du clergé sur le mouvement ouvrier doit disparaître. Ils critiquent la confusion du spirituel et du temporel dans les luttes syndicales, en particulier à l'occasion du conflit qui opposa l'Alliance des professeurs à la Commission des écoles catholiques de Montréal. La revue incite donc les syndicats à affirmer leur autonomie face à l'Église, en laïcisant leurs structures et leurs cadres.

La question nationale

Les intellectuels de cette génération ont lié à leur antiduplessisme le rejet du nationalisme canadien-français. La gauche des années 50, traumatisée par le duplessisme et le conservatisme de la société canadienne-française a rejeté la possibilité d'un nationalisme progressiste, décolonisateur et indépendantiste.

Cité Libre s'est évidemment intéressée aux mouvements de décolonisation dans les pays du tiers monde et elle se prononça contre le colonialisme et pour le droit à l'autodétermination des peuples colonisés. Cependant elle a toujours refusé de considérer le Québec comme un pays colonisé parce que, disait-on, le Québec est industrialisé, il exporte des capitaux, il n'est pas dominé par une métropole et n'est pas en situation de dépendance politique et économique[47]. Le Québec n'étant pas une colonie, l'option indépendantiste était pour les citélibristes une fumisterie réactionnaire, un mouvement de diversion qu'il fallait à tout prix combattre. Mais il y avait des raisons encore plus fondamentales de s'opposer à l'indépendance.

Le Québec ne peut être indépendant parce qu'il n'est pas comme les autres nations modernes. La nation canadienne-française est trop pauvre culturellement, économiquement, intellectuellement et spirituellement pour pouvoir survivre aux difficultés qu'entraînerait l'indépendance[48]. La position de la revue

---

[47]   Voir P.E.-Trudeau, « La nouvelle trahison des clercs », *Cité Libre*, 1961, no. 46, p. 4.

[48]   *Ibid.*, p. 12.

est en définitive conditionnée par un postulat: nous sommes congénitalement inférieurs et impuissants, «les Canadiens français ne peuvent pas constituer une société parfaite[49]». Ils ne pourront accéder à la modernité et au développement qu'en s'associant étroitement au Canada anglais car celui-ci est, par ses institutions et sa tradition politique, un modèle de société civile parfaite. Le Québec seul, par ses propres moyens, «enfermé dans ses frontières» ne pourra jamais arriver à dépasser son conservatisme héréditaire. Ainsi l'indépendance du Québec ne saurait être progressiste.

Si la revue était critique de l'ordre établi à l'intérieur de la société canadienne-française, elle est plutôt conformiste et conservatrice sur le plan constitutionnel où elle accepte le statu quo. La répartition des pouvoirs ne doit pas être modifiée car les provinces ont les pouvoirs suffisants pour assurer l'épanouissement culturel et politique de leur collectivité propre; tandis que l'État canadien a juridiction sur toutes les questions qui n'ont pas d'incidences ethniques et peut ainsi voir au bien commun de l'ensemble de la société canadienne. Les Canadiens français dans le cadre d'un État canadien pluraliste et polyethnique n'ont qu'à utiliser les pouvoirs dont ils disposent, à devenir compétents et à se rendre indispensables au Canada anglais. C'est ce programme, basé sur une logique anhistorique et fataliste, que les «trois colombes» tentèrent de mettre en pratique sublimant chez les autres leur incapacité d'être.

Pierre Vadeboncœur traduit bien l'esprit de cette génération lorsqu'il la décrit comme étant celle de l'immédiat, celle qui veut abandonner les mythes, affronter la réalité et la transformer selon des objectifs pragmatiques. Nous lui laissons la conclusion:

> Pelletier, Marchand, Trudeau ont analysé une société dont ils voulaient qu'elle prît conscience de son temps... Il n'y avait pas de grandes audaces dans ce qu'ils définissaient pour elle. Il y avait au contraire un parti pris de simplement l'actualiser... Le groupe Cité Libre n'essayait guère d'introduire des idées nouvelles mais plutôt de révéler les anciennes.

> Cité Libre a liquidé les rêves du passé, critiqué l'irréalisme, dénoncé l'anarchie d'une société qui, malgré ses principes, n'avait à peu près plus d'idées, ni de politique, ni de morale mais ce qu'elle n'a jamais su faire, c'est de lancer des hypothèses nouvelles.[50]

---

[49]   *Ibid.*, p. 12.

[50]   Pierre Vadeboncœur, «Salutations d'usage», *Parti Pris*, vol. 1, n° 1, octobre 1963, pp. 50-51.

La Révolution tranquille ou le dégel québécois

Alors que le Canada anglais se donnait une bonne conscience libérale en se comparant à la «priest ridden province» conservatrice et réactionnaire, au Québec, il y avait deux vieux dictons qui couraient les rues: «Au pays du Québec, rien ne change» et «Plus ça change, plus c'est pareil». Puis soudain, la mer de tranquillité s'agita. Américains, Européens et Canadiens constatent avec étonnement: «Ça bouge au Québec».

Si on emploie le terme révolution pour désigner les changements survenus au Québec dans les années 60, c'est beaucoup plus en fonction du retard qu'il fallait rattraper qu'en raison du contenu même de ces changements. En réalité, on a beaucoup plus imité qu'innové dans la recherche des solutions pour corriger les déséquilibres structurels et l'état de dépendance de l'économie et de la société québécoises. L'idéologie de remplacement était une idéologie d'emprunt[51]. Ainsi la nouvelle élite au pouvoir s'inspirait des méthodes de gestion européennes et américaines et valorisait l'efficacité, le rendement et le quantitatif, alors que les nouvelles oppositions puisaient aux sources des modèles de la décolonisation africaine, de la révolution cubaine et de la lutte des Noirs américains. C'est surtout le rythme rapide des transformations après une longue période de stagnation, qui donne son caractère révolutionnaire à cette période d'évolution tapageuse[52] de la société québécoise. Les changements n'ont d'ailleurs pas été subits; ils avaient été préparés et proposés depuis longtemps par des groupes plus ou moins marginaux. Mais ceux-ci n'avaient pas réussi à actualiser politiquement leurs projets de réformes et à briser le monolithisme idéologique enfermé dans la représentation d'un Québec à vocation agricole, unanimement catholique, messianique et dominé par le clergé. C'est ainsi que la mort de Duplessis (1959) ne fut que le signal de départ du processus de modernisation ou d'évolution accélérée.

Ce qui est différent après 1960, c'est que les idées nouvelles ou les projets de modernisation, qui jusque-là étaient ostracisés et minoritaires, sont désormais reconnus comme valables par une majorité de citoyens et dessinent les lignes de force d'une

---

[51] Guy Rocher, *Le Québec en mutation,* Montréal, Hurtubise, H.M.H., 1973, p. 22.

[52] Voir Gérard Bergeron, *Le Canada français après deux siècles de patience,* Paris, Éditions du Seuil, 1967, p. 165.

nouvelle idéologie dominante. En ce sens, on peut dire que le 22 juin 1960 et l'arrivée des libéraux au pouvoir marquent un point tournant dans le développement des idéologies au Québec, car on passe ainsi du «respect des traditions» au «défi du progrès». À l'ère du conservatisme clérico-politique et de l'immobilisme social et intellectuel, succède l'ère du progrès, du changement social et culturel et de la revalorisation du politique et du nationalisme.

Divers slogans illustrent bien le nouveau climat qui prévaut à la fin de la grande noirceur du régime Duplessis: le célèbre «Désormais» de Paul Sauvé, «l'équipe du tonnerre» de Jean Lesage, «c'est le temps que ça change», «Maître chez nous» (R. Lévesque), «On est capable» (R.I.N.) «Égalité ou indépendance» (Daniel Johnson), «Québec sait faire» (J.-J. Bertrand).

L'expression «révolution tranquille» désigne donc l'ensemble des réformes initiées au Québec de 1960 à 1966. C'est une opération de nettoyage et de rattrapage sur les plans institutionnel, politique et idéologique ou, en d'autres termes, une rénovation superstructurelle. On tente ainsi d'adapter les superstructures aux modifications structurelles de l'économie et de la société québécoise. Ces changements ne résultent pas seulement de la conjoncture électorale, mais reflètent surtout les transformations socio-économiques profondes qui ont affecté le Québec de l'après seconde guerre mondiale. Ils traduisent aussi la modification des rapports de force dans la composition de la structure de classes et la montée d'une nouvelle élite politique, formée sur la base d'une alliance entre certains éléments de la bourgeoisie canadienne (la fraction néo-capitaliste) et la fraction technocratique de la petite bourgeoisie[53], laquelle espère accéder aux postes de responsabilités et transformer son savoir en pouvoir. La Révolution tranquille constitue enfin une forme de réponse à la première grande crise de croissance de l'économie canadienne, déclenchée par la récession de 1957 qui va durer jusqu'au début de 1961. Ainsi par exemple, au cours de l'hiver 1960, le chômage dépasse 14 pour 100 au Québec, la croissance du revenu réel est bloquée et il y a d'énormes disparités régionales. On se tournera alors vers l'État pour relancer la croissance économique sans trop remettre en question l'orientation qualitative de cette

---

[53]   La première est composée d'entrepreneurs, de financiers et de certains cadres supérieurs des grandes entreprises privées; la seconde comprend les nouveaux cadres qui assument les nouvelles fonctions de la production capitaliste au stade monopoliste: gestion, administration, planification, etc.

croissance[54], sauf en ce qui concerne la volonté de redonner à des Québécois francophones le contrôle de l'économie du Québec. Il s'agissait donc — à travers l'idéologie de rattrapage et le projet de modernisation — pour la petite bourgeoisie urbaine, de faire reconnaître l'importance du rôle de l'État dans l'essor de la participation canadienne-française à l'économie. Pour y arriver elle se servira du nationalisme pour justifier ses prétentions hégémoniques. Quoiqu'il en soit, la révolution tranquille est un processus qui génère une dynamique de changement affectant tous les secteurs de la société québécoise: politique, économique, social, syndical, culturel, religieux et national.

Les réalisations de la Révolution tranquille

Selon l'analyse faite par G. Bourque et N. Frenette, la Révolution tranquille se résume à la mainmise par la nouvelle petite bourgeoisie canadienne-française sur les appareils d'État et à la consolidation de ses intérêts économiques et politiques[55]. Par l'étude des dépenses publiques, D. Latouche tente de vérifier empiriquement cette hypothèse et en arrive à la conclusion suivante:

> Dans la mesure où le volume des dépenses gouvernementales constitue un indice fiable et valide des efforts de la classe dominante pour consolider sa position, on peut dire que la Révolution tranquille fut bel et bien caractérisée par un accroissement considérable des capacités potentielles d'intervention de l'État québécois dans le système économique[56].

Ainsi les dépenses publiques passent de \$91.1 millions qu'elles étaient en 1945 à 3 milliards 148 millions en 1970, de sorte que le coût du service de la dette en 1970 était supérieur au coût de l'administration de toute la province en 1945. Alors que les dépenses n'augmentaient que de 11.4 pour 100 entre 1954 et 1959, Latouche constate qu'entre 1960 et 1965 l'augmentation annuelle moyenne est de 20.9 p. 100 (elle n'est que de 8 p. 100 entre 1966 et 1970). Les priorités gouvernementales vont aux secteurs santé, bien-

---

[54] Il faut noter à cet égard que la bourgeoisie canadienne soutiendra cet effort de rationalisation et de modernisation des appareils d'État indispensables au bon fonctionnement de l'économie capitaliste.

[55] Voir «La structure nationale québécoise», *Socialisme québécois*, n° 21-22, pp. 138ss.

[56] Daniel Latouche, «La vrai (sic) nature de... la Révolution tranquille», *Revue canadienne de science politique*, vol. VII., n° 3, sept. 1974, p. 532.

être et éducation qui totalisent 67.6 p. 100 des dépenses gouvernementales. Il y a aussi durant cette période une forte expansion institutionnelle par la création de 27 institutions administratives supérieures et un accroissement de 53 p. 100 des effectifs de l'administration publique.

On peut donc dire que cet accroissement des capacités d'intervention financière et institutionnelle a provoqué une intensification du rôle de l'État dans la vie économique. Exclue des postes de responsabilité dans le secteur industriel privé où les Canadiens français dépassaient rarement le niveau de contremaître, c'est donc par le contrôle de l'appareil politique que la petite bourgeoisie espère jouer un rôle économique.

Les réformes politiques proposées visent deux objectifs: 1) démocratiser la vie politique et 2) revaloriser le rôle de l'État. Les libéraux s'attaquent d'abord au problème de la corruption et du patronage en instituant la Commission Salvas, qui est chargée d'examiner l'administration unioniste et d'assainir les mœurs politiques québécoises. C'était, de surcroît, une opération politique rentable pour les libéraux car elle mettait en évidence leur intégrité politique, discréditait l'Union nationale et permettait de désorganiser les anciens réseaux d'influence et d'en créer d'autres.

On commença aussi à réviser la législation électorale et la carte électorale, qui en sur-représentant le monde rural avantageait l'Union nationale et minimisait le poids électoral des milieux urbains, qui étaient plus importants sur les plans démographique et économique. Mais on en resta aux études préliminaires et aux réformettes, de sorte que l'Union nationale put une dernière fois en 1966 profiter des inégalités de représentation inhérentes à la carte électorale et se faire élire avec 41 pour 100 du suffrage populaire, comparativement à 46.5 pour 100 pour le parti libéral.

On voulait aussi revaloriser le rôle des citoyens dans la vie politique et les inciter à participer activement au processus de changement, en leur montrant que par le vote et les pressions diverses ils pouvaient influer sur les décisions politiques. Cette idéologie de la participation fut utilisée en particulier à l'occasion du bill 60 où le gouvernement, par la médiation de Paul Gérin-Lajoie, consulta la population des diverses régions du Québec et les groupes touchés par la réforme de l'éducation[57]. Les ci-

---

[57]   Voir Léon Dion, *Le bill 60 et la société québécoise*, Montréal, H.M.H., 1967.

toyens commençaient à prendre la parole et à contester ouvertement les autorités politiques. C'était le prélude à des contestations plus actives qui se développeront à partir de 1966, avec la prolifération des comités de citoyens.

Dans ce même esprit de démocratisation libérale, on a aussi réformé la fonction publique pour que les fonctionnaires soient plus neutres et échappent aux pressions politiques. On instaura des critères d'embauche et de promotion (système des concours) autres que la recommandation du député ou le service rendu au parti. On a aussi valorisé le statut du fonctionnaire en augmentant les salaires et en favorisant leur syndicalisation. Il s'agissait de doter le Québec d'une fonction publique comparable en compétence à celle de l'État fédéral. Pour ce faire, on fit d'ailleurs appel à plusieurs hauts fonctionnaires fédéraux et aux intellectuels, qui ostracisés par la dictature duplessiste s'étaient exilés à Ottawa ou réfugiés dans l'apolitisme et désiraient participer au développement et à la modernisation du Québec.

On revalorise aussi les fonctions de l'État en reléguant aux oubliettes le laisser-faire traditionnel qu'on remplace par l'interventionnisme étatique, plus conforme aux impératifs de développement du capitalisme monopoliste.

Cet interventionnisme étatique n'est pas neutre, car l'autonomie de l'État est restreinte aux politiques qui ne remettent pas en cause l'ordre économique existant. À l'âge des sociétés capitalistes avancées, l'État joue le rôle de régulateur. Il nationalise le risque. Par l'orientation de ses achats et de ses dépenses, il absorbe les surplus et assure la croissance économique. Il prend en charge les investissements trop coûteux pour le secteur privé. Il remplace l'initiative privée dans les secteurs à faible rentabilité ou à rentabilité à trop longue échéance. Il finance aussi l'innovation technologique. L'État intervient donc comme régulateur du progrès économique dans le cadre de la rationalité capitaliste.

On présente alors la planification comme un mode normal de gestion et de développement de l'économie. Il va sans dire qu'il s'agit de planification indicative et c'est dans ce cadre qu'on crée, en 1962, le Conseil d'orientation économique du Québec qui deviendra un peu plus tard l'Office de planification du Québec (1969). La mise sur pied du Bureau d'aménagement de l'Est du Québec (BAEQ, 1963) s'inscrit aussi dans cette perspective de rationalisation.

On assiste aussi, dans les années 60, à la création de plusieurs sociétés d'État et de sociétés mixtes qui institutionnalisent le rôle

de suppléance de l'État dans la phase monopoliste du capitalisme[58]. Ainsi en 1962, on crée la Société générale de financement afin de fournir des capitaux aux petits entrepreneurs et de
consolider les entreprises en difficulté financière. On définit d'ailleurs la S.G.F. comme « une entreprise privée d'intérêt public »,
ce qui est révélateur de la conception néo-capitaliste de l'État
et de la timidité de la volonté d'intervention des pouvoirs publics
dans la vie économique. Même si l'État devient entrepreneur, il ne
s'agit pas pour lui de concurrencer l'entreprise privée mais de la
soutenir activement, en mettant à sa disposition sous diverses
formes les ressources publiques. Ces innovations institutionnelles
sont significatives de la conception capitaliste du rôle de l'État
qui dans la phase monopoliste devient pourvoyeur de capitaux
et créateur d'emplois.

De plus, afin de fournir de meilleurs services à l'entreprise
privée, le gouvernement se donnera aussi comme tâche d'améliorer le réseau de communication par la construction d'autoroutes.
C'est dans ce but aussi, que s'effectueront la nationalisation de
l'électricité et les investissements massifs pour le développement
des ressources énergétiques, domaine que l'entreprise privée
délaisse, en protestant pour la forme, parce que les taux de profit
baissent et qu'elles ne peuvent à elles seules le développer. On
fait ainsi une ponction de capitaux publics qu'on réinvestit dans
des secteurs de pointe plus rentables. Cette opération fut cautionnée au nom de la reconquête économique du Québec et par
l'affirmation d'un nationalisme économique[59]. Elle permettait
aussi à la petite bourgeoisie technocratique de faire la preuve
qu'elle était aussi compétente que la bourgeoisie anglaise pour
exploiter, gérer et administrer de grandes entreprises, jusque-là
monopolisées par les étrangers. Enfin, architectes, entrepreneurs,
contracteurs, industriels, ingénieurs trouvaient aussi leur compte
dans les réalisations économiques de l'État. On se garda bien
toutefois de toucher aux autres secteurs économiques, comme
l'établissement d'une sidérurgie contrôlée par l'État.

---

[58]   Parmi les plus importantes, signalons la Société générale de financement,
la Caisse de dépôt et de placement, Sidbec-Dosco, SOQUEM, SOQUIP.,
Programmes d'aide à l'industrie, le Centre de recherches industrielles, l'École
nationale d'administration publique, l'Institut national d'administration publique, l'Institut national de la recherche scientifique.

[59]   À cet égard il est intéressant de souligner certains titres de la presse où on
peut lire : « 1962 : l'an 1 du nationalisme canadien-français », « La bourgeoisie
du Québec a choisi le nationalisme », « Un dénominateur commun celui d'un
Québec fort », *La Presse*, 29 décembre 1962.

Cet effort de rationalisation et de modernisation, commandé par des impératifs économiques s'est aussi appliqué au domaine social où on abandonne l'idée de la charité privée liée à la domination du catholicisme. L'Église passe la main à l'État et on entreprend une décléricalisation des services sociaux car les institutions religieuses ne sont plus en mesure de répondre aux nouvelles exigences de la société industrielle. Le bon Dieu et les compagnies privées d'assurance n'étaient plus une protection suffisante contre la maladie. Ainsi en 1961, c'est l'institution de l'assurance-hospitalisation qui devait élargir l'accessibilité aux soins médicaux et aboutir neuf ans plus tard à la socialisation de la médecine. On tente aussi d'améliorer la sécurité sociale en majorant les allocations familiales et les pensions de vieillesse. Enfin, pour contrer les prétentions fédérales, on institue la Régie des rentes du Québec (1964), qui tout en assurant aux personnes âgées une retraite plus confortable, permettait aussi à l'État d'augmenter sa marge de manœuvre financière et d'alimenter sa Caisse de dépôt et de placement.

Le développement du capitalisme exigeait aussi la rationalisation de l'enseignement (en fonction des besoins de la croissance industrielle) et la formation de travailleurs plus instruits et spécialisés. Notre système d'éducation confessionnel, sous la gouverne du clergé, était à tel point anachronique et incohérent, qu'il ne pouvait répondre efficacement à cette nécessité. À l'automne 1960, dans ses « Insolences », le Frère Untel propose de fermer le Département de l'instruction publique en raison de son incompétence et de son irresponsabilité. S'inspirant des recommandations du Rapport Parent, le gouvernement Lesage, sous l'impulsion de Paul Gérin-Lajoie, proposa le Bill 60 qui avait pour objet de créer un ministère de l'Éducation. Malgré la résistance acharnée de certains milieux cléricaux-intégristes, le ministère fut institué en 1964. C'était un premier pas dans la voie de la décléricalisation.

Afin de répondre aux aspirations sociales des masses urbaines et aux besoins de l'économie, il fallait aussi démocratiser l'accès à l'éducation en la rendant gratuite. Dans une première phase, on subventionna les études collégiales secondaires qui étaient sous la tutelle des institutions privées, on s'organisa ensuite pour répondre aux recommandations du Rapport Parent concernant les collèges classiques et l'intégration des niveaux d'étude, en instituant l'école publique au niveau collégial. Ainsi les CEGEP furent créés en 1967 par le gouvernement Johnson.

On se garda bien toutefois d'inclure les universités dans le secteur public.

Enfin, on effectuera aussi des changements dans l'orientation des programmes afin de mettre l'accent sur la formation scientifique, technique et professionnelle, au détriment de la formation spiritualiste et humaniste. Avec la Révolution tranquille, l'éducation deviendra une des valeurs prédominantes de notre credo national : qui s'instruit, s'enrichit, de sorte qu'en dix ans la croissance des effectifs du secondaire fut de 101 pour 100, du collégial de 82 p. 100 et de l'université de 169 p. 100. Le budget consacré à l'éducation passa de $218 millions à un milliard. Tout un peuple se remettait à l'école.

Dans le domaine culturel, la Révolution tranquille se traduit par l'affirmation de l'identité québécoise. Toutefois la définition de cette identité devient l'enjeu d'un conflit idéologique où une tendance insistera sur la revalorisation du bon parler français, alors que l'autre plus radicale, valorisa la langue populaire (joual). Le théâtre, la littérature, le cinéma et la chanson s'axent sur la spécificité québécoise et effectuent un retour aux sources. Cette renaissance culturelle allait de pair avec la valorisation de l'éducation et l'augmentation du niveau de scolarisation. Afin de stimuler cette recherche et cette affirmation culturelle, on institue en 1961 un ministère des Affaires culturelles.

Durant cette période, on assiste aussi aux retrouvailles entre la France et le Québec. La tradition laïque et républicaine de la France n'est plus un repoussoir. Cette affirmation de l'identité et de la solidarité culturelle avec l'ancienne mère-patrie est soutenue par les nouvelles élites et cautionnée officiellement par la création en 1961, de la Délégation générale du Québec à Paris, par les accords franco-québécois et par l'Office franco-québécois pour la jeunesse, qui ont pour objectif de promouvoir les échanges culturels. Les universitaires québécois vont aussi en plus grand nombre parfaire leur formation dans les universités françaises, ce qui contribue à accentuer la diversité idéologique au Québec.

On assiste aussi à une mutation de la morale individuelle et collective. Le changement est devenu une valeur en soi. Il y a un engouement pour la nouveauté et les nouvelles expériences, ce qui ouvre la porte à l'influence culturelle américaine. La liberté était à l'ordre du jour et elle fut souvent assumée par imitation. Le Québécois mettait sa vie quotidienne à l'heure des sociétés

capitalistes avancées et de la consommation dirigée. Il abandonne
le rigorisme moral et valorise la jouissance immédiate, par la consommation de l'objet. La jeunesse transgresse allégrement les
tabous traditionnels sur le mariage, le sexe, la drogue et participe
aux divers courants de libération qui traversent les sociétés oc-
cidentales. Le Québec participe à la révolution culturelle mondiale en affirmant principalement sa spécificité nationale. On ne
se définit plus comme Canadien français mais comme Québécois.

Les problèmes linguistiques occuperont durant cette période
l'avant-scène de la spécificité québécoise et prendront des dimensions économiques et politiques. L'alarme à cet égard a été
sonnée par la publication du recensement de 1961 et de diverses
analyses démographiques qui révélaient un processus accéléré
d'assimilation des francophones au Canada et au Québec, accompagné d'une baisse du taux de natalité des Canadiens français
qui passe de 28.3 pour 1000 habitants en 1959 à 15.3 en 1970[60].
La dépendance économique des Québécois francophones, l'intégration des immigrants à la minorité anglophone et le passage
des enfants francophones au secteur scolaire anglophone sont les
trois facteurs qui avivent la prise de conscience nationale et font
surgir des revendications plus radicales, qui visent à rendre le Québec français. Ces revendications vont de l'affichage et de l'étique-
tage français jusqu'à l'exigence de l'intégration scolaire et la proclamation de l'unilinguisme français. On ne se contente plus des
chèques bilingues et des sempiternelles litanies sur nos droits
culturels, mais on exige une action dynamique de l'État, car il
y a urgence et l'État doit être au service de la majorité. La lutte
contre la loi 63 (donnant le droit aux parents de choisir librement la langue d'enseignement de leurs enfants, 1969) sera le point
culminant de ce conflit linguistique qui n'a pas encore été résolu.

Le déblocage institutionnel opéré par la Révolution tranquille, doublé de l'affirmation de l'identité québécoise et d'un
nationalisme progressiste suscitèrent un essor sans précédent de
la vie intellectuelle et de la production culturelle. Le réflexe
colonisé de honte et de mépris de soi-même s'étiola progressivement. Ce qui était auparavant jugé provincial, local ou folklo-
rique par la culture des élites au nom d'un universalisme déréa-

---

[60]   La proportion de Québécois francophones passe de 81.2 p. 100 en 1961 à
       80.7 p. 100 en 1971. Les tensions ethniques sont particulièrement aiguës dans
       la région de Montréal où la Ligue pour l'intégration scolaire, la Société Saint-
       Jean-Baptiste et le Front pour un Québec français sont très actifs.

lisant et castrant, poussé par la quête d'une identité et de l'affirmation de soi, devient culture dominante.

Dans le domaine religieux, on assiste à l'effondrement du ciel québécois. La mort du Dieu canadien-français est proclamée (peut-être prématurément). Le Québec réputé pour son catholicisme évolue vers la tolérance religieuse et glisse peu à peu vers une désaffection religieuse massive. C'est la fin de l'équivalence catholique et français. Le retrait de l'Église comme puissance temporelle et son remplacement par l'État comme institution centrale de la collectivité provoquent une baisse de son influence comme source d'inspiration morale pour les individus et une vague de désacralisation et de sécularisation des institutions et de la vie sociale. Au spiritualisme séculaire de l'idéologie dominante succédait une philosophie sociale plus matérialiste et rationaliste.

Cette crise du catholicisme se traduisit par le déclin de la pratique religieuse, par une baisse draconienne du recrutement sacerdotal (alors que le chiffre annuel des vocations était de 2,000 en 1946, il est tombé à un peu plus d'une centaine seulement en 1970), par la faillite financière de nombreuses paroisses et enfin, par l'expansion de l'incroyance chez les jeunes et en milieu ouvrier[61].

Toutes ces mutations ont profondément affecté la société québécoise et ont certainement été déterminantes pour l'avenir du Québec, mais il ne faudrait pas croire qu'elles ont été faites dans une vague d'unanimité progressiste. Il y a aussi durant les années 60 une persistance de courants conservateurs. Ces résistances aux changements se manifestent par l'absence d'un parti socialiste implanté dans les masses, par la résistance à la laïcisation du système scolaire, par l'apparition du phénomène créditiste, qui par son «populisme» de droite exprime la protestation de la petite bourgeoisie rurale et des défavorisés contre les transformations opérées; par la désintégration de l'alliance entre la fraction néo-capitaliste et la fraction technocratique de la petite bourgeoisie au pouvoir, qui a pour effet de freiner à partir de 1965 la dyna-

---

[61] Cette tendance à la désaffection religieuse fut aussi amplifiée par des influences extérieures comme le Concile Vatican II qui légitimait des changements à l'intérieur même de l'Église en préconisant la tolérance envers les autres religions, l'ouverture au dialogue entre clercs et laïcs, la modification du rituel et de la pastorale. Ces réformes même si elles étaient limitées, provoquèrent un certain désarroi chez les catholiques pratiquants.

mique du changement, afin de sécuriser les investisseurs étrangers et d'imposer le statu quo au profit de la bourgeoisie canadienne et des capitalistes canadiens-français. L'Union nationale profitera de ces contradictions et de la réaction conservatrice des couches rurales pour reprendre le pouvoir en 1966 et stabiliser l'évolution.

Mais ni Daniel Johnson, ni son successeur, J.-J. Bertrand n'arriveront à endiguer la dynamique de contestation et d'innovation idéologique amorcée par la Révolution tranquille. Les réformes avaient donné le goût de la révolution, d'autant plus que la classe dominante était bien décidée à mettre un terme à l'expérience. Sous l'Union nationale la situation économique et politique se dégrade. Les antagonismes sociaux s'accentuent. Le terrorisme persiste. Le mouvement syndical et la gauche se radicalisent. Les manifestations de rues se multiplient. Des comités de citoyens s'organisent, prennent la parole et critiquent les autorités. La légitimité de la démocratie libérale et des structures formelles de participation ne va plus de soi. C'est le système social dans son ensemble qui est remis en question. La contestation étudiante porte à son paroxysme la mobilisation et la politisation. Enfin le mouvement indépendantiste se renforce sensiblement à la suite de la visite du général de Gaulle et de la création du Parti québécois qui s'offre en alternative politique plausible aux partis traditionnels. Les Québécois ont donc acquis durant cette période la certitude qu'ils peuvent changer beaucoup de choses. Ils ont mis en veilleuse le fatalisme et la soumission des vaincus et des minoritaires.

Tous ces mouvements de libération inquiètent la bourgeoisie et l'élite politique canadiennes qui demandent à Ottawa d'organiser la riposte à la Révolution tranquille. Pour ce faire, ils permettent l'ascension politique de P. E.-Trudeau à qui on confie la tâche de mâter les revendications autonomistes et sociales du Québec et d'organiser la répression des forces progressistes.

Le révisionnisme constitutionnel

En raison de l'imprécision du partage des compétences entre le gouvernement central et les gouvernements des provinces, les débats sur la Constitution ont toujours occupé une place importante dans la vie politique canadienne et plus particulièrement au Québec. Toutefois, avec la Révolution tranquille, les querelles constitutionnelles s'intensifient et prennent l'allure d'une guérilla constitutionnelle.

L'effort de modernisation de la société québécoise suscite une dynamique de revendication qui remet en question la répartition des pouvoirs à l'intérieur de la fédération canadienne. Moderniser, nationaliser, créer de nouvelles institutions, augmenter les responsabilités sociales de l'État ne pouvaient se faire sans de nouvelles sources de revenus pour le gouvernement provincial. L'augmentation des impôts ne pouvait suffire à combler le gouffre. De plus, l'émergence du nationalisme québécois et des mouvements indépendantistes força l'escalade de la radicalisation des positions constitutionnelles des partis traditionnels. L'affrontement portera principalement sur le partage fiscal, l'affirmation du Québec sur la scène internationale et plus tard sur la politique d'immigration, les communications et la législation sociale. La nouvelle classe dominante québécoise, afin de consolider son pouvoir, présentera une nouvelle conception du fédéralisme et voudra entamer un processus de révision constitutionnelle. L'idéologie dominante présente trois variantes de révisionnisme.

La première variante se fonde sur le postulat de l'égalité des deux peuples fondateurs et de la nécessité de la décentralisation. Ainsi, Jean Lesage, pourtant fédéraliste convaincu, engage dès son arrivée au pouvoir une lutte avec le fédéral et développe la thèse du statut particulier. Lesage définissait le Québec comme le point d'appui du Canada français. Le Canada, pour lui, était constitué par deux nations ou deux majorités distribuées géographiquement de façon inégale. La minorité anglophone du Québec comme les minorités françaises dans le reste du Canada ne sont que des extensions des deux majorités et par conséquent elles devraient avoir des droits identiques.

Mais derrière le décor somptueux des grands principes, se déroulait la vraie bataille pour donner au Québec les moyens de sa politique, par un nouveau partage des compétences et de l'assiette fiscale et la modification des paiements de péréquation. Le Québec doit jouir de pouvoirs particuliers dans une Confédération rénovée. Cette thèse rallie des partisans d'origines diverses, allant du parti libéral à la Société Saint-Jean-Baptiste de Montréal, en passant par l'Union nationale et Le Devoir.

Alors que J. Lesage revendiquait sous la forme d'un ultimatum un transfert de 25 pour 100, 25 p. 100 et 100 p. 100, M. Johnson lui réclamait 100 p. 100 de l'impôt des particuliers, 100 p. 100 des droits de succession et 100 p. 100 de l'impôt des sociétés exploitant les richesses naturelles du Québec. Il déclarait à l'Assemblée législative le 17 janvier 1963: « Il ne reste que deux options possibles entre lesquelles il faudra choisir avant 1967: ou bien nous serons maîtres de nos destinées dans le Québec et partenaires égaux dans la direction des affaires du pays, ou bien ce sera la séparation complète». Il pouvait du haut de cette alternative (égalité ou indépendance) attaquer à la fois la mollesse du parti libéral et s'attirer le soutien des nationalistes indépendantistes. Il y aura surenchère verbale entre les deux partis traditionnels, tractations avec les libéraux d'Ottawa, louvoiements, mais peu de réalisations.

La thèse des États associés de René Lévesque est une sous-variante de la première. Elle va un peu plus loin et est plus logique que celle du statut particulier car elle propose une nouvelle conception du fédéralisme où chaque nation disposerait de son État et serait associée dans des structures confédérales. C'est la thèse de la décentralisation absolue qui sera reprise dans le projet de la souveraineté-association.

Au Canada anglais, la thèse du statut particulier n'a pas beaucoup de partisans. On ne comprend pas pourquoi le Québec remet en question l'unité canadienne. La majorité se contente de réaffirmer sa foi au fédéralisme et sa volonté de maintenir le Canada sous la domination de la majorité anglophone. Le *Winnipeg Free Press* écrivait après la publication du premier rapport de la Commission B-B:

> Le fait fondamental est qu'il n'y a pas ici association entre deux communautés égales. Nous sommes égaux devant la loi, nous avons des droits égaux dans nos langues respectives, nous sommes égaux à titre d'individus, mais sur le plan politique nous ne sommes pas égaux. Notre problème ne sera pas résolu si une province sur toutes les questions est mise sur le même pied avec le reste du pays[62].

On refuse donc généralement la thèse du pacte entre les deux nations et le statut particulier pour le Québec.

Cette thèse sera aussi désavouée par Pelletier, Marchand et Trudeau qui veulent enrayer l'agitation autonomiste que connaît le Québec et affichent une conception rigide et intransigeante du fédéralisme. Sous la pression des indépendantistes, la crise de

---

[62] Cité par Gérard Bergeron, *Le Canada français après deux siècles de patience*, Paris, Éditions du Seuil, 1967, p. 218.

l'unité canadienne menace de se transformer en débâcle pour les tenants du fédéralisme. Ils se donneront pour tâche de replâtrer l'édifice de la Constitution canadienne avec l'appui des capitalistes canadiens et américains. La crise du capitalisme manifestée par les débuts de la récession économique et les tendances inflationnistes était incompatible, pour les intérêts dominants, avec la décentralisation politique. L'expansion capitaliste ne peut tolérer l'institutionnalisation de la différence, il lui faut centraliser et uniformiser.

Pour les fédéralistes inconditionnels il n'y a pas de compromis possible. Il doit y avoir clarification des options dans le sens du fédéralisme. Ils combattent donc la thèse du statut particulier et l'idée de l'indépendance par l'établissement du bilinguisme dans la fonction publique et par des investissements massifs, supposément consacrés au développement régional afin «de créer de la réalité nationale une image si attrayante qu'elle rende celle du groupe séparatiste peu intéressante[63]». Il s'agit de créer un nationalisme fédéral.

Pour le «French Power», il fallait que le Québec devienne une province comme les autres. À certains égards, leur conception rejoint celle des nationalistes traditionnels car ils rejettent le nationalisme québécois et se représentent le Québec comme une culture c'est-à-dire comme un groupe ethnique parmi d'autres. Ils occultent les aspects économiques et politiques de la question nationale et la réduisent à sa dimension culturelle. Par le bilinguisme et le multiculturalisme ils pensent résoudre la crise de l'unité canadienne et éroder les revendications québécoises. Cette conception du fédéralisme deviendra un des axes de l'idéologie politique de la classe dominante au Québec.

Ainsi, le parti libéral, après le départ de René Lévesque réaffirme sa foi en la Confédération, rejette l'idée du statut particulier et opte pour un fédéralisme rentable. Son nouveau chef, Robert Bourassa, entend prouver que le Québec peut retirer plus d'avantages financiers du fédéral qu'il ne l'a fait dans le passé. Le secret de cette nouvelle croisade : être compétent, avoir de bons dossiers et surtout rétablir la confiance des investisseurs étrangers par un appui inconditionnel au fédéralisme et de généreuses subventions. La priorité est donc accordée aux problèmes économiques. Le Québec doit se mettre au travail et ne plus se quereller

---

[63]   P.E.-Trudeau cité par Marcel Rioux. *La question du Québec*, Montréal, Parti Pris, 1976, p. 146.

avec Ottawa. Le dialogue et la consultation doivent remplacer l'ultimatum et la menace. Les illusions ont la vie dure chez les colonisés.

En effet, puisque pour les grands frères libéraux d'Ottawa le fédéralisme inconditionnel signifie la soumission des provinces à ce qui est décidé par le pouvoir central, le processus de révision constitutionnelle est bloqué. Le fédéral refuse à Victoria de reconnaître la primauté du Québec en matière de législation sociale et affirme ses prétentions centralisatrices dans tous les domaines. Même le fédéralisme rentable est un échec. Pour sortir de l'impasse et masquer son impuissance, Bourassa cherche à refaire l'image de son parti en lançant le thème de la souveraineté culturelle, se gardant bien toutefois d'en préciser le contenu et les limites.

Alors que l'équilibre des pouvoirs entre Ottawa et les provinces durant les années 60 se modifiait au profit des provinces et surtout du Québec, la vapeur fut inversée avec l'arrivée au pouvoir des durs du fédéralisme à Ottawa et de leurs élèves à Québec qui, progressivement, réduisirent l'État québécois à une simple administration locale, chargée de maintenir l'ordre et d'assurer la survie de l'économie capitaliste.

La montée des mouvements indépendantistes

Au début des années 60, la montée de nouvelles élites et la revalorisation du rôle de l'État vont rénover la prise de conscience nationale en entraînant le rejet du nationalisme canadien-français de conservation et de survivance et l'émergence du nationalisme québécois. Les aspects juridico-culturels et défensifs du nationalisme traditionnel sont remplacés par un nationalisme politique, de décolonisation et progressiste[64]. On se dépouille progressivement de nos complexes d'infériorité et on affirme sa fierté d'être Québécois. En ce sens, on s'affirme moins contre les autres et plus par rapport à nos potentialités, ce qu'illustre bien le slogan « On est capable ». La Révolution tranquille suscite donc la prise de conscience d'une nouvelle identité nationale fondée sur la prise en

---

[64] La situation du Québec est alors analysée à travers la théorie de la décolonisation inspirée de Berque, Fanon et Memmi, penseurs de la décolonisation africaine.

main de notre destin, par la jonction de l'État et de la nation. On ne parle plus de province mais de l'État du Québec.

Ce nationalisme de libération s'inscrit dans le courant de la décolonisation des pays du Tiers Monde et se manifeste par la fondation de divers mouvements indépendantistes : l'Alliance laurentienne (1957), l'Action socialiste pour l'indépendance du Québec (1960), le Rassemblement pour l'indépendance nationale (R.I.N. 1960), le Parti républicain du Québec (1962), le Ralliement national (1964), le Mouvement souveraineté-association (1967) et le Parti québécois (1968).

C'est une nouvelle fraction de la petite bourgeoisie qui constitue l'assise sociale de ce nouveau courant idéologique qui rassemble des étudiants, des professeurs, des cadres, des travailleurs des services et des syndicalistes. Cette petite bourgeoisie technocratique, scolarisée, qui a rompu l'alliance avec la fraction néo-capitaliste, veut transformer son savoir en pouvoir et faire de l'État un instrument de la promotion collective et par conséquent d'elle-même. Puisque nous n'avons pas de bourgeoisie nationale capable d'impulser le développement économique du Québec, le seul moyen de se libérer c'est l'État, qui est en même temps le seul moyen de promotion sociale de cette classe. Leur objectif est de pousser à son terme le processus de transformation initié par la révolution tranquille et de faire du Québec une société complète et capable de s'autodéterminer politiquement.

Le Rassemblement pour l'indépendance nationale

Le R.I.N. devient parti politique en 1963. Son programme, si on l'analyse en tenant compte du contexte de l'époque, en fait un parti de gauche. Ainsi, on peut lire à l'article 1 de la constitution du parti :

> Le Rassemblement pour l'indépendance nationale est le parti politique québécois voué à la décolonisation du Québec par la création d'un État souverain, démocratique et laïc, en représentant pleinement tous les travailleurs.

Mais ce qui, encore plus que son programme, classe ce parti à gauche, ce sont ses moyens d'action. Le R.I.N. ne se conforme pas à la pratique des partis traditionnels. Il organise des manifestations de rues, fait des distributions de tracts et du porte à porte, s'appuie sur le bénévolat et est financé démocratiquement par ses membres. Son action a porté fruit puisqu'aux élections de juin 1966, il recueillait avec le R.N. 10 p. 100 des votes et contribuait ainsi à la défaite du parti libéral.

L'idéologie du R.I.N. se base sur le postulat de la nécessité de l'indépendance justifiée par l'argumentation suivante: Nous sommes des étrangers dans notre propre pays. Notre économie, nos richesses sont développées en fonction d'intérêts étrangers et non pour les Québécois. Cette dépendance économique se répercute sur le plan culturel et conduit inéluctablement à l'assimilation et à la minorisation définitive des francophones. Dans la Confédération, le Québec est une société dominée et privée des pouvoirs qui lui permettraient de prendre en main ses destinées. Tant que nous n'aurons pas conquis notre indépendance politique, l'indépendance économique et la culture québécoise demeureront des mythes; si nous ne nous séparons pas, nous reproduirons l'incurie et l'impuissance des générations passées et nous transmettrons aux générations futures notre mentalité de colonisé et notre infériorité économique. Donc pour les rinistes, l'indépendance était plus un moyen qu'une fin en soi et elle devait être instaurée par la voie électorale et non par la violence. C'était l'instrument indispensable à l'épanouissement de la collectivité québécoise.

Le R.I.N. se distingue nettement du nationalisme traditionnel car il déconfessionnalise la définition de la nation. Il rejette l'homogénéité religieuse comme caractéristique de la collectivité nationale et la remplace par l'homogénéité linguistique et culturelle:

> En conséquence, les Québécois trouvent leur identité dans une culture d'inspiration et de langue française à laquelle doivent s'intégrer tous ceux qui veulent faire partie de la collectivité nationale. Rejetant le statut de minorité, le R.I.N. considère les Québécois francophones comme une majorité assimilatrice ou qui doit le devenir[65].

Pour ce faire, il se propose, une fois au pouvoir, de proclamer le français comme seule langue officielle et comme langue de travail.

Sans être révolutionnaires, ses objectifs économiques et sociaux allaient plus loin que ceux préconisés par les libéraux réformistes. Il insistait particulièrement sur la planification économique globale, l'intervention généralisée de l'État, une redistribution plus égalitaire du revenu, la laïcisation de la société, la nationalisation des ressources naturelles et de certains secteurs économiques à tendance monopoliste.

---

65 André d'Allemagne, *Le R.I.N. et les débuts du mouvement indépendantiste québécois*, Montréal, Éditions l'Étincelle, 1974, p. 42.

Pierre Bourgault, président du parti, qualifiait le programme du R.I.N. de socialisme modéré et disait qu'on ne pouvait être indépendant sans être socialiste[66]. L'examen attentif du programme du parti (1966) nous révèle la nature de ce socialisme. Certes le programme du parti veut encourager « la participation ouvrière aux profits et à la propriété des entreprises », il approuve la cogestion industrielle et s'engage à nationaliser les entreprises monopolistes, mais il précise aussi clairement que le R.I.N. créera des entreprises d'État seulement lorsqu'il y aura « carence de l'initiative privée en présence de besoins indiscutables et qu'il encouragera les investissements étrangers dans la mesure où ceux-ci tiendront compte des objectifs fixés par le plan ». Il n'est donc pas question de socialiser les moyens de production et de changer fondamentalement les structures de la société québécoise. Enfin, pour le R.I.N., « la production économique et la distribution des richesses sont deux fonctions différentes qui doivent être dissociées », la première pouvant être de type capitaliste et la seconde de type socialiste. Le qualificatif social-démocrate est beaucoup plus approprié pour désigner l'orientation socio-économique du parti qui n'a jamais nié l'existence de l'entreprise privée dans le futur Québec indépendant, mais a voulu plutôt assurer à l'État un rôle prépondérant dans la vie économique. Dans cette perspective, l'indépendance politique était un outil indispensable à la libération économique.

Durant les huit années de son existence, le R.I.N. a servi de catalyseur à la question nationale et par sa propagande et son travail d'éducation politique, il a joué un rôle actif dans la Révolution tranquille en forçant les partis traditionnels à prendre position sur l'indépendance et à préciser leurs options constitutionnelles. Il a aussi suscité une conscience démocratique. Les idées qu'il avançait ont marqué les hommes et les partis au pouvoir et elles furent reprises par le Parti québécois. Malgré ses limites, le R.I.N. a été un facteur d'innovation idéologique déterminant pour l'avenir du Québec.

Le Parti québécois

En novembre 1967, René Lévesque démissionne du Parti libéral et fonde le Mouvement souveraineté-association qui un an

---

[66]   Voir Réjean Pelletier. *Les militants du R.I.N.*, Ottawa, Éditions de l'Université d'Ottawa, 1974, p. 35.

plus tard devient le Parti québécois. Le P.Q. réussira à regrouper les forces indépendantistes du Québec et donnera à l'idée de l'indépendance un caractère de respectabilité et de modération. En quelques années, il recrute plus de 100,000 adhérents. Le gros des membres de ce parti appartient à la petite bourgeoisie: plus de 50 pour 100 sont issus de groupes professionnels, cadres, enseignants, étudiants, fonctionnaires. Environ 10 p. 100 de ses membres sont des ouvriers. C'est le parti de la génération montante, celle qui a moins de quarante ans, qui est fortement scolarisée et qui a cru à l'éducation comme source de mobilité sociale.

Le P.Q. reprend le flambeau du projet indépendantiste en lui donnant des allures paisibles, respectables et compétentes. La pureté idéologique des premières heures est supplantée par des considérations de tactique électorale. Il s'agit moins de convaincre le peuple de la nécessité de l'indépendance que de l'amener à voter pour le parti. Les idéalistes cèdent la place aux techniciens et aux politiciens d'expérience. Cette différence d'optique va engendrer de légères déviations par rapport à l'idéologie indépendantiste initiale.

L'option indépendantiste du P.Q. est plus nuancée que celle du R.I.N. en ce sens qu'elle atténue sensiblement l'effet de rupture avec le Canada. Certes, le P.Q. pose l'indépendance comme prémisse à ses projets de réformes. Sans l'indépendance, la société québécoise ne peut déterminer elle-même ses priorités économiques, sociales et culturelles. À cet égard, la Constitution canadienne est désuète et entrave l'épanouissement collectif des Québécois:

> Les structures fédérales nous privent à la fois des moyens fiscaux et des pouvoirs législatifs nécessaires non seulement pour établir notre propre politique sociale mais surtout pour faire les choix sociaux qui donnent à une société sa personnalité propre[67].

Le Québec, pour exister comme nation, doit donc se donner la maîtrise complète des leviers politiques. L'accent est mis sur la souveraineté plutôt que sur l'indépendance et la libération car ces termes font référence à la décolonisation et impliquent une détermination unilatérale. L'expression « le Québec libre » est marginalisée dans le discours souverainiste. Cet effet d'atténuation et de modération est renforcé par l'idée d'une association ou de l'interdépendance économique avec le Canada et plus récemment par l'inclusion d'un référendum dans le processus d'accession à la souveraineté politique, ce qui permettra au P.Q. d'exercer le pouvoir

---

67 Le programme du P.Q. 1975, p. 19.

tout en reportant à plus tard la réalisation de son objectif fondamental. Ces deux éléments permettent au gouvernement central
de jouer un rôle actif dans le réaménagement des structures
politiques canadiennes. La sécession n'est plus un objectif politique mais une solution de dernier recours.

Sur la question linguistique, le P.Q. adopte aussi une position
moins radicale que ses prédécesseurs garantissant « à la minorité
anglophone à tous les niveaux de l'enseignement des institutions
scolaires publiques qui lui soient propres[68] ». Il s'engage toutefois
à faire du français la langue de travail et à intégrer les immigrants
au secteur scolaire francophone afin d'enrayer le processus d'assimilation. Ces déviations manifestent la volonté du P.Q. de déradi-
caliser le contenu de l'indépendance afin d'élargir sa base électorale, d'accéder au pouvoir et d'opérer la transition dans la stabilité. Ainsi, avec ou sans indépendance, la petite bourgeoisie
technocratique peut réaliser ses aspirations de classe.

Dans son programme économique le P.Q. n'envisage pas de
modifications profondes de la structure économique interne et des
relations économiques extérieures. Il ne se définit pas sur une
base anticapitaliste et anti-impérialiste. Il cherche avant tout à
humaniser le capitalisme. Il préconise une association économique
avec le Canada fondée sur un accord d'union monétaire et douanière. Ce projet d'association, par une dichotomie fictive entre
le politique et l'économique édulcore la nature de la souveraineté
sans solutionner les problèmes de dépendance économique. On
prétend ainsi modifier les bases de la négociation en donnant à
l'État du Québec un pouvoir égal d'intervention dans l'orientation
de la vie économique à celui de l'État fédéral. Il y a dans cette
vision une idéalisation du politique.

Sur le plan interne, le P.Q. préconise un régime d'économie
mixte qui attribue à l'État une capacité de coordination et d'anima-
tion de la vie économique, tout en conservant l'entreprise privée
et le principe de la concurrence. Les leviers de l'État sont les
impôts récupérés d'Ottawa, le droit de légiférer, la planification,
les politiques d'achat et le développement du secteur public. Le
Québec souverain sera aussi ouvert aux capitaux étrangers et particulièrement américains, à condition qu'ils acceptent une
association-participation de l'État à leurs investissements (ce qui
est déjà une pratique courante), qu'ils réinvestissent au moins
50 pour 100 de leurs profits au Québec et qu'ils emploient des

---

[68]   *Ibid.*, p. 26.

cadres québécois. Ces diverses propositions constituent en réalité un programme bien modéré.

Le programme du P.Q. évite soigneusement de parler de système capitaliste ou de classes sociales, préférant plutôt utiliser des expressions lénifiantes comme la société post-industrielle, la société de consommation, etc., ce qui est révélateur de l'idéologie technocratique. «En définitive, écrit Jean Meynaud, l'hypothèse de base du programme est bien la consolidation et l'expansion d'un capitalisme québécois...[69]» Son objectif est de concilier un système de production capitaliste et un système de redistribution social-démocrate.

Les aspects les plus progressistes du P.Q. apparaissent dans son programme social où on insiste sur une redistribution plus équitable des richesses par l'établissement d'un revenu minimum garanti, la rémunération du travail ménager, la mise sur pied d'un réseau public de garderies, l'augmentation du salaire minimum et son indexation au coût de la vie, l'abaissement de l'âge de la retraite à 55 ans, l'extension du régime d'assurance-santé, etc. Dans les relations de travail, le P.Q. favorise la généralisation d'un syndicalisme démocratique «qui libéré de son rôle défensif et purement revendicatif, deviendra l'instrument d'une participation responsable des travailleurs aux décisions qui les concernent à tous les niveaux[70]».

On peut déceler dans le programme politique du Parti québécois deux orientations idéologiques entremêlées. On trouve en effet une perception technocratique de la vie politique où on insiste sur la gestion rationnelle, fonctionnelle et rentable de la société par la structure étatique. Un État fort et efficace est donc l'un des objectifs fondamentaux du P.Q. Toutefois, cet État centralisé devra être fortement déconcentré pour permettre la conciliation de l'efficacité et de la démocratie de participation, qui est le deuxième objectif politique du parti. L'État est présenté ici d'une façon abstraite comme un arbitre neutre, objectif, au-dessus des classes, comme un lieu de convergence et de régulation des demandes et comme un instrument au service du bien commun.

Ce qu'on entend par démocratisation, c'est toujours dans une perspective fonctionnaliste, une plus grande diffusion de l'information à la base et une intervention intégrée des citoyens au niveau

---

[69]   Jean Meynaud, « Le programme économique du P.Q. », *Maintenant*, n° 94, mars 1970, p. 99.
[70]   Programme, p. 21.

de l'articulation des revendications aux organes administratifs, par une consultation dans la phase préparatoire du processus de décision. Le principe de la délégation de pouvoir est réaffirmé au niveau de la prise de décision, ce qui limite quelque peu le sens de la démocratie de participation. Ce qu'on veut, c'est une délégation et une représentation plus équitable et conforme aux intérêts des citoyens. « La démocratie existera au Québec quand les députés et les partis politiques refléteront vraiment la volonté populaire[71] ». Si le P.Q. préconise la démocratie de participation dans la vie politique et sociale et présente à cet égard des projets de réformes précis, il est beaucoup moins explicite en ce qui concerne la démocratisation du monde du travail et du pouvoir économique. Il dit vouloir « établir un système économique éliminant toute forme d'exploitation des travailleurs et répondant aux besoins réels de l'ensemble des Québécois plutôt qu'aux exigences d'une minorité économique favorisée » et assurer la participation des travailleurs aux décisions[72]. Mais en même temps il veut maintenir le système des profits et de l'entreprise privée, ce qui est pour le moins problématique sinon contradictoire. Il n'est pas du tout évident que la démocratie politique à elle seule soit suffisante pour humaniser le capitalisme.

L'idéologie nationaliste et sociale-démocrate du P.Q. articule donc au nom de la collectivité, les intérêts particulier d'une nouvelle fraction de classe qui veut se transformer en bourgeoisie d'État et lutte pour le contrôle de l'appareil politique, qui lui permettra de s'imposer comme gestionnaire des intérêts capitalistes.

L'idéologie felquiste

Estimant les partis indépendantistes trop timorés dans leurs actions, irréalistes dans leur stratégie électorale et réformistes dans leur projet social, un certain nombre de militants indépendantistes choisirent la voie de la violence et de la clandestinité pour faire avancer la lutte de libération nationale au Québec. Par les bombes, les vols d'armes, les enlèvements, le F.L.Q. s'attaquait aux symboles du colonialisme au Québec et voulait ainsi éveiller la conscience nationale et sociale des Québécois.

---

[71] Programme 1975, p. 6.
[72] Voir Le programme du Parti québécois, 1975, p. 11.

Dès le départ, l'idéologie felquiste est révolutionnaire et nationaliste car elle lie la révolution sociale à la question nationale. Le premier manifeste pose clairement ce postulat: « L'indépendance du Québec n'est possible que par la révolution sociale ». Pierre Vallières, pour sa part, écrit dans « Stratégie révolutionnaire et rôle de l'avant-garde » :

> Il est entendu ici par indépendance autre chose qu'une souveraineté de papier comme celle que nous promet René Lévesque appuyé en cela par la petite bourgeoisie parasitaire du Québec, qui n'aspire qu'à gérer à la place des Anglais les intérêts de l'impérialisme américain au Québec[73].

Certes, l'idéologie felquiste ne constitue pas un tout homogène ; elle évolue en fonction de la conjoncture interne et du mouvement révolutionnaire international. Mais au delà des divergences idéologiques et des nuances terminologiques, on retrouve un certain nombre de principes fondamentaux communs aux diverses cellules : dénonciation de l'oppression et de l'exploitation des Québécois par la bourgeoisie canadienne et l'impérialisme américain, dénonciation de la classe dominante québécoise asservie aux intérêts étrangers, rejet de la légalité démocratique pour instaurer l'indépendance et le socialisme au Québec. Toutefois, Marc Laurendeau distingue plusieurs variations dans l'idéologie felquiste. Il y a un courant purement nationaliste représenté par *La Cognée* qui se défend d'être communiste et attaque l'orientation donnée au mouvement par le groupe Vallières-Gagnon, un courant marxiste-léniniste à tendance maoïste représenté par Charles Gagnon, un courant anarchiste qui caractérise surtout la cellule Chénier (1970) et un marxisme éclectique défendu par Pierre Vallières. Ces variations idéologiques transparaissent aussi dans le contenu des manifestes du F.L.Q. Ainsi, entre le premier manifeste de 1963 et celui de la cellule Chénier, on remarque une différence de vocabulaire ; le premier étant « académique » alors que le second utilise un langage concret et populaire. De plus, dans le manifeste de 1970, l'orientation de la révolution sociale à faire est plus précise. On y affirme un soutien direct aux luttes ouvrières en cours ; on donne un contenu autogestionnaire à la révolution socialiste et on développe un anticléricalisme féroce. Ces positions étaient moins accentuées et articulées dans les premiers manifestes.

Laurendeau constate aussi une contradiction entre l'option théorique marxiste-léniniste du F.L.Q. et sa pratique: « ils ont

---

[73]   Cité par Marc Laurendeau, *les Québécois violents*, Québec, les Éditions du Boréal Express, 1974, p. 40.

raisonné en marxistes orthodoxes et se sont comportés en anar-chistes[74]», Autrement dit, ils n'ont pas intégré leur lutte armée à une lutte de Parti. Dans leur stratégie révolutionnaire, ils mettaient l'action avant la lutte idéologique et la politisation des masses. Le fusil précédait le Parti. Cette erreur entraînera, après l'échec de la crise d'octobre 1970, une réorientation fondamentale du mouve-ment révolutionnaire et donnera naissance à deux tendances illus-trées par le débat entre Vallières et Gagnon.

Pour Charles Gagnon, «les nationalistes petits-bourgeois composent le courant idéologique le plus dangereux[75]». Le P.Q. par son projet d'indépendance formelle et sa position de classe ne peut mettre fin à l'exploitation capitaliste et à la domination étrangère. L'idéologie nationaliste et sociale-démocrate du P.Q. et de la direction des syndicats québécois occulte les intérêts réels de la classe ouvrière et retarde sa libération. Gagnon estime que la lutte de libération nationale doit être dirigée par la classe ouvrière et son avant-garde, le parti prolétarien, qui seul, par la lutte des classes, peut établir le socialisme au Québec. Dans cette perspec-tive, la question nationale devient une contradiction secondaire. Enfin pour Gagnon, l'agitation armée était prématurée au Québec. La lutte idéologique et la construction du Parti sont maintenant les tâches prioritaires du jeune mouvement communiste marxiste-léniniste.

Vallières, pour sa part, s'inspirant du marxisme non ortho-doxe, rejette à la fois le spontanéisme et le principe de la dictature du prolétariat exercée par le Parti avant-garde des masses. Il préco-nise un socialisme égalitaire, autogestionnaire et démocratique qui libère l'homme des contraintes. Sur le plan stratégique, il fait en 1971, son auto-critique. Dans *L'urgence de choisir*, il reconnaît que la situation n'est pas révolutionnaire, que la lutte armée est injustifiée et que finalement elle profite à l'ordre établi qui s'en sert comme prétexte pour réprimer les forces progressistes:

> On ne provoque pas au nom du peuple l'armée du pouvoir en place quand on ne possède pas soi-même une armée dans laquelle un peuple peut se reconnaître, s'intégrer consciemment[76].

Pour Vallières, l'agitation armée est devenue l'alliée inconsciente mais objective de la stratégie répressive du régime. Dans cette

---

[74] *Ibid.*, p. 49.
[75] Charles Gagnon, *Pour le parti prolétarien*, Montréal, L'équipe du journal, 1972, p. 9.
[76] Pierre Vallières, *l'Urgence de choisir*, Montréal, Parti Pris, 1971, p. 111.

conjoncture, il opte pour la voie électorale et accorde son appui critique au P.Q. Le F.L.Q. n'a donc plus de raison d'être et l'indépendance en tant que rupture avec l'impérialisme et le colonialisme demeure une voie de libération révolutionnaire.

L'émergence d'un mouvement socialiste québécois

L'effet de déblocage idéologique opéré par la Révolution tranquille, de même que les contradictions que contenait ce processus de modernisation ont aussi favorisé l'éclosion d'une pensée socialiste québécoise. Ce mouvement va d'abord se développer comme un mouvement d'idées animé par la prolifération de revues politiques comme la *Revue socialiste* (pour l'indépendance absolue du Québec et la libération prolétarienne nationale des Canadiens français), *Parti pris, Socialisme (québécois), Révolution québécoise*. Ces revues sont principalement formées d'intellectuels et d'universitaires auxquels s'ajouteront progressivement quelques militants. Par la suite, ce mouvement intellectuel donnera lieu à la mise sur pied de groupes organisés comme le Mouvement de libération populaire, le Parti socialiste du Québec, le Front de libération populaire qui tenteront d'actualiser les analyses théoriques et les stratégies de la gauche intellectuelle. Jusqu'à présent, si on exclut les appareils syndicaux, on peut dire que ce mouvement socialiste n'a pas encore réussi à pénétrer profondément la classe ouvrière et ne s'est pas concrétisé par la création d'une organisation politique de la classe ouvrière. Son influence s'est surtout fait sentir auprès des couches scolarisées de la petite bourgeoisie inférieure.

Parti Pris

Nous limiterons notre analyse au contenu idéologique de la revue *Parti Pris* qui a été le principal organe d'expression pour cette période (1963-1968) de la gauche radicale et des indépendantistes progressistes et a joué un rôle de démystification et de critique de la société québécoise. De plus, cette revue est significative parce qu'on y retrouve clairement articulées les deux problématiques qui ont animé la formation du mouvement socialiste au Québec: comment insérer la question nationale dans une stratégie de lutte des classes et comment réaliser la jonction entre l'avant-garde révolutionnaire et la classe ouvrière.

Parti Pris est une revue de gauche radicale qui définit sa réflexion et sa démarche analytique à partir du marxisme. Elle se veut une revue à la fois théorique et pratique, une revue d'analyse et de combat. Dès le premier numéro, elle affirme ses objectifs: l'indépendance, le socialisme et le laïcisme.

> Nous luttons pour l'indépendance politique du Québec parce qu'elle est une condition indispensable de notre libération; nous croyons que l'indépendance politique ne serait qu'un leurre si le Québec n'acquérait pas en même temps son indépendance économique; nous croyons enfin que le contrôle de l'économie et des moyens de production ne peut être véritable que si ce contrôle passe dans les mains de tous les Québécois, à la faveur d'une transformation totale de notre système économique. L'essentiel pour nous est de nous libérer de ceux qui, à l'intérieur comme à l'extérieur du Québec, nous dominent économiquement et idéologiquement et qui profitent de notre aliénation. L'indépendance n'est que l'un des aspects de la libération des Québécois par la révolution. Nous luttons pour un État libre, laïque et socialiste.

S'inspirant des penseurs de la décolonisation: Berque, Fanon et Memmi et des théories marxistes, les rédacteurs de la revue ont voulu appliquer les concepts de dépossession, aliénation, colonialisme, lutte des classes à l'analyse de la réalité québécoise, afin de démystifier et de détruire les structures de l'ordre régnant et d'exprimer la révolution dans ses diverses phases, depuis la prise de conscience jusqu'à l'accomplissement. Ils tenteront de la sorte de lier la libération nationale à la libération de la classe ouvrière de l'exploitation capitaliste et de l'oppression impérialiste, en partant du postulat que seule la classe ouvrière peut imposer la libération nationale, parce que seule cette classe a un intérêt fondamental à rompre avec toutes les formes d'oppression, y compris l'oppression de l'État canadien sur la nation québécoise.

Parti Pris s'en prend d'abord aux manifestations du colonialisme au Québec. Le peuple québécois est dépossédé économiquement. Les richesses du Québec sont contrôlées par des étrangers, les industries appartiennent à des capitalistes américains et canadiens, le niveau de vie des Québécois est inférieur à celui de l'Ontario, la langue de la majorité n'est pas la langue de travail. Ainsi, le Québec à l'intérieur du système capitaliste est dépossédé de ses richesses et les ouvriers québécois sont dominés et exploités par l'impérialisme américain, les capitalistes canadiens et la petite bourgeoisie québécoise. Le Québec est aussi dominé et aliéné sur le plan politique car il n'a qu'un demi-pouvoir et n'est pas maître de son destin. Dans le régime fédéral, une majorité étrangère prend les décisions en fonction des intérêts de la classe dominante et au détriment de la nation minoritaire. Le Québécois subit ainsi une aliénation culturelle car au plus profond de lui-même, dans ses structures mentales, il est colonisé et dépersonnalisé.

La critique des effets du colonialisme permet l'articulation d'un nationalisme progressiste, car pour une des rares fois dans l'histoire des idées sociales au Québec, la définition par rapport aux autres ne se fait plus sur le plan national mais sur une base sociale. Les autres ne sont plus dénoncés en tant que nation mais en tant que classe exploiteuse. Aussi chez *Parti Pris*, on s'attaque à l'élite québécoise qu'on dénonce d'une façon globale et non plus à cause de trahisons individuelles comme par le passé. L'analyse du cléricalisme nous éclaire sur cet aspect original de la pensée de *Parti Pris*.

Contrairement aux agents idéologiques dominants de la société québécoise, *Parti Pris* professe un anticléricalisme virulent. Dans ses attaques contre l'élite canadienne-française, le clergé est une des cibles privilégiées de la revue qui l'accuse d'être responsable des aliénations politique, économique et culturelle des Québécois. *Parti Pris* accuse l'Église d'avoir inhibé les forces politiques réelles en prêchant l'esprit de soumission et, par son appui à la classe dominante, d'avoir transmis à la population l'idée d'une autorité politique immuable contre laquelle une force supérieure interdisait de s'insurger. Parallèlement à l'aliénation politique, le clergé s'est aussi fait l'agent de l'aliénation économique, et ceci non seulement par son appui aux forces économiques étrangères qui dominaient le Québec, mais aussi par une participation active à l'exploitation de la classe ouvrière. Le clergé, enfin, est responsable de l'aliénation culturelle. Il a rempli après 1840 le vide politique, accaparé le monopole de la culture en contrôlant les institutions scolaires et en filtrant les influences idéologiques extérieures.

Pour *Parti Pris*, le cléricalisme est enraciné dans le colonialisme. « Le cléricalisme, c'est la colonisation intériorisée[77] ».

---

[77] L. Racine. P. Maheu, G. Tremblay. « Bilan du cléricalisme », *Parti-Pris* vol. IV, nos 3-4, p. 37.

On ne peut remédier au cléricalisme de façon isolée car « ce qui est vrai pour l'instant au Québec, c'est l'ordre néo-colonial-cléri-cal-capitaliste[78] ». L'élimination du pouvoir clérical ne peut s'accomplir isolément, elle doit être accompagnée de celle des pouvoirs coloniaux et capitalistes car en dernière instance elle en dépend.

En ce sens, la déconfessionnalisation, la décléricalisation et la tolérance religieuse ne satisfont pas *Parti Pris* car seul le laïcisme peut vraiment mettre fin à l'influence sociale de la religion et la réduire à une question exclusivement privée. *Parti Pris* revendique non pas un État neutre qui subventionne tous les types d'enseignement mais plutôt un État laïc qui concrétise l'inutilité de la religion à l'école. Pour la revue, le laïcisme constitue une dimension très importante de la révolution québécoise car son établissement permettra de renouveler la culture et d'en faire une culture du peuple.

Ainsi, pour *Parti Pris*, la situation coloniale du Québec est une situation globale qui exige une solution globale, révolutionnaire. Cette solution, c'est le socialisme décolonisateur :

> Décolonisation veut dire pour nous le premier temps de l'entreprise de libération réelle de la collectivité québécoise ; c'est l'accès à la souveraineté politique et la mise en application des mécanismes de démocratie économique qui auront ultimement pour effet de soustraire la collectivité québécoise à la domination coloniale anglo-canadienne et à l'exploitation impérialiste américaine[79].

La décolonisation est un préalable à toute révolution populaire au Québec. La conscience de classe ne pourra déboucher sur la lutte révolutionnaire de la classe ouvrière, qu'une fois levée l'hypothèque nationale. Dès lors l'indépendance dans la stratégie révolutionnaire de *Parti Pris* est un préalable à la construction d'une société socialiste au Québec.

L'indépendance est la condition indispensable de la libération du peuple québécois. Mais si l'indépendance politique est nécessaire elle est à elle seule insuffisante. Elle doit s'accompagner de l'indépendance économique et culturelle. Une indépendance faite par la bourgeoisie sera nécessairement incomplète et devra être poursuivie par la lutte des classes et l'établissement du socialisme. Mais si au niveau théorique la revue considère que l'indépendance bourgeoise est une indépendance bidon, au niveau stratégique elle est plus souple et reconnaît qu'elle serait un grand pas sur le

---

[78]   Pierre Maheu, « Laïcité 1966 », *Parti Pris*, vol. IV, n° 1, p. 57

[79]   R. Beaudin, « La stratégie de Parti Pris », *Parti Pris*, vol. 11 , n° 9, p. 47.

plan politique: «elle nous fait conquérir, selon le mot de Marx, le terrain de la lutte[80]». Elle propose donc un appui tactique à la bourgeoisie parce que conditionnée par les espoirs de la Révolution tranquille, elle croit que «la bourgeoisie autant que le prolétaire québécois ont intérêt à briser les chaînes qui nous retiennent à la Confédération[81]». Cette position stratégique variera selon l'analyse de la conjoncture politique et donnera lieu à un débat de tendances qui amènera finalement la dissolution de la revue. Nous y reviendrons dans la dernière section.

Selon *Parti Pris*, c'est la libération complète du peuple québécois de la double domination, coloniale et capitaliste, qui fait que l'indépendance est liée au socialisme et inversement. Bien sûr, l'indépendance n'amène pas nécessairement le socialisme mais elle le rend possible:

> Si l'indépendance n'amène pas nécessairement le socialisme, elle rend sa réalisation possible; on avait oublié aussi (dans l'adhésion au P.S.Q.) que, s'il est bien vrai que le socialisme amènerait nécessairement l'indépendance, ce socialisme n'était pas possible sans l'indépendance.[82]

Par l'expression socialisme-décolonisateur, *Parti Pris* voulait traduire les deux dimensions de la lutte de libération nationale et le lien qui unit l'indépendance et le socialisme. Dans l'optique de *Parti Pris* c'est le socialisme qui est la condition essentielle permettant la libération totale.

Parti Pris développe une critique marxiste du capitalisme et axe son argumentation sur une analyse du processus d'exploitation et de la structure de classes au Québec. Ce qui caractérise l'exploitation capitaliste, c'est la propriété privée des moyens de production, l'accumulation du capital et l'extorsion de la plus-value. Le produit du travail des ouvriers leur échappe, il leur devient étranger et même antagonique. Dans ce système, le travailleur est aliéné parce qu'il n'a pas de prise sur sa vie, il ne participe pas aux prises de décisions qui concernent son travail et il est exploité parce qu'il est dépossédé du produit de son travail. *Parti Pris* s'en prend aussi aux formes modernes du capitalisme caractérisées par la domination des monopoles, la production de masse et l'intervention de l'État dans les secteurs nécessaires mais peu rentables de l'économie. Dans cette perspective, *Parti Pris* juge sé-

---

[80]   «Manifeste 1964-65», *Parti Pris*, vol. 11, n° 1, p. 14.
[81]   R. Beaudin, «La stratégie de Parti Pris», *Parti Pris*, vol. 11, n° 9, p. 47.
[82]   «L'indépendance au plus vite», *Parti Pris*, vol. IV, nos 5-6, p. 3.

vèrement la revalorisation de l'État depuis 1960 qui n'a finalement servi que les intérêts de la bourgeoisie. La Révolution tranquille est rapidement arrivée au bout de ses contradictions et de son impuissance devant l'impérialisme américain.

Ce qui aggrave l'exploitation capitaliste au Québec c'est que les profits soutirés aux travailleurs sont empochés par des étrangers qui contrôlent l'économie québécoise. Le système capitaliste est donc responsable de la domination étrangère et les Québécois sont exploités, non seulement en tant que travailleurs, mais aussi en tant que peuple. Ce sont les capitalistes anglo-canadiens, américains et leurs valets locaux qui exploitent la nation québécoise. *Parti Pris* se fixe comme objectif de renverser toute la structure du système établi :

> Notre but, la révolution, c'est de libérer les masses laborieuses du Québec de cette tutelle ; il faut pour cela renverser la bourgeoisie dominante et donc fondamentalement renverser les structures mêmes du pouvoir colonial et capitaliste[83].

La révolution, c'est donc la lutte du peuple, des travailleurs contre la bourgeoisie canadienne-française, la domination des colonialistes « canadians » et l'exploitation de l'impérialisme américain. Pour ce faire, la gauche doit orienter son action vers le regroupement d'une avant-garde révolutionnaire et la formation d'un parti des travailleurs. Que sera cette révolution ? Sera-t-elle armée ? Selon *Parti Pris*, une révolution peut très bien se produire sans gaspillage de vies humaines, cependant la revue n'exclut pas le recours à la violence pour renverser l'ordre établi, car le système n'hésite pas à employer la force et la répression contre les travailleurs. Cette révolution qu'appelle *Parti Pris* sera donc le résultat d'une lutte de classes entre le peuple québécois qui, dans son ensemble est prolétaire, et la bourgeoisie néo-capitaliste qui, dans l'ensemble, recrute ses membres à l'extérieur du Québec.

Quel type de socialisme la revue préconise-t-elle ? *Parti Pris* ne veut pas importer de modèle tout fait pour le plaquer sur la société québécoise :

> Le socialisme que nous avons à édifier ne sera ni russe, ni chinois, ni cubain, il ne devra être et ne pourra être que québécois[84].

Ce socialisme québécois sera avant tout décolonisateur, c'est-à-dire qu'il permettra de réaliser conjointement la libération politique

---

[83]   Pierre Maheu, « Perspectives d'action », *Parti Pris,* vol. II, n° 3, p. 10.

[84]   Pierre Maheu, « Notes pour une politisation », *Parti Pris,* vol. II, n° 1, p. 47.

et économique des travailleurs. Ainsi, après la libération politique, viendra au pouvoir un parti des travailleurs qui nationalisera toutes les entreprises de quelqu'importance contrôlées par l'étranger, créera des industries manufacturières correspondant aux besoins de notre développement économique, stimulera la formation d'industries de pointe et édifiera un système économique planifié autonome et répondant aux besoins économiques, sociaux et culturels des Québécois.

Mais pour *Parti Pris*, le socialisme est plus qu'une simple technique d'organisation rationnelle de la société. Il engage une révolution des forces productives et une révolution correspondante des forces sociales qui entraînera la suspension progressive de la lutte des classes et la transformation des modes de vie: travail, loisir, consommation. Ainsi, ce socialisme ne sera pas totalitaire. Il visera à réaliser concrètement l'homme québécois.

Le socialisme de *Parti Pris* se différencie nettement du capitalisme d'État ou des expériences néo-capitalistes de la social-démocratie. Dans le capitalisme d'État, la revue critique le fait que les moyens de production sont contrôlés par l'État et non par les travailleurs qui, en définitive, n'ont pas grand-chose à dire dans la planification et la gestion des entreprises. Dans les sociétés néo-capitalistes, l'État n'est que le comité exécutif des intérêts privés regroupés en monopoles et la planification indicative est déterminée en fonction des intérêts des monopoles. Ces formes mitigées de socialisme n'amènent, selon *Parti Pris*, que des réformes qui ne changent rien au sort des travailleurs et permettent au capitalisme de survivre. Si la revue accepte le socialisme étatique ce n'est que comme phase de transition:

> L'État a évidemment un rôle important à jouer dans la transforma-
> tion des structures de propriété préalable à toute autogestion, mais
> il devrait céder son pouvoir aux travailleurs des entreprises et des
> «communes» territoriales dotées de pouvoirs économiques impor-
> tants[85].

La revue préconise donc un socialisme autogestionnaire qu'elle définit ainsi:

> On se trouve devant une véritable autogestion lorsque les pro-
> ducteurs, c'est-à-dire ceux qui travaillent dans une usine ou une
> entreprise, la possèdent et la gèrent de façon démocratique[86].

---

[85]   G. Gagnon, «Pour un socialisme décolonisateur», *Parti Pris*, vol. IV, n° 1, p. 51.

[86]   G. Gagnon, «Les voies de l'autogestion», *Parti Pris,* vol. 9, n° 7-8, p. 62.

Dès lors, les moyens de production ne doivent pas être simplement étatisés, passer de la propriété privée à la propriété collective, mais ils doivent être socialisés, c'est-à-dire remis entre les mains des travailleurs eux-mêmes. Selon *Parti Pris*, une structure autogestionnaire pourrait d'abord être implantée dans les secteurs public et para-public, puis ensuite au moyen «d'interventions de plus en plus dirigistes de l'État québécois» elle pourrait s'établir dans le secteur privé, soit par la nationalisation, l'expropriation ou par la création de nouvelles industries. Enfin, arrivée à son terme, l'autogestion rendrait l'État désuet. Ainsi le socialisme de *Parti Pris* en plus d'être décolonisateur, se situe dans la perspective autogestionnaire. Un Québec libéré, serait une société où le pouvoir appartiendrait réellement aux travailleurs.

Dans ses analyses politiques et ses orientations stratégiques la revue n'est pas monolithique. Deux tendances principales s'y affrontent[87]. La première préconise un appui tactique à la bourgeoisie qui avec la Révolution tranquille semble avoir le vent dans les voiles et vouloir s'affirmer au détriment de l'État fédéral. Elle met de l'avant une stratégie en deux étapes: d'abord l'indépendance, ensuite le socialisme. La seconde insiste pour que la lutte révolutionnaire soit menée directement par la classe ouvrière et vise simultanément les objectifs de l'indépendance et du socialisme. Cette seconde tendance deviendra dominante avec la création du Mouvement de libération populaire. Témoignant de cette réorientation, le Manifeste 65-66, à partir d'une analyse de la domination impérialiste conclut que la bourgeoisie québécoise ne peut s'imposer face au géant qu'est le capital américain et canadien. La révolution tranquille s'essouffle, dévoile ses limites et ses illusions. On se rend compte que la bourgeoisie nationale embryonnaire ne peut être le moteur de la libération nationale.

L'apport du manifeste est double: 1- il rejette la thèse de l'appui tactique à la bourgeoisie et définit une lutte révolutionnaire menée sous l'hégémonie de la classe ouvrière, 2- il reconnaît la nécessité du Parti comme instrument de lutte et de prise du pouvoir par les travailleurs et la distinction entre ce parti et l'avant-garde révolutionnaire. Dès lors, la question nationale est posée à partir de la définition des intérêts des travailleurs. Reste un problème: comment effectuer la liaison avec le mouvement ouvrier?

---

[87]   Sur cette question voir l'analyse de Luc Racine et Roch Denis, «Histoire et idéologie du mouvement socialiste québécois», *Socialisme québécois*, nos 21-22, pp. 50-79.

Les militants rejettent l'intégration au mouvement syndical qui s'est embourgeoisé et a été intégré à la société néo-capitaliste. Puisqu'il se limite à des revendications économistes et ne favorise pas le développement de la conscience et de la solidarité de classe, il ne peut à lui seul réaliser une révolution des structures sociales, économiques et politiques. Par son attitude critique, *Parti Pris* veut inciter les syndicats québécois à donner une formation politique aux travailleurs pour qu'ils soient en mesure d'effectuer des choix politiques conformes à leurs intérêts de classe. Repoussant l'alternative syndicale, c'est par l'adhésion au Parti socialiste du Québec que les militants du M.L.P. pensent pouvoir tisser les liens organiques avec le mouvement ouvrier. Mais en raison du caractère économiste, social-démocrate, réformiste et fédéraliste du P.S.Q. cette liaison sera éphémère. Cet échec entraînera le retour à la thèse de l'indépendance au plus vite et de l'entrée au R.I.N., afin que l'indépendance se fasse le plus à gauche possible. À l'expérience, cette position stratégique s'avérera être aussi une entreprise impossible. Finalement lorsque se posera la question de l'appui tactique au P.Q. les divergences deviendront antagoniques et la revue se fera hara-kiri.

Cet échec de la stratégie étapiste reléguera aux oubliettes la thèse de l'indépendance comme préalable à la lutte classe contre classe. À partir de 1968, les débats de la gauche porteront essentiellement sur la constitution d'une avant-garde révolutionnaire et sur le problème de l'intégration au mouvement ouvrier. À cet égard, le Front de libération populaire développera une stratégie visant à construire l'avant-garde comme partie prenante des luttes des travailleurs et des étudiants. Il ne s'agissait pas pour ce groupe, contrairement à la stratégie felquiste, de se substituer aux masses pour déterminer comment doit se construire le Parti, mais plutôt d'aller aux masses et de devenir les étudiants des travailleurs; ceci afin d'entretenir une relation de réciprocité entre l'avant-garde et les travailleurs, en s'impliquant directement dans leurs luttes concrètes. Les comités de citoyens, de quartier, d'action politique actualiseront cette stratégie spontanéiste certainement influencée par l'agitation étudiante dans le monde et la révolution culturelle chinoise.

Le FRAP et les CAP

La formation des premiers comités de citoyens à partir de 1965 s'explique par le décalage entre les espoirs inspirés par la

Révolution tranquille d'une société d'abondance et l'incapacité des autorités politiques de solutionner les problèmes concrets et immédiats des travailleurs: logements insalubres, absence d'espaces verts et de services communautaires, rénovation urbaine, etc.[88]. Ces groupes dirigés par des animateurs sociaux étaient particulièrement actifs dans les milieux défavorisés mais ils étaient isolés, instables sur le plan organisationnel et ne présentaient pratiquement aucune perspective globale ou politique.

La formation des comités d'action politique palliera en partie et superficiellement ces lacunes. Les C.A.P. seront le prolongement des comités de citoyens et de la politisation des syndicats; surtout la C.S.N., qui face à la détérioration économique qui s'amplifiait et au plafonnement des comités de citoyens, arrivait à la conclusion qu'il fallait ouvrir un «deuxième front» et porter la lutte économique sur le terrain politique mais en dehors des milieux de travail, sur la base des quartiers ou des lieux de consommation des biens et services. Pour ce faire, les comités de citoyens devaient se regrouper, former un mouvement d'action politique appartenant aux salariés (le FRAP) et lutter en particulier contre le pouvoir municipal à Montréal.

Le FRAP se donnait pour tâche d'élever le niveau de conscience de la «classe des travailleurs» et de briser le vase clos des chapelles intellectuelles qui n'avaient jamais réussi à pénétrer la classe ouvrière. Il s'agissait de partir des conditions et des luttes concrètes des travailleurs afin de proposer un programme politique réaliste et progressiste. On estimait que la conjoncture politique n'était pas mûre pour une intervention électorale sur la scène politique nationale et qu'il fallait se limiter à une stratégie urbaine. Cette position, axée sur le refus de s'engager sur la question nationale, traduisait une alliance tacite avec le P.Q. dont l'organisation dans certains quartiers se confondait avec celle du FRAP. Par opportunisme et à cause de sa base hétéroclite, le FRAP évitait aussi de débattre des questions telles le mouvement syndical et les fondements capitalistes et impérialistes de l'exploitation des travailleurs. Compte tenu de ses contradictions internes et de la jeunesse de son organisation, le FRAP ne put survivre à la répression d'octobre 1970. Le mouvement se fractionna en diverses tendances (réformiste, syndicaliste, socialiste) et certains C.A.P. reprirent leur autonomie afin d'approfondir les

---

[88]   Pour une analyse exhaustive de ces mouvements, voir *Quelques aspects du début d'un mouvement socialiste à Montréal,* Les Éditions Mobilisation, vol. 3, n° 1, édition revue et corrigée.

questions non résolues et de se donner une formation politique en approfondissant le marxisme-léninisme. Après une courte phase d'activisme, le militantisme prit la forme d'intenses débats idéologiques internes qui certes aboutirent à une clarification idéologique et stratégique mais provoquèrent aussi, à court terme, une marginalisation et une impuissance politique de la gauche. On avait recollé le vase clos.

Aujourd'hui, la gauche québécoise reste divisée sur la question nationale et sur le processus de construction d'une organisation politique autonome des travailleurs. Les groupuscules, le sectarisme et la guerre des injures paralysent le mouvement socialiste. La jonction entre les militants socialistes et la classe ouvrière est toujours un objectif à réaliser.

Radicalisation et politisation du mouvement syndical

En matière de relations industrielles, la Révolution tranquille a aussi marqué une rupture avec le passé. Deux lois importantes en témoignent: le Code du travail et la Loi de la fonction publique qui favorise l'extension du droit d'association et de négociation collective dans le secteur public. Cette modernisation de la législation du travail fut par la suite poursuivie avec la réorganisation du ministère du Travail, les modifications à la Loi sur le salaire minimum, l'instauration d'un nouveau régime d'accréditation et la Loi sur la formation et la qualification professionnelles de la main-d'œuvre. L'État est donc appelé à jouer un nouveau rôle à la fois en tant qu'employeur et organisateur/législateur des relations de travail, ce qui aura une influence profonde sur l'orientation du syndicalisme québécois.

À cet égard, il faut noter que le développement du syndicalisme suit la logique de développement du capitalisme et de l'industrialisation et c'est dans cette perspective que s'explique l'irruption du syndicalisme sur la scène politique. Ainsi, la politisation du mouvement syndical ne dépend pas de la volonté révolutionnaire des dirigeants et ne correspond pas à un plan de subversion généralisée comme le laisse croire la propagande de l'ordre établi. En fait, l'intervention des syndicats dans la vie politique est la conséquence du passage du capitalisme concurrentiel au capitalisme monopoliste d'État où l'État, par ses interventions dans la vie économique, assure la survie du système capitaliste. L'État à cet égard n'est pas neutre et au service du bien commun. Il ne sert pas tout le monde de la même façon; on n'a pour s'en convaincre, qu'à se référer à l'orientation de ses priorités économiques, aux mesures Trudeau, au contrôle des salaires, à la limitation du droit de grève et à la répression juridique et policière. Il est devenu un rouage important dans le processus d'exploitation des travailleurs car il intervient comme régulateur de la croissance économique et tente ainsi d'atténuer les contradictions du capitalisme. Pour ce faire, il finance les entreprises privées, subventionne la recherche et l'innovation technologique et contrôle la distribution des biens et des services. Mais en plus de sa fonction de suppléance et de soutien des intérêts privés, l'État est lui-même devenu un des plus importants employeurs avec 180,000 salariés.

L'État-patron est en même temps celui qui réglemente les conditions de travail et de salaire non seulement de ses employés, mais aussi de ceux des autres secteurs économiques. Dans ce contexte, il est normal que les syndicats prennent des positions politiques qui débordent le cadre étroit des revendications salariales, critiquent l'État et les autorités politiques car c'est là où se négocient la vente de la force de travail et les conditions de travail. Les travailleurs ne luttent pas contre des capitalistes isolés mais contre un cartel formé de l'État et du patronat. Dès lors, les revendications économiques ne peuvent qu'être politisées. C'est dans ce contexte que s'enracinent la radicalisation idéologique et la politisation fonctionnelle du syndicalisme québécois, qui en raison du caractère exacerbé des contradictions au Québec est à l'avant-garde en Amérique du Nord. Nous reviendrons en conclusion sur les limites et les ambiguïtés de cette politisation.

Donc, avec la Révolution tranquille, le syndicalisme connaît un essor sans précédent et fait des gains importants. Contrairement à la période duplessiste, le droit à l'existence du syndicalisme est non seulement reconnu mais aussi intégré institutionnellement comme corps intermédiaire et interlocuteur valable. La C.S.N., à cause de sa déconfessionnalisation, de son homogénéité, du prestige de son opposition au duplessisme et de ses sympathies pro-libérales profitera le plus de la Révolution tranquille. En effet, de 1960 à 1966, elle double ses effectifs qui passent de 94,114 à 204,361 membres. Cette expansion se fait principalement dans les secteurs public et para-public qui constituent, en 1966, 40 pour 100 de ses effectifs alors qu'ils n'en représentaient que 15 pour

100 en 1960, ce qui ne sera pas sans créer des problèmes d'intégration et d'orientation pour cette centrale qui auparavant regroupait surtout des cols bleus. Il faut aussi noter que dans l'ensemble le taux de syndicalisation des travailleurs québécois passe de 28 à 33 p. 100 (enseignants inclus). Durant cette période, l'idéologie syndicale est encore sur sa lancée des années 50 et adhère au projet de rattrapage. Le président de la C.S.N., Jean Marchand, au congrès de 1964, développait en ce sens les thèmes de la participation et de la planification, qui était présentée comme l'élément clé pour sortir du marasme économique et harmoniser le développement économique. Certes on dénonce le système économique de la libre entreprise parce qu'il conduit inéluctablement aux structures monopolistes, aux inégalités socio-économiques, à l'inflation et au chômage, mais on croit que l'État pourra apporter des solutions à ces problèmes. On déplore donc l'inaction gouvernementale, en particulier au niveau fédéral, car on pense que l'État en tant que régulateur de l'économie est le seul en mesure de remédier aux difficultés chroniques du capitalisme et de corriger les déséquilibres structurels: la faiblesse du secteur secondaire, la mauvaise politique d'exploitation des ressources naturelles et la dépendance économique engendrée par l'impérialisme américain. Durant cette période donc, le mouvement syndical axe sa stratégie sur la collaboration avec l'État et sur la pratique affairiste de la négociation collective.

Mais après 1966, le début de la crise cyclique du capitalisme et de la récession économique, la combativité croissante des travailleurs et la pression critique exercée par le jeune mouvement socialiste vont susciter un renouvellement idéologique du syndicalisme:

> La poussée en pointe de l'État en matière socio-économique et l'accord des dirigeants syndicaux avec l'essentiel de l'idéologie de la classe dirigeante technocratique et politique, la révolte des petites gens contre toutes les formes d'oppression, l'engagement politique et social de la jeunesse étudiante et ouvrière ont forcé le syndicalisme à réaliser qu'il ne possédait pas le monopole de la contestation, qu'il avait perdu l'originalité avant-gardiste qu'il semblait posséder pendant la période de la grande noirceur et qu'il s'était en quelque sorte embourgeoisé[89].

---

[89] Louis-Marie Tremblay, *Le syndicalisme québécois: idéologies de la CSN et de la F.T.Q. 1940-1970*, Montréal, Presses de l'Université de Montréal, 1972, p. 39.

Le mouvement syndical veut redevenir une force de transformation sociale et pour ce faire, on met au rancart l'idéologie de rattrapage pour la remplacer par une «idéologie de démocratisation socio-économique», qui implique une redéfinition partielle de son rôle et de ses relations avec les autres composantes de la société. Les deux traits dominants de cette rénovation idéologique sont l'humanisme et une certaine prise de conscience de classe qui vise à étendre l'action syndicale aux domaines social et politique, tout en demeurant à l'intérieur d'un syndicalisme de type affairiste. Cette extension constitue en fait une réplique au rôle croissant que joue l'État dans ces domaines au stade monopoliste du capitalisme. La modification des approches syndicales envers les problèmes économiques et sociaux correspond aussi à un durcissement du pouvoir politique envers le mouvement syndical, qui découvre la vraie nature de l'État à l'occasion des lois d'exception forçant le retour au travail des grévistes de l'enseignement (Loi 25), des transports (Loi 1) et du bâtiment (Loi 38).

Ce renouvellement idéologique est articulé principalement à la C.S.N. par les rapports moraux du président Marcel Pépin: «une société bâtie pour l'homme» (1966), «le deuxième front», (1968), «un camp de la liberté» (1970). Des manifestes comme «Ne comptons que sur nos propres moyens» ou des analyses comme «L'État rouage de notre exploitation» (F.T.Q.) et «L'école au service de la classe dominante» (C.E.Q.) poursuivent cette réorientation de l'idéologie et de l'action syndicale.

Cette redéfinition idéologique repose sur une critique globale de la société capitaliste qui est présentée comme anarchique et responsable de la pauvreté, de l'instabilité économique inhérente à l'inflation, du chômage chronique et des fermetures d'usines. Marcel Pépin dans son rapport «Une société bâtie pour l'homme» conteste le régime de la libre entreprise en raison des pouvoirs abusifs qu'il confère à quelques grandes sociétés anonymes et aussi à cause de l'absence de responsabilité sociale du capital et de l'exploitation des travailleurs et des consommateurs. Après avoir cru que l'État pouvait pallier ces carences et équilibrer les rapports de force, on prend conscience que la démocratie libérale est déficiente parce que les puissances d'argent contrôlent l'économie et l'État et subordonnent les biens collectifs à leurs intérêts privés. Les illusions du progrès continu de l'idéologie libérale s'effondrent devant la détérioration constante de la situation, manifestée par la croissance du chômage, la régression du pouvoir d'achat des travailleurs et le renforcement des inégalités socio-économiques. Pépin exige alors l'ouverture des livres des entreprises aux travailleurs et insiste sur l'inefficacité de la négociation collective sans l'action politique des travailleurs salariés. L'objectif qui s'impose est d'humaniser et de démocratiser la société par la participation, qui devient le mot clé dans la nouvelle idéologie de la C.S.N.

Cette critique l'amène aussi à reconsidérer la nature même du syndicalisme, enfermé jusque-là dans le modèle affairiste de la négociation collective et de la défense des intérêts strictement économiques des syndiqués, sans tenir compte de l'ensemble de la classe ouvrière et des milieux défavorisés.

Le mouvement syndical cherche à dépasser ses fonctions revendicatives qui plafonnent avec l'entrée en récession de l'économie nord-américaine et qui ne peuvent répondre adéquatement aux problèmes du chômage, de l'éducation et de la sécurité sociale où les travailleurs sont exclus des prises de décisions. Un deuxième front doit donc s'ouvrir pour permettre au mouvement syndical d'étendre son champ d'action et ainsi défendre les intérêt des travailleurs en dehors des conventions collectives. Toutefois il faut rappeler ici que l'ouverture d'un deuxième front n'est pas réellement une innovation idéologique pour la C.S.N. car cette centrale a toujours été un mouvement à fonction sociale et para-professionnelle.

Le rapport moral de 1968 développe donc une conception trade-unioniste ou sociale-démocrate des liens entre les luttes économiques et les luttes politiques des travailleurs, réservant les premières aux syndicats et favorisant pour les secondes la formation de comités de citoyens et de comités d'action politique. L'effet de cette conception est de séparer l'organisation des travailleurs en fonction des lieux de travail et des lieux de consommation. Cette position évitait une remise en question radicale de la pratique syndicale affairiste et laissait la politisation à la porte des usines. Comme institution, la C.S.N. demeure apolitique au sens partisan du terme, ce qui n'empêche pas ses cadres ou ses membres de prendre des positions et des engagements politiques. Elle refuse l'idée d'une avant-garde et d'un parti révolutionnaire et veut éviter la création de liens organiques avec un parti politique afin de préserver à tout prix la liberté du mouvement syndical.

Cette redéfinition malgré ses ambiguïtés constitue un premier pas vers la formation d'une idéologie de classe, fondée sur une vision dichotomique et antagonique des forces sociales qui oppose l'ensemble des travailleurs à une minorité de capitalistes, sur la conscience du rôle actif prépondérant que doit jouer la classe ouvrière dans la transformation de la société et sur la solidarité des syndiqués avec les autres groupes de travailleurs. Il y a toutefois un écart entre les prétentions révolutionnaires du discours syndical et les moyens préconisés qui se situent toujours dans le cadre de la légalité bourgeoise et du réformisme. Tout en affichant une volonté constante de déborder sur une action socio-politique, le mouvement syndical se refère toujours en matière de revendications socio-professionnelles au modèle affairiste nord-américain. La critique globale du système capitaliste ne s'accompagne pas d'une solution ou d'un projet global de dépassement. La C.S.N., à cet égard, refuse d'adopter un modèle préfabriqué, extérieur à la base. Au nom de la libération de l'homme par l'homme, elle s'en tient à la démocratie de participation où les masses doivent avoir le contrôle des structures et des orientations idéologiques et stratégiques du mouvement ouvrier.

Au début des années 70, la récession attaque non seulement les secteurs économiques en régression (cuir, vêtement, textile) mais affecte aussi les secteurs économiques habituellement stables et les secteurs de pointe (métallurgie, aéronautique, pâtes et papiers, pétrochimie). Dans ces industries, on trouve les travailleurs les mieux payés du Québec et qui jouissent de la plus grande sécurité d'emploi. C'est aussi dans ces secteurs menacés par la crise que le syndicalisme trouve ses assises les plus solides. Les luttes ouvrières se multiplient, sont plus longues et plus dures : General Motors, l'industrie des pâtes et papiers, le secteur public et parapublic. Les conflits à *la Presse*, Soma, United Aircraft, etc., dévoilent l'inadéquation des stratégies syndicales traditionnelles face aux firmes multinationales et à l'État-patron. Ils accentuent la radicalisation idéologique du mouvement syndical, qui se traduit par la publication et la diffusion de manifestes comme « Il n'y a plus d'avenir pour le Québec dans le système économique actuel » et « Ne comptons que sur nos propres moyens ». Ces manifestes sont à la fois une réaction à l'offensive du capital et une manifestation des insuffisances du syndicalisme affairiste qui, pour renflouer son efficacité, doit trouver de nouvelles stratégies et formes d'action.

Dans ces documents, la C.S.N. identifie clairement les ennemis des travailleurs ; principalement l'impérialisme américain dont l'emprise déforme la structure de l'économie québécoise et cause le chômage et l'appauvrissement des salariés. Dans ce système économique, l'État autant canadien que québécois n'est pas au service des travailleurs mais au service des investisseurs étrangers qui contrôlent la définition des priorités dans l'allocation des ressources publiques. À ce titre, l'État est considéré comme un ennemi de la classe ouvrière[90]. De même pour la F.T.Q., l'État est un agent du pouvoir économique majoritairement américain, minoritairement anglo-canadien et minusculement québécois. Il est devenu un des rouages essentiels de l'exploitation des travailleurs.

Donc, dans le cadre de la société capitaliste, la libération économique du Québec est impossible, de même qu'il est impossible de libérer l'État de son asservissement aux intérêts privés. Dès lors, il ne s'agit pas de remplacer la domination économique étrangère par une domination économique québécoise:

> La libération économique du Québec il faut la chercher ailleurs que dans le capitalisme car un capitalisme québécois qu'il soit privé ou d'État ne pourrait pas faire autre chose que de se soumettre aux volontés du géant américain[91].

«Le terrain sur lequel la classe des travailleurs peut neutraliser le géant américain, c'est celui du socialisme[92]». Cette option socialiste pose le problème de la question nationale en ce qui concerne à la fois le lieu du socialisme et l'agent de sa réalisation.

Au début des années 60 le mouvement syndical québécois adhérait à l'idéologie du pacte entre les deux nations et soutenait la politique du bilinguisme. Au niveau provincial, fidèle en cela à son passé, la C.S.N. favorisait le renforcement de l'autonomie provinciale en matière d'habitation, de main-d'œuvre, d'assurance-chômage et de sécurité sociale. Mais après 1966 cette option constitutionnelle conformiste devenait incompatible avec la critique de l'État capitaliste, d'autant plus que le rapport entre les forces politiques traditionnelles était perturbé par la montée d'un nouveau nationalisme social-démocrate représenté par le Parti québécois. Entre autres, sur la question linguistique, la C.E.Q. et la F.T.Q. exigent que le français devienne la langue du travail alors que la C.S.N. ira jusqu'à prôner l'unilinguisme français. Le mouvement syndical, tout en refusant de s'engager ouvertement dans le débat sur la question nationale, sera tout de même amené à

---

[90]   Marcel Pépin, *Pour vaincre*, Montréal, 1972, p. 24
[91]   *Ne comptons que sur nos propres moyens*, p. 57.
[92]   *Ibid.*, p. 64.

reconsidérer sa position fédéraliste et à laisser sous-entendre une option quasi indépendantiste[93].

Ainsi, André L'Heureux dans son rapport sur l'action politique soumis au conseil confédéral en janvier 1976 affirmait:

> On ne peut opposer indépendance et socialisme: ils sont indissociables... Une prise de position éventuelle en faveur de l'indépendance n'aurait pas automatiquement un caractère partisan. La C.S.N. a d'ailleurs adopté, dans le passé (1966), une position fédéraliste sans qu'on y voie de politique partisane[94].

Les hésitations sur cette question résultent des divisions sur l'attitude à adopter envers le principal porteur du projet indépendantiste. Une première tendance (à la C.S.N. comme à la F.T.Q. et à la C.E.Q.) est tentée d'admettre la théorie de l'appui tactique au P.Q., afin d'ouvrir la voie à une transformation en profondeur de la société québécoise. D'autres, conséquents avec la dénonciation des fonctions de l'État, s'interrogent sur le type de société que leur prépare le P.Q. et appellent la création d'une organisation politique ouvrière, qui tout en intégrant la lutte de libération nationale au projet socialiste assurerait l'hégémonie politique des travailleurs et leur autonomie idéologique sur cette question. Enfin, une dernière fraction très minoritaire travaille à la création d'un parti de la classe ouvrière sans être indépendantiste. En réalité ces divergences sont liées à un débat plus profond portant sur la nature du syndicalisme et sur l'action politique autonome de la classe ouvrière, ce qui nous ramène aux ambiguïtés de la politisation du mouvement syndical illustrées par la stratégie du Front commun en 1972.

À cet égard, des analyses critiques[95] soutiennent que depuis 1967 le mouvement syndical est sur la défensive et que son évolution est subordonnée à la conjoncture politique où il apparaît comme la seule force d'opposition au Québec, et à la stratégie de négociation de l'État elle-même liée aux intérêts du patronat. Ainsi le Front commun apparaît plus comme une tactique ponctuelle que comme une stratégie globale. Contrairement à ce qu'ont prétendu les idéologues bourgeois, il n'a pas été une contestation globale du régime politique et ne constitue pas vraiment une ruptu-

---

93   Voir à ce sujet l'étude de Louis Le Borgne, *La CSN et la question nationale depuis 1960,* Montréal, Les Éditions Albert Saint-Martin, 1976.

94   *Le Jour,* 17 mai 1976, p. 18.

95   Voir Diane Éthier, Jean-Marc Piotte, Jean Reynolds, *Les travailleurs contre l'État bourgeois,* Montréal, l'Aurore, 1975.

re par rapport au syndicalisme traditionnel réformiste et trade-
unioniste, dont la caractéristique essentielle est de séparer mécaniquement les aspects économiques et politiques de la lutte syndicale. Il marque plutôt une adaptation et un durcissement des luttes
syndicales face à l'aggravation des contradictions entre le cartel
capital-État et la classe ouvrière, qui veut empêcher que l'État
ne règle la crise du capitalisme sur le dos des travailleurs.

En dépit de ses aspects positifs: revendication du $100 pour
le salaire minimum, table centrale de négociation, renforcement
de l'esprit de solidarité, de combativité et d'unité à la base, le
Front commun aboutit à un échec relatif qui s'explique par divers
ordres de difficultés: théoriques et stratégiques (refoulement du débat sur la nature et le rôle de l'État et sur la nature politique des
luttes syndicales, absence de démocratie ouvrière et faiblesse con-
sécutive de la conscience politique des travailleurs), difficultés
organisationnelles (séparation entre les structures de négociation
et d'appui, manque de ressources pour effectuer la mobilisation,
quasi-absence de communications avec les syndiqués du secteur
privé et l'ensemble de la classe ouvrière, persistance de pratiques
corporatistes et conflits d'intérêts au niveau des objectifs) enfin,
divergences tactiques quant à la grève et à son déroulement.

La division entre les centrales, le fossé entre le discours
radical et la pratique traditionnelle, l'absence de liens solides avec
la base concouraient à faire des syndicats une cible facile pour le
pouvoir qui répliqua par tout un arsenal de discours démagogiques,
de lois, d'amendes et d'emprisonnements. Il en résulta, après le
Front commun, une phase d'essoufflement temporaire du mouvement syndical, une démobilisation des militants et une scission
à la C.S.N. Mais la bataille du Front commun a quand même fait
voir la collusion entre l'État québécois et les capitalistes. Elle a
aussi suscité un développement de la conscience de classe et de la
nécessité pour certains d'une force politique autonome des travailleurs.

En conclusion, il faut souligner le sens particulier qu'a pris la
politisation nécessaire du syndicalisme au Québec. Jusqu'à présent on a préconisé une politisation défensive et non offensive,
c'est-à-dire que les syndicats ne posent pas *directement* la question
du pouvoir. Les syndicats respectent les règles du jeu démocratique bourgeois où ils agissent comme négociateur de la vente de
la force de travail et groupe de pression pour les questions qui
sortent du cadre de la négociation collective. La politisation n'est
pas révolutionnaire mais plutôt réformiste. On refuse l'affiliation

partisane officielle, on fait très peu d'éducation politique des membres et enfin, la bureaucratisation de l'appareil syndical étouffe souvent les mouvements qui viennent de la base et veulent déborder le syndicalisme d'affaire. Enfin, la construction d'un parti ouvrier à base syndicale n'est encore qu'une hypothèse de réflexion.

Conclusion

Au Québec, le développement des idéologies fut dévié par la nature particulière de la formation sociale à double structure de classes, différenciées par la nationalité et momentanément par le mode de production. Ainsi l'idéologie dominante ne sera pas celle de la classe qui domine économiquement. Il y aura distorsion relative. Les rapports économiques entre les classes seront médiatisés par les rapports politiques qui, dans le contexte colonial, confèrent un poids substantiel et une autonomie relative à la petite bourgeoisie dont les positions politiques et idéologiques oscilleront entre les intérêts de la bourgeoisie et les intérêts du peuple selon la conjoncture.

Alors qu'en Europe la bourgeoisie était nationaliste, démocrate et progressiste, au Québec, après la Conquête et jusqu'au milieu du XIXe siècle, la bourgeoisie canadienne, composée surtout de marchands anglais ne pourra jouer le même rôle. En raison de la situation coloniale et de la domination de la minorité anglaise sur la majorité française, la bourgeoisie marchande ne pouvait imposer son hégémonie politique d'une façon autonome et dut s'allier et collaborer avec l'aristocratie bureaucratique britannique. Il y avait contradiction entre ses aspirations au contrôle de l'appareil d'État et à la démocratie, et les fondements matériels de sa position de classe : l'oppression coloniale. Tant que les Canadiens français seront majoritaires, elle fera obstacle à l'établissement de la démocratie libérale et soutiendra le parti réactionnaire.

Ce sera la petite bourgeoisie professionnelle canadienne-française qui prendra la relève et se fera le porte-étendard de l'idéologie libérale et du nationalisme. Les membres de cette classe sont issus du peuple, ce sont des fils de paysans qui se sont orientés vers les professions libérales parce que les autres secteurs d'activités leur étaient fermés. Cette petite bourgeoisie est en lutte contre la bourgeoisie marchande, contre le clergé collaborateur et contre l'oligarchie bureaucratique. Elle réclame des institutions démocratiques et républicaines, le gouvernement responsable, l'indépendance du Québec (Bas-Canada), l'abolition des privilèges du clergé et des seigneurs. Par son nationalisme, elle vise à libérer les « canayens » de la domination coloniale britannique et conséquemment à établir son hégémonie politique. Sur le plan économique, elle s'oppose au développement du capitalisme commercial et préconise un type de développement axé sur l'agriculture. Elle est démocrate, anti-cléricale, progressiste et nationaliste. Ses espoirs et ses efforts seront annihilés par la répression militaire de la rébellion de 1837-1838.

Après cet échec, c'est une autre fraction de la petite bourgeoisie composée des éléments modérés des Patriotes et de l'élite cléricale qui définira les termes du nationalisme canadien-français et assumera la direction de la société. Le nationalisme des Canadiens français, de dynamique et progressiste, allait devenir pour plus d'un siècle conservateur et défensif. La dimension politique du nationalisme cédera la place à la dimension culturelle qui deviendra surdéterminante. À l'idée de libération et d'indépendance succédera l'idée de survivance. Il ne s'agissait plus de créer une nation indépendante et un État démocratique, mais de préserver la religion, la langue et les institutions traditionnelles en s'appuyant sur un gouvernement provincial catholique et français. La petite bourgeoisie acceptera de collaborer avec la bourgeoisie anglaise et plus tard américaine et, avec l'obtention du gouvernement responsable et sa conséquence, l'accès à la fonction publique, elle délaissera son radicalisme politique pour un pragmatisme rémunérateur. Elle soutiendra politiquement la bourgeoisie industrielle qui en échange lui concédera des fonctions honorifiques et des bénéfices marginaux. Sous l'emprise du clergé, le Québec se replie sur lui-même et s'immobilise sous la domination d'une idéologie conservatrice dont les principaux thèmes sont l'anti-étatisme, c'est-à-dire la substitution de l'Église à l'État, l'idéalisation du passé (régime français) et de l'agriculture, le rejet de l'industrialisation, du progrès, des libertés modernes et le messianisme (nous étions pauvres mais élus par Dieu pour une grande destinée spirituelle et morale : christianiser l'Amérique). Ce siècle (1850-1950) fut celui du nationalisme de l'impuissance et de la soumission qui définissait le Québec comme une société rurale et cléricale.

À la suite de cette démission, ce furent les capitalistes britanniques et américains qui assumèrent à leur profit l'exploitation de nos richesses et des travailleurs et le développement industriel, de sorte qu'à partir de la seconde guerre mondiale, l'écart entre la réalité et l'idéologie officielle allait grandissant et le nationalisme traditionnel commença à se désintégrer. Le pouvoir politique de la petite bourgeoisie rurale fut remis en question par une nouvelle petite bourgeoisie urbaine, éduquée, avide de modernisation et de changements.

Le nationalisme canadien-français, de défensif et culturel devient positif, progressiste et politique. On se définit plus comme Québécois que comme Canadien français. Le leitmotiv « Notre religion, notre langue, nos lois », est remplacé par « Notre État, notre langue, nos richesses ». L'État remplace désormais l'Église comme institution centrale de la collectivité. La question nationale devient ainsi une question de pouvoir politique. Le nouveau nationalisme au Québec affirme surtout la volonté d'une collectivité de se donner un pouvoir, un instrument par lequel elle pourra contrôler et diriger sa destinée.

Certes, cette aspiration n'était pas nouvelle mais elle avait été refoulée par la minorisation politique progressive à l'échelle canadienne et la cléricalisation de la société québécoise. Sa renaissance et son développement coïncident avec une transformation structurelle de la société québécoise, inhérente au passage du capitalisme concurrentiel au capitalisme monopoliste d'État.

La valorisation de l'État québécois et son interventionnisme croissant nécessaires pour maintenir la croissance économique furent, au début, perçus comme une menace pour la survie de la collectivité, car ils remettaient en question les institutions traditionnelles de la société québécoise et répondaient à des impératifs économiques commandés de l'extérieur. Mais en même temps, le développement des fonctions socio-économiques de l'État suscita un espoir de libération car on découvrit qu'il pouvait ainsi servir de levier de promotion collective s'il était contrôlé par des Québécois et utilisé pour leur auto-développement. Pour y parvenir, il suffisait de récupérer l'ensemble des pouvoirs d'un État normal capable de s'autodéterminer en s'affranchissant de la domination du pouvoir fédéral. Tel était le contenu de la nouvelle idéologie nationaliste. Ce projet fut surtout pris en charge par la nouvelle petite bourgeoisie technocratique qui, profitant du changement des fonctions du politique, put ainsi légitimer ses prétentions hégémoniques au détriment de la petite bourgeoisie traditionnelle et de la grande bourgeoisie canadienne.

Il s'agissait de rattraper le temps perdu dans tous les domaines: démocratiser les institutions politiques, laïciser le système d'enseignement, adapter la société et l'État québécois aux exigences du développement du capitalisme de monopole. La revalorisation du rôle de l'État québécois, la réalisation de grands projets (la nationalisation de l'électricité, le barrage de la Manic, etc.) redonnèrent un nouvel essor au nationalisme. Ce renouveau des structures sociales et politiques de la société québécoise nécessitait une plus grande part de pouvoir pour l'État québécois qui, pour ce faire, dut s'opposer au fédéral et réclamer un nouveau partage des pouvoirs. Ces contradictions amorcèrent une prise de conscience : l'État québécois pouvait devenir un instrument de promotion collective et dès lors, pourquoi ne pas faire coïncider l'État et la nation ? Pourquoi pas un État souverain et l'indépendance du Québec ? («On est capable» était le slogan du R.I.N. en 1966).

La nouvelle élite qui assume la direction politique de la société québécoise en 1960 n'est pas homogène. Elle est composée d'une part, d'une fraction traditionnelle, liée aux intérêts du capitalisme anglais et américain qui soutient le processus de modernisation mais veut en maîtriser l'orientation, en le maintenant dans le cadre des structures politiques fédérales. L'État québécois devait être renforcé mais pas au point de devenir trop puissant et menaçant pour le système économique dominant. L'autre fraction de cette élite est composée d'intellectuels, d'ingénieurs, d'économistes, de sociologues, de syndicalistes qui forment la technocratie gouvernementale et privée. Cette élite mise sur la planification, sur une intervention plus énergique de l'État dans le domaine économique et fait montre d'une plus grande intransigeance envers le fédéral. Elle veut en quelque sorte mener à son terme le processus de la révolution tranquille et s'oriente peu à peu vers la conception d'un État québécois souverain, contrôlé par la petite bourgeoisie technocratique, qui veut ainsi transformer son savoir-faire en pouvoir. En marge de cette lutte, apparaîtra une autre trajectoire du nationalisme. Alors que la révolution tranquille s'essoufflait, de jeunes universitaires et étudiants s'inspirant des théoriciens des mouvements de décolonisation et du marxisme, développèrent une problématique et une analyse de la société québécoise liant libération nationale et socialisme. Pour eux, les Québécois sont opprimés en tant que Québécois et en tant que travailleurs. Dans cette perspective, l'indépendance politique est insuffisante ; changer des patrons anglais pour des patrons français cela ne résout en rien l'exploitation et l'oppression que subissent les travailleurs ; dès lors, ils veulent lier la libération nationale à la libération de la classe ouvrière. L'ennemi n'est plus seulement le pouvoir fédéral, ni même les capitalistes canadiens-anglais, l'ennemi c'est le capitalisme tout court qu'il soit américain, anglais ou français. Ils formulent un projet de libération globale touchant toutes les dimensions de la société québécoise. Ils présentent une alternative révolutionnaire visant à remplacer le pouvoir bourgeois impérialiste et colonialiste par le pouvoir des travailleurs et l'établissement du socialisme. Dans cette optique, le Parti québécois et les autres mouvements nationalistes-réformistes, parce qu'ils mettent l'indépendance politique avant la libération économique, ne peuvent régler la question nationale en fonction des intérêts des travailleurs; ils ne réussiront qu'à créer une bourgeoisie nationale d'État qui servira en dernière instance l'impérialisme américain et les firmes multinationales.

Il semble bien que maintenant la société québécoise soit arrivée à la croisée des chemins. Le monolithisme idéologique traditionnel s'est effrité et a fait place à trois courants de pensée. Le premier, l'idéologie de la bourgeoisie représentée politiquement par le parti libéral, a repris depuis 1970 le flambeau du nationalisme de la survivance culturelle, s'accrochant à une futile souveraineté culturelle et abandonnant volontairement la souveraineté économique et politique du Québec. Cette idéologie défend donc sur le plan économique le maintien du système capitaliste, l'ouverture sans condition du Québec aux investissements étrangers, le pillage des ressources naturelles, le détournement des fonds publics au profit des firmes multinationales américaines. Son représentant politique, le parti libéral justifie le fédéralisme, accepte la perspective centralisatrice d'Ottawa et se complaît dans une subordination rémunératrice. Sur le plan social, il a légitimé la réduction des services sociaux afin de relancer l'accumulation capitaliste et a imposé des mesures de restrictions aux travailleurs (contrôle des salaires, réduction des dépenses publiques). Il professe aussi un antisyndicalisme féroce. Sur le plan légal, il a codifié les exigences de l'exploitation capitaliste et a adapté l'appareil judiciaire et répressif pour mener l'offensive contre le mouvement ouvrier et les forces progressistes.

La provocation planifiée que fut la crise d'octobre 1970 a montré la volonté de la bourgeoisie canadienne de mobiliser l'État contre le peuple en instituant sous le couvert de la sécurité publique et de l'unité canadienne, la manipulation généralisée et la répression comme mode de gouvernement.

Un second courant de pensée qui s'oppose à l'idéologie de la classe dominante, mais y participe en même temps à sa façon, est véhiculé par la fraction technocratique de la petite bourgeoisie représentée politiquement par le Parti québécois. Cette appellation ne signifie pas que le Parti québécois soit composé essentiellement de technocrates mais indique que les éléments ouvriers et progressistes qui forment la base de ce parti subissent la direction politique et idéologique de cette couche, qui aimerait bien que la distribution du pouvoir soit fonction de la propriété du savoir.

Contrairement à l'idéologie précédente, elle préconise la souveraineté politique et la création d'un État québécois de type social-démocrate. Réformiste avant tout, elle refuse de contester radicalement la nature des rapports économiques internes (capitalisme) et externes (impérialisme) se contentant de vouloir les civiliser. Elle croit possible l'humanisation du capitalisme par le contrôle étatique, lieu de la représentation des intérêts multiples et fractionnés de la société. Son idéologie technocratique définit les conflits sociaux comme des déséquilibres qui n'ont pas un caractère antagonique. Elle méconnaît de la sorte le caractère structurel de la crise du capitalisme et le caractère irréconciliable du conflit entre le capital et le travail. Elle aspire donc à l'arbitrage de la lutte des classes et pour ce faire, elle cherche des appuis des deux côtés de la barricade faisant d'un côté la morale aux exploiteurs et demandant de l'autre aux travailleurs d'être raisonnables et patients.

Elle s'oppose à la classe dominante parce qu'elle l'estime rétograde et incapable non seulement de défendre les intérêts des Québécois, mais aussi de gérer la vie sociale. De son point de vue, le parti libéral est incompétent; il ne peut résorber la crise sociale que traverse le Québec et au lieu d'harmoniser les rapports entre le capital et le travail, il les exacerbe. Elle offre donc ses services de médiation et de gestion aux forces sociales en conflit, mettant de l'avant sa compétence administrative, son objectivité et son honnêteté.

Sur le plan économique, elle se propose de soutenir un peu moins le capitalisme privé et de favoriser le développement d'un capitalisme d'État. Elle veut se servir de l'État pour orienter la croissance économique du Québec. Il s'agit avant tout de rationaliser le fonctionnement de l'État afin de lui faire jouer un rôle plus dynamique et efficace dans le développement économique. Par le contrôle des appareils d'État, cette classe aspire à devenir une bourgeoisie d'État en mesure de négocier avec les puissances économiques modernes. Cette perspective idéologique de la petite bourgeoisie technocratique constitue un maillon supérieur dans la logique du développement capitaliste où la croissance économique nécessite la croissance de l'État. Cette classe est, par conséquent, un successeur «légitime» à l'élite libérale qui n'a pas réussi à manœuvrer l'État pour atténuer les contradictions du capitalisme. Le changement des autorités politiques n'implique pas cependant un changement au niveau des rapports sociaux, ni nécessairement la réalisation du projet d'émancipation nationale. On a vu précédemment à travers l'histoire des idéologies au Québec, que si la petite bourgeoisie a eu l'initiative de la résistance à l'idéologie fédéraliste, elle n'a pas été en mesure de diriger cette lutte et de la mener à terme. À cause de sa faiblesse économique, elle a dû se résoudre à des compromis. Elle ne se rend pas compte que la seule hégémonie politique qu'elle peut exercer ne dépend pas de ses propres forces, mais lui est confiée temporairement pour mieux masquer les contradictions fondamentales. En tant que classe, elle ne peut donc espérer diriger la société; au mieux, par sa collaboration, elle peut espérer se voir reconnaître une place subalterne dans la classe dominante en tant qu'élite politique ou administrative. En soi, son idéologie n'est pas totalement fausse ou réactionnaire mais les idées justes qu'elle peut formuler sont embourbées dans une mare d'illusions (l'État neutre, l'égalité juridique, la démocratie parlementaire, la mobilité sociale par l'éducation, etc.), qui tiennent à sa position de classe. Cette classe ne peut donc porter un projet de libération, ce qui ne veut pas dire que dans une conjoncture particulière comme une situation de domination coloniale et impérialiste elle ne puisse s'associer à un tel projet et contribuer activement à sa réalisation.

Un troisième courant de pensée tente depuis quelques années d'offrir une alternative révolutionnaire aux Québécois et présente à cet effet un changement de perspective idéologique, changement qui ne se limite pas à quelques projets de réformes mais vise tous les aspects de la société québécoise. Pour l'instant, en l'absence d'une organisation de la classe ouvrière, cette idéologie est véhiculée par la fraction progressiste de la petite bourgeoisie qui trouve sa base dans les milieux intellectuels, syndicaux et dans les organisations populaires. Cette couche sociale est composée principalement de travailleurs des services public et para-public. Elle s'exprime encore politiquement à travers le P.Q. mais trouve aussi dans le syndicalisme, en particulier à la C.E.Q. et à la C.S.N. et dans les luttes locales, une voie de canalisation de son radicalisme politique. Cette fraction est objectivement et subjectivement polarisée en direction de la classe ouvrière car elle vit des conditions d'exploitation similaires. Elle cherche par conséquent à opérer une jonction avec la classe ouvrière.

Sur le plan économique, elle développe des positions anticapitalistes et anti-impérialistes. Elle ne cherche pas la seule libération politique du Québec mais vise aussi la libération économique et sociale des travailleurs. Sa résistance à l'idéologie dominante s'enracine au projet d'un Québec libre et socialiste qui ne pourra être réalisé que par un parti des travailleurs.

La création d'une organisation politique autonome de la classe ouvrière apparaît être, dans le contexte actuel, la première condition pour un changement idéologique au Québec. Une deuxième condition est aussi nécessaire. Cette organisation devra éviter de jouer un solo funèbre. Elle ne devra pas laisser l'initiative à l'idéologie dominante. Pour empêcher l'encerclement et l'isolement de la classe ouvrière, cette organisation devra briser l'hégémonie idéologique de la classe dominante sur les autres classes, en soutenant les luttes populaires (lutte des agriculteurs, des femmes, des comités de citoyens, etc.), c'est-à-dire mener la lutte révolutionnaire sur une base de masse. Les couches petites-bourgeoises ne sont pas en soi réactionnaires. Elles ont des intérêts à la fois communs et contradictoires avec ceux de la classe ouvrière. La majorité dite silencieuse ne devient une masse de manœuvre de la classe dominante que si elle est isolée. Enfin, une dernière condition s'impose: unir les révoltes, c'est-à-dire ne pas laisser transformer les contradictions au sein du peuple québécois en conflits et faire ainsi oublier la contradiction réellement antagonique entre la classe dominante et le peuple. Si cette dernière éventualité se produisait, cela casserait la classe ouvrière. On ne doit jamais oublier que le fascisme repousse sur les révoltes inachevées pour imposer la contre-révolution.

APPENDICE

Le P.Q. et l'épreuve du pouvoir

L'élection du Parti québécois le 15 novembre 1976 symbolise la revanche politique des Patriotes de 1837-1838. Le 16 novembre, le ciel n'est pas tombé sur la tête des Québécois et on pouvait observer dans la population francophone, un enthousiasme, une nouvelle fierté et surtout de grands espoirs suscités par l'accession au pouvoir du P.Q. Dix ans de morosité prenaient fin.

À moins de mépriser le peuple québécois et d'évoquer son inconscience atavique comme le font certains chantres du fédéralisme, on ne peut minimiser la volonté de résistance à l'oppression nationale et d'autodétermination manifestée par le vote du 15 novembre dernier.

Les résultats de cette élection expriment une tendance significative de l'électorat québécois qui ne s'est pas laissé mystifier par le spectre de la peur agité par la démagogie libérale. Ce vote a été plus qu'un simple rejet d'une administration corrompue et inefficace, il exprime aussi une volonté de renouveau social et national.

La surprise de cette élection a été l'inefficacité du terrorisme psychologique, de la campagne antiséparatiste menée avec de larges ressources par le parti libéral. Certes la stratégie péquiste fut habile en insistant sur les problèmes concrets de l'agriculture, du logement et de l'écologie mais on ne peut soutenir sans illusion que l'électeur a voté P.Q. seulement pour changer un conseil d'administration par un autre. Il a plutôt voté pour un « vrai gouvernement » identifié aux intérêts des Québécois et à l'accession à la souveraineté politique du Québec. Il a ainsi exprimé minimalement une insatisfaction envers le fédéralisme centralisateur d'Ottawa (les cuisantes défaites de deux des trois envoyés spéciaux d'Ottawa sont très éloquentes à cet égard) et maximalement, son soutien à l'indépendance car la majorité des Québécois francophones n'a pas voté pour des partis clairement identifiés à l'option fédéraliste. Ainsi, par exemple dans la région de Montréal, plus de 60% des francophones ont voté pour le P.Q.

Un autre élément important et révélateur du changement dans le comportement politique des Québécois a été la réponse négative de l'électorat au conservatisme social et à l'antisyndicalisme distillés par le parti libéral. Les conditionnements habituels, les réflexes de colonisé n'ont pas joué, ce qui semble traduire une plus grande maturité de l'électorat québécois. Il est significatif de constater à cet égard que cette élection a donné lieu à un taux de participation plus élevé que jamais: un record de 85.2 pour 100. Ce phénomène constitue, pour certains analystes, une affirmation de l'identité nationale surtout si on considère que c'est la tendance inverse qui se manifeste à l'occasion des élections fédérales[1].

Enfin, l'arrivée au pouvoir du P.Q. (fondé en 1968) constitue un précédent dans l'histoire politique moderne du Québec (après 1900) car elle rompt la traditionnelle succession rotative des vieux partis[2]. Le Parti québécois en tant qu'organisation politique représente le plus grand effort collectif des Québécois en termes d'investissements matériels et intellectuels pour se donner un instrument politique démocratique et populaire. Il est à cet égard le symbole de la modernisation politique du Québec et regroupe une équipe gouvernementale d'une qualité sans précédent. Le peuple québécois s'est donc donné un gouvernement représentatif de ses aspirations nationales les plus profondes et de sa volonté de réformes sociales, un gouvernement qui dit avoir un préjugé favorable envers les travailleurs. Il reste maintenant l'épreuve du pouvoir.

La conséquence la plus immédiate de cette élection a été la revalorisation du politique pour les citoyens, les groupes populaires et le mouvement syndical. Elle a enrayé le processus de décomposition de l'autorité politique et redonné une légitimité à l'État comme force de régulation sociale; cela devrait entraîner une intensification de la participation aux processus politiques et un accroissement quantitatif et qualitatif des revendications. Cette tendance sera certes bien accueillie par les nouveaux dirigeants qui toutefois chercheront à la canaliser et à l'échelonner afin d'éviter l'engorgement et une surcharge excessive sur la capacité financière et administrative de l'État. Les innovations dans la structure gouvernementale, telles la création d'un comité des priorités qui libère cinq ministres des tâches administratives immédiates et l'instauration des postes de ministres délégués, sont une première réponse à ce problème. La forte implantation populaire du P.Q. devrait aussi contribuer à canaliser les pressions de la base sur les centres de décisions.

Le P.Q. a consacré ses premiers mois d'exercice du pouvoir à établir sa crédibilité politique afin de désamorcer l'hostilité possible à son égard aux États-Unis, au Canada anglais et parmi les anglophones du Québec. Par ses tactiques d'apaisement et ses attitudes conciliantes, il a réussi jusqu'à présent à tenir en échec tous les essais délibérés de provocation. Cette attitude peut donner une impression d'immobilisme sur le plan des réformes institutionnelles, sociales et économiques, mais elle sera

---

[1]   Voir André Bernard, *Québec: élections 1976*, Montréal, HMH, 1976.
[2]   L'Union nationale en 1936 était le résultat d'une fusion d'un nouveau parti l'Action libérale nationale et du vieux Parti conservateur du Québec.

probablement efficace à plus long terme si elle permet au processus de changement socio-politique de se mettre en branle, tout en affaiblissant les capacités de résistance de ceux qui s'opposent à ces changements. Mais dans sa stratégie d'ensemble, le P.Q. devra réaliser un équilibre fragile. Ses décisions, tout en n'aggravant pas l'hostilité de ses adversaires devront réussir à démontrer concrètement comment il entend matérialiser son préjugé favorable envers les travailleurs ; car en définitive, il dépend d'eux pour sa survie politique et la réalisation de l'indépendance. En effet, dans une certaine mesure, son pouvoir de pression et de négociation avec les autorités politiques canadiennes dépend de sa capacité de mobilisation populaire et d'un climat social assaini. Il nous semble que dans l'ensemble, les mesures prises, les lois adoptées et les projets annoncés cherchent à réconcilier ces deux objectifs : apaisement de ses adversaires et accroissement de son soutien populaire.

Ainsi, on s'est empressé d'arrêter les procédures judiciaires contre Le Dr Morgentaler, de relever le salaire minimum à $3. l'heure et de l'indexer au coût de la vie à tous les six mois, de subventionner l'entreprise autogérée Tricofil. La Régie québécoise de lutte contre l'inflation a été amputée de son pouvoir contraignant afin de respecter les ententes salariales avec les travailleurs du secteur public. Le gouvernement a aussi retiré les accusations portées devant les tribunaux contre les centrales syndicales à la suite du dernier Front commun. Le gouvernement a manifesté son intention de relever les normes de sécurité au travail et prévoit inscrire de nouveaux règlements dans le code de travail qui, en imposant l'accréditation sectorielle, permettraient la syndicalisation des deux tiers de la population active, ce qui consoliderait la situation financière de certains syndicats. Le projet de loi 45 déposé récemment par le nouveau ministre du Travail, Pierre-Marc Johnson, constitue aussi un pas en avant pour les travailleurs car il prévoit l'application généralisée de la formule Rand et interdit à l'employeur d'embaucher des briseurs de grève lorsqu'il y a une grève légale ou un «lock-out». Ce projet de loi aura pour effet, s'il est adopté sans modifications substantielles, de revaloriser le droit de grève et d'améliorer le pouvoir de négociation des syndicats.

Ces diverses mesures vont certainement contribuer à la détente sociale et inciter les centrales syndicales à adopter une attitude de la main-tendue. L'attitude bienveillante du mouvement syndical n'implique évidemment pas un appui inconditionnel car le P.Q. n'a pas de lien organique avec ce mouvement. Il veut paraître neutre, au-dessus de la mêlée.

Afin de s'assurer l'appui des nationalistes et de solutionner l'épineuse question de la politique linguistique au Québec, le Parti québécois, sous le leadership du ministre Laurin, a réussi un coup de maître en proposant et en adoptant la loi 101 dont l'effet est d'endiguer le processus d'assimilation des francophones et des nouveaux immigrants, tout en maintenant les privilèges des anglophones. En d'autres termes, cette loi donne au français le statut qu'a l'anglais dans les autres provinces. En adoptant la « clause Québec » et en proposant aux autres gouvernements provinciaux du Canada des accords de réciprocité, le gouvernement a d'une part indiqué ce que pouvait être la souveraineté-association; d'autre part, il a démontré l'ineptie du bilinguisme fonctionnel et l'inégalité des droits entre les minorités francophones des autres provinces et la minorité anglophone du Québec. Cette habile stratégie a mis en évidence la mauvaise foi des opposants à cette loi et a accru la confiance des francophones envers le P.Q.

Dans le domaine social, le bilan est moins spectaculaire. Le gouvernement a instauré la gratuité des médicaments pour les personnes âgées de 65 ans et plus et il prévoit étendre progressivement le programme de soins dentaires gratuits aux enfants jusqu'à l'âge de 16 ans. Le ministre des Finances ayant décidé dans son premier budget de taxer les vêtements pour enfants, a annoncé pour compenser le caractère régressif de cette mesure, que les surplus ainsi obtenus serviraient à augmenter les allocations familiales. Ce budget et cette mesure fiscale ont terni l'image social-démocrate du Parti québécois qui n'a pas montré jusqu'ici beaucoup d'originalité et de dynamisme dans le secteur des réformes sociales. Le caractère timoré du projet d'étatisation de l'assurance-auto a renforcé cette impression de prudence et d'hésitation que laisse le nouveau gouvernement devant les projets qui risquent de remettre en question les bases de l'économie capitaliste.

Dans le domaine économique ses intentions sont encore floues. Quelques déclarations de principe affirment sa volonté de réduire le taux de chômage à 3 pour 100, de venir en aide aux agriculteurs et à la petite entreprise, de développer une politique « d'achat chez nous » pour l'État. À plus long terme, l'indépendance signifierait pour les dirigeants péquistes la prise de contrôle par l'État d'entreprises œuvrant dans les secteurs de la culture et de la finance (les banques) ainsi que dans le secteur particulier de la production d'amiante. René Lévesque a déclaré à ce propos: « Nous ne sommes pas partisans d'un contrôle absolu de l'État. Nous sommes un parti social-démocrate comparable à ceux actifs en Scandinavie... nous dirons aux investisseurs étrangers quelles sont les règles du jeu au Québec ».

On ne peut s'attendre à une politique de nationalisations systématiques. Il semble plutôt que le gouvernement péquiste s'oriente vers des nationalisations en catimini par le rachat d'entreprises à vil prix comme ce fut le cas récemment pour la Québec Steel. Cette tactique a l'avantage d'être moins coûteuse et plus expéditive et sera peut-être utilisée comme moyen de pression sur le patronat pour l'amener à maintenir le niveau des investissements et à moderniser les secteurs en déclin.

Le sommet économique de La Malbaie visait à asseoir la paix sociale sur le dialogue entre les principaux agents économiques. Il a montré la fragilité de la politique de concertation car le patronat y a fait peu de concessions et s'en est surtout servi pour prendre contact avec les nouveaux dirigeants, alors que les syndicats ont accepté d'y participer pour confronter le patronat. En définitive, cette opération n'a pas donné de résultat concret si ce n'est de renforcer dans l'opinion publique la crédibilité de l'État comme arbitre.

Plusieurs questions restent posées. Cette confiance persistera-t-elle? Comment le P.Q. pourra-t-il concilier ses projets de réformes sociales avec les impératifs de la crise économique? Une gestion compétente et honnête et le rapatriement des pouvoirs du fédéral seront-ils suffisants pour juguler les contradictions? Le sous-développement régional, le chômage, les pressions des milieux financiers, le possible sabotage du fédéral et de la bourgeoisie canadienne risquent d'hypothéquer sa marge de manœuvre et d'aviver les contradictions de classes au sein même du parti et dans la population; cela obligerait alors le gouvernement à prendre des mesures impopulaires qui atténueraient sa capacité de mobilisation et de résistance à l'offensive politique fédérale qui se prépare.

Les échéances historiques sur le plan constitutionnel ont aussi été raccourcies par la dernière élection qui pose concrètement le problème de l'accession à la souveraineté. Le premier ministre définissait en ces termes le nouveau climat des relations fédérales-provinciales: «Nous allons leur montrer que nous sommes prêts à jouer le jeu aussi longtemps que les besoins du Québec seront respectés mais leur rappelant constamment que l'indépendance du Québec est notre ultime but». Pour l'instant, la stratégie du P.Q. est claire et efficace. Elle consiste à faire le procès concret du fédéralisme, à démontrer comment le partage actuel des pouvoirs à l'intérieur de la fédération empêche les Québécois de réaliser leurs aspirations et d'orienter le développement de leur société en fonction de leurs besoins et de leurs priorités. À cet égard, toutes les juridictions fédérales seront mises en question et renégociées.

En principe, le référendum devrait intervenir soit pour libérer le gouvernement québécois de son engagement à négocier le rapatriement des pouvoirs en cas d'obstruction systématique de la part du fédéral, soit, dans l'hypothèse la plus optimiste, pour sanctionner la nouvelle entente ou le nouveau contrat politique. Selon toutes probabilités, il ne devrait pas avoir lieu avant les prochaines élections fédérales. À cet égard, la marge de manœuvre du P.Q. est plus grande que celle des partis fédéraux.

Mais avant d'en arriver là, on assistera à une joute politique passionnante car la pédagogie péquiste ne repose plus sur la seule persuasion par des arguments théoriques. Elle peut désormais s'appuyer sur la pratique du pouvoir. La force de conviction n'est plus morale et intellectuelle. Elle est concrète. Elle a l'État de son côté. Après seulement quelques mois au pouvoir, déjà toute une série de questions tests ont été soulevées par le nouveau gouvernement. Dossier par dossier, on tente de démontrer que l'absence de la pleine souveraineté politique empêche l'État du Québec d'assumer pleinement ses responsabilités et d'adopter à tous les niveaux des politiques globales et cohérentes nécessaires au développement du Québec. Ainsi, il y eut successivement la question du déficit olympique et le dossier de l'agriculture où le gouvernement québécois tente de démontrer les effets désastreux de la politique fédérale en matière de production laitière pour les agriculteurs québécois. Il y eut ensuite le projet de création d'une zone franche à Mirabel afin de développer l'économie de cette région et le refus du fédéral, démontrant ainsi les limites du pouvoir québécois dans le domaine des politiques douanières. On assista plus tard au même scénario sur la question de l'avortement lorsque le ministre de la Justice, M. Bédard, demanda à son homologue fédéral d'amender le code criminel en vertu duquel le Dr Morgentaler fut mis en accusation car cette loi était inapplicable et le Québec n'avait pas le pouvoir de l'amender. Le nouveau gouvernement a aussi voulu affirmer la compétence du Québec dans le domaine des communications et de la câblo-distribution mettant encore une fois en évidence le carcan que le fédéralisme impose au Québec. Le jugement du juge Marceau dans la cause des gens de l'air fut à cet égard une confirmation supplémentaire des thèses du P.Q. Il faut aussi ajouter à ce contentieux la contestation de la légitimité de la présence et des activités de la G.R.C. sur le territoire du Québec et la volonté manifestée par le ministre Bédard de réouvrir le dossier sur le remboursement par le fédéral de la somme de 500 millions de dollars pour défrayer le coût des opérations de police assumé par le Québec. Enfin le projet fédéral de soumettre les Caisses populaires à la législation régissant les banques et les obligeant à déposer des réserves à la Banque du Canada est considéré par le P.Q. comme une ingérence inacceptable, comme une autre preuve des restrictions imposées au Québec et de sa dépendance envers un pouvoir étranger.

La dialectique de la réforme sociale et de la libération nationale demeure aléatoire dans un processus politique dirigé par une petite bourgeoisie qui a plus tendance à la modération qu'au radicalisme et qui, sans restreindre le pouvoir économique de la bourgeoisie, cherche à satisfaire les revendications des travailleurs pour consolider son hégémonie. L'épreuve du pouvoir forcera une clarification de l'orientation de la petite bourgeoisie. Pour l'instant, la trajectoire amorcée est trop courte pour rejeter, au nom d'une vision révolutionnaire absolue, les aspects progressistes du nouveau gouvernement et s'enfermer dans la logique du tout ou rien.

Quoi qu'il en soit, la victoire du P.Q. bouleverse l'échiquier politique, laisse à la droite le monopole de l'opposition politique et crée un vacuum à la gauche. Dans le passé, la présence du P.Q. dans l'opposition et sa faiblesse relative, de même que les tendances autocratiques et anti-ouvrières du parti libéral avaient motivé une stratégie de front uni tacite ou encore de soutien critique au P.Q. de la part de la gauche québécoise (exception faite des groupes marxistes-léninistes). Dans ce contexte obscurantiste, les appels à la formation d'un parti des travailleurs n'avaient pas beaucoup de résonnances. Mais maintenant que le P.Q. est au pouvoir, il montrera ses limites et la gauche devra réviser ses positions en s'affirmant comme force politique autonome. La renaissance d'un parti socialiste devient donc plausible. Certaines fractions à l'intérieur du mouvement syndical veulent prendre cette direction car l'action politique par le syndicalisme a des limites.

Ainsi, on peut dire qu'à tout le moins, l'élection du P.Q. a entraîné un déblocage de la dynamique sociale et réactivé l'histoire du Québec et du Canada en rendant possible un avenir différent du passé. L'histoire est à faire et il y a un défi à relever.

BIBLIOGRAPHIE

Chapitre I

Louise Dechêne, *Habitants et marchands de Montréal au XVIIe siècle*, Paris, Plon, 1975.

Guy Frégault, *La civilisation de la Nouvelle-France*, Montréal, Fides, 1969.

Jean Hamelin, *Économie et société en Nouvelle-France*, Québec, Les Presses de l'Université Laval, 1960.

Cameron Nish, *Les bourgeois gentilshommes de la Nouvelle-France*, Montréal, Fides, 1968.

Robert-Lionel Séguin, «L'esprit d'indiscipline en Nouvelle-France et au Québec aux XVIIe et XVIIIe siècles.» *L'Académie des sciences d'outre mer*, tome XXXIII, no 4, 1973, pp. 573-589.

Chapitre II

Gilles Bourque, *Classes sociales et question nationale au Québec, 1760-1840*, Montréal, Parti Pris, 1970.

Michel Brunet, *La présence anglaise et les Canadiens: études sur l'histoire et la pensée des deux Canadas*, Montréal, Beauchemin, 1969.

Michel Brunet, *Les Canadiens après la Conquête, 1759-1775*, Montréal, Fides, 1969.

Marcel Trudel, *Louis XVI, le Congrès américain et le Canada, 1774-1789*, Québec, Éditions du Quartier latin, 1949.

Jean-Pierre Wallot, «Courants d'idées dans le Bas-Canada à l'époque de la Révolution française», *L'Information historique*, janvier-février 1968, pp. 23-29, mars-avril 1968, pp. 70-78.

Chapitre III

Jean-Paul Bernard (ed.), *Les idéologies québécoises au XIXe siècle*, Montréal, Boréal Express, 1973.

Richard Chabot, *Le curé de campagne et la contestation locale au Québec de 1791 aux troubles de 1837-1838*. Montréal, H.M.H., Cahiers du Québec, 1974.

Fernand Ouellet, *Le Bas-Canada, 1791-1840*, Ottawa, Les Éditions de l'Université d'Ottawa, 1976.

Fernand Ouellet, *Histoire économique et sociale du Québec 1760-1850*, Montréal, Fides, 1971.

Fernand Ouellet, *L.-J. Papineau, types choisis*, Québec, Les Presses de l'Université Laval, 1970.

Chapitre IV

Jean-Paul Bernard, *Les Rouges: libéralisme, nationalisme et anticléricalisme au milieu du XIXᵉ siècle*, Montréal, Les Presses de l'Université du Québec, 1971.

Fernand Dumont et autres, *Idéologies au Canada français, 1850-1900*, Québec, Les Presses de l'Université Laval, 1971.

Jacques Monet, *The Last Cannon Shot; a Study of French-Canadian Nationalism, 1837-1850*, Toronto, University of Toronto Press, 1969.

Stanley B. Ryerson, *Le capitalisme et la Confédération*, Montréal, Parti Pris, 1972.

Philippe Sylvain, «Libéralisme et ultramontanisme au Canada français; affrontement idéologique et doctrinal, 1840-1865», dans W. L. Morton, *Le bouclier d'Achille*, Toronto, McClelland and Stewart, 1968, pp. 111-138 — 220-255.

Chapitre V

Jean Hamelin (ed.), *Les travailleurs québécois, 1851-1896*. Montréal, Les Presses de l'Université du Québec, 1973.

Jean Hamelin et Yves Roby, *Histoire économique du Québec, 1851-1896*, Montréal, Fides, 1971.

Denis Héroux et Richard Desrosiers, *Le travailleur québécois et le syndicalisme*, Montréal, Les Presses de l'Université du Québec, 1973.

Mathieu Girard, «La pensée politique de Jules-Paul Tardivel» *Revue d'histoire de l'Amérique française*, vol. 21, n° 3, déc. 1967, pp. 397-429.

Mason Wade, *Les Canadiens français de 1760 à nos jours*, Montréal, Cercle du livre de France, 1963, 2 vol.

Chapitre VI

Robert Comeau (ed.), *Économie québécoise*, Montréal, les Presses de l'Université du Québec, 1969.

Fernand Dumont et autres, *Idéologies au Canada français, 1900-1929*, Québec, les Presses de l'Université Laval, 1974.

Jean-Pierre Gaboury, *Le nationalisme de Lionel Groulx, aspects idéologiques*. Ottawa, les Éditions de l'Université d'Ottawa, 1970.

Fernand Harvey, *Aspects historiques du mouvement ouvrier au Québec*, Trois-Rivières, Boréal Express, 1973.

Yves Roby, *Les Québécois et les investissements américains, 1918-1929.* Québec, les Presses de l'Université Laval, 1976.

Chapitre VII

André-J. Bélanger, *L'apolitisme des idéologies québécoises: le grand tournant, 1934-1936.* Québec, les Presses de l'Université Laval, 1974.

E. C. Hughes, *Rencontre de deux mondes, la crise d'industrialisation du Canada français,* Montréal, Boréal Express, 1972.

Céline Saint-Pierre, «Idéologies et pratiques syndicales au Québec dans les années 30», *Sociologie et sociétés,* vol VII ,n° 2, pp. 6-32.

CHAPITRE VIII

Gérard Bergeron, *Le Canada français après deux siècles de patience,* Paris, Éditions du Seuil, 1967.

Gilles Bourque et Nicole Frenette, «Classes et idéologies nationalistes» *Socialisme québécois,* nos 21-22, pp. 130-156.

Marc Laurendeau, *Les Québécois violents,* Montréal, Boréal Express, 1974.

Luc Racine et Roch Denis, «Histoire et idéologie du mouvement socialiste québécois, 1960-1970.» *Socialisme québécois,* nos 21-22, pp. 50-79.

Jean Claude Robert, *Du Canada français au Québec libre,* Paris, Flammarion, 1975.

Guy Rocher, *Le Québec en mutation,* Montréal, H.M.H., 1973.

Marcel Rioux, *La question du Québec,* Montréal, Parti Pris, 1976.

Marcel Rioux, «Sur l'évolution des idéologies au Québec», *Revue de l'Institut de sociologie* (Bruxelles), 1968, n° 1, pp. 95-124.

Jean-Louis Roy, *La marche des Québécois; le temps des ruptures: 1945-1960,* Montréal, Leméac, 1976.

Louis-Marie Tremblay, *Le syndicalisme québécois: idéologie de la CSN et de la FTQ, 1940-1970,* Montréal, les Presses de l'Université de Montréal, 1972.

Achevé d'imprimer par les travailleurs
des ateliers Marquis Ltée de Montmagny
en mars 1978